JEONJU International Film Festival
2022.4.28–5.7

JEONJU²³
intl. film festival

Program Guide

프로그램 가이드

상영시간표 가이드

상영관

JD	전주 돔 JEONJU Dome
JC	전주디지털독립영화관 JEONJU Digital Independent Cinema
CGV1	CGV전주고사 1관 CGV Jeonjugosa 1
CGV2	CGV전주고사 2관 CGV Jeonjugosa 2
CGV3	CGV전주고사 3관 CGV Jeonjugosa 3
CGV4	CGV전주고사 4관 CGV Jeonjugosa 4
CGV5	CGV전주고사 5관 CGV Jeonjugosa 5
CGV6	CGV전주고사 6관 CGV Jeonjugosa 6
CGV7	CGV전주고사 7관 CGV Jeonjugosa 7
CGV8	CGV전주고사 8관 CGV Jeonjugosa 8
CQ1 (NOW)	씨네Q 1관 (NAVER NOW관) CINE Q Jeonju Film Street 1
CQ2	씨네Q 전주영화의거리 2관 CINE Q Jeonju Film Street 2
CQ3	씨네Q 전주영화의거리 3관 CINE Q Jeonju Film Street 3
CQ4	씨네Q 전주영화의거리 4관 CINE Q Jeonju Film Street 4
CQ5	씨네Q 전주영화의거리 5관 CINE Q Jeonju Film Street 5
CQ6	씨네Q 전주영화의거리 6관 CINE Q Jeonju Film Street 6
CQ10	씨네Q 전주영화의거리 10관 CINE Q Jeonju Film Street 10
BE:OF	카페 비오브 BE:OF

시간표 보는 방법

코드번호 · 상영작 제목

CGV1 | 018 10:30 ~ 12:06 GV
애프터 양
After Yang [12] 96min

상영작 제목(영문) · 등급 · 상영시간

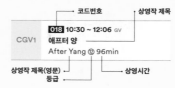

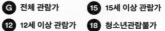

상영 종료 시간은 상영 후 진행되는 관객과의 대화(GV) 등 프로그램 이벤트 진행 시간은 반영되지 않았으니 참고 부탁드립니다.

등급

[G] 전체 관람가
[15] 15세 이상 관람가
[12] 12세 이상 관람가
[18] 청소년관람불가

자막

별도 언급이 없는 모든 상영작은 다음과 같이 자막이 제공됩니다.
1. 영어 대사: 한글 자막 제공
2. 한국어 대사: 영어 자막 제공
3. 기타 언어 대사: 한글과 영문 자막 동시 제공
* 코리안시네마 섹션의 〈나는 마을 방과후 교사입니다.〉, 특별상영 〈스윙키즈〉는 한국어 대사에 대한 영어 자막을 제공하지 않습니다.

GV

관객과의 대화(Guest Visit), 마스터클래스, 케이사운드 마스터클래스, 영특한클래스, 전주대담, J 스페셜클래스, 전주톡톡

* 게스트와 영화제 사정으로 GV 일정은 사전 고지 없이 변동되거나 취소될 수 있습니다.

4.28(목)

		1	2	3	4
전주돔	JD				001 19:00– 개막식 + 개막작: 애프터 양 Opening Ceremony + Opening Film: After Yang [12] 96min

4.29(금)

		1	2	3	4
전주돔	JD				164 19:00–20:34 더 노비스 The Novice [15] 94min
전주디지털독립영화관	JC	160 10:00–12:06 GV 기쁜 우리 젊은 날 Our Joyful Young Days [12] 126min	161 14:00–16:00 취화선 Chihwaseon [18] 120min	162 18:00–19:49 GV 장남 The Oldest Son [G] 109min	163 22:00–23:43 세기말 Fin De Siecle [18] 103min
CGV전주고사	1관 CGV1	101 11:30–13:11 아침을 기다리며 Let It Be Morning [12] 101min	102 14:30–16:47 베네딕션 BENEDICTION [12] 137min	103 18:00–19:31 새벽과 새벽 사이 Between Two Dawns [G] 91min	104 21:00–22:35 주니퍼 Juniper [12] 95min
CGV전주고사	2관 CGV2	105 11:00–12:29 플랫폼 노동의 습격 The Gig Is Up [G] 89min	106 14:00–15:36 보일링 포인트 Boiling Point [12] 96min	107 17:00–18:36 천안문의 망명자들 The Exiles [12] 96min	108 20:30–22:05 마녀들의 땅 She Will [12] 95min
CGV전주고사	3관 CGV3	109 10:30–12:21 깐부 Two Friends [G] 111min	110 13:30–15:21 UFO를 찾아서 Journey to the West [G] 111min	111 16:30–18:06 GV 애프터 양 After Yang [12] 96min	112 20:00–22:35 GV 영화관을 말하다 Come with me to the cinema — THE GREGORS [G] 155min
CGV전주고사	4관 CGV4	113 10:00–11:32 레인보우 Passerby #3 [12] 92min	114 13:00–14:49 GV 오마주 + 영특한클래스 Hommage + Cinema Class [12] 109min	115 17:00–19:27 GV 나의 사람아 My only love [G] 147min	116 21:00–22:34 GV 코리안시네마 단편 2 Korean Cinema for Shorts 2 [15] 94min
CGV전주고사	5관 CGV5	117 10:00–11:45 해왕성 로맨스 Neptune Frost [12] 105min	118 13:00–15:45 은빛 지구 On the Silver Globe [18] 165min	119 17:00–18:35 은빛 지구로의 탈출 Escape to the Silver Globe [18] 95min	120 20:30–22:01 거장의 단편 3 Masters' Shorts 3 [G] 91min
CGV전주고사	6관 CGV6	121 10:00–11:42 한국단편경쟁 3 Korean Competition for Shorts 3 [15] 102min	122 13:30–15:07 한국단편경쟁 6 Korean Competition for Shorts 6 [15] 97min	123 17:00–18:41 한국단편경쟁 1 Korean Competition for Shorts 1 [15] 101min	124 20:30–22:27 GV 안녕하세요 Good morning [G] 117min
CGV전주고사	7관 CGV7	125 10:30–11:54 GV 요즘 사람들 Actual People [12] 84min	126 14:00–16:07 GV 메두사 Medusa [15] 127min	127 18:00–19:22 GV 청춘을 위한 앨범 Album for the Youth [G] 82min	128 21:00–22:33 레이와 디오 Raydio [15] 93min
CGV전주고사	8관 CGV8	129 11:00–12:45 세이렌의 토폴로지 Topology of Sirens [G] 105min	130 14:00–15:13 우회로 Detours [18] 73min	131 17:00–18:13 붉은 별 Red Star [G] 73min	132 20:00–21:33 애프터워터 Afterwater [12] 93min

4.29(금)		1	2	3	4
시네Q 전주영화의거리	CQ1 (NOW)	133 10:00-12:14 오아시스 Oasis [18] 134min	134 13:30-15:22 GV 초록물고기 Green Fish [18] 112min	135 17:00-19:20 GV 시 Poetry [15] 140min	136 21:30-23:10 이창동: 아이러니의 예술 Lee Chang-dong: the art of irony [12] 100min
	2관 CQ2	141 10:00-13:40 누가 우릴 막으리 WHO'S STOPPING US [12] 220min	142 15:00-17:07 내림 마장조 삼중주 The Kegelstatt Trio [G] 127min	143 18:30-19:31 거장의 단편 2 Masters' Shorts 2 [15] 61min	144 21:00-22:20 코마 Coma [15] 80min
	3관 CQ3	145 10:30-12:18 GV 윤시내가 사라졌다 Missing Yoon [12] 108min	146 14:30-16:11 GV 폭로 Havana [15] 101min	147 18:30-21:18 GV 사랑의 고고학 Archaeology of love [12] 168min	
	4관 CQ4	148 10:30-12:03 길 위의 가족 Hit the Road [G] 93min	149 14:00-15:39 레오노르는 죽지 않는다 Leonor Will Never Die [12] 99min	150 17:30-19:26 골목길에서 The Alleys [12] 116min	151 21:00-23:02 끝없는 폭풍의 해 The Year of the Everlasting Storm [G] 122min
	5관 CQ5	152 11:00-12:49 그들이 서 있던 곳에서 From Where They Stood [12] 109min	153 14:30-16:10 탱고가수 코르시니 Corsini sings Blomberg & Maciel [G] 100min	154 18:00-19:29 영화보다 낯선 단편 3 Expanded Cinema for Shorts 3 [G] 89min	155 21:00-22:37 성령의 이름으로 The Sacred Spirit [15] 97min
	6관 CQ6	156 10:00-11:33 GV 나는 마을 방과후 교사입니다. The Teachers: pink, nature trail, ridge between rice paddies, plum [G] 93min	157 13:30-15:01 GV 룸 쉐어링 Room Sharing [G] 91min	158 17:00-19:01 GV 그대 어이가리 A song for my dear [G] 121min	159 21:00-22:52 GV 코리안시네마 단편 1 Korean Cinema for Shorts 1 [15] 112min
	10관 CQ10	137 10:00-12:08 대결! 애니메이션 ANIME SUPREMACY! [G] 128min	138 13:30-15:16 킹크랩의 전설 The Tale of King Crab [12] 106min	139 16:30-18:24 크레이지 컴페티션 Official Competition [12] 114min	140 20:00-22:56 내 동생에 관한 모든 것 All About My Sisters [12] 176min
카페 비오브	BE:OF	1001 11:00-11:40 GV 전주톡톡 1 — 8090 배우가 간다1 JEONJU Talk! Talk! 1 — 8090 Actors Are Coming 1 [G] 40min	1002 13:00-13:40 GV 전주톡톡 2 — 8090 배우가 간다2 JEONJU Talk! Talk! 2 — 8090 Actors Are Coming 2 [G] 40min	1003 15:00-15:40 GV 전주톡톡 3 — 봄날의 전주, 따뜻한 영화 JEONJU Talk! Talk! 3 — JEONJU in Spring, Heartwarming Movies [G] 40min	1004 17:00-17:40 GV 전주톡톡 4 — 이상한 가족 JEONJU Talk! Talk! 4 — Strange Family [G] 40min

4.30(토)		1	2	3	4
전주돔	JD		263 14:00-15:35 파리의 책방 A Bookshop in Paris [12] 95min		264 19:00-21:39 심장소리 + 박하사탕 Heartbeat + Peppermint Candy [18] 159min
전주디지털독립영화관	JC	259 10:00-11:36 리스닝 투 케니 지 Listening to Kenny G [G] 96min	260 13:00-15:05 GV 개그맨 Gagman [15] 125min	261 17:00-19:13 GV 여자만세 + 여판사 + 전주대담 Women with a camera + A Woman Judge + JEONJU Special [15] 133min	262 21:30-23:24 크레이지 컴페티션 Official Competition [12] 114min
CGV전주고사	1관 CGV1	201 11:00-12:26 마지막 여행 The Last Bus [G] 86min	202 13:30-15:03 지옥의 드라이버 The Devil's Drivers [12] 93min	203 16:30-19:00 GV 유랑의 달 Wandering [15] 150min	204 21:00-22:28 하나 그리고 넷 One and Four [12] 88min
	2관 CGV2	205 11:00-15:08 미스터 란즈베르기스 MR LANDSBERGIS [G] 248min		206 18:00-20:02 스톱-젬리아 STOP-ZEMLIA [15] 122min	207 21:00-23:01 GV 바비 야르 협곡 + 마스터클래스 BABI YAR. CONTEXT + Master Class [15] 121min
	3관 CGV3	208 10:30-12:24 H6: 제6 인민병원 H6 [12] 114min	209 13:30-16:03 불타는 마른 땅 Dry Ground Burning [15] 153min	210 17:00-18:07 GV 입 속의 꽃잎 A Flower in the Mouth [G] 67min	211 20:30-21:55 위대한 움직임 The Great Movement [12] 85min
	4관 CGV4	212 10:00-11:07 GV 말이야 바른 말이지 Citizen Pane [G] 67min	213 13:00-15:01 GV 그대 어이가리 A song for my dear [G] 121min	214 17:00-18:57 GV 안녕하세요 Good morning [G] 117min	215 21:00-22:33 GV 나는 마을 방과후 교사입니다. The Teachers: pink, nature trail, ridge between rice paddies, plum [G] 93min
	5관 CGV5	216 10:00-11:35 달개비의 계절 Tsuyukusa [12] 95min	217 13:00-15:49 사랑의 섬 The Isle of Love [G] 169min	218 17:00-18:33 파울루 호샤에 대하여 Around Rocha's Table [G] 93min	219 20:00-21:40 피기 PIGGY [15] 100min
	6관 CGV6	220 10:00-11:48 한국단편경쟁 4 Korean Competition for Shorts 4 [15] 108min	221 13:30-15:13 한국단편경쟁 5 Korean Competition for Shorts 5 [12] 103min	222 17:00-18:41 한국단편경쟁 2 Korean Competition for Shorts 2 [15] 101min	223 20:30-22:21 GV 시간을 꿈꾸는 소녀 Girl who dreams about time [G] 111min

4.30(토)

		1	2	3	4
CGV전주고사	7관 CGV7	224 10:30-12:13 고독의 지리학 Geographies of Solitude [G] 103min	225 14:00-15:33 GV 시계공장의 아나키스트 Unrest [G] 93min	226 17:30-19:01 GV 스파이의 침묵 The Silence of the Mole [12] 91min	227 21:00-22:45 GV 도쿄의 쿠르드족 TOKYO KURDS [12] 105min
CGV전주고사	8관 CGV8	228 11:00-12:23 식물수집가 Herbaria [G] 83min	229 14:00-15:23 GV 보이지 않는 산 The Invisible Mountain [G] 83min	230 17:30-18:38 GV 영화보다 낯선+ 1 Expanded Plus 1 [12] 68min	231 21:00-22:01 GV 영화보다 낯선+ 3 Expanded Plus 3 [G] 61min
씨네Q 전주영화의거리	CQ1 (NOW)	232 10:00-12:28 버닝 Burning [18] 148min	233 14:00-14:28 GV 심장소리 + 마스터클래스 Heartbeat + Master Class [G] 28min		234 18:00-20:36 GV 2차 송환 + 케이사운드 마스터클래스 The 2nd Repatriation + K-Sound Master Class [G] 156min
씨네Q 전주영화의거리	2관 CQ2	239 10:00-11:35 세자리아 에보라, 삶을 노래하다 Cesária Évora [G] 95min	240 13:30-15:01 리어왕 King Lear [G] 91min	241 17:00-18:13 어떤 방법으로 One Way or Another [15] 73min	242 20:30-22:17 맘마로마 Mamma Roma [15] 107min
씨네Q 전주영화의거리	3관 CQ3	243 10:30-12:11 GV 파로호 Drown [15] 101min	244 14:00-15:58 GV 경아의 딸 Mother and daughter [15] 118min	245 17:30-18:50 GV 잠자리 구하기 Saving a Dragonfly [12] 80min	246 21:00-22:56 GV 내가 누워있을 때 When I Sleep [12] 116min
씨네Q 전주영화의거리	4관 CQ4	247 10:30-12:00 GV 중세 시대의 삶 + 영특한클래스 The Middle Ages + Cinema Class [G] 90min	254 14:00-15:13 GV 영화보다 낯선 단편 1 Expanded Cinema for Shorts 1 [12] 73min	249 17:30-19:17 GV 전장의 A.I. A.I. at War [12] 107min	250 21:00-22:12 플레이그라운드 Playground [G] 72min
씨네Q 전주영화의거리	5관 CQ5	251 11:00-12:26 영화보다 낯선 단편 2 Expanded Cinema for Shorts 2 [G] 86min	252 14:30-16:10 버진 블루 Virgin Blue [12] 100min	253 17:30-18:43 거장의 단편 1 + 대자연 Masters' Shorts 1 + Nature [G] 73min	248 21:00-22:35 밀란 쿤데라: 농담에서 무의미까지 Milan Kundera: From the Joke to Insignificance [G] 95min
씨네Q 전주영화의거리	6관 CQ6	255 10:00-11:26 나, 슬픔에 잠긴 신 I, Distressing God [12] 86min	256 13:00-14:19 GV 그대라는기억 The memory of you [G] 79min	257 16:00-17:31 GV 룸 쉐어링 Room Sharing [G] 91min	258 20:00-21:51 GV 코리안시네마 단편 3 Korean Cinema for Shorts 3 [12] 111min
씨네Q 전주영화의거리	10관 CQ10	235 10:00-11:27 아르튀르 람보 Arthur Rambo [12] 87min	236 12:30-14:05 자본주의를 향해 달린 자동차 The Cars We Drove Into Capitalism [G] 95min	237 15:30-17:14 태풍주의보 Whether the Weather is Fine [12] 104min	238 18:30-23:07 하의 이야기 History of Ha [12] 277min
카페 비오브	BE:OF	1005 11:00-11:40 GV 전주톡톡 5 — 8090 배우가 간다3 JEONJU Talk! Talk! 5 — 8090 Actors Are Coming 3 [G] 40min	1006 13:00-13:40 GV 전주톡톡 6 — 8090 배우가 간다4 JEONJU Talk! Talk! 6 — 8090 Actors Are Coming 4 [G] 40min	1007 15:00-15:40 GV 전주톡톡 7 — 정순과 경아의 '연대의 딸' JEONJU Talk! Talk! 7 — Daughters of Jeong-sun and Gyeong-ah in Solidarity [G] 40min	1008 17:00-17:40 GV 전주톡톡 8 — 단편의 기쁨과 슬픔 JEONJU Talk! Talk! 8 — Short Film's Joy and Sorrow [G] 40min

5.1(일)

		1	2	3	4
전주돔	JD		364 14:00-16:04 그대가 조국 The Red Herring [12] 124min		363 19:00-20:31 라멘 피버 RAMEN FEVER [G] 91min
전주디지털독립영화관	JC	358 10:00-12:21 경마장 가는 길 The Road To Race Track [18] 141min	359 13:30-15:04 GV 장미빛 인생 A Rosy Life [18] 94min	360 17:30-19:06 GV 금홍아 금홍아 My Dear KeumHong [18] 96min	361 21:00-22:43 미국 The United States of America [G] 103min
CGV전주고사	1관 CGV1	301 11:00-12:46 바바리안 인베이전 Barbarian Invasion [12] 106min	302 14:00-15:35 밀란 쿤데라: 농담에서 무의미까지 Milan Kundera: From the Joke to Insignificance [G] 95min	303 16:30-19:00 GV 유랑의 달 Wandering [15] 150min	304 21:00-23:17 베네딕션 BENEDICTION [12] 137min
CGV전주고사	2관 CGV2	305 11:00-12:48 세뇌된 시선 Brainwashed: Sex-Camera-Power [12] 108min	306 15:00-16:23 GV 오스카 피터슨: 블랙+화이트 + 전주대담 Oscar Peterson: Black + White + JEONJU Special [G] 83min	307 18:30-20:02 누구도 웃지 않으리 Nobody Gets the Last Laugh [12] 92min	308 21:00-22:36 천안문의 망명자들 The Exiles [12] 96min
CGV전주고사	3관 CGV3	309 10:30-12:06 GV 애프터 양 After Yang [12] 96min	310 14:30-15:45 GV 죽음을 운반하는 자들 They Carry Death [12] 75min	311 17:30-19:17 GV 전장의 A.I. A.I. at War [12] 107min	312 21:00-22:19 농담 The Joke [12] 79min
CGV전주고사	4관 CGV4	313 10:00-12:34 GV 섬.망(望) Prayer of the isle [15] 154min	314 15:00-16:19 GV 그대라는기억 The memory of you [G] 79min	315 18:30-21:06 GV 2차 송환 + 영특한클래스 The 2nd Repatriation + Cinema Class [G] 156min	
CGV전주고사	5관 CGV5	316 10:00-12:45 은빛 지구 On the Silver Globe [18] 165min	317 14:00-15:35 은빛 지구로의 탈출 Escape to the Silver Globe [18] 95min	318 17:00-19:08 대결! 애니메이션 ANIME SUPREMACY! [G] 128min	319 20:30-22:01 부화 Hatching [15] 91min

5.1 (일)

관	1	2	3	4
CGV전주고사 6관 CGV6	320 10:00-11:52 GV 코리안시네마 단편 1 Korean Cinema for Shorts 1 ⑮ 112min	321 13:30-15:13 GV 한국단편경쟁 5 Korean Competition for Shorts 5 ⑫ 103min	322 17:00-18:42 GV 한국단편경쟁 3 Korean Competition for Shorts 3 ⑮ 102min	323 20:30-22:11 GV 한국단편경쟁 1 Korean Competition for Shorts 1 ⑮ 101min
7관 CGV7	324 10:30-12:03 레이와 디오 Raydio ⑮ 93min	325 14:00-15:45 GV 도쿄의 쿠르드족 TOKYO KURDS ⑫ 105min	326 17:30-18:48 GV 아슬란을 찾아서 A Human Position ⑫ 78min	327 21:00-22:22 GV 청춘을 위한 앨범 Album for the Youth Ⓖ 82min
8관 CGV8	328 11:00-12:33 GV 애프터워터 Afterwater ⑫ 93min	329 14:30-16:03 GV 영화보다 낯선+ 2 Expanded Plus 2 Ⓖ 93min	330 18:00-19:36 핵-가족 Nuclear Family Ⓖ 96min	331 21:00-22:16 테이킹 The Taking Ⓖ 76min
씨네Q 전주영화의거리 CQ1 (NOW)	332 10:00-12:13 스윙키즈 + 케이사운드 마스터클래스 Swing Kids + K-Sound Master Class ⑫ 133min	333 15:00-16:51 GV 큐어 + J 스페셜클래스 Cure + J Special Class ⑮ 111min		334 19:30-21:41 GV 박하사탕 Peppermint Candy ⑱ 131min
2관 CQ2	339 10:00-11:01 거장의 단편 2 Masters' Shorts 2 ⑮ 61min	340 13:00-14:20 코마 Coma ⑮ 80min	341 16:00-17:52 네 개의 여행 Four Journeys ⑫ 112min	342 20:00-22:07 내림 마장조 삼중주 The Kegelstatt Trio Ⓖ 127min
3관 CQ3	343 10:30-12:15 GV 정순 Jeong-sun ⑮ 105min	344 14:00-15:48 GV 윤시내가 사라졌다 Missing Yoon ⑫ 108min	345 17:30-19:32 GV 비밀의 언덕 The Hill of Secrets ⑫ 122min	346 21:30-23:11 GV 폭로 Havana ⑮ 101min
4관 CQ4	347 10:30-11:30 GV 세탐정 Via Negativa Ⓖ 60min		348 17:00-18:07 GV 입 속의 꽃잎 A Flower in the Mouth ⑫ 67min	349 20:30-22:05 세자리아 에보라, 삶을 노래하다 Cesária Évora ⑫ 95min
5관 CQ5	350 11:00-12:15 GV 맑은 밤 Night is Limpid Ⓖ 75min	351 14:30-15:59 리틀 팔레스타인, 포위된 나날들 Little Palestine, Diary of a Siege Ⓖ 89min	352 17:30-19:37 혁명을 말하자 Let's Say Revolution ⑫ 127min	353 21:00-22:32 굿 마담 Good Madam ⑱ 92min
6관 CQ6	354 10:00-11:07 GV 말이야 바른 말이지 Citizen Pane Ⓖ 67min	355 13:30-15:07 GV 한국단편경쟁 6 Korean Competition for Shorts 6 ⑮ 97min	356 17:00-18:48 GV 한국단편경쟁 4 Korean Competition for Shorts 4 ⑮ 108min	357 20:30-22:11 GV 한국단편경쟁 2 Korean Competition for Shorts 2 ⑮ 101min
10관 CQ10	335 10:00-11:49 GV 오마주 Hommage ⑫ 109min	336 13:00-15:27 GV 나의 사람아 My only love Ⓖ 147min	337 17:30-18:52 GV 여섯 개의 밤 The layover ⑫ 82min	338 21:00-22:46 킹크랩의 전설 The Tale of King Crab ⑫ 106min
카페 비오뜨 BE:OF	1009 11:00-11:40 GV 전주톡톡 9 — 전주가 사랑한 사람1 JEONJU Talk! Talk! 9 — People Loved by JEONJU 1 Ⓖ 40min	1010 13:00-13:40 GV 전주톡톡 10 — 전주가 사랑한 사람2 JEONJU Talk! Talk! 10 — People Loved by JEONJU 2 Ⓖ 40min	1011 15:00-15:40 GV 전주톡톡 11 — 어서 와, 전주는 처음이지? JEONJU Talk! Talk! 11 — Welcome, First Time to JEONJU? Ⓖ 40min	1012 17:00-17:40 GV 전주톡톡 12 — 시원 달큰한 눈물의 맛 JEONJU Talk! Talk! 12 — The Taste of Cool Sweet Tears Ⓖ 40min

5.2 (월)

관	1	2	3	4
전주돔 JD				460 19:00-20:57 이노센트 The Innocents ⑫ 117min
전주디지털독립영화관 JC	456 10:00-12:00 취화선 Chihwaseon ⑱ 120min	457 13:00-15:21 경마장 가는 길 The Road To Race Track ⑱ 141min	458 17:30-19:13 세기말 Fin De Siecle ⑱ 103min	459 21:00-23:06 기쁜 우리 젊은 날 Our Joyful Young Days ⑫ 126min
CGV전주고사 1관 CGV1		401 13:30-15:05 파리의 책방 A Bookshop in Paris ⑫ 95min	402 16:30-18:21 깐부 Two Friends Ⓖ 111min	403 19:30-21:05 주니퍼 Juniper ⑫ 95min
2관 CGV2	404 11:00-12:51 UFO를 찾아서 Journey to the West Ⓖ 111min	405 14:00-15:35 달개비의 계절 Tsuyukusa ⑫ 95min	406 17:00-18:31 라멘 피버 RAMEN FEVER Ⓖ 91min	407 20:00-21:35 자본주의를 향해 달린 자동차 The Cars We Drove Into Capitalism Ⓖ 95min
3관 CGV3	408 10:30-12:06 보일링 포인트 Boiling Point ⑫ 96min	409 13:30-14:59 플랫폼 노동의 습격 The Gig Is Up Ⓖ 89min	410 17:00-18:47 코스타 브라바, 레바논 Costa Brava, Lebanon ⑫ 107min	411 20:00-21:49 그들이 서 있던 곳에서 From Where They Stood ⑫ 109min
4관 CGV4	412 10:00-11:36 GV 돼지의 왕 + J 스페셜클래스 The King of Pigs + J Special Class ⑱ 96min	413 14:00-15:58 GV 부산행 + J 스페셜클래스 Train to Busan + J Special Class ⑮ 118min		414 18:00-20:36 GV 2차 송환 The 2nd Repatriation Ⓖ 156min

5.2(월)

		1	2	3	4
CGV전주고사	5관 CGV5	415 10:00-14:08 미스터 란즈베르기스 MR LANDSBERGIS [G] 248min	416 15:30-16:43 붉은 별 Red Star [G] 73min	417 18:00-19:54 H6: 제6 인민병원 H6 [12] 114min	418 21:00-22:31 거장의 단편 3 Masters' Shorts 3 [G] 91min
	6관 CGV6	419 10:00-11:41 한국단편경쟁 2 Korean Competition for Shorts 2 [15] 101min	420 13:30-15:04 GV 코리안시네마 단편 2 Korean Cinema for Shorts 2 [15] 94min	421 17:00-18:51 GV 코리안시네마 단편 3 Korean Cinema for Shorts 3 [12] 111min	422 20:30-22:18 GV 한국단편경쟁 4 Korean Competition for Shorts 4 [15] 108min
	7관 CGV7	423 10:30-11:54 GV 요즘 사람들 Actual People [12] 84min	424 14:00-15:31 GV 알레프 Aleph [12] 91min	425 17:30-19:03 GV 시계공장의 아나키스트 Unrest [G] 93min	426 21:00-22:43 고독의 지리학 Geographies of Solitude [G] 103min
	8관 CGV8	427 10:30-12:37 혁명을 말하자 Let's Say Revolution [12] 127min	428 14:00-16:35 GV 영화관을 말하다 Come with me to the cinema - THE GREGORS [G] 155min	429 18:30-19:31 GV 영화보다 낯선+ 3 Expanded Plus 3 [G] 61min	430 21:30-22:30 GV 세탐정 Via Negativa [G] 60min
씨네Q 전주영화의거리	CQ1 (NOW)	431 10:00-12:23 밀양 Secret Sunshine [15] 143min	432 14:00-16:14 오아시스 Oasis [18] 134min	433 17:30-19:21 GV 시간을 꿈꾸는 소녀 Girl who dreams about time [G] 111min	434 21:00-22:51 GV 큐어 Cure [15] 111min
	2관 CQ2	438 10:00-13:40 누가 우릴 막으리 WHO'S STOPPING US [12] 220min	439 15:00-16:47 맘마로마 Mamma Roma [15] 107min	440 18:00-19:31 리어왕 King Lear [G] 91min	441 21:00-23:02 끝없는 폭풍의 해 The Year of the Everlasting Storm [G] 122min
	3관 CQ3	442 10:30-12:26 GV 내가 누워있을 때 When I Sleep [12] 116min	443 14:00-15:41 GV 파로호 Drown [15] 101min	444 17:30-20:18 GV 사랑의 고고학 Archaeology of love [12] 168min	
	4관 CQ4		445 14:00-15:20 코마 Coma [15] 80min	450 17:30-18:43 GV 영화보다 낯선 단편 1 Expanded Cinema for Shorts 1 [12] 73min	447 21:00-22:23 식물수집가 Herbaria [G] 83min
	5관 CQ5	448 11:00-12:13 어떤 방법으로 One Way or Another [15] 73min	449 14:00-15:45 세이렌의 토폴로지 Topology of Sirens [G] 105min	446 17:30-19:03 길 위의 가족 Hit the Road [G] 93min	451 21:00-22:26 영화보다 낯선 단편 2 Expanded Cinema for Shorts 2 [G] 86min
	6관 CQ6	452 10:00-11:12 플레이그라운드 Playground [G] 72min	453 13:30-14:52 GV 여섯 개의 밤 The layover [12] 82min	454 17:00-18:41 GV 한국단편경쟁 1 Korean Competition for Shorts 1 [15] 101min	455 20:30-22:13 GV 한국단편경쟁 5 Korean Competition for Shorts 5 [12] 103min
	10관 CQ10	435 10:00-12:56 내 동생에 관한 모든 것 All About My Sisters [12] 176min	436 14:00-15:26 GV 여판사 + 영특한클래스 A Woman Judge + Cinema Class [15] 86min	437 18:00-22:37 하의 이야기 History of Ha [12] 277min	

5.3(화)

		1	2	3	4
전주돔	JD				548 19:00-20:36 리스닝 투 케니 지 Listening to Kenny G [G] 96min
전주디지털독립영화관	JC	544 10:00-11:34 장미빛 인생 A Rosy Life [18] 94min	545 14:00-15:36 금홍아 금홍아 My Dear KeumHong [18] 96min	546 17:00-19:05 개그맨 Gagman [15] 125min	547 20:30-22:19 장남 The Oldest Son [G] 109min
CGV전주고사	3관 CGV3	501 10:30-13:03 불타는 마른 땅 Dry Ground Burning [15] 153min	502 14:00-16:00 GV 블루 벨벳 + J 스페셜클래스 Blue Velvet + J Special Class [18] 120min	503 18:00-19:40 버진 블루 Virgin Blue [12] 100min	504 21:00-22:40 피기 PIGGY [15] 100min
	4관 CGV4		505 13:30-16:04 섬.망(望) Prayer of the isle [15] 154min	506 18:00-19:28 GV 초선 CHOSEN [12] 88min	507 21:30-23:01 부화 Hatching [15] 91min
	5관 CGV5	508 10:00-11:45 해왕성 로맨스 Neptune Frost [12] 105min	509 13:30-15:31 GV 바비 야르 협곡 + 마스터클래스 BABI YAR. CONTEXT + Master Class [15] 121min	510 17:30-19:02 굿 마담 Good Madam [12] 92min	511 20:30-21:53 오스카 피터슨: 블랙+화이트 Oscar Peterson: Black + White [G] 83min
	6관 CGV6	512 10:00-11:41 한국단편경쟁 1 Korean Competition for Shorts 1 [15] 101min	513 13:30-15:13 한국단편경쟁 5 Korean Competition for Shorts 5 [12] 103min	514 17:00-18:37 GV 한국단편경쟁 6 Korean Competition for Shorts 6 [15] 97min	515 20:30-22:11 GV 한국단편경쟁 2 Korean Competition for Shorts 2 [15] 101min

5.3(화)		1	2	3	4
CGV전주고사	7관 CGV7	516 10:30-11:48 GV 아슬란을 찾아서 A Human Position ⑫ 78min	517 13:30-15:01 GV 알레프 Aleph ⑫ 91min	518 17:00-18:31 GV 스파이의 침묵 The Silence of the Mole ⑫ 91min	519 20:30-22:37 GV 메두사 Medusa ⑮ 127min
CGV전주고사	8관 CGV8	520 11:00-12:08 영화보다 낯선+ 1 Expanded Plus 1 ⑫ 68min	521 14:00-15:15 GV 맑은 밤 Night is Limpid Ⓖ 75min	522 17:30-18:45 GV 죽음을 운반하는 자들 They Carry Death ⑫ 75min	523 21:00-22:23 GV 보이지 않는 산 The Invisible Mountain Ⓖ 83min
씨네Q 전주영화의거리	3관 CQ3	528 10:00-12:02 GV 비밀의 언덕 The Hill of Secrets ⑫ 122min	529 14:00-15:58 GV 경아의 딸 Mother and daughter ⑮ 118min	530 18:00-19:20 GV 잠자리 구하기 Saving a Dragonfly ⑫ 80min	531 21:00-22:45 GV 정순 Jeong-sun ⑮ 105min
씨네Q 전주영화의거리	4관 CQ4	532 10:30-12:14 태풍주의보 Whether the Weather is Fine ⑫ 104min	533 14:00-15:43 미국 The United States of America Ⓖ 103min	534 17:30-19:00 중세 시대의 삶 The Middle Ages Ⓖ 90min	535 21:00-22:39 레오노르는 죽지 않는다 Leonor Will Never Die ⑫ 99min
씨네Q 전주영화의거리	5관 CQ5	536 11:00-12:49 그들이 서 있던 곳에서 From Where They Stood ⑫ 109min	537 14:30-15:59 영화보다 낯선 단편 3 Expanded Cinema for Shorts 3 Ⓖ 89min	538 17:30-18:59 리틀 팔레스타인, 포위된 나날들 Little Palestine, Diary of a Siege Ⓖ 89min	539 20:30-22:04 더 노비스 The Novice ⑮ 94min
씨네Q 전주영화의거리	6관 CQ6	540 10:00-12:28 버닝 Burning ⑱ 148min	541 13:30-15:53 밀양 Secret Sunshine ⑮ 143min	542 17:00-18:32 레인보우 Passerby #3 ⑫ 92min	543 20:30-22:12 GV 한국단편경쟁 3 Korean Competition for Shorts 3 ⑮ 102min
씨네Q 전주영화의거리	10관 CQ10	524 10:00-11:40 탱고가수 코르시니 Corsini sings Blomberg & Maciel Ⓖ 100min	525 13:00-14:52 네 개의 여행 Four Journeys ⑫ 112min	526 16:30-17:57 아르튀르 람보 Arthur Rambo ⑫ 87min	527 19:30-21:33 GV 실종 + J 스페셜클래스 Missing + J Special Class ⑱ 123min

5.4(수)		1	2	3	4
전주돔	JD			634 17:30- 시상식 + 한국경쟁 대상 수상작 Award Ceremony + Award-winner Screening Korean Competition Grand Prize	
전주디지털독립영화관	JC	631 10:00-12:21 경마장 가는 길 The Road To Race Track ⑱ 141min		632 17:30-19:13 세기말 Fin De Siecle ⑱ 103min	633 21:00-23:06 기쁜 우리 젊은 날 Our Joyful Young Days ⑫ 126min
CGV전주고사	1관 CGV1		601 14:30-16:11 아침을 기다리며 Let It Be Morning ⑫ 101min	602 17:30-18:56 마지막 여행 The Last Bus Ⓖ 86min	603 20:30-22:01 새벽과 새벽 사이 Between Two Dawns Ⓖ 91min
CGV전주고사	2관 CGV2	604 11:00-12:47 코스타 브라바, 레바논 Costa Brava, Lebanon ⑫ 107min	605 14:00-15:26 나, 슬픔에 잠긴 신 I, Distressing God ⑫ 86min	606 17:00-18:23 보이지 않는 산 The Invisible Mountain Ⓖ 83min	607 20:00-21:48 세뇌된 시선 Brainwashed: Sex-Camera-Power ⑫ 108min
CGV전주고사	3관 CGV3			608 14:30-17:19 사랑의 섬 The Isle of Love Ⓖ 169min	609 19:00-20:33 GV 파울루 호샤에 대하여 + 전주대담 Around Rocha's Table + JEONJU Special Ⓖ 93min
CGV전주고사	4관 CGV4		610 13:00-14:33 나는 마을 방과후 교사입니다. The Teachers: pink, nature trail, ridge between rice paddies, plum Ⓖ 93min	611 16:00-17:57 안녕하세요 Good morning Ⓖ 117min	612 20:00-21:07 말이야 바른 말이지 Citizen Pane Ⓖ 67min
CGV전주고사	6관 CGV6	613 10:00-11:42 한국단편경쟁 3 Korean Competition for Shorts 3 ⑮ 102min	614 13:30-15:07 한국단편경쟁 6 Korean Competition for Shorts 6 ⑮ 97min	615 17:00-18:48 한국단편경쟁 4 Korean Competition for Shorts 4 ⑮ 108min	616 20:30-21:58 GV 초선 CHOSEN ⑫ 88min
CGV전주고사	8관 CGV8	617 11:00-13:07 혁명을 말하자 Let's Say Revolution ⑫ 127min	618 14:30-15:43 붉은 별 Red Star Ⓖ 73min	619 17:30-18:43 우회로 Detours ⑱ 73min	620 20:30-22:06 핵-가족 Nuclear Family Ⓖ 96min
씨네Q 전주영화의거리	CQ1 (NOW)	621 10:00-12:20 시 Poetry ⑮ 140min	622 13:30-15:22 초록물고기 Green Fish ⑱ 112min	623 17:00-19:08 GV 심장소리 + 이창동: 아이러니의 예술 Heartbeat + Lee Chang-dong: the art of irony ⑫ 128min	

5.4(수)		1	2	3	4
씨네Q 전주영화의거리	2관 CQ2	627 10:00-11:46 바바리안 인베이전 Barbarian Invasion [12] 106min	628 13:30-14:31 거장의 단편 2 Masters' Shorts 2 [15] 61min	629 17:00-18:13 어떤 방법으로 One Way or Another [15] 73min	630 20:30-21:58 하나 그리고 넷 One and Four [12] 88min
	10관 CQ10		624 13:00-14:56 골목길에서 The Alleys [12] 116min	625 16:30-18:43 여자만세 + 여판사 Women with a camera + A Woman Judge [15] 133min	626 20:00-21:46 킹크랩의 전설 The Tale of King Crab [12] 106min

5.5(목)		1	2	3	4
전주돔	JD		758 13:00-14:20 아기공룡 둘리 — 얼음별 대모험 (무료 상영) The Little Dinosaur Dooly — The Adventure of Ice Planet (free admission) [G] 80min		
전주디지털독립영화관	JC	754 10:00-11:49 장남 The Oldest Son [G] 109min	755 14:00-15:36 금홍아 금홍아 My Dear KeumHong [18] 96min	756 17:30-19:35 개그맨 Gagman [15] 125min	757 21:00-22:34 장미빛 인생 A Rosy Life [18] 94min
CGV전주고사	1관 CGV1	701 11:30-13:21 깐부 Two Friends [G] 111min	702 14:30-15:56 마지막 여행 The Last Bus [G] 86min	703 17:30-19:05 파리의 책방 A Bookshop in Paris [12] 95min	704 20:30-22:03 지옥의 드라이버 The Devil's Drivers [12] 93min
	2관 CGV2	705 10:30-13:03 불타는 마른 땅 Dry Ground Burning [15] 153min	706 14:00-16:07 내림 마장조 삼중주 The Kegelstatt Trio [G] 127min	707 17:00-18:51 UFO를 찾아서 Journey to the West [G] 111min	
	3관 CGV3	708 11:00-12:36 천안문의 망명자들 The Exiles [12] 96min		709 15:00-17:45 은빛 지구 On the Silver Globe [18] 165min	710 19:00-20:35 GV 은빛 지구로의 탈출 + 전주대담 Escape to the Silver Globe + JEONJU Special [18] 95min
	4관 CGV4		711 13:30-15:31 그대 어이가리 A song for my dear [G] 121min	712 17:00-18:22 여섯 개의 밤 The layover [12] 82min	713 20:30-22:57 나의 사람아 My only love [G] 147min
	5관 CGV5	714 10:00-14:08 미스터 란즈베르기스 MR LANDSBERGIS [G] 248min		715 16:00-17:25 GV 위대한 움직임 The Great Movement [12] 85min	716 20:00-21:23 오스카 피터슨: 블랙+화이트 Oscar Peterson: Black + White [G] 83min
	6관 CGV6		717 13:30-14:42 플레이그라운드 Playground [G] 72min	718 17:00-17:41 GV 세이브더칠드런과 함께하는 시네마토크 Cinema Talk with Save the Children [G] 41min	719 20:30-21:49 그대라는기억 The memory of you [G] 79min
	7관 CGV7	720 10:30-12:13 고독의 지리학 Geographies of Solitude [G] 103min	721 13:30-14:54 요즘 사람들 Actual People [12] 84min	722 16:30-18:37 메두사 Medusa [15] 127min	723 20:30-22:01 스파이의 침묵 The Silence of the Mole [12] 91min
	8관 CGV8	724 10:30-12:03 GV 애프터워터 Afterwater [12] 93min	725 14:00-15:01 영화보다 낯선+ 3 Expanded Plus 3 [G] 61min	726 17:00-18:08 GV 영화보다 낯선+ 1 Expanded Plus 1 [12] 68min	727 20:30-22:03 영화보다 낯선+ 2 Expanded Plus 2 [G] 93min
씨네Q 전주영화의거리	CQ1 (NOW)	728 10:00-11:34 더 노비스 The Novice [15] 94min	729 13:00-14:19 농담 The Joke [12] 79min	745 17:30-19:10 GV 이창동: 아이러니의 예술 Lee Chang-dong: the art of irony [12] 100min	731 21:00-22:57 이노센트 The Innocents [12] 117min
	2관 CQ2	735 10:00-11:16 테이킹 The Taking [G] 76min	736 13:30-14:37 입 속의 꽃잎 A Flower in the Mouth [G] 67min	737 17:00-18:45 세이렌의 토폴로지 Topology of Sirens [G] 105min	738 20:30-22:05 마녀들의 땅 She Will [12] 95min
	3관 CQ3	739 10:30-12:15 정순 Jeong-sun [15] 105min	740 14:00-16:02 비밀의 언덕 The Hill of Secrets [12] 122min	741 17:30-19:26 내가 누워있을 때 When I Sleep [12] 116min	742 21:00-22:48 윤시내가 사라졌다 Missing Yoon [12] 108min
	4관 CQ4	743 10:30-12:05 세자리아 에보라, 삶을 노래하다 Cesária Évora [G] 95min	744 14:00-15:40 탱고가수 코르시니 Corsini sings Blomberg & Maciel [G] 100min	730 17:00-19:35 GV 영화관을 말하다 + 영특한클래스 Come with me to the cinema — THE GREGORS + Cinema Class [G] 155min	746 21:30-23:22 네 개의 여행 Four Journeys [12] 112min
	5관 CQ5	747 11:00-12:32 누구도 웃지 않으리 Nobody Gets the Last Laugh [12] 92min	748 14:30-15:59 영화보다 낯선 단편 3 Expanded Cinema for Shorts 3 [G] 89min	749 17:30-19:01 라멘 피버 RAMEN FEVER [G] 91min	750 20:30-22:01 거장의 단편 3 Masters' Shorts 3 [G] 91min

5.5(목)

		1	2	3	4
씨네Q 전주영화의거리	6관 CQ6	[751] 10:00–11:13 거장의 단편 1 + 대자연 Masters' Shorts 1 + Nature [G] 73min	[752] 13:00–14:35 밀란 쿤데라: 농담에서 무의미까지 Milan Kundera: From the Joke to Insignificance [G] 95min		[753] 20:00–21:27 아르튀르 람보 Arthur Rambo [12] 87min
씨네Q 전주영화의거리	10관 CQ10	[732] 10:00–11:30 중세 시대의 삶 The Middle Ages [G] 90min	[733] 13:00–17:37 하의 이야기 History of Ha [12] 277min		[734] 20:00–22:02 끝없는 폭풍의 해 The Year of the Everlasting Storm [G] 122min

5.6(금)

		1	2	3	4
CGV전주고사	1관 CGV1	[801] 11:30–13:38 대결! 애니메이션 ANIME SUPREMACY! [G] 128min	[802] 15:00–16:35 주니퍼 Juniper [12] 95min	[803] 18:00–19:31 새벽과 새벽 사이 Between Two Dawns [G] 91min	[804] 21:00–22:46 바바리안 인베이전 Barbarian Invasion [12] 106min
CGV전주고사	2관 CGV2	[805] 11:00–12:35 달개비의 계절 Tsuyukusa [12] 95min	[806] 14:00–15:44 태풍주의보 Whether the Weather is Fine [12] 104min	[807] 17:00–19:49 사랑의 섬 The Isle of Love [G] 169min	[808] 21:00–22:33 파울루 호샤에 대하여 Around Rocha's Table [G] 93min
CGV전주고사	5관 CGV5	[809] 10:00–11:15 죽음을 운반하는 자들 They Carry Death [12] 75min	[810] 13:00–14:36 핵-가족 Nuclear Family [G] 96min	[811] 16:00–17:35 자본주의를 향해 달린 자동차 The Cars We Drove Into Capitalism [G] 95min	[812] 19:30–21:31 바비 야르 협곡 BABI YAR. CONTEXT [15] 121min
CGV전주고사	7관 CGV7	[813] 10:30–11:52 청춘을 위한 앨범 Album for the Youth [G] 82min	[814] 13:30–15:03 레이와 디오 Raydio [15] 93min	[815] 17:00–18:18 아슬란을 찾아서 A Human Position [12] 78min	[816] 20:00–21:31 알레프 Aleph [12] 91min
씨네Q 전주영화의거리	CQ1 (NOW)	[817] 10:00–11:31 룸 쉐어링 Room Sharing [G] 91min	[818] 13:00–14:28 초선 CHOSEN [12] 88min	[819] 16:00–17:49 GV 오마주 Hommage [12] 109min	[820] 19:30–21:06 돼지의 왕 The King of Pigs [18] 96min
씨네Q 전주영화의거리	2관 CQ2	[821] 10:00–13:40 누가 우릴 막으리 WHO'S STOPPING US [12] 220min	[822] 15:00–16:37 성령의 이름으로 The Sacred Spirit [15] 97min	[823] 18:00–19:54 H6: 제6 인민병원 H6 [12] 114min	[824] 21:30–22:58 하나 그리고 넷 One and Four [12] 88min
씨네Q 전주영화의거리	3관 CQ3	[825] 10:30–12:28 경아의 딸 Mother and daughter [15] 118min	[826] 14:00–16:48 사랑의 고고학 Archaeology of love [12] 168min		[827] 19:00–20:41 폭로 Havana [15] 101min
씨네Q 전주영화의거리	4관 CQ4	[828] 10:30–12:05 마녀들의 땅 She Will [12] 95min	[829] 14:00–15:29 플랫폼 노동의 습격 The Gig Is Up [G] 89min	[830] 17:00–18:39 레오노르는 죽지 않는다 Leonor Will Never Die [12] 99min	[831] 20:00–22:30 유랑의 달 Wandering [15] 150min
씨네Q 전주영화의거리	5관 CQ5	[832] 11:00–12:33 길 위의 가족 Hit the Road [G] 93min	[833] 14:00–15:25 GV 위대한 움직임 The Great Movement [12] 85min	[834] 17:30–18:56 영화보다 낯선 단편 2 Expanded Cinema for Shorts 2 [G] 86min	[835] 20:30–21:59 리틀 팔레스타인, 포위된 나날들 Little Palestine, Diary of a Siege [G] 89min
씨네Q 전주영화의거리	6관 CQ6	[836] 10:00–12:56 내 동생에 관한 모든 것 All About My Sisters [12] 176min		[837] 16:00–17:26 나, 슬픔에 잠긴 신 I, Distressing God [12] 86min	[838] 19:30–21:15 해왕성 로맨스 Neptune Frost [12] 105min

5.7(토)

		1	2	3	4
전주돔	JD				[942] 19:00– 폐막식 + 폐막작: 풀타임 Closing Ceremony + Closing Film: Full Time [12] 87min
CGV전주고사	1관 CGV1		[901] 14:30–16:11 아침을 기다리며 Let It Be Morning [12] 101min	[902] 17:30–19:06 리스닝 투 케니 지 Listening to Kenny G [G] 96min	
CGV전주고사	2관 CGV2	[903] 11:00–12:36 보일링 포인트 Boiling Point [12] 96min	[904] 14:00–15:47 코스타 브라바, 레바논 Costa Brava, Lebanon [12] 107min	[905] 17:00–18:48 세뇌된 시선 Brainwashed: Sex-Camera-Power [12] 108min	
CGV전주고사	3관 CGV3	[906] 10:30–12:30 블루 벨벳 Blue Velvet [18] 120min	[907] 14:00–15:40 버진 블루 Virgin Blue [12] 100min	[908] 17:00–18:32 누구도 웃지 않으리 Nobody Gets the Last Laugh [12] 92min	

5.7(토)		1	2	3	4
CGV전주고사	4관 CGV4	909 10:00-12:34 **섬.망(望)** Prayer of the isle [15] 154min	910 13:30-15:21 **시간을 꿈꾸는 소녀** Girl who dreams about time [G] 111min		
	5관 CGV5	911 10:00-11:23 **식물수집가** Herbaria [G] 83min	912 13:00-14:15 **맑은 밤** Night is Limpid [G] 75min	913 16:00-17:31 **부화** Hatching [15] 91min	
	6관 CGV6	914 10:00-11:19 **농담** The Joke [12] 79min	915 13:00- **단편 수상작 모음 1** Award-winning short films 1		
	7관 CGV7	916 10:30-12:15 **도쿄의 쿠르드족** TOKYO KURDS [12] 105min	917 13:30-15:03 **시계공장의 아나키스트** Unrest [G] 93min	918 16:30-18:10 **피기** PIGGY [15] 100min	
	8관 CGV8	919 11:00-12:33 **영화보다 낯선+ 2** Expanded Plus 2 [G] 93min	920 14:00-15:00 **세탐정** Via Negativa [G] 60min	921 16:30-17:43 **우회로** Detours [18] 73min	
씨네Q 전주영화의거리	CQ1 (NOW)	922 10:00-11:34 **코리안시네마 단편 2** Korean Cinema for Shorts 2 [15] 94min	923 13:30-15:21 **코리안시네마 단편 3** Korean Cinema for Shorts 3 [12] 111min	924 17:00-18:52 **코리안시네마 단편 1** Korean Cinema for Shorts 1 [15] 112min	
	2관 CQ2	928 10:00-11:47 **맘마로마** Mamma Roma [15] 107min	929 13:30-15:02 **굿 마담** Good Madam [12] 92min	930 16:30-18:27 **이노센트** The Innocents [12] 117min	
	3관 CQ3	931 10:30-12:11 **파로호** Drown [15] 101min	932 14:00-15:20 **잠자리 구하기** Saving a Dragonfly [12] 80min	933 17:00- **단편 수상작 모음 2** Award-winning short films 2	
	4관 CQ4		934 13:30-14:43 **거장의 단편 1 + 대자연** Masters' Shorts 1 + Nature [G] 73min	935 16:30-18:28 **부산행** Train to Busan [15] 118min	
	5관 CQ5	936 11:00-12:31 **리어왕** King Lear [G] 91min	937 14:00-15:43 **미국** The United States of America [G] 103min	938 17:30-18:43 **영화보다 낯선 단편 1** Expanded Cinema for Shorts 1 [12] 73min	
	6관 CQ6	939 10:00-11:56 **골목길에서** The Alleys [12] 116min	940 13:30-14:46 **테이킹** The Taking [G] 76min	941 16:30-18:17 **전장의 A.I.** A.I. at War [12] 107min	
	10관 CQ10	925 10:00-12:03 **실종** Missing [18] 123min	926 13:30-15:24 **크레이지 컴페티션** Official Competition [12] 114min	927 17:00-18:32 **레인보우** Passerby #3 [12] 92min	

코로나19 예방 수칙

제23회 전주국제영화제는 코로나19 확산 방지를 위해 아래와 같은 예방 수칙을 적용하니, 적극적으로 동참하여 주시기 바랍니다.

- 발열(37.5 이상) 또는 호흡기 증상이 있는 경우, 보건당국으로부터 자가 격리하도록 안내받은 경우에는 영화제 방문을 자제해주시기 바랍니다.
- 제23회 전주국제영화제에서는 코로나19 확산 방지를 위해 상영관을 비롯한 행사장을 입장하는 모든 관객 대상으로 ① 마스크(*KF94 등급 권장) 착용 확인, ② 발열 체크(37.5도 이상 시 입장 불가), ③ 손 소독을 진행하며, 진행에 협조하지 않으실 때는 입장이 제한될 수 있습니다.

마스크 착용 필수 및 발열 체크
- 마스크 미착용 시 상영관 입장이 제한됩니다.
- 영화 관람 중에도 반드시 마스크를 상시 착용 바랍니다.
- 체온이 37.5도 이상이거나 체온 검사를 거부하면 상영관 입장이 제한됩니다.

좌석 간 거리두기
- 제23회 전주국제영화제는 코로나19 확산 방지를 위해 상영관은 좌석 간 거리두기를 시행합니다(전체 좌석의 약 70% 정도 운영).
- 코로나19 방역 지침에 따라 반드시 예매한 좌석에 착석해 주시기 바라며, 영화 상영 중에도 좌석 이동은 불가합니다.

손 세정
- 비누를 사용해 흐르는 물로 30초 이상 꼼꼼히, 자주 손을 씻어주시기 바랍니다.
- 상영관 입·퇴장 시 비치된 손 소독제를 사용해주시기 바랍니다.
- 씻지 않은 손으로 눈, 코, 입 등을 만지지 않습니다.

기침 예절
- 기침 또는 재채기를 할 때는 반드시 옷소매로 코와 입을 가려주시기 바랍니다.

기타
- 상영관 또는 행사장 입장 시 다른 사람과 최소 1m 거리두기를 지켜주시기 바랍니다.
- 상영관 또는 행사장 입장, 영화 관람 시 영화제 스태프나 자원활동가의 안내 및 진행에 적극적으로 협조해 주시기 바랍니다.
- 코로나19 팬데믹 상황에 따라 상영 및 이벤트 일정이 변경되거나 취소될 수 있습니다.

상영관 운영 수칙

정시 상영
- 제23회 전주국제영화제는 정시 상영을 원칙으로 하며, 상영 시작 10분 후부터는 입장이 제한됩니다(단편 묶음 상영의 경우도 동일하게 운영됩니다).

좌석 운영
- 반드시 예매한 지정 좌석에 착석해주시기 바랍니다.
- 상영 중 재입장은 삼가시기 바랍니다.

촬영 금지
- 카메라 등 녹화 장비의 반입은 삼가시기를 바랍니다.
- 상영 중 사진 및 동영상 촬영은 불가합니다.

음식물 반입 제한
- 상영관 내 생수와 무알콜 음료류를 제외한 음식물 반입 및 섭취는 불가합니다.

티켓 소지
- 모든 상영관은 티켓 소지자(모바일 티켓 포함)만 입장 가능합니다.
- 배지로 발권한 티켓은 본인만 관람 가능하며, 상영관 입장 시 반드시 배지를 제시해주시기 바랍니다.

등급 엄수
- 전주국제영화제는 영화 관람 등급을 준수합니다.
- 만 18세 미만 청소년은 청소년관람불가 등급의 상영작 관람이 불가합니다(부모님을 포함한 보호자가 동반하여도 만 18세 미만 청소년은 관람이 불가하며, 연령 조건을 만족하여도 고등학교 재학생은 관람이 불가합니다).
- 만 4세 미만 어린이는 보호자가 동반하여도 입장이 제한됩니다.

기타
- 모두의 편안한 영화 관람을 위해 휴대전화의 전원을 꺼주시기를 바랍니다.
- 코로나19 확산 방지를 위해 올해 PC존과 물품보관소는 운영하지 않습니다.

전주돔 운영 수칙

정시 상영
- 제23회 전주국제영화제는 정시 상영을 원칙으로 하며, 상영 시작 30분 후부터는 입장이 제한됩니다.

좌석 운영
- 비지정 좌석제로 운영됩니다.
- 상영 중 재입장 및 좌석 이동은 삼가시기 바랍니다.

촬영 금지
- 카메라 등 녹화 장비의 반입은 삼가시기 바랍니다.
- 상영 중 사진 및 동영상 촬영은 불가합니다.

음식물 반입 제한
- 상영관 내 생수와 무알콜 음료류를 제외한 음식물 반입 및 섭취는 불가합니다.

티켓 소지
- 모든 상영관은 티켓 소지자(모바일 티켓 포함)만 입장 가능합니다.
- 배지 소지자 관람은 본인만 가능하며, 상영관 입장 시 반드시 배지를 제시해주시기 바랍니다(상영작 매진 시, 배지를 소지하셔도 입장이 불가능합니다).

등급 엄수
- 전주국제영화제는 영화 관람 등급을 준수합니다.
- 만 18세 미만 청소년은 청소년관람불가 등급의 상영작 관람이 불가합니다(부모님을 포함한 보호자가 동반하여도 만 18세 미만 청소년은 관람이 불가하며, 연령 조건을 만족하여도 고등학교 재학생은 관람이 불가합니다).

기타
- 모두의 편안한 영화 관람을 위해 휴대전화의 전원을 꺼주시기를 바랍니다.
- 상영작 관람 시 다소 쌀쌀할 수 있으니 여벌의 옷이나 담요를 준비해주시기 바랍니다.
- 전주돔 내 반려동물 출입은 불가능합니다.

티켓 예매 안내

온라인 예매 안내

종류	예매 기간
개·폐막식	4.13(수) 14시–해당 행사 시작 10분 전까지
일반 상영	4.15(금) 11시–해당 영화 상영 시작 10분 전까지

현장 예매 안내

종류	장소	운영 기간	운영 시간
전체	전주라운지 (옥토주차장)	4.28(목) *개막일	16:00–22:00
		4.29(금)– 5.7(토)	09:00 20:00
	CGV 전주고사	4.29(금)– 5.7(토)	09:30– 당일 마지막 상영회차 시작 30분 후
	씨네Q 전주영화의 거리	4.29(금)– 5.7(토)	09:30– 당일 마지막 상영회차 시작 30분 후
	전주디지털 독립영화관	4.29(금)– 5.5(목)	09:30– 당일 마지막 상영회차 시작 30분 후

★ 온라인(모바일) 예매는 전주국제영화제 공식 홈페이지(www.jeonjufest.kr)에서 가능하며, 온라인(모바일) 예매 후에는 별도 티켓 발권 없이 '모바일 티켓'으로 바로 상영관 입장이 가능합니다(단, 모바일 티켓을 캡처한 사진 또는 이미지로는 상영관 입장이 불가능합니다).

★ 모든 판매 좌석은 온라인(모바일) 예매로 판매합니다. 단, 온라인 예매로 매진되지 않은 판매분에 한해서는 영화제 기간 중 운영하는 현장 매표소에서도 구매가 가능합니다(온라인(모바일) 매진 시 현장 구매 불가).

★ 티켓 예매 시 1회에 편당 최대 2매까지만 예매 가능합니다.

티켓 가격

개·폐막식	20,000원
마스터클래스	15,000원
클래스 상영·전주대담·전주톡톡	12,000원
일반 상영·시상식	8,000원

★ 시상식은 무료로 참석 가능하지만, 시상식 후 상영되는 '한국경쟁 대상 수상작' 관람을 위해서는 시상식 티켓을 예매하셔야 합니다.

★ 어린이날 100주년 기념으로 5월 5일(목) 13시에 무료 상영하는 〈아기공룡 둘리—얼음별 대모험〉은 전체 좌석의 50%는 사전 예매가 가능하고, 잔여 50%는 상영 당일 전주라운지 현장 매표소에서 배부합니다.(1인 2매)

할인

서포터즈 [온라인 / 현장]	
장애인, 국가유공자 / 실버(만65세 이상) 역대 자원활동가 / 전주디지털독립영화관 후원회원 [현장]	
개·폐막식	1,000원 할인 (19,000원)
마스터클래스	1,000원 할인 (14,000원)
클래스 상영·전주대담· 전주톡톡	1,000원 할인 (11,000원)
일반 상영·시상식	1,000원 할인 (7,000원)

★ 장애인, 국가유공자, 실버 할인은 동반 1인까지 적용됩니다.

★ 현장 예매 시 할인 적용을 받으려면 신분을 증명할 수 있는 신분증 또는 증명서를 반드시 지참하셔야 합니다.

전주시민 [현장]	
폐막식	50% 할인 (10,000원)
전주돔 상영	50% 할인 (4,000원)

★ 전주 시민 할인은 전주 내 주소지의 신분증 소지자, 전주 내 주소지를 둔 학교의 학생증 소지자, 전주 내 주소지를 둔 직장의 직장인(명함, 사원증 등 확인)만 가능하며, 동반 1인까지 할인이 적용됩니다.

예매 취소

취소 가능 일시	해당 영화 상영 시작 30분 전까지
취소 수수료	상영 당일 취소 시에는 건당 1,000원 부과

★ 상영 당일 취소 시 취소 수수료는 건당 1,000원이 부과되며, 취소 수수료를 먼저 결제해야 예매 취소가 가능합니다(수수료는 매당이 아닌 건당 부과됨).

★ 예매 후 좌석이나 결제 방법 등을 변경할 때도 해당 예매 건을 취소 후 다시 예매해야 하며, 상영 당일이라면 취소 수수료가 부과됩니다.

★ 부분 취소(2매 예매 후 1매만 취소 등)는 불가하며, 전체 취소 후 다시 예매해야 합니다.

★ 발권된 티켓은 현장 매표소에서만 취소가 가능합니다.

예매 시 유의사항

- 상영관 입장 및 영화 관람은 관람 등급에 따라 엄격히 제한됩니다. 청소년관람불가 영화는 고등학교에 재학 중인 자를 포함하여 미성년자(만 18세 미만)는 보호자(부모님)를 동반하여도 상영관 입장 및 영화 관람이 불가합니다.
- 예매한 티켓에 대해서는 상영 종료 후에도 현장 매표소에서 종이 티켓으로 발권 가능합니다.
- 발권된 종이 티켓은 분실, 훼손 등 어떤 이유라도 재발권이 불가합니다.
- 전주국제영화제는 위조나 추가 비용을 지불하여 구매하는 등의 위법행위를 엄격히 금지하고 있습니다.

온라인 상영 안내

제23회 전주국제영화제 온라인 상영작은 국내 영화제 전용 온라인 플랫폼 온피프엔(ONFIFN)을 통해서 관람할 수 있습니다. 공식 상영작 가운데 상영작 정보에 '온라인(Online)' 표기가 있는 것만 온라인 관람 가능합니다.

온라인 상영 플랫폼: 온피프엔
온피프엔 링크: https://onfifn.com

온피프엔은 영화제 전용 온라인 플랫폼으로 국내 주요 영화제의 온라인 상영관 및 독립·예술 영화 전용관을 상시 운영하고 있습니다.

온라인 상영작 관람 안내

관람 대상	별도의 대상 제한은 없지만, 대한민국 내에서만 관람 가능합니다.
관람료	장편 5,000원 / 단편 1,500원 ★ 온라인 상영 시, 모든 단편은 개별로 상영됩니다. ★ 관람료 결제는 신용카드, 카카오페이, PAYCO(페이코), Toss(토스)로 가능합니다.
상영 시간	4.28(목) 11:00–5.7(토) 24:00
관람 시간	결제 후 12시간 이내 관람 ★ 5월 7일(토) 24시에 결제 시 5월 8일(일) 12시까지 관람하실 수 있습니다.
관람 가능 인원	작품별 한국영화 최대 1,000명 / 해외영화 최대 500명 ★ 단, 일부 작품들은 작품 측의 요청에 따라 관람 가능 인원이 상이하오니, 참고 부탁드립니다.
이용 방법	① 온피프엔 회원가입 후 로그인 ② 작품별 결제 후 콘텐츠 관람
관람 안내	불법 다운로드, 복제, 촬영, 유포 등의 행위는 저작권법 위반으로 처벌받을 수 있습니다. 온라인 상영작 관람은 온피프엔 홈페이지(모바일 웹 포함)에서 가능하며, 관람을 위해서는 반드시 온피프엔 회원 가입을 해야 합니다. 온라인 상영작을 관람하려면 개별 작품의 관람료를 결제해야 합니다. 결제 이후에는 관람 유무와 상관없이 취소 및 환불이 되지 않습니다.

★ 자세한 온라인 상영 안내는 전주국제영화제 홈페이지 내 '온라인 상영 안내' 페이지 참고

결제 / 재생 오류 관련 문의 (온피프엔 고객센터)	★ 유선: 070-4465-4511 ★ 이메일: onfifn@postfin.co.kr ★ 플랫폼 내 카카오톡 ★ 1:1 게시판 운영 시간: 10:00–20:00 점심 시간: 12:00–13:00

행사 공간 안내

개/폐막식장 및 시상식장	· 전주돔
일반 상영관	· 전주디지털독립영화관 · CGV전주고사 · 씨네Q 전주영화의거리 · 전주시네마타운 · 전주돔
전주프로젝트 행사장	라한호텔 전주 온고을홀
전주컨퍼런스 행사장	라한호텔 전주 온고을홀
프로그램 이벤트 행사장	· 마스터클래스, 클래스 상영, 전주대담, 관객과의 대화: 일반 상영관 · 전주톡톡: 카페 비오브 · 시네마, 담: 전주라운지 (옥토주차장)
100 Films 100 Posters 전시장	팔복예술공장 이팝나무홀
골목상영	남부시장 하늘정원, 동문예술거리, 도킹스페이스 캠프관, 전주 영화의거리
야외상영	에코시티 세병공원, 혁신도시 엽순공원
VR 특별상영관	전북VR·AR거점센터

운영 시간

공간명	장소	운영날짜
티켓매표소	전주라운지 (옥토주차장)	4.28(목) 16:00–22:00
		4.29(금)–5.7(토) 09:00–20:00
	CGV전주고사 1층	4.29(금)–5.7(토) 09:30–당일 마지막 상영회차 시작 30분 후
	씨네Q 전주영화의거리 2층	4.29(금)–5.7(토) 09:30–당일 마지막 상영회차 시작 30분 후
	전주영화제작소 4층(전주디지털 독립영화관)	4.29(금)–5.5(목) 09:30–당일 마지막 상영회차 시작 30분 후
굿즈샵	전주라운지 (옥토주차장)	4.28(목) 16:00–20:00
		4.29(금)–5.7(토) 10:00–20:00
	씨네Q 전주영화의거리 1층	4.29(금)–5.6(금) 10:00–20:00
		5.7(토) 10:00–18:00
	100 Films 100 Posters 전시장 (팔복예술공장 이팝나무홀)	4.28(목)–5.7(토) 10:00–18:00
프로모션 부스	전주라운지 (옥토주차장)	4.29(금)–5.7(토) 운영 시간은 프로모션 부스마다 다름
게스트센터 & 게스트카페	전주영화호텔 2–3층	4.28(목) 12:00–17:00
		4.29(금)–5.6(금) 09:00–20:00
		5.7(토) 9:00–12:00
프레스 센터	전주영화호텔 3층	4.29(금)–5.6(금) 10:00–18:00
		5.7(토) 10:00–16:00
비디오 라이브러리	전주영화제작소 1층 자료열람실	4.29(금)–5.6(금) 10:00–17:00

개막작
Opening Film

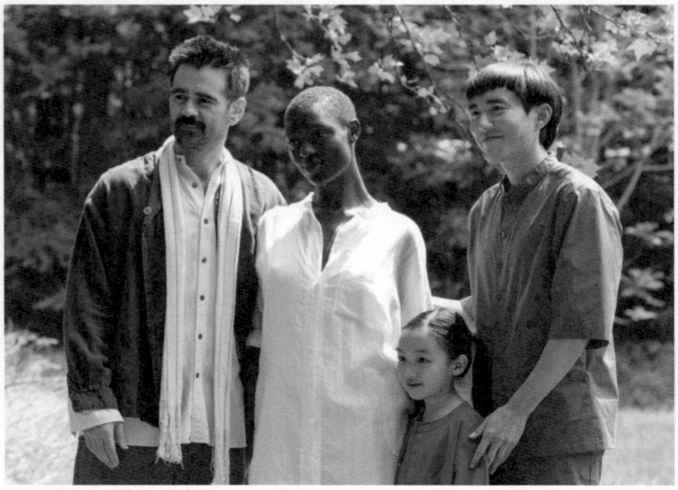

애프터 양 [12]
After Yang

USA | 2021 | 96min |
DCP | Color | Asian Premiere

어떤 미래에 살고 있는 제이크 가족이 소유한 안드로이드 '양'은 아시아계 청년의 모습을 하고 있다. 양은 제이크 가족이 중국에서 입양한 딸 미카의 보호자 역할은 물론 미카의 정서와 문화적 기반을 안정시키는 형제인 셈이다. 어느 날 양은 가상공간의 가족 댄스 배틀에 참가한 뒤 갑자기 작동을 멈춘다. 양에게 심정적으로 많은 것을 의존하는 딸 미카를 위해 제이크는 양을 고치기 위해 여러 곳을 방문하지만, 제이크가 중고업자에 의해 수리된 양을 구입했기 때문에 원제조사로부터 어떠한 도움도 받지 못한다. 오히려 제이크는 과학기술 박물관에 '테크노-사피언스'로 양을 기증하자는 제안까지 받고 고민에 빠지지만, 그때 양에게 일반적인 안드로이드와는 다르게 기억을 저장하는 특별한 기능이 있음을 알게 된다. 양의 기억 데이터를 들여다보기 시작한 제이크는 자신이 다 알고 있다고 생각한 안드로이드 양의 사적인 기억과 시간들을 발견하기 시작한다.

2017년 데뷔작 〈콜럼버스〉에 이어 최근 OTT를 통해 방영 중인 「파친코」를 연출하며 널리 알려지기 시작한 한국계 감독인 코고나다는 감독이 되기 전에는 웨스 앤더슨, 오즈 야스지로, 스탠리 큐브릭 등을 포함한 유명 감독에 대한 비디오 에세이를 제작해서 영화계에 이름을 알렸던 영화작가이자 학자였다. 특히 예명인 코고나다는 오즈 야스지로 감독의 시나리오 작가인 노다 고고의 이름을 변형해서 만들었을 정도로 그는 오즈 야스지로에 대한 깊은 애정을 보이고 있다. 그의 두 번째 작품인 〈애프터 양〉은 미국의 단편소설 작가 알렉산더 와인스틴의 원작 『양과의 안녕 Saying Goodbye to Yang』을 영화화한 것으로 정적이고 미니멀한 SF라는 독특한 연출력을 보여주는 작품이다. 특히 주인공 제이크 역을 맡은 콜린 패럴은 인생 연기라고 해도 좋을 만큼 깊이 있는 모습을 보여주고 있고, 한국계 배우인 저스틴 민을 비롯한 다른 배우들의 연기 역시 영화의 완성도를 높이고 있다. 또한 로스앤젤레스를 무대로 활동하고 있는 일본 작곡가 아스카 마쓰미야와, 거장 사카모토 류이치가 함께 만든 영화음악 역시 명상적이고 긴 여운을 남기며 작품의 감동을 더해주고 있기도 하다. (전진수)

코고나다 Kogonada
첫 장편영화 연출작 〈콜럼버스〉(2017)는 제33회 선댄스영화제와 제18회 전주국제영화제에서 상영되었다. 콜린 패럴이 주연한 두 번째 장편영화 〈애프터 양〉에서는 〈콜럼버스〉 때처럼 연출과 각본을 함께 맡았다.

폐막작
Closing Film

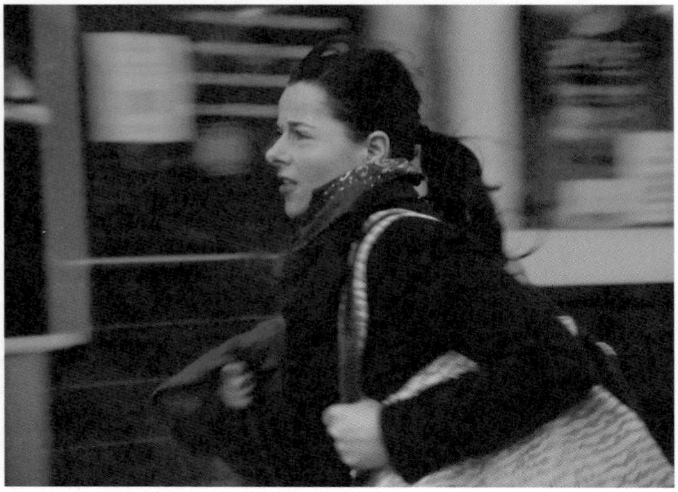

풀타임 [12]
Full Time

France | 2021 | 87min |
DCP | Color | Asian Premiere

파리 교외에 살며 홀로 두 아이를 기르는 쥘리는 마켓 리서처로 일하다 4년 전 회사가 문을 닫는 바람에 실업자가 되었다. 설상가상 남편과 헤어지면서 지금은 파리 시내에 있는 호텔에서 룸메이드로 일하며 겨우 생활비를 번다. 아이들은 옆집 아줌마에게 맡겨놓고 허덕이며 일을 해야 하는 쥘리. 마침 프랑스 전역을 휩쓴 노란 조끼 시위로 기차를 비롯한 대중교통 역시 장기 파업에 돌입하면서 그나마 쥘리가 잡고 있던 깨지기 쉬운 균형마저 위태로워진다. 다시 전공을 살려 전업 마켓 리서처가 되고자 하지만, 파업은 출퇴근은 물론 그녀가 면접에 가는 것조차 쉬 허락하지 않는다. 양육비도 보내지 않고 연락도 되지 않는 전남편, 더 이상 아이들을 봐주지 못하겠다고 성을 내는 옆집 아줌마, 놀다가 다친 아들 등 쥘리의 삶은 도무지 숨 쉴 여지가 보이지 않는다. 과연 쥘리는 성공적으로 정규직 직장을 구해 고통스러운 나날들에서 벗어날 수 있을까?

캐나다 출신으로 프랑스에서 활동해온 에리크 그라벨 감독의 두 번째 장편 〈풀타임〉은 비정규직 직장에 다니며 두 아이를 키워야 하는 싱글맘의 극한 상황을 여과 없이 보여주는 작품이다. 집값을 절약하고자 대도시 근교로 먼 출퇴근길에 올라야 하는 사람들, 출산과 양육으로 경력단절을 겪어야 하는 여성 근로자들, 그 와중에 벌어지는 파업과 구직난은 우리에게도 깊은 공감과 함께 답답함을 느끼게 한다. 주인공의 긴박함을 배가시키는 전자음악과 라디오의 파업 뉴스, 그리고 핸드헬드 카메라를 통한 주인공의 불안까지 에리크 그라벨 감독의 연출력도 뛰어나지만, 주인공 로르 칼라미의 열연이야말로 이 작품을 가장 빛나게 만든 요소라고 할 수 있다. 제78회 베니스국제영화제 오리촌티 부문에서 감독상과 여우주연상을 받기도 한 작품이다. (전진수)

에리크 그라벨 Eric GRAVEL
프랑스계 캐나다인 작가이자 감독. 지난 20년 동안 프랑스에서 거주했다. 장편 〈충돌 테스트 아글라에 Crash Test Aglaé〉(2017)로 데뷔하기 전까지 영화제작 운동 '키노(무브먼트)'와 함께 많은 단편영화를 제작했다. 〈풀타임〉은 두 번째 장편 연출작이다.

국제경쟁
International Competition

올해 국제경쟁 섹션에는 첫 번째 혹은 두 번째 장편영화를 연출한 감독의 영화 가운데 아시아 최초로 상영되는 작품을 대상으로 예심을 거쳐 총 10편을 초청했다. 젊은 영화인들이 만든 다양한 장르의 패기 넘치는 작품들이 자리하고 있다.

작년에 이어 올해도 10편 중 6편이 여성 감독 연출작으로 선정돼 여성 연출자의 약진이 계속되고 있음을 보여주었다. 우선 2편의 다큐멘터리가 있다. 군사독재 정권에 의해 많은 사람들이 무참하게 희생된 과테말라의 비극적인 현대사를, 민주화를 위해 목숨을 건 스파이 활동을 했던 한 언론인의 증언을 통해 재조명한 〈스파이의 침묵〉과 캐나다 대서양 연안에 있는 세이블섬에서 1970년대부터 거주하면서 자연을 매일 탐구하고 기록하는 한편, 육지에서 떠내려온 플라스틱 쓰레기들을 수거해온 학자이자 활동가 조이 루커스의 일상과 신비로운 섬의 모습들을 담아낸 〈고독의 지리학〉이 그것이다.

고등학교를 갓 졸업한 두 친구의 성장기를 다룬 아르헨티나의 〈청춘을 위한 앨범〉, 나름의 재치, 유머와 함께 정치적이면서도 여성에 관한 시의적절한 주제를 다룬 브라질의 〈메두사〉는 젊은 세대를 바라보는 남미 여성 감독들의 새로운 시각을 보여주는 작품들이다. 그 외에도 아르헨티나 작가 호르헤 루이스 보르헤스의 작품에서 영감을 얻은 구 유고슬라비아 출신 감독이 만든 실험적인 작품 〈알레프〉와 청춘의 단상을 과감할 만큼 진솔하게 담은 미국영화 〈요즘 사람들〉까지, 여섯 명의 여성 감독 각각의 개성 넘치는 작품 세계가 펼쳐진다.

그런가 하면 일본 도쿄에 자리 잡게 된 터키 쿠르드족 난민의 눈물겨운 정착기 〈도쿄의 쿠르드족〉과 노르웨이의 한적한 소도시를 무대로 아프가니스탄 난민에 관심을 갖게 된 여성 기자의 이야기를 다룬 〈아슬란을 찾아서〉는 최근 러시아의 우크라이나 침공으로 전 세계가 체감하고 있는 국제 난민 문제를 직접적으로, 또 은유적으로 다루고 있는 작품이다. 또한 코로나 팬데믹의 와중에 심화되는 빈부 격차와 세대 차이, 일자리 문제 등을 아버지와 아들의 비루한 일상에 투영한 대만 작품 〈레이와 디오〉, 그리고 19세기 말 스위스 작은 마을의 시계 공장을 무대로 노동자들이 자국은 물론 국제적인 무정부주의 운동에 연대하는 모습을 아름다운 영상을 통해 보여주는 스위스영화 〈시계공장의 아나키스트〉는 각각 현실과 이상을 상징하는 작품으로 손색없을 것이다. (전진수)

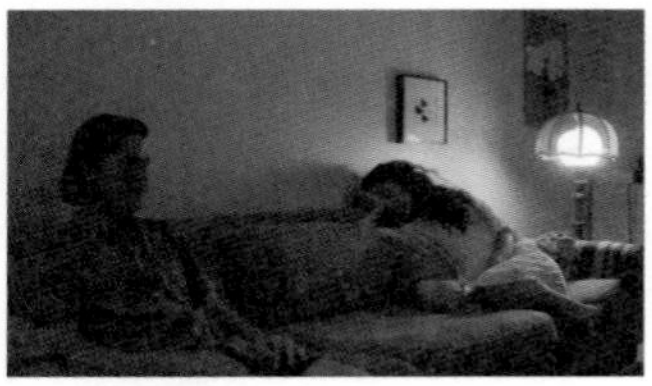

요즘 사람들 [12]
Actual People

USA | 2021 | 84min |
DCP | Color | Asian Premiere

킷은 〈요즘 사람들〉의 감독이자 주연배우다. 이 정보로 그의 자전적 작품이라 생각하기 쉽지만, 사실 킷은 감독이 창조한 극영화 속 인물일 뿐이다. 영화는 대학 졸업 프로젝트를 완성하지 못해 방황하는 주인공의 불안정한 심리를 통해 젊은이들에게 성공을 강요하는 사회와, 이로 인해 파생되는 불안감으로 가득 찬 세상에 대해 이야기한다. 주인공은 위안을 찾아 고향 집으로 돌아가지만 그곳에서 그는 더 많은 불만의 이유를 만나게 된다. 사랑은 인종 문제와 뒤섞이고, 삶에는 더 많은 걱정거리가 더해진다. 완벽한 미래를 위해 현재를 저당 잡힌 요즘 사람들의 삶의 한 단면을 보여주는 영화로, 가차없이 돌진하는 삶에서 해독제가 되어 주는 건 술, 울음, 친구, 그리고 가족에 대한 사랑뿐이다. (문성경)

킷 자우하 Kit ZAUHAR
작가, 감독 겸 배우. 첫 장편영화 연출작인 〈요즘 사람들〉은 로카르노국제영화제 현재의 감독 경쟁부문에서 최초 상영되었다.

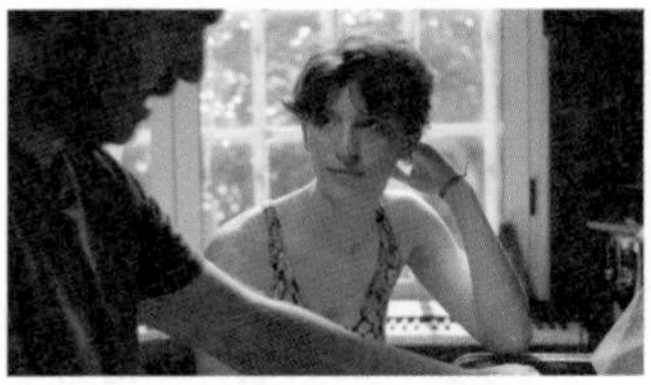

청춘을 위한 앨범 [G]
Album for the Youth

Argentina | 2021 | 82min |
DCP | Color | Asian Premiere

영화는 혼란스럽고 문제 많은 세상 속에서도 행복이 가능할 수 있다는 걸 상기시켜주기에 좋은 매체다. 〈청춘을 위한 앨범〉은 서사를 통해 격렬한 감정을 전달하기보다 젊다는 것, 다가올 미래가 있다는 것, 친구와 함께 삶을 즐길 수 있다는 것 등의 소소한 행복을 일깨우는 데 집중한다. 매우 간단하게 들리지만 이는 동시대 영화에서 찾기 어려운 지점이다. 솔과 페드로는 고등학교를 졸업하고 예술가를 꿈꾸는 친구다. 그러나 성장영화라는 장르의 관습과는 달리 이 영화는 이야기를 발전시키기 위한 모든 유형의 서사적 자원을 피하고, 주인공들의 삶의 순간순간에 초점을 맞추고 기록하는 것을 택했다. 온갖 세상 문제를 잠시라도 잊을 수 있는 낙원으로서의 젊음을 드러내지만, 이는 현실 세계를 부정하기 위해서가 아닌 '영화'의 가능성을 보여주기 위한 것이다. (문성경)

말레나 솔라르스 Malena SOLARZ
1982년 아르헨티나 부에노스아이레스 출생. 니콜라스 수케르펠드와 〈가을 뒤에 겨울이 온다 El invierno llega después del otoño〉(2016)를 공동 연출했다.

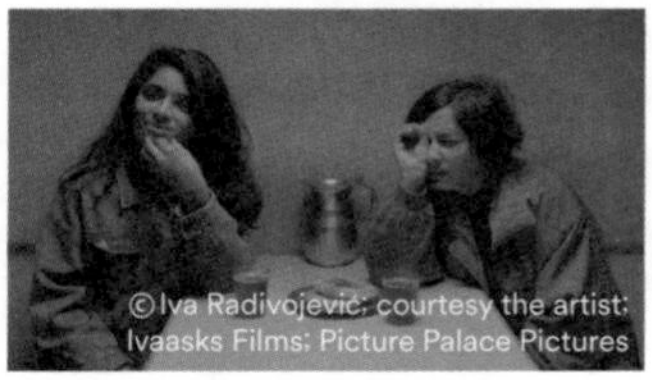
©Iva Radivojević; courtesy the artist; Ivaasks Films; Picture Palace Pictures

알레프 [12]
Aleph

USA, Croatia, Qatar | 2021 | 91min |
DCP | Color | Asian Premiere

'알레프'는 20세기 현대문학의 거장 호르헤 루이스 보르헤스의 단편 17편이 수록된 소설집의 제목이다. 유고슬라비아 출신으로 미국에서 활동하고 있는 이바 라디보예비치 감독은 이 소설집에서 영감을 받아 영화를 만들었다. 2014년에 연출한 〈증발하는 경계 Evaporating Borders〉 이후 라디보예비치 감독의 두 번째 장편인 이 작품은 환상적이고 추상적이며 동시에 철학적이기도 한 '시네포엠'(cinepoem)으로, 아르헨티나와 알제리, 뉴욕, 그리스, 네팔, 그린란드, 태국, 멕시코와 남아프리카 등지에서 촬영된 글로벌 프로젝트다. 언뜻 단편영화들을 모아놓은 것 같지만 내레이션을 통해 느슨하게나마 서로 연관되어 있는데, 특히 내레이션은 전설적인 시인이자 티베트 불교의 수행자이기도 한 앤 월드먼이 맡았다. (전진수)

이바 라디보예비치 Iva RADIVOJEVIĆ
1980년 구 유고슬라비아 출생. 〈증발하는 경계〉와 〈알레프〉를 포함한 장편영화와 40편이 넘는 단편영화의 각본, 편집 및 연출을 맡았다.

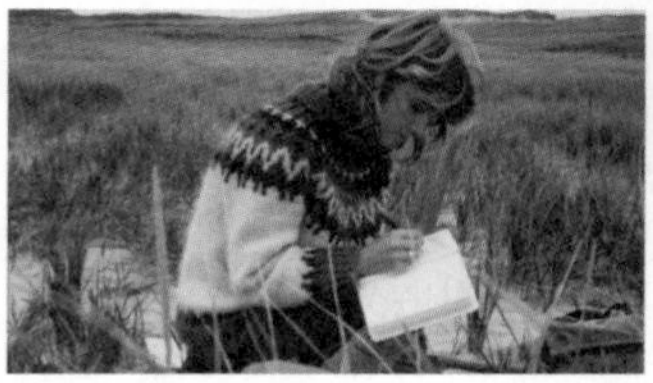

고독의 지리학 [G]
Geographies of Solitude

Canada | 2022 | 103min |
DCP | Color | Asian Premiere

70년대 미술을 공부하던 조이 루커스는 캐나다 세이블섬을 방문하고, 그곳에 거주하기로 하면서 대부분의 시간을 홀로 섬의 식물과 동물을 연구하는 데 쓰고 있다. 카메라는 조이의 일상을 따라가며 섬의 풍광을 비춘다. 〈고독의 지리학〉은 감독과 그의 관찰 대상인 루커스의 삶과 작업에 대한 철학을 내포한 작품이기도 하다. 물질적 가치와 관계없이 자신의 일을 사랑하고, 일에 대해 장인 못지않은 헌신적인 태도로 임하는 이들의 모습은 세상사와 관계없이 자신만의 세계에 몰두하면서 기쁨을 찾는 두 여성의 행복감을 그대로 전달하고 있다. 비록 이런 삶이 외로움을 동반한다 하더라도 이는 진정한 예술가의 운명이기도 할 것이다. (문성경)

재클린 밀스 Jacquelyn MILLS
1984년 캐나다 노바스코샤 시드니 출생. 영화를 전공했고 영화감독, 촬영감독, 편집자, 음향 디자이너로 일하고 있다.

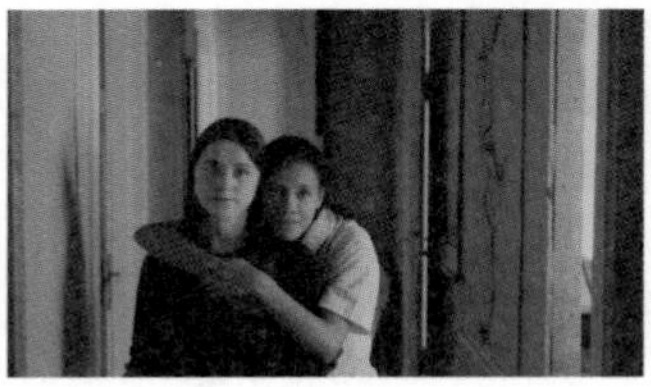

아슬란을 찾아서 [12]
A Human Position

Norway | 2022 | 78min |
DCP | Color | International Premiere

노르웨이 서부 해안 도시, 올레순에 사는 아스타는 지역 언론사에서 일하다 어떤 사건으로 인해 휴직 중이다. 유명한 항구 도시이고 가구 공장 역시 유명한 곳이지만 별다른 취잿거리가 없는 조용한 그곳에서 아스타는 목수인 여자 친구 리브와 함께 산다. 두 사람의 일상도 인기척 없는 도시 풍경처럼 조용하기만 하다. 여름을 맞아 한시적으로 복직한 아스타는 축구팀 서포터와 환경 문제로 집회를 여는 몇몇 젊은이들, 그리고 크루즈 관계자를 취재하다가 문득 아슬란이라는 이름의 아프가니스탄 난민에 대한 기사를 기억해내고, 그를 찾아 나선다. 아스타는 아슬란을 만날 수 있을까? 〈아슬란을 찾아서〉는 매우 느린 내러티브를 지닌 독특한 작품이다. 아스타에게 상처가 된 과거에 대한 부연 설명도, 아슬란에 대한 안내도 없다. 하지만 이 작품을 보고 있으면 묘하게 치유를 받는다는 느낌을 갖게 된다. 신비롭기까지 한 아스타의 표정도 매력적이고, 함께 사는 여자 친구인 이주민 리브에게 "노르웨이에서 가장 좋은 게 뭐야?"라고 묻는 장면에서는 나도 모르게 대답할 거리를 찾게 된다. (전진수)

아네르스 엠블렘 Anders EMBLEM
1985년 노르웨이 올레순 출생. 〈아슬란을 찾아서〉는 〈허리 슬로울리 Hurry Slowly〉(2018) 이후 연출한 두 번째 장편영화다.

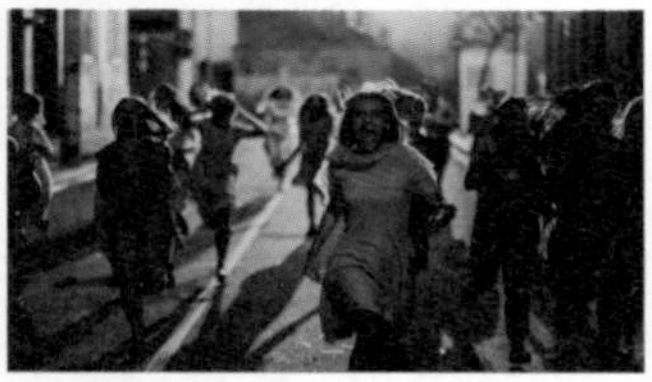

메두사 [15]

Medusa

Brazil | 2021 | 127min |
DCP | Color | Asian Premiere

영화의 배경은 극단적인 기독교적 보수주의가 판치는 세상이다. 이곳에서 여성들은 아름답고 온순하고 순결해야 하는 존재다. 한 정치적 목사가 설파하는 이러한 계율은 조폭을 연상케 하는 건장한 남성 집단과 '음탕한' 여성을 집단 린치하는 여성 집단이 물리적으로 실행에 옮긴다. 어느 날 밤, 이 집단 소속인 마리아나는 한 여성을 붙잡으려다 얼굴에 큰 상처를 입게 된다. 이 사회가 여성에게 강조하는 '아름다움'이라는 중요한 요소를 잃은 마리아나는 집단에서 겉돌며 돌파구를 찾기 시작한다. 〈메두사〉는 '메두사의 형상을 보는 사람은 돌이 된다'는 그리스 신화 속 메두사 이야기를 현대적으로 변주한다. 이 영화는 브라질 사회의 보수화에 대한 날카로운 비판이며, 메두사를 만난 뒤 깨어나는 여성들의 각성을 그리고 있다. 색채 대비가 강렬한 이미지와 다채로운 복고풍 음악 또한 몰입감을 높여준다. (문석)

아니타 호샤 다 실베이라
Anita ROCHA DA SILVEIRA
브라질 리우데자네이루 출생. 칸영화제 감독주간에서 상영된 〈살아 있는 죽은 자들 The Living Dead〉(2012)을 포함하여 3편의 단편영화를 연출했다. 첫 장편 〈나를 죽여줘 Kill Me Please〉(2015)는 베니스국제영화제를 비롯한 여러 영화제에서 상영되었다. 〈메두사〉는 두 번째 장편영화다.

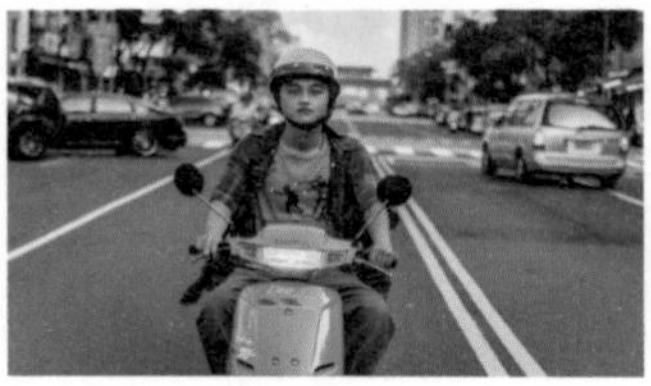

레이와 디오 [15]

Raydio

Taiwan | 2021 | 93min |
DCP | Color | International Premiere

영화관에서 일하는 10대 소년 디오는 쇼핑몰 야간 경비로 일하는 아버지 레이와 둘이 살고 있다. 두 사람은 생활 주기가 반대라 마주칠 일도 적지만, 둘 다 말수가 적은 데다 아버지의 폭력과 이혼 등의 가정사로 인해 더욱 멀어진 사이다. 디오는 극장에 새로 출근한 안나에게 호감을 느끼지만 안나는 디오를 외면한다. 한편 레이는 떠난 부인이 자신에게 돌아올 거라 믿지만, 그녀는 새 남편과 함께 중국 본토로 간다고 말한다. 결국 노름빚에 시달리던 레이는 극단적인 선택을 할 수밖에 없다. 노동 환경과 생활 환경, 그리고 정서적인 환경에 이르기까지 레이와 디오 부자는 코로나 팬데믹과 무관하게 이미 사회적 거리 두기를 완벽하게 실행하고 있었다고 할 수 있다. 특히 조상의 유골함이 옮겨진 것을 모르고 헤매는 아버지 레이와 그런 그를 한심하게 바라보는 아들 디오의 눈빛은 이 작품의 단면이라고 할 만큼 인상적인 장면이다. 이 영화로 장편 데뷔를 한 잔카이디 감독 못지않게 레이 역의 린쥐와 디오 역을 맡은 황사오양의 연기도 다음 작품을 기대하게 한다. (전진수)

잔카이디 ZHAN Kaidi
1981년 대만 장화 출생. 첫 단편 〈서스펜디드 모먼트 A Suspended Moment〉(2010)는 타이베이 금마장영화제 후보에 올랐다. 〈레이와 디오〉는 첫 장편 연출작이다.

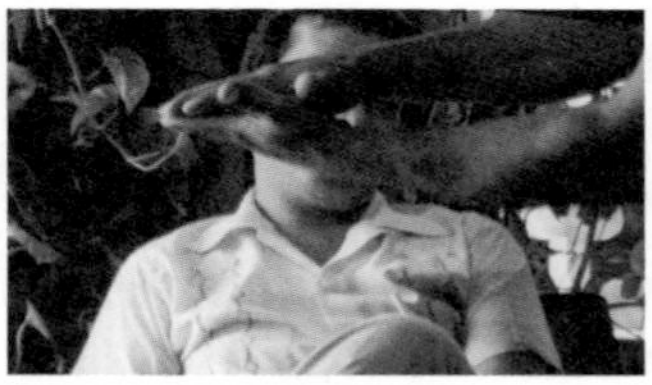

스파이의 침묵 [12]

The Silence of the Mole

Guatemala | 2021 | 91min |
DCP | Color+B/W | Asian Premiere

남미의 많은 나라들처럼 과테말라 역시 미국의 지원을 받은 군부 독재 정권에 의해 민주화를 외친 많은 이들이 목숨을 잃거나 행방불명된 슬픈 현대사를 갖고 있다. 독재 정권의 탄압을 피해 망명 생활을 한 아버지를 둔 아나이스 타라세나 감독의 첫 장편 다큐멘터리 〈스파이의 침묵〉은 1960년부터 96년까지 계속된 이 비극적인 기간 중에서도 70년대 후반, 내무부의 언론 담당으로 일했던 엘리아스 바라오나라는 인물의 이야기를 그린다. 그는 독재 정권을 미화하는 동시에 반정부 언론을 탄압하는 역할을 해야 했지만, 독재 정권의 심장부에서 얻은 정보를 통해 민주화 인사 다수의 목숨을 구한 '스파이'였다. 바라오나의 목숨을 건 스파이 활동과 함께 어렵게 찾아낸 70년대 자료 화면, 반정부 무력 투쟁을 감행한 게릴라들의 증언 등은 과테말라의 어두웠던 시대를 정면으로 들여다보는 역할을 한다. (전진수)

아나이스 타라세나 Anaïs TARACENA
1984년 출생. 전 세계적으로 상영된 3편의 단편영화를 연출했다. 〈스파이의 침묵〉은 장편 데뷔작이다.

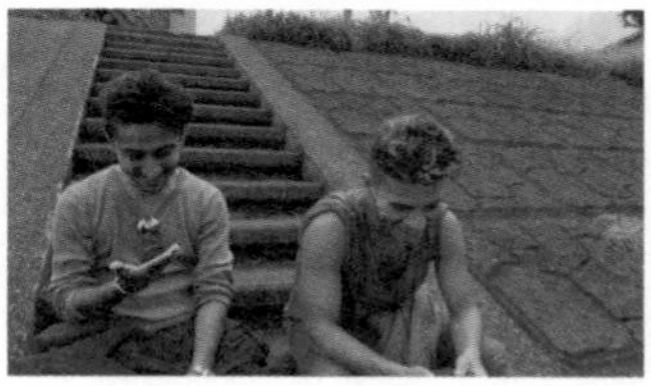

도쿄의 쿠르드족 [12]

TOKYO KURDS

Japan | 2021 | 105min |
DCP | Color | International Premiere

쿠르드족 난민은 터키의 인종 탄압을 피해 1990년대부터 도쿄 근교에 정착하기 시작했다. 이들은 오늘날까지 2천 명이 넘는 규모의 커뮤니티를 형성했지만 아직도 불법 체류자 신분이다. 여섯 살 때 부모와 함께 일본으로 온 오잔은 건물 철거 일을 하며 어떻게든 살아보려고 발버둥 치지만 미래는 불투명하기만 하다. 한편, 라마잔은 일본 사회에 동화되며 안정적인 난민 신분을 보장받기 위해 친구 오잔에 비해 더 많은 노력을 기울이지만 역시 만만치가 않다. 그런가 하면 라마잔의 사촌 메흐메트는 몸이 아픈데도 병원에서 받아주지 않는다고 항의하다가 1년 반 동안 구금되기도 했다. 어쩔 수 없이 고향을 떠나 낯선 땅에 발을 딛고 살아야 하는 이방인이지만, 1% 미만의 적은 수만이 난민 지위를 얻을 수 있는 일본의 현실에서 이들이 삶은 퍽퍽하기만 하다. (전진수)

휴가 후미아리 HYUGA Fumiari
대표작으로는 단편 〈도쿄의 쿠르드 청년 Tokyo Kurds〉(2017)과 장편 〈도쿄의 쿠르드족〉이 있다. 「옆집 시리아인들 Syrians next door」(2016) 등 다양한 TV 프로그램을 연출했다.

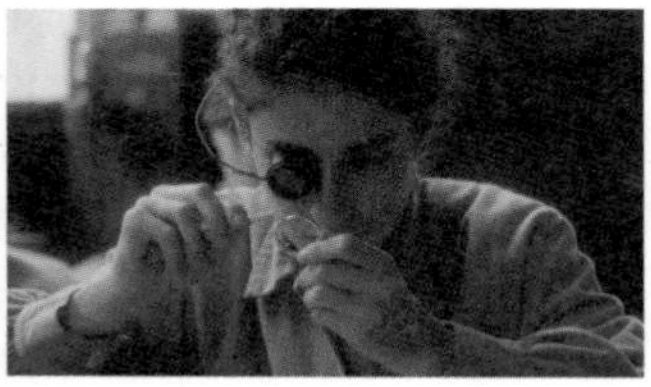

시계공장의 아나키스트 [G]

Unrest

Switzerland | 2022 | 93min |
DCP | Color | Asian Premiere

전 세계적으로 산업화가 한창이던 1817년. 스위스 시계 공장의 직원들은 세심하고 헌신적인 노동자이지만, 그들 사이에서도 노동 조건에 대한 각기 다른 생각들이 하나둘 생겨난다. 지도 제작을 위해 이 지역을 방문한 표트르는 조제핀을 만나고 자신의 생각을 여러 방식으로 퍼트리려는 무정부주의자 그룹과 엮이기 시작한다. 감독은 두 번째 연출작 〈시계공장의 아나키스트〉로 사회 변화와 그에 따른 인간관계에 관한 섬세하고 정통한 미니어처를 만들어냈다. 목가적인 과거를 보여주는 정치영화로 자신의 자리에서 세상을 바꾸기 위해 노력하는 이들의 작지만 큰 움직임과, 변화를 거부하는 권력자들에 의해 돌아가는 사회 시스템의 결과로 고통받는 이들을 잔잔히 묘사한다. (문성경)

시릴 쇼이블린 Cyril SCHÄUBLIN
1984년 스위스 취리히 출생. 베이징의 중앙희극학원에서 중국어와 영화를, 베를린영화아카데미에서 영화 연출을 공부했다. 이후 스위스로 돌아와 연출한 첫 장편영화 〈도즈 후 아 파인 Those who are fine〉(2017)은 에딘버러국제영화제에서 작품상을 받았다.

한국경쟁
Korean Competition

지난해에 이어 올해 또한 한국경쟁 부문은 최악의 위기 속에서도 힘겹게 버티고 있는 한국 독립영화의 현실을 드러내는 장이 되었다. 팬데믹이 3년이나 지속되면서 영화들의 분위기도 변화했다. 지난 수년 동안의 영화 흐름이 사회 부정의와 모순 등 외부 세계에 관심을 쏟는 방향으로 향했다면 최근엔 가족 이야기나 사랑 이야기처럼 내적 세계에 초점을 맞추는 쪽으로 바뀐 듯 보인다. 나아가 창작자 스스로의 내면을 영화의 중심에 놓는 영화 또한 많아졌다. 한편, 전통적인 예술영화 서사 대신 장르적인 내러티브 전략을 추구하는 영화 또한 부쩍 늘었다. 여기 한국경쟁 본선에 오른 9편은 변화의 파고 속에서도 자신의 진실을 잃지 않으려 한 영화들이며, 주어진 현실로부터 한 발짝 더 나아가려 한 작품들이다. 이는 또한 팬데믹 이후 한국 독립영화의 새로운 도약을 기약하는 출발점이기도 하다.

가족을 다루는 영화 중 가장 눈에 들어오는 작품은 이지은 감독의 〈비밀의 언덕〉이다. 1990년대를 배경으로 하는 이 영화의 주인공 소녀는 시장에서 젓갈 장사로 일하는 부모를 부끄럽게 생각한다. 소녀는 글짓기 대회에서 상을 받으면서 학교에서 인정받게 되고 그럴수록 부모의 존재는 더욱 큰 콤플렉스가 된다. 부모에 관한 거듭되는 거짓말과 글짓기에 수반되는 진실성이 충돌하면서 소녀는 깊은 고민에 빠진다. 또 다른 가족영화인 김진화 감독의 〈윤시내가 사라졌다〉는 갑자기 사라진 가수 윤시내를 찾아 헤매는 모녀의 이야기다. 항상 윤시내만 생각하며 모창까지 하는 가수 엄마와 가까운 사람까지 몰카로 찍어 조회 수를 올리는 '관종' 딸은 사라진 스타를 찾아내기 위해 갖은 난관을 겪고 서로의 존재를 다시금 깨닫게 된다. 엄마 역을 맡은 오민애의 폭넓은 연기가 인상적이다.

가족 이야기는 여성의 이야기로 변주된다. 김정은 감독의 〈경아의 딸〉은 N번방 사건을 모티프로 삼은 듯 보이는 영화다. 영화의 주인공은 동영상 유출로 고통받는 딸과 그 딸을 바라보는 엄마다. 제목이 함의하듯 이야기의 중심은 엄마 쪽에 조금 더 쏠려 있다. 딸이 겪은 사건을 파악하고 딸의 속내를 이해하면서 엄마는 서서히 진정한 '엄마의 자리'를 깨닫게 되고, 결국 가족은 새롭게 정립된다. 정지혜 감독의 〈정순〉은 동영상 유출 사건을 모티프로 이야기를 풀어간다는 점에서 〈경아의 딸〉과 유사점을 갖고 있지만 이야기의 구도와 주인공의 상황은 다르다. 영화의 주인공 정순은 엄마이자 중년 여성 공장 노동자다. 〈정순〉은 가족에 대한 담론보다는 사건의 당사자인 정순의 표정과 몸짓에 포커스를 맞춰 인간적 수모와 모멸을 홀로 감당하던 한 여성의 결단을 힘 있게 묘사한다. 최정문 감독의 〈내가 누워있을 때〉는 우연하게 길에서 '조난'된 세 여성에 관한 이야기를 그린다. 서로를 잘 안다고 생각했던 사촌자매 관계와 모든 것을 안다고 여겼던 친구 관계는 이 사건을 계기로 알량한 실체를 드러내지만, 이는 진정한 연대의 시작이 된다.

이완민 감독의 〈사랑의 고고학〉은 자신의 원칙에 충실하려는 한 여성이 보여주는 특이한 사랑 이야기다. 고고학자인 여성이 8년 전 한 남자와 나눴던 사랑 이야기와 여전히 이 남자에게서 완전히 벗어나지 못한 여성이 새로운 사랑을 꾸려가려는 이야기를 교차시킨다. 홍용호 감독의 〈폭로〉는 겉으로는 법정 스릴러 장르의 모양새를 드러내지만 절절한 사랑 이야기라는 속내를 가진 영화다. 남편을 잔인하게 살해했다는 혐의를 받는 여성과 그의 무죄를 밝히려는 변호사, 유산을 노리는 남편의 가족이 뒤얽히는 차가운 법정 드라마가 한 축이라면 숨은 채 여성을 돕는 어떤 존재를 중심으로 한 뜨거운 멜로드라마가 다른 축을 이룬다. 임상수 감독의 〈파로호〉는 한 남성을 이야기의 중심에 놓은 심리 스릴러다. 치매에 걸린 노모를 수발하면서 모텔을 운영하는 주인공 남성은 걸핏하면 초인종을 눌러 자신을 호출하는 어머니와 그를 깔보는 모텔 바깥의 사람들 때문에 커다란 심리적 스트레스를 받는다. 이 영화는 남성의 환영인지, 실제 사건인지 구분이 어려운 상황 속에서 섬뜩한 이야기를 풀어놓으면서 '파로호'라는 거대한 알레고리 안으로 영화를 이끌어간다.

예년과 달리 다큐멘터리가 양적으로 부족했던 올해, 홍다예 감독의 〈잠자리 구하기〉는 가장 두드러진 작품이다. 이 영화에서 홍 감독은 자신과 친구들의 이야기를 통해 대학의 의미를 간절하게 묻고 또 묻는다. 입시생이라는 이름 아래 스스로를 지워가는 게 싫어 고등학생 시절부터 카메라를 들었던 감독의 고민은 재수를 거쳐 대학에 가서도 여전히 지속된다. 물에 빠져 허덕이는 잠자리 같은 자신과 친구들을 구하기 위한 절실한 마음이 영화 안에 가득하다. (문석)

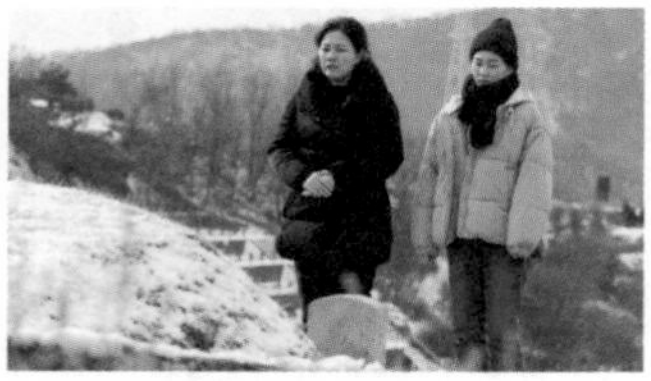

경아의 딸 [15]
Mother and daughter

Korea | 2022 | 118min |
DCP | Color | World Premiere

요양 보호사로 일하는 중년 여성 경아는 교사인 딸 연수와 꽤 가깝다고 생각하며 지내왔다. 어느 날 낯선 번호로부터 연수의 적나라한 동영상을 받기 전까지는 말이다. 김정은 감독의 〈경아의 딸〉은 한국사회를 충격에 빠트린 N번방 사건을 모티프로 삼은 듯하지만, 사회 드라마가 아닌 모녀 사이의 오묘한 관계를 중심으로 이야기를 풀어간다. 영화는 이 사건으로 연수가 겪는 고통을 사실적으로 묘사하긴 하지만 그보다 연수가 어떻게 이 수렁에서 탈출하고 스스로를 치유하려 하는가에 더 강조점을 둔다. 물론 자신에게 아무런 책임이 없음에도 스스로를 탓하기만 하는 연수와, 딸을 위해 무언가 하려 하지만 뜻대로 되지 않아 힘들어하는 엄마 경아를 보는 건 힘든 일이다. 하나 다행인 건 이 모녀 사이에도 여느 엄마와 딸들이 갖고 있는 내밀한 소통 채널이 존재한다는 사실이다. (문석)

김정은 KIM Jung-eun
1992년 인천 출생. 단편 〈우리가 택한 이별〉(2015), 〈야간근무〉(2017)는 제16와 18회 전주국제영화제에 초청된 바 있다. 〈경아의 딸〉은 장편 연출 데뷔작이다.

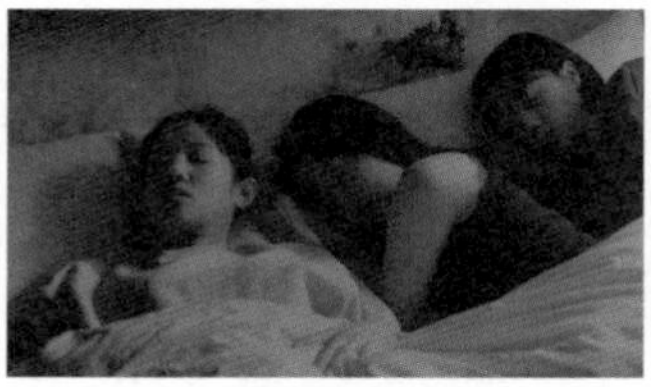

내가 누워있을 때 [12]
When I Sleep

Korea | 2022 | 116min |
DCP | Color | World Premiere

영화 속 세 여성의 관계는 매우 각별해 보인다. 사촌 언니인 선아는 부모의 갑작스런 사망으로 자기 집에서 지내면서도 착하게 자란 지수가 기특하고, 지수는 자신을 친동생 이상으로 아껴준 언니가 고맙다. 그리고 친구 사이인 지수와 보미는 너무 친해서 서로의 비밀스러운 일들을 모두 알고 있다고 생각한다. 선아, 지수, 보미는 지수 부모의 기일을 맞아 함께 길을 나선다. 하지만 갑작스러운 사고를 계기로 이들은 부딪히기 시작한다. 갈등이 심해지면서 이들 사이에 있던 가느다란 틈은 갈수록 벌어지고, 결국 서로의 실체를 보게 된다. 〈내가 누워있을 때〉는 이들이 여성으로서 겪어야 했던 각각의 이야기를 보여주면서 진심으로 화해하고 연대하게 되는 모습을 그린다. 서로의 실체를 제대로 아는 것이야말로 진정한 연대의 전제라는 사실 또한 보여준다. (문석)

최정문 CHOI Jungmoon
1989년생. 2008년 단편 〈당신의 날개〉를 시작으로 7편을 연출했다. 2015년 〈신탄진〉으로 제17회 부산독립영화제 대상을 수상했다. 이번 작품이 첫 번째 장편 연출작이다.

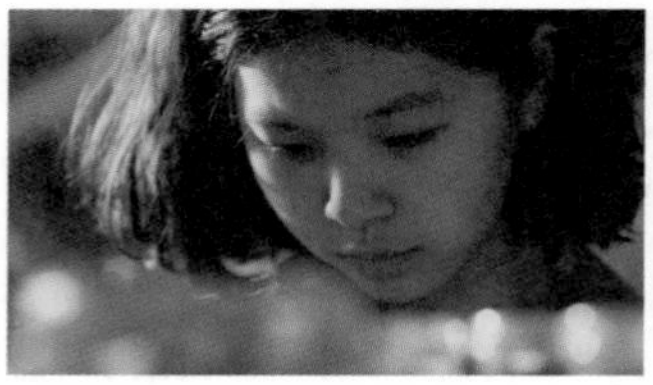

비밀의 언덕 [12]
The Hill of Secrets

Korea | 2022 | 122min |
DCP | Color | Asian Premiere

열두 살 소녀 명은은 부모님을 부끄럽게 생각한다. 시장에서 젓갈 가게를 하는 것도 창피하고, '돈밖에 모르는' 지독하게 세속적인 가치관도 숨기고 싶다. 반장으로 선출된 명은은 학부모 면담을 요청하는 선생님에게 이미 돌아가신 할머니 핑계를 대며 부모님에게 시간이 없다고 거짓말을 한다. 어느새 가짜 부모를 만들어낼 정도로 거짓말에 태연해진 명은의 삶은 전학 온 쌍둥이 자매의 등장으로 바뀌기 시작한다. 명은의 변화는 글짓기를 계기로 찾아오는데, 쌍둥이 자매가 자신의 삶을 있는 그대로 드러낸 글로 글짓기 대회에서 우수한 결과를 얻자 고민에 빠지게 된 것이다. 〈비밀의 언덕〉은 거짓말에 중독된 명은이 '진실'을 높은 가치로 내세우는 글짓기에 임하면서 겪는 갈등을 보여준다. 어린이들의 천진난만한 이야기이지만 성인 관객에게도 울림을 준다. (문석)

이지은 LEE Ji-eun
1985년 한국 출생. 3편의 단편영화를 연출했다. 첫 장편영화인 〈비밀의 언덕〉은 베를린국제영화제에서 최초로 상영되었다.

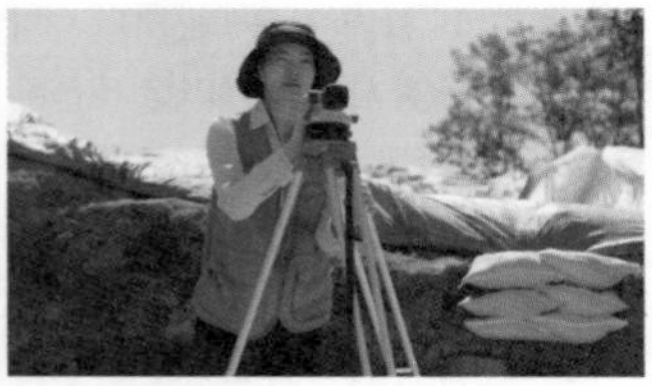

사랑의 고고학 [12]

Archaeology of love

Korea, France | 2022 | 168min |
DCP | Color | World Premiere

고고학 연구자 영실은 어릴 적 전학을 많이 다녀 남의 눈치를 많이 본다. 상대방의 감정에 너무 이입하는 성향도 갖고 있다. 이러한 성격은 연애에서도 드러난다. 8년 전 우연히 만나 8시간 만에 사귀게 된 인식과의 관계에서 영실의 성향은 큰 결함이 된다. 귀가 얇고 사소한 것에 집착하는 인식은 영실을 '자유로운 영혼'이라고 몰아붙이면서 관계를 지배한다. '가스라이팅'이라 부를 수 있을 법한 관계임에도 불구하고 영실은 인식에게 집착한다. 심지어 헤어진 지 오래됐음에도 인식의 곁을 떠나지 못하며 호감 가는 남성에게 접근할 수도 없다. 영실은 영화 초반 고고학의 본질이 '과거의 유물을 통해서 사람의 본질을 연구하는 것'이라고 말하는데, 〈사랑의 고고학〉 또한 영실이 남긴 사랑의 '유물'을 통해 관계의 본질을 섬세하게 파고드는 영화다. (문석)

이완민 LEE Wanmin
1981년 출생. 단편 〈가재들이 죽는.〉(2010)이 제12회 전주국제영화제에 상영되었고, 첫 장편 〈누에치던 방〉(2016)은 제21회 부산국제영화제 비전부문 시민평론가상을 수상했다.

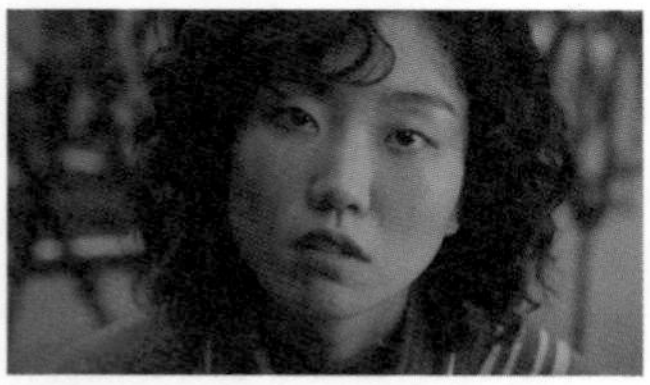

윤시내가 사라졌다 [12]

Missing Yoon

Korea | 2021 | 108min |
DCP | Color | World Premiere

엄마와 딸의 관계를 탐구하는 유쾌하고 떠들썩한 로드무비 〈윤시내가 사라졌다〉는 제목 그대로 가수 윤시내가 실종되면서 시작된다. '연시내'라는 예명으로 활동하는 '이미테이션 가수'인 엄마는 자신의 우상인 윤시내를 찾아 길을 나서고, '구좋알'(구독, 좋아요, 알림 설정)을 위해서라면 수단과 방법을 가리지 않는 유튜버 딸, 장하다는 이 모습을 담기 위해 동참한다. 이들은 다채로운 이름을 가진 이미테이션 가수를 수소문하며 윤시내의 행방을 찾아 헤매지만 단서는 쉽사리 잡히지 않는다. 이 영화는 사라진 대가수를 찾는 과정보다는 이 과정에서 지난 과거를 뒤집어 관계를 반추하고 서로의 진짜 모습을 발견하는 모녀에 초점을 맞춘다. "우리가 언제부터 서로 걱정하는 사이였어?"라는 딸의 말처럼, 윤시내 때문에 갈라졌던 모녀 사이는 윤시내 덕분에 새로운 전환을 맞이한다. (문석)

김진화 KIM Jinhwa
1990년 수원 출생. 한국영화아카데미에서 연출을 전공하고, 단편 〈나는 아직도 그녀의 족발이 그립다〉(2018), 〈차대리〉(2019) 등을 찍었다. 〈윤시내가 사라졌다〉는 감독의 첫 장편 연출작이다.

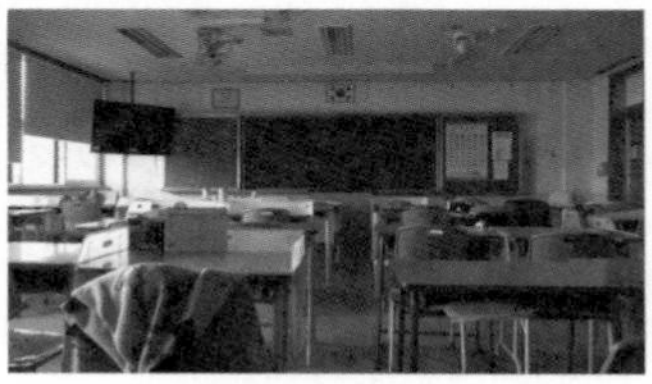

잠자리 구하기 [12]

온라인

Saving a Dragonfly

Korea | 2022 | 80min |
DCP | Color | World Premiere

〈잠자리 구하기〉는 대학이 젊은이들의 삶에서 어떤 의미를 갖는지를 질문하는 다큐멘터리다. 한데 이 영화의 질문 방식은 너무도 절절하고 때론 극단적이기까지 하다. 고등학생 시절, '입시생이라는 이름 아래 스스로를 지워가는 게 싫어' 대입에 관한 다큐멘터리 〈시발.〉(2014)을 만들어 주목받았던 홍다예 감독은 수년이 흐른 지금, 당시 던졌던 질문을 이어간다. 왜 대학에 가야 하냐고, 왜 재수까지 해야 하냐고. 그리고 왜 대학에 왔는데도 행복하지 않냐고. 감독 자신과 친구들의 이야기를 중심으로 구성되는 이 다큐멘터리는 대학이라는 목표를 위해 너무 많은 것을 희생한 이들의 한탄이자 당시 받은 상처를 조금씩이나마 녹여내려는 치유의 허밍처럼 보인다. 물속에 빠져 버둥거리는 잠자리 같던 자신과 친구들을 구하기 위한 감독의 절실한 마음이 영화 안에 가득하다. (문석)

홍다예 HONG Daye
단편 다큐멘터리 〈시발.〉을 만들어 2015 DMZ국제다큐멘터리영화제 청소년경쟁 부문 최우수상을 수상했다. 이후 〈개새끼〉(2016), 〈관종쓰레기〉(2018) 등을 연출했다.

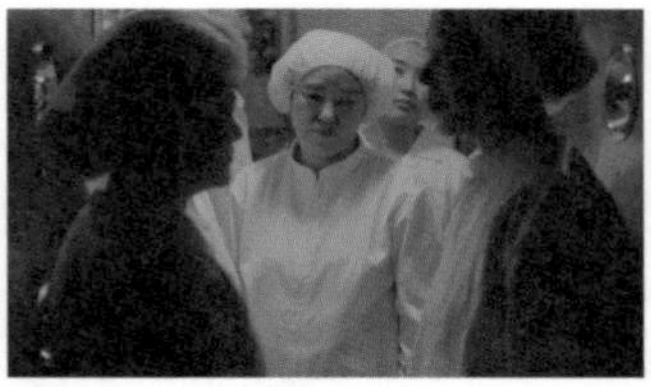

정순 [15]

온라인

Jeong-sun

Korea | 2021 | 105min |
DCP | Color | World Premiere

N번방 사건은 독립영화계에도 큰 파장을 만들어낸 것 같다. 〈정순〉 또한 한국사회를 분노하게 만든 해당 사건의 영향권 안에 자리하는 영화다. 주인공 정순은 고생 끝에 혼자 키운 딸을 이제 시집보낼 참이다. 홀가분한 마음의 정순은 소일거리 삼아 출근하는 식품 공장에서 어딘가 외로워 보이는 남자 영수를 알게 된다. 정순은 영수가 머무는 모텔에 자주 들르고, 이내 둘의 관계는 눈에 띌 정도가 된다. 속옷 바람의 정순이 춤추며 노래하는 모습을 영수가 휴대폰으로 촬영한 지 얼마 뒤, 사람들은 동영상을 보며 수군대기 시작한다. 영화에서 가장 인상적인 장면 중 하나는, 딸이 이 문제를 자신이 처리하겠다고 하자 정순이 "모두 내 일이니 내가 다 알아서 하겠다"고 소리치는 대목이다. 내면의 괴로움과 딸에 대한 섭섭함, 그리고 자존감이 어우러지는 이 장면은 이후 정순의 결단력 있는 행동으로 이어진다. (문석)

정지혜 JEONG Ji-hye
1995년 출생. 〈면도〉(2017)를 포함해 3편의 단편영화를 연출했다. 〈면도〉로 제20회 서울국제여성영화제 아시아 단편경선 등에 초청된 바 있다.

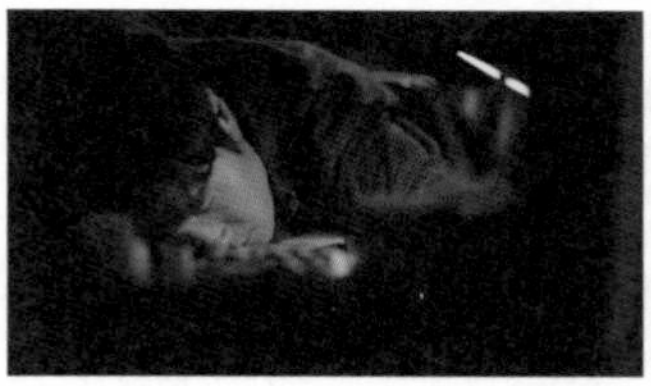

파로호 [15]

Drown

Korea | 2021 | 101min |
DCP | Color | Asian Premiere

심리 스릴러 〈파로호〉는 파로호의 거대한 전경으로 시작한다. 한국전쟁 당시 사망한 북한군 2만여 명이 수장된 곳이자 한때는 유명 관광지였던 그곳 말이다. 쇠락해가는 모텔에 붙박인 채 살아가는 주인공 도우는 치매에 걸려 시도 때도 없이 종을 울리며 자신을 호출하는 어머니와 모텔 객실에서 자살한 손님을 잇달아 마주하면서 신경이 예민해진다. 어머니의 신경안정제를 꺼내 먹고 잠을 청해도 보지만 도우의 정신은 더욱 불안해진다. 이 와중에 어머니가 갑자기 실종되고 마을 사람들은 도우를 의심하며 수군거린다. 여기에 마을 미용실 사장, 다방 아가씨, 고향 친구, 그리고 갑자기 모텔에 나타난 정체 모를 남성이 얽히면서 도우의 머릿속은 혼란스러워진다. 현실과 환상의 경계를 허물어뜨리며 이야기를 서술하는 이 영화는 올해 로테르담국제영화제 하버 부문에 초대됐다. (문석)

임상수 LIM Sangsu
2007년 독립영화협의회를 수료했다. 단편 연출작으로 〈서리〉(2011), 〈곳에 따라 비〉(2019) 등이 있다. 〈파로호〉는 첫 장편 연출작으로 한국영화아카데미 장편과정 작품이다.

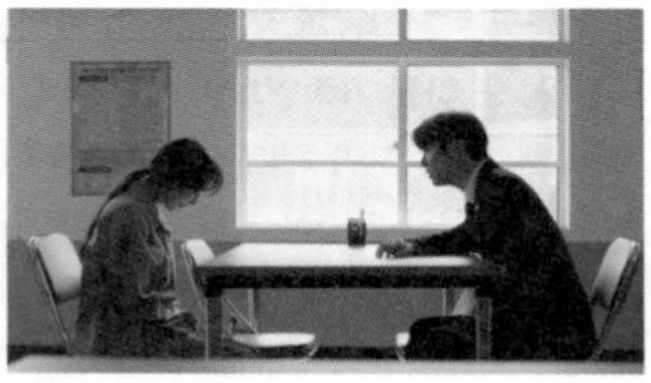

폭로 [15]

Havana

Korea | 2022 | 101min |
DCP | Color | World Premiere

법정 스릴러가 한국에서 자주 만들어지지 않는 여러 이유 중 하나는 한국 법정의 공판 방식이 서구처럼 흥미롭지 않기 때문이다. 〈폭로〉는 무미건조하고 단조로운 한국 법정을 배경으로 하면서도 스릴과 반전을 가진 법정 드라마를 만들 수 있음을 증명하려는 것처럼 보인다. 이 법정의 피고는 남편을 살해한 혐의를 인정한 여성 윤아다. 초보 변호사 정민은 국선으로 사건을 맡게 되지만 윤아의 무죄를 확신하며 의욕적으로 재판에 임한다. 영화는 거듭되는 공판을 드라마의 중심에 놓고 사건의 진실을 파헤치는데, 정민에게 메시지를 전하는 미지의 인물과 윤아가 사건 당일 만났다는 사람에 대한 의문 등이 어우러지면서 이야기에 속도가 붙는다. 스릴러 특유의 차가운 정서는 이야기 뒤에 숨어 있는 뜨거운 사랑의 기운을 만나면서 조화로워진다. (문석)

홍용호 HONG Yongho
한국예술종합학교 영상원 전문사과정 재학. 단편 〈더 멋진 인생을 위해〉(2016), 〈배심원들〉(2018), 〈미지의 왈츠〉(2019) 등을 연출했고, 장편 〈침묵〉(2017), 〈증인〉(2018)의 시나리오를 각색했다.

한국단편경쟁
Korean Competition for Shorts

여섯 명의 예심 심사위원이 한국단편경쟁 부문에 소개될 25편을 선정하는 과정에서 올해는 연애, 그리고 가족 관계의 이면을 엿보는 주제가 압도적으로 많다는 점에 공감대를 형성했다. 내밀하고 독점적인 관계가 불러일으키는 긴장과 불협화음이 그 자체로 영화에 매혹적인 분위기를 형성하거나, 이미지와 긴밀히 조응하며 감응을 불러일으켰다. 연인과 부부의 고난, 부모와 자식 간의 갈등, 결렬되고 이별한 사람들을 중심에 놓은 한국단편경쟁 부문 선정작들은 모두 과잉과 혐오에 함몰되지 않은 채 연결, 그리고 유대를 향한 새로운 가능성을 담담히 제시한 작품들이다. 이들 중에는 신선한 착상, 세련된 감수성, 유려한 촬영 등으로 높은 완결성에 감탄하게 만든 작품이 있는가 하면, 불균질한 완성도에도 불구하고 거부하기 힘든 정감과 사랑스러움으로 마음을 낚아챈 작품도 있었다.

동시에 창작자들은 팬데믹으로 인해 어느 때보다도 공고해진 접촉의 제한, 외부 세계의 울타리를 의식하고 이를 감각적으로 소화했으며, 이를 통해 익숙한 공간은 영화적으로 때로는 섬뜩하게 때로는 기분 좋게 해체되었다. 실내극이 증가한 만큼 공간 묘사 기법의 참신성과 시각적 독창성이 두드러졌고, 인간 심리를 파고드는 사유의 깊이 또한 더해졌다. 당연한 풍경을 낯설게 바라보려는 새로운 노력의 일환으로서 도시와 자연 공간을 산책, 모험, 배회, 추적하는 걸음걸이 또한 돋보였다.

매끈하게 조직된 서사와 이미지가 범람하는 속에서 이 흐름에 균열을 내는 일군의 실험영화들도 눈에 띈다. 화자, 데이터, 프레임 등 이미지의 매개로서 기능하는 요소를 과감히 분할해 화면의 긴장을 유도하는 이들 작품은, 극장 없는 영화의 시대에 작가들이 품은 미학적 포부를 보여준다. 한편 문제의식과 집요한 취재가 돋보이는 다큐멘터리가 부재한 가운데 에세이 필름에 가까운 일부 다큐멘터리들도 흥미로운 논의를 끌어냈다. 2022년 전주국제영화제 한국단편경쟁 부문의 영화들을 통해 이 낯설고 끈질긴 단편영화의 운명을 관객 여러분들도 직접 마주해보길 바란다. 결속과 해체를 그리면서도 자기 앞의 세계를 응시하는 올해의 영화들이 분명 담담한 용기를 나눠줄 것이다.

* 한국단편경쟁 예심위원 김병규, 김소미, 손시내, 이재은, 임지선, 진명현

한국단편경쟁 1

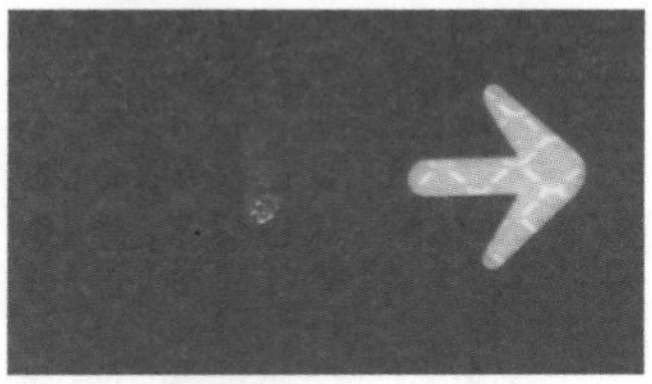

어떤 곳을 중심으로 하여 가까운 곳 [G]
온라인

Nearby

Korea | 2021 | 18min |
DCP | Color | World Premiere

대상은 사라졌어도 카메라는 장소에 머물 수 있다. 영화는 그렇게 자주 남겨진 공간에서 시작되기 마련이다. 그곳에 자취가 새겨져 있다고 믿으면서, 떠난 자들의 입자와 감정이 고여 있다고 애도하면서. 로드뷰 이미지의 시점과 동선을 카메라의 논리로 끌어들인 장윤미의 새 영화는 디지털 공간에 박제된 채 죽어 있던 장소에 주관적 리얼리티를 불어넣는다. 내레이션과 함께 이미지의 접합부를 대담하고 능숙하게 조율해내는 이 시도 속에서 차츰 공명하는 것은, 이토록 절실한 탐색에도 불구하고 대상의 중심에 도달할 수는 없으리라는 담담한 자각의 목소리이다. (김소미)

장윤미 JANG Yun-mi
1984년 대구 출생. 지금까지 7편의 장·단편 영화를 만들었다. 최근작으로는 〈깃발, 창공, 파티〉(2019)와 〈고양이는 자는 척을 할까〉(2020)가 있다.

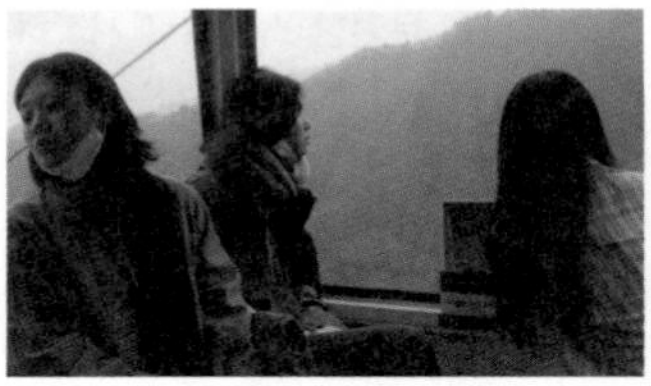

주인들 [12]
온라인

The Owners

Korea | 2022 | 20min |
DCP | B/W | World Premiere

사랑에 빠지는 것만큼 박탈당하는 것 역시 불가항력이란 사실을 이 영화의 '주인들'은 인정하기 어렵다. 상이한 방식으로 실연을 감내 중인 두 친구는 산책길에 주운 남의 가방 하나도 제대로 다루지 못해 쩔쩔매는 상태다. 분리된 몇 장의 시공간이 태연하게 접붙여지는 동안, 텅 빈 가방은 형태만 존재하는 기호가 되어 쓸쓸한 질문을 남긴다. 관계와 마음의 주인이 우리 자신이라고 믿기란 얼마나 쉬운가. 반대로, 우리가 매번 그것들의 소유자일 필요가 없다고 인정하려면 어떤 여정이 필요한가. 상실감의 꼬리를 좇으며 〈주인들〉은 그 대답을 찾아간다. (김소미)

조희영 JO Heeyoung
2018년 단편 〈기억 아래로의 기억〉을, 2020년 단편 〈두 개의 물과 한 개의 라이터〉를 만들었다.

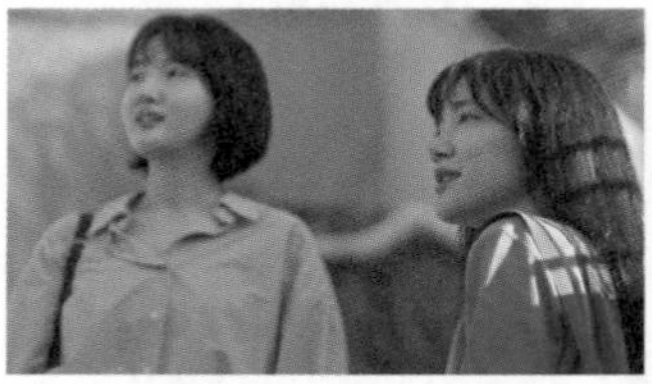

힘찬이는 자라서 [15]
온라인

When You Grow Up

Korea | 2022 | 34min |
DCP | Color | World Premiere

고등학교 시절부터 친구였던 세 여성이 한 집에 모인다. 이들 중 시나리오를 쓰고 있는 한 명은 친구의 남편과 대화 중 모든 부분에서 점점 말이 통하지 않는 미묘한 대립각에 놓이게 된다. 배우 손수현과 안소요의 연기가 돋보이는 여성영화로, 지금 한국사회에서 여성들이 맞닥뜨리고 있는 실제적인 문제점들을 현실적인 대사와 영화 속 영화라는 액자 구조를 통해 설득력 있게 전달한다. 일상적인 드라마의 톤으로 매끄럽게 진행되지만 묵직한 질문을 남기는 작품. (진명현)

김은희 KIM Eun-hee
중앙대학교 첨단영상대학원을 수료하고 〈소화불량〉(2015)과 〈작용과 반작용〉(2017)을 연출했다.

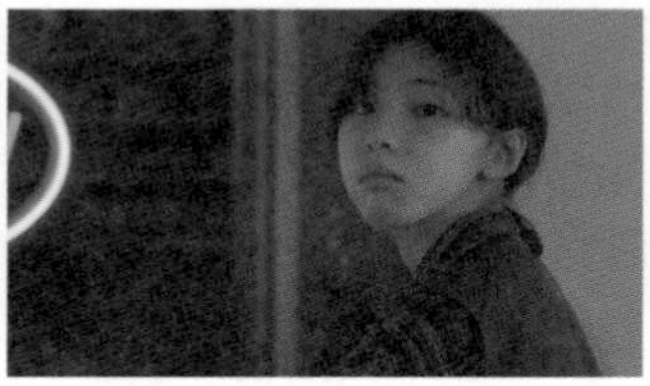

트레이드 [G]
온라인

TRADE

Korea | 2021 | 29min |
DCP | Color | World Premiere

편의점은 애환이 담긴 공간이다. 생계가 어려운 청춘이 일하는 곳이며, 사연 많은 중년 아저씨가 잠시 기댈 수 있는 곳이다. 그런 곳에서 접점 없어 보이는 두 인물의 갑작스러운 대결은 그 자체로 흥미롭다. 사소한 이해관계의 어긋남으로 시작된 결투는 걷잡을 수 없이 커지는데, 흡사 스트리트 파이터 같은 게임을 보는 듯하다. 촘촘하게 짜인 설계와 예상치 못한 전개는 코미디, 액션, 서스펜스를 넘나들며 과한 몰입감을 자아낸다. (임지선)

김민주 KIM Minju
1991년 서울 출생. 숭실대학교 영화예술전공 재학 중으로 단편 〈성인식〉(2019), 〈매니페디〉(2020)를 연출했다. 〈트레이드〉는 세 번째 연출작이다.

한국단편경쟁 2

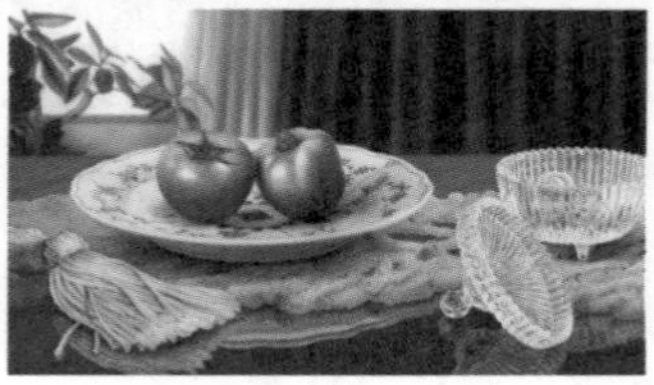

소문의 진원지 [G]
온라인

Epicenter

Korea | 2022 | 11min |
DCP | B/W | World Premiere

'그림 속의 그림'이라는 익숙한 표현은 〈소문의 진원지〉에서 '그림 옆의 그림' '그림 위의 그림' '그림과 그림' 등등으로 변주된다. 소묘된 둘 이상의 세계 사이엔 어딘지 이상한 연결고리가 있다. 언뜻 액자식 구성 같지만, 차라리 세계들 사이에 구멍이 뚫려 괴상한 통로 하나가 생성됐다고 말하는 편이 맞을 것 같다. 통화 연결음이 핸드폰의 진동을 거쳐 지진이 되는 사이에, 현실 너머의 세계는 현실이 되고 현실은 다시 환상이 된다. (손시내)

함희윤 HAHM Heeyoon
1994년 서울 출생. 〈기억극장〉(2020)을 포함해 2편의 작품을 연출했다.

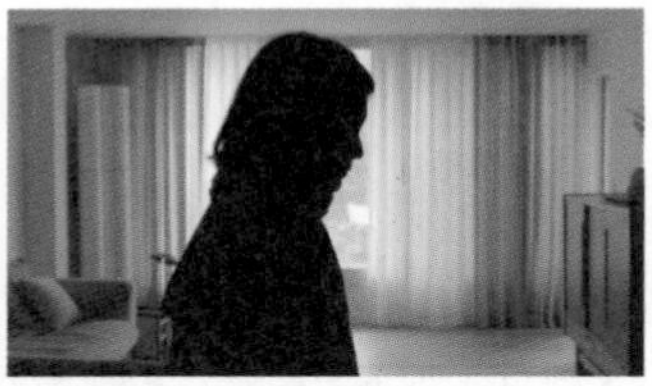

한낮의 침입자 [15]
온라인

Beyond the Veil

Korea | 2021 | 26min |
DCP | Color | World Premiere

바이올린 강사인 영희는 빈집에서 딸이 남자친구와 잠자리를 갖는 꿈을 꾼다. 그 꿈은 그녀의 삶을 흔드는 실질적인 불안으로 구체화된다. 월등한 재능을 갖춘 딸을 바라보는 영희의 심리는 애착과 불안, 염려와 열등감이 뒤섞

인 왜곡된 시선으로 그려지고, 그녀의 시선은 영화의 표상을 전염시켜 부르주아 가정의 공간을 일그러뜨린다. 인물들은 거듭해서 방 안으로 되돌아오고, 흔들리는 커튼과 공기 중에 떠다니는 먼지는 혼란을 증폭시킨다. 이야기의 논리에 기대지 않으면서 인물과 공간을 집어삼키는 불안의 '분위기'를 구현하는 인상적인 단편. (김병규)

김진형 KIM Jin-hyeong
1989년 출생. 건국대학교와 한국예술종합학교 전문사 과정으로 영화를 공부했다. 10여 년간 수많은 단편영화를 만들었다.

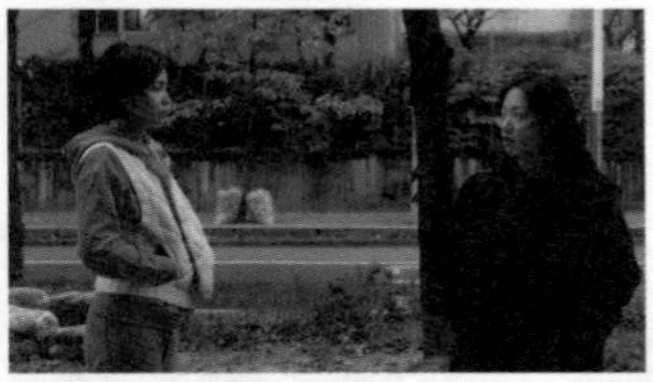

그렇고 그런 사이 [G]

온라인

Framily

Korea | 2022 | 30min |
DCP | Color | World Premiere

친한 친구 사이였던 선지와 진희는, 아가씨와 새언니가 되어 첫 명절을 보내게 된다. 이것은 공존 가능한 관계일까? 영화는 이들이 두 관계 사이를 왕복해가며 그들만의 해답을 만들어 나가는 과정을 다룬다. 오빠를 진희에게 소개했지만 정말로 결혼할 줄은 몰랐다던 선지의 말처럼, 영화는 공감할 수밖에 없는 이야기와 웃음들의 폭격이다. 갈등의 날카로움을 최소화하는 대신, 그 자리를 사랑할 수밖에 없는 캐릭터들의 하모니로 가득 채우며 축제 같은 통쾌함을 선사한다. (이재은)

김인혜 KIM In-hye
1989년 출생. 신문방송학과를 졸업한 후 2015년까지 드라마 제작사에서 프로듀서로 일했다. 단편 <김감독>(2019), <파지>(2020)를 만들었다.

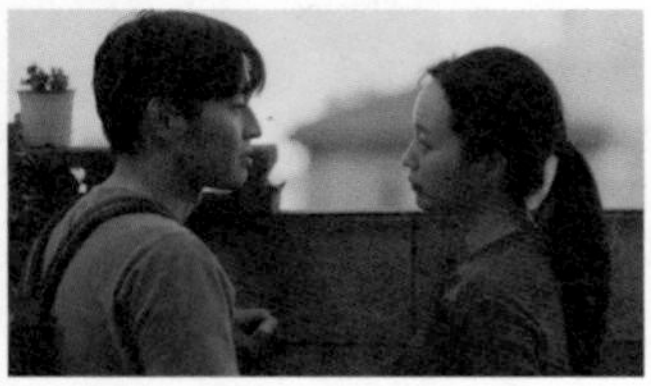

겹겹이 여름 [G]

온라인

Layers of Summer

Korea | 2022 | 34min |
DCP | Color | World Premiere

헤어진 연인 '연'과 '강'은 세 번의 다른 여름날 우연히 만나게 된다. 그날의 습한 공기는 서로를 왜 좋아했는지 오감을 동원해 상기시킨다. 각 만남이 연의 변화한 얼굴로 맺어지는 것을 보고 있자면, <겹겹이 여름>은 연의 성장 이야기로도 보인다. 연은 습관처럼 자신의 마음을 두고 가버리곤 하는데 강은 그 마음을 묵묵히 다시 쥐여준다. 그런 한결같은 강을 보고 연은 자신의 마음에 솔직해진다. 헤어진 커플이 잘 될 확률은 3%라고 했던가. 켜켜이 겹친 세월만큼 이 관계가 단단해졌을 거란 믿음이 러닝타임 동안 쌓여나간다. (임지선)

백시원 PAEK Siwon
1984년 출생. 시사교양 프로듀서로 일하다 한국예술종합학교에서 영화연출을 전공했다. 2021년 단편 <젖꼭지 3차 대전>으로 부천국제판타스틱영화제와 서울국제여성영화제에 초청되었다.

한국단편경쟁 3

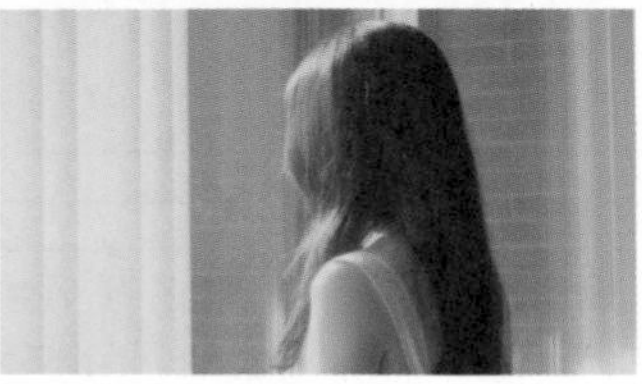

차가운 새들의 세계 [12]

온라인

A Soundless Dream

Korea | 2022 | 26min |
DCP | Color+B/W | World Premiere

알 듯 말 듯한 자막이 주어진다. '이것은 세 개의 이야기다. 그중 하나는 이미 일어난 일이고, 다른 하나는 이미 일어난 일에 대한 이야기이며, 나머지 하나는 이미 일어난 일에 대한 이야기를 말하지 않는 이야기다.' 이처럼 영화는 몇 겹으로 겹쳐진 이야기들로 구성된다. 화면에는 책을 읽는 희조가 보이고, 죽은 이수와 남자의 이야기를 낭독하는 목소리가 들려오며, 누구의 시점인지 모르는 풍경 이미지가 평행하게 제시된다. 신원 미상의 인물과 목소리는 사건에 대한 단일한 재현을 거부하고, 이야기를 점유하는 시제의 다면적 층위를 환기한다. (김병규)

강예은 KANG Yeeun
대학에서 심리학을 공부한 후 대학원에서 영화를 전공했다. 2017년 친구에게 빌린 토이 카메라로 첫 영화를 만들었다. <치치>(2017), <ㅅㄹ, ㅅㅇ, ㅅㄹ>(2020)을 연출했다.

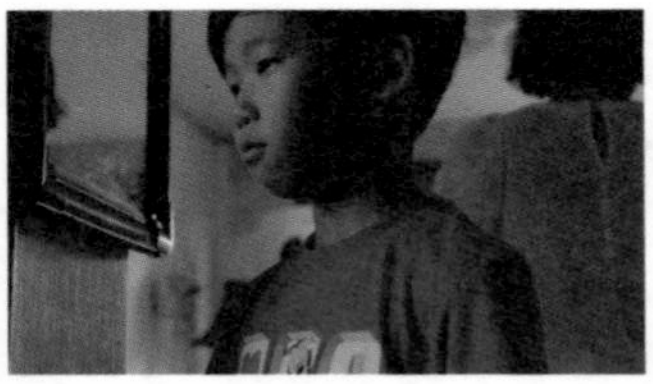

머드피쉬 [12]

온라인

Mudfish

Korea | 2022 | 24min |
DCP | Color | World Premiere

어딘가에 삶의 뿌리를 내리는 것은 누구에게나 어려운 숙제다. 미국에서 7년여의 세월을 머물다 돌아온 소년은 한국이라는 고향과 이곳의 관계들이 낯설기만 하다. 그러던 어느 날 시장에서 가지고 온 미꾸라지는 소년의 삶에 파문을 일으킨다. 계절의 질감을 아름답게 담아낸 서정적인 촬영, 배우들의 자연스러운 연기 호흡과 인상적인 대사가 돋보이는 작품으로, 시적으로 느껴지는 은유와 성장영화 특유의 뭉클한 무드로 관객들에게 조용한 파장을 일으키는 작품이다. (진명현)

이다현 Daniel LEE
1996년 출생. 2019년 다큐멘터리 <길고양이 버리기>를 시작으로 3편의 작품을 연출했다. 샌디에이고아시안영화제, 서울국제대안영상예술페스티벌 등에서 작품을 상영한 바 있다.

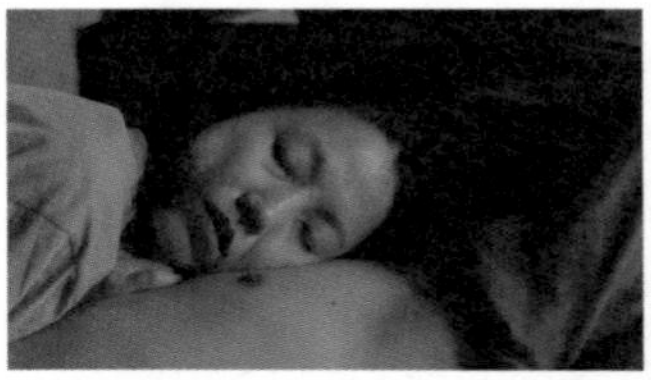

접몽 [15]

온라인

Be With Me

Korea | 2021 | 25min |
DCP | Color+B/W | World Premiere

쿵, 하는 소리가 잠을 깨운다. 잠든 이를 건드리는 둔탁한 소음으로 시작하는 <접몽>은 신경을 자극하는 소음, 흐트러지는 몸짓, 미묘한 말과 행동으로 커플의 균열을 탐색한다. 작가인 경주는 한 쌍의 접시가 하나밖에 남지 않은 것을 알게 되고, 남편 민재가 접시를 깼다고 의심한다. 그 작은 의심은 커플에게 주어진 안온한 관계의 질감을 부수는 단초로 확장된다. 글을 쓰는 이유를 묻는 민재의 질문에 "다른 삶을 살아볼 수 있으니까"라고 답하는 경주의 말처럼, 일상의 감춰진 틈새를 벌려 또 다른 삶의 형태를 꿈꾸게 하는 영화다. (김병규)

유진목 Eugene Mok
1981년 서울 출생. 2015년까지 영화 현장에 있으면서 장편 극영화와 다큐멘터리 7편에 참여하였고, 1인 프로덕션 '목년사'에서 단편 극영화와 뮤직비디오를 연출하고 있다.

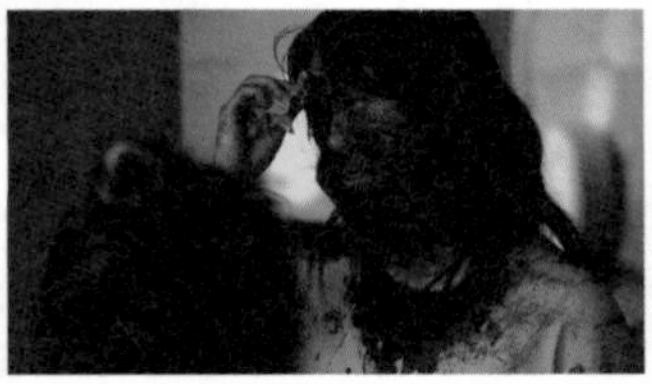

29번째 호흡 [15]

온라인

29th breath

Korea | 2022 | 27min |
DCP | Color | World Premiere

좀비를 연기하다 보니 누구보다 프로페셔널한 좀비 전문 연기자가 된 배우가 있다. 뒤틀린 몸과 음성으로 자신의 몫을 다하는 삶이지만 좀비를 연기하기 위해 배우가 된 이가 과연 있을까. 좀비물 호황 시대가 도래했고, 덕분에 수많은 엑스트라가 피 칠갑을 한 채 괴성을 지르는 것이 하나의 풍경이 되는 시대다. <29번째 호흡>은 장르물의 특성을 적극 활용하는 유머와 함께 누군가의 꿈과 현실에 대한 결코 가볍지 않은 질문을 던진다. 보는 내내 웃음을 머금었다가 마지막 장면에선 관객 또한 울컥하게 만드는 작품이다. (진명현)

국중이 KOOK Joong-yi
1985년 출생. <29번째 호흡>은 <포트폴리오>(2020)에 이은 두 번째 연출작으로 2021 CJ문화재단 스토리업 제작지원을 받았다.

한국단편경쟁 4

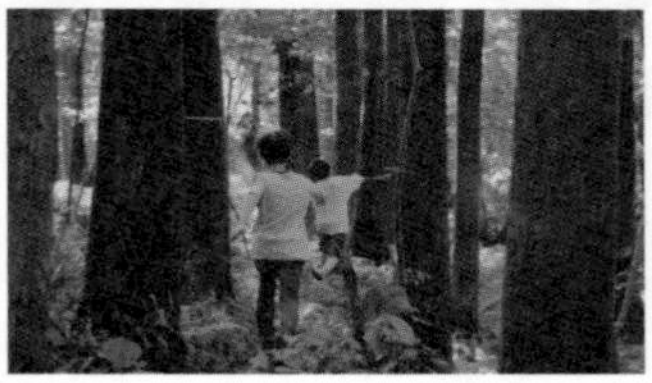

유빈과 건 [G]

온라인

In The Dry Stream

Korea | 2022 | 26min |
DCP | Color | World Premiere

곧게 뻗은 나무로 가득한 숲 깊은 곳에 숨은 건천. 이곳에서 두 소년이 만나 함께 시간을 보낸다. 건은 여기 살고, 유빈은 그런 건을 보러 매일 거짓말까지 하며 이곳에 온다. 그러나 평화로운 시간도 잠시, 숲을 밀어버리고 도로를 만들겠다며 공사가 시작된다. 유빈은 공사를 막고 싶지만, 아무도 그의 이야기를 들어주지 않는다. 여기엔 새와 벌레, 그리고 건이 살고 있는데... 유년기의 예민한 감수성과 이별의 경험, 무속

의 이미지가 한데 어우러져 인상적인 세계를 만든다. (손시내)

강지효 KANG Ji-hyo
대학에서 영화를 전공했다. 2020년 단편 〈김현주〉를 연출해 아이치국제여성영화제 대상을 수상했으며, 미장센단편영화제, 하와이국제영화제 등 여러 영화제에서 상영되었다.

낙마주의 G
Piggyback ride   온라인

Korea	2021	26min
DCP	Color	World Premiere

인공 폭포의 시작점을 확인하러 산을 오르는 길, 이제 막 헤어진 연인에게 이 길은 그다지 아름답지 않다. 둘의 불균형을 다시금 확인하는 건 물론이고 끝내 다투는 계기가 되기 때문이다. 하지만 이 길은 분명 아름답기도 하다. 여름의 초록빛과 걸음걸이의 리듬, 망설이는 목소리와 예민한 시선이 빚어내는 소우주는 너무나도 매력적이다. 얼핏 둘 사이의 적당한 거리를 찾는 어른스러운 여정처럼 보이지만, 그 거리가 예상치 못하게 좁혀지는 순간에 놀라운 감흥이 찾아온다. (손시내)

최지훈 CHOI Jihoon
1986년 전주 출생. 감독이자 사진가다. 단편 〈두 밤〉(2015)을 연출했으며 〈낙마주의〉를 공동 연출했다.

함윤이 HAAM Yuni
1992년 출생. 작가이자 소설가다. 다원예술 서적 『서울집』(2022)의 기획 및 집필을 맡았다. 〈낙마주의〉를 공동 연출했다.

분더카머 10.0 15
Wunderkammer 10.0

Korea, Netherlands	2021	32min
DCP	Color	Korean Premiere

미래 도시의 자율주행 운영 체계인 '분더카머'는 데이터를 수집하는 과정에서 폐허가 된 건물을 발견한다. 주춧돌만이 남은 폐허는 공간의 용도를 파악할 수 없을 만큼 손상되어 있고, 인터넷 이미지를 배회하던 분더카머는 버려진 블로그를 마주한다. 회화와 사진과 영상이 남겨진 블로그는 미래 도시의 자동화된 논리와 충돌하기 시작한다. 사변적 SF의 틀 안에서 변모하는 이미지의 조건을 검토하는 〈분더카머 10.0〉은 사라진 대상과 흔적을 탐색하는 탐정의 영화이자 영화가 없는 세계에서 영화의 윤곽을 되찾는, 이미지에 관한 매체학적 탐구다. (김병규)

기예림 KI Yelim
한국예술종합학교 미술원 조형예술과를 졸업하고, 컴퓨터 언어를 활용한 글을 쓰며 시각예술 작가로 활동한다.

박소윤 PARK Soyun
네덜란드 헤이그를 기반으로 활동하는 다원예술가이다. 다양한 기계 매체를 연구하며 기술과 인간과의 관계를 탐구한다.

정인우 JUNG Inwoo
독일 쾰른에 거주하는 예술 작가로, 소리를 중심 매체로 비언어적 공감각 세계를 형성하여 새로운 문화적 코드를 탐구한다.

심장의 벌레 G
Bugs in your heart   온라인

Korea	2022	24min
DCP	Color	World Premiere

1년 만에 집에 온 준기는 아내 미숙과 간질간질한 데이트를 한다. 번갈아 가며 서로를 보는 눈빛과 틱틱 대면서도 꼭 붙들고 있는 팔짱은 한순간에 우리를 영화에 스며들게 한다. 그런 탓일까. 준기가 미숙을 떠올리며 썼다는, 벌레로 가득 찬 시는 그 문자의 형태만으로도 가슴이 멘다. 둘을 둘러싼 공기에 마법의 가루가 흩날리고 있는 것만 같다. 이날 두 사람의 결말에 슬퍼해야 할지 현실로 나아감에 기뻐해야 할지 고민하고 있을 때, 영화는 두 감정을 동시에 안겨준다. 두 감정의 섞임에서 나오는 간지러움이 심장에 벌레만치 오래오래 사라지지 않는다. (이재은)

한원영 HAN Wonyoung
1990년 강원 강릉 출생. 2021년 단편 〈눈 먼 사랑〉을 연출했다.

야행성 G
The Nocturnal Kids   온라인

Korea	2021	26min
DCP	Color	World Premiere

각자 다른 이유로 밤에 잠을 자지 못하는 두 학생이 있다. 외로운 사람들이 만나 서로의 아픔을 공유하고 끝내 성장하는 이야기에 마음을 뺏기지 않기란 어렵다. 가정사로 인해 상처받는 학생들의 이야기를 다룸에도, 너무 무겁지 않게 그려낸 연출자의 담담한 시선이 돋보인다. 영화의 주된 배경인 밤, 집보다 롯데리아가 더 편하다고, 그리고 원래 잠이 없다고 말하는 이들의 무표정이 안타깝다. 본의 아니게 야행성이 되어버린 이들이 한밤중에 서로를 보게 됐을 때, 끝이 없을 것 같던 밤이 끝내 밝아졌을 때, 이유 모를 안도감이 느껴진다. (임지선)

박지수 PARK Jisu
1996년 경북 영천 출생. 숭실대학교 영화예술학과에 재학 중이며 단편 〈자는 게 뭐가 나빠〉(2017), 〈맞고 싶은 날〉(2020) 등을 연출했다.

버킷 G
A Guitar in the Bucket   온라인

Korea	2021	15min
DCP	Color	Asian Premiere

독특한 상상력의 애니메이션. 〈버킷〉의 도시는 자신의 쓸모를 팔아 필요를 채우는 현대 사회의 모습이 극단적으로 압축된 곳이다. 집도, 동행인도, 음식도 전부 자판기에서 뽑아 쓰고 반납해버리면 그만이지만, 가끔 꿈이나 애틋한 마음 같은 게 등에 짊어진 버킷 밖으로 흘러넘치고 만다. "나는 음악 도시로 떠날 거야. 언젠가 코인 10개만 모으면." 기타리스트가 되고픈 소녀를 따라 걷다 보면 어느새 도시 가장자리의 다른 삶 또한 눈에 들어온다. (손시내)

김보영 KIM Boyoung
2013년부터 5편의 작품을 연출했다. 〈레버〉(2018)는 안시 및 국내외 70여 개 영화제에 초청됐고, 최근작 〈버킷〉은 바르샤바국제영화제, 끌레르몽페랑국제단편영화제 등에 초청되었다.

오 즐거운 나의 집 G
Home Sweet Home   온라인

Korea	2022	37min
DCP	Color	World Premiere

서울에서 생활하던 자매는 생활고로 인해 다시 고향, 엄마 품으로 간다. 무언가 달라졌을 거라 기대해 보지만 이곳은 여전히 차갑다. 이 과정에서 돋보이는 건 인물들 간의 관계성이다. 이토록 연인 같은 자매, 연인 같은 모녀가 있을까. 서로에게 하는 말과 행동은 폭력이자 애정이다. 보이지 않은 결핍들은 팽팽하게 불어나 언제 터져도 이상하지 않다. 시종일관 고정된 앵글과 음악 없이 채워지는 침묵은 영화 속에서 발생하는 작은 균열에도 민감하게 반응토록 한다. 결국 자생의 길을 택하는 이들의 모습은 '집'이란 무엇인지 그 의미를 다시 묻게 한다. (임지선)

이해지 LEE Hae-ji
1998년 부산 출생. 영화과 진학 이후 2편의 단편 실험영화 연출을 시작으로 〈봄처녀〉(2019), 〈오 즐거운 나의 집〉 등을 연출했다. 두 영화 모두 영화진흥위원회 단편지원사업에 선정됐다.

현수막 12
The Banners   온라인

Korea	2022	25min
DCP	Color	World Premiere

우리는 무엇을 찾기 위해 얼마의 시간을 견디며 기다려야 할까. 떠난 자는 말이 없고 내걸린 현수막은 세월에 흔들린다. 15년 만에 사라진 언니가 돌아왔다. 기다린 이들은 어떤 말을 물을 수 있고 돌아온 이는 어떤 대답을 들려줄 수 있을까. 〈현수막〉은 세월이라는 바람에도 기어코 송두리째 흔들리지 않았던 세 사람 사이의 단단하고 무

른 나이테들을 더듬는다. 섬세하게 감정선을 지탱하는 세 배우의 고른 호연과 그 감정의 변곡점들을 조심스레 그려내는 차분한 연출이 돋보이는 작품이다. (진명현)

윤혜성 YOON Haesung
1988년 출생. 퇴사 후 영화를 만들고 있다.

한국단편경쟁 6

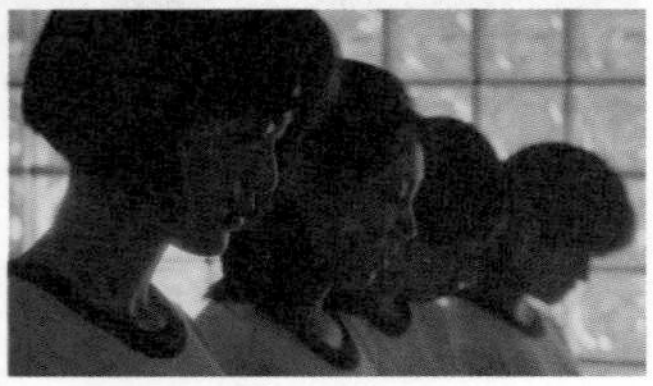

새벽 두시에 불을 붙여 [12]
온라인

Light It Up at 2 AM

Korea | 2022 | 19min |
DCP | Color+B/W | World Premiere

영화는 1995년 한 여자 기숙학원의 실제 방화사건을 배경으로 한다. 유림은 자유가 없는 화원여자기숙학원을 탈출하고자 새벽 2시에 불을 붙일 계획을 세우고, 유림을 필두로 주변 아이들이 연대한다. 그 과정 중 누군가는 내심 기대했을 단 하나의 웃음도 내어주지 않는다. 대신 강렬한 미장센과 무감정한 목소리로 이들에게는 단 하나의 목표만 있음을 알린다. 촘촘한 철망 사이 작은 틈 아래. 민들레 씨앗같이 흩뿌려져 있는 아이들의 외로움이 내려다보인다. 영화가 기억하고 싶었던 소녀들의 작은 꿈과 사연들이 후 불면 날아갈 것만 같이 가깝다. (이재은)

유종석 YOO Jongseok
1992년 출생. 한국예술종합학교에서 영화연출을 전공했다. 2019년 작 〈아쿠아마린〉은 전주국제영화제에 초청되었다.

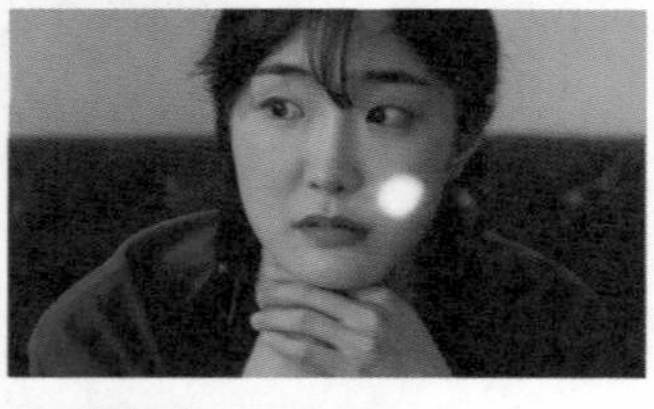

문제없어요 ♪ [12]
온라인

No Problem

Korea | 2022 | 15min |
DCP | Color | World Premiere

민철을 짝사랑하는 예지는 오늘따라 소화 불량 상태다. 혼자서 고백 연습을 하며 민철에게 자신의 마음을 표현할 기회를 노리지만, 휘규와 혜영의 기습 방문으로 고백의 타이밍은 자꾸 미끄러진다. 고경수 감독의 〈문제없어요♪〉는 인물의 섬세한 감정을 표현하기 위해 1.37:1이라는 명백한 이유가 있는 화면비를 선택했다. 소화 불량과 방해꾼들의 기습 방문으로 인한 불편함, 하지만 민철을 향한 설렘이 고스란히 묻어나는 예지의 다양하고 섬세한 감정 표현이 이 영화에 잠깐 등장하는 미러볼의 다채로운 빛과 똑 닮아 있다. 한 공간에서 일어나는 이 작고 귀여운 소동극은 단편영화만이 가질 수 있는 매력을 십분 발휘한다. (최진영)

고경수 GOH Gainsoo
전주 출생. 인천과 전주, 서울을 떠돌며 영화 관련된 작업을 한다. 단편 〈마음의 편지〉(2017)와 〈남남〉(2021)을 만들었고, 〈문제없어요♪〉는 앞선 두 작품의 연작이다. 주마등 필름 소속이다.

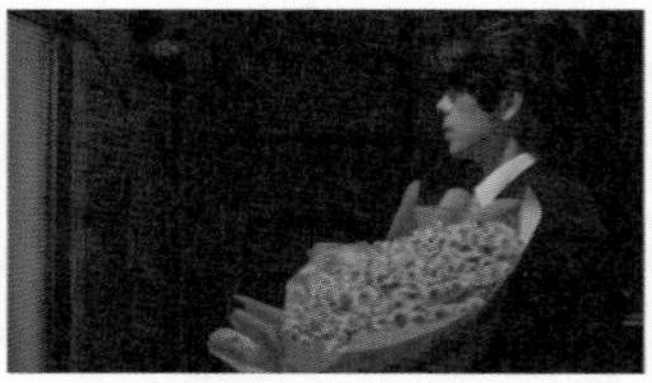

아빠는 외계인 [G]
온라인

My Daddy is an Alien

Korea | 2022 | 28min |
DCP | Color | World Premiere

엄마는 외계인 아버지가 돌아온다고 믿는다. 그런 엄마를 걱정한 아들은 몰래 연극 치료를 신청하는데, 아버지 역 배우는 한술 더 뜨며 완벽한 외계인 남편으로 분한다. 이상해 보이는 인물들 사이, 유일하게 평범한 아들은 이들을 자연스럽고 다정한 방식으로 대한다. 그 덕분일까. 영화는 모든 '이상함'들을 다 '사랑'으로 치환시킨다. 또한 드러나지 않은 부재를 다정하게 채워준다. 엄마의 괴상한 외계 음식들부터 배우의 부담스러운 메소드 연기까지, 영화 내내 감탄하게 되는 이런 기괴한 웃음들에도 하나같이 사랑이 어려 있다. (이재은)

박주희 PARK Ju-hee
1995년 출생. 중앙대학교에서 영화를 전공했다. 〈아빠는 외계인〉은 감독의 두 번째 단편 연출작이다.

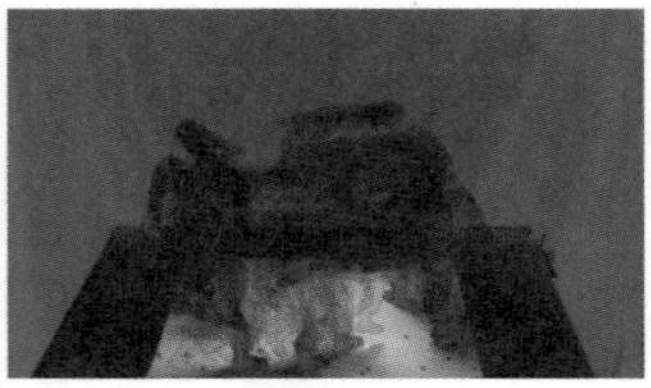

소진된 인간 [15]
온라인

The Exhausted

Korea, USA | 2021 | 7min |
DCP | Color | World Premiere

네 명의 군인이 직사각형 무대를 걷고 있다. 엄격하게 통제된 몸짓을 수행하던 군인들은 서서히 무대를 이탈하고, 사각의 프레임에는 그들의 패턴화된 발걸음에 변형을 가하는 매개적 장치와 광학적 표현들이 난입하기 시작한다. 〈소진된 인간〉은 짧은 러닝타임에 영화에 잠재된 매체의 자기 반영적 질문들을 녹여낸다. 프레임 내부의 직사각형 공간과 카메라의 사각 구도가 맺는 간극을 탐구하고, 스톱모션 이미지의 움직임과 외화면의 목소리, 그리고 움직이는 대상을 포착하는 초기 영화적 흔적이 일으키는 미묘한 긴장을 드러내는 야심 찬 작품이다. (김병규)

김진수 Justin Jinsoo KIM
1993년 텍사스 오스틴 출생. 2021년 뉴욕영화제, 서울국제실험영화페스티벌, 인디포럼에서 상영한 〈심리테스트〉(2021)를 포함해 4편의 단편을 연출했다.

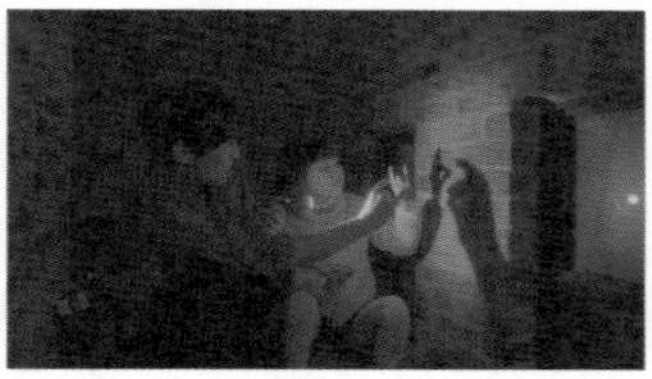

트랜짓 [G]
온라인

Transit

Korea | 2022 | 28min |
DCP | Color | World Premiere

〈트랜짓〉은 조용한 자태로 전환점에 선 인물들의 결심과 압도감, 외로움을 유려하게 묘사해낸다. 만연한 소동극의 무대로 전락해버린 영화 현장에 우아한 분위기를 불어넣는 연출자의 세련된 감각, 관계의 미세한 역학을 발견하는 시선 역시 미덥다. 카메라 뒤편의 개인들에게 주어지는 기다림의 시간 속에는 유대의 가능성뿐 아니라 집단 문화가 묵인하는 차별과 배제도 스며들어 있다. 그로부터 발생하는 미묘한 소외의 감각이 트랜스젠더 조명기사의 손끝에서 빛의 스펙트럼으로 피어날 때, 영화 전체를 감싼 고독의 그림자와 대비되는 미적 감흥이 밝게 일렁인다. (김소미)

문혜인 MOON Hyein
1985년 출생. 2015년 단편 〈나가요: ながよ〉로 데뷔해 배우로 활동하고 있으며, 2021년 단편 〈흰,은〉을 연출했다.

전주시네마프로젝트
JEONJU Cinema Project

전주시네마프로젝트는 전주국제영화제가 독립·예술영화에 직접 투자를 해 저예산 영화 제작 활성화를 도모하는 프로그램이다. 2000년 '혁신'이라는 기조 아래 시작된 전주국제영화제는 단편 옴니버스 프로젝트 '디지털삼인삼색'을 매해 선보여 총 42편의 작품을 발표하면서 영화예술의 시대정신을 담는 창구로서 기능해왔다. 2014년부터는 창작자들이 내용과 형식 모두에서 보다 자유로운 표현을 할 수 있도록 돕기 위해 장편영화 제작지원으로 그 방향을 바꾸었다. 이는 영화산업계 내에서 영화제가 할 수 있는 또 다른 기능을 선보이며 새로운 비전을 제시한 분기점으로 기록된다. 올해 9년 차에 접어든 전주시네마프로젝트는 지금까지 27편의 영화를 소개해왔다. 지난 2년여간 전 세계를 멈추게 한 코로나 감염증의 영향 아래 전주시네마프로젝트 역시 작품들이 안전하게 제작되고 가능한 곳에서 상영돼 관객을 만날 수 있도록 지원을 아끼지 않았다. 그 결과 올해는 4편의 작품을 소개한다. 극영화, 다큐멘터리, 실험영화 등 그 장르도 다양하다.

우선 〈시간을 꿈꾸는 소녀〉는 남의 운명을 봐주는 무녀 수진이 정작 자신의 길을 고민하며 새로운 행동을 감행해보는 이야기다. 주어진 운명 같은 삶에서 인간은 어디까지 선택하며 살 수 있을지 질문하는 작품으로, 〈춘희막이〉(2015), 〈행복의 속도〉(2020)를 통해 캐릭터의 힘을 보여준 박혁지 감독의 신작 다큐멘터리이다. 〈입 속의 꽃잎〉에서 영화 초반 전 세계 최대 규모 꽃 시장을 관찰하던 카메라는 불치병에 걸린 남자가 우연히 파리의 한 카페에서 낯선 이와 나누는 대화로 포커스를 옮긴다. 루이지 피란델로의 희곡에서 영감을 받은 이 작품은 인간 조건에 따라 시간과 삶에 대한 인식이 얼마나 다를 수 있는지를 가늠해보게 한다.

한편 〈애프터워터〉는 픽션, 다큐멘터리, 실험영화가 자유롭게 혼합된 형식으로 세 개 챕터로 구성되어 있다. 현재와 과거, 미래일지도 모를 시간 단위를 통해 전 세계의 호수와 숨겨진 보물을 연구하고 비교하며 실패한 유토피아와 집단적 꿈, 과거의 유적과 미래를 이미지로 표현한 영화다. 〈세탐정〉은 이 시대의 고통을 짊어진 것처럼 보이는 도시를 배경으로 젊은이들이 느끼는 무정부주의에 대한 희망과 보장되지 않는 미래에 대한 환상을 표현하는 이야기다. 미술작가로 실험영화를 만들던 아르헨티나 예술가, 알란 마르틴 세갈의 장편 데뷔작이다. (문성경)

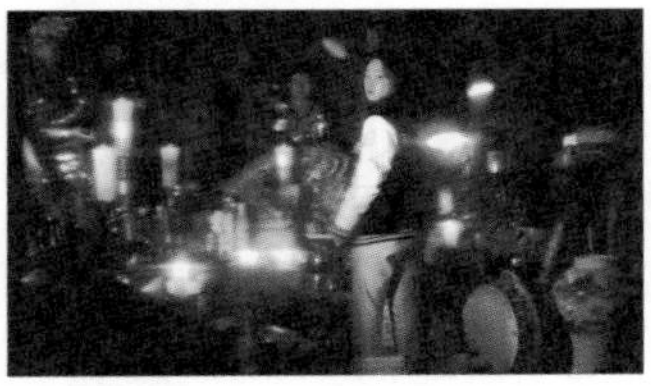

시간을 꿈꾸는 소녀 [G]
Girl who dreams about time

Korea | 2022 | 111min |
DCP | Color | World Premiere

홍성 산속에 사는 할머니 경원과 돌이 지난 후부터 할머니 손에 자란 손녀 수진은 무당이다. 다큐멘터리 촬영이 시작된 2015년, 고3이던 수진은 무당이 되기 싫어서 대학 진학을 위해 노력한 끝에 대학에 합격한다. 수진은 대학 생활의 재미와 여러 일정으로 인해 주말만큼은 홍성에 와서 점을 보겠다고 한 할머니와의 약속을 자꾸만 어기고, 할머니와의 사이도 멀어진다. 이 갈등과 함께 자신의 이중생활을 알 리 없는 학교 사람들에게 자신이 '무녀'임을 밝히는 것 역시 무거운 짐이었는지 수진은 급기야 다큐멘터리 촬영도 중단해버린다. 한편, 3년이 지나 이제 대학 졸업반이 된 수진은 자신의 숙명을 받아들이기로 결심하고 다시 촬영에 응한다. 그리고 평일에도 일하는 전업 무당의 길을 택한다. 비공식 통계지만 무속인의 수가 100만 명에 달한다고 하니, 과학 기술의 발전에도 불구하고 자신의 미래를 알고자 하는 사람들의 욕구는 여전히 크다고 할 수 있다. 하긴 늘 남의 인생을 점치던 수진도 정작 자신의 삶은 어떻게 꾸려가야 할지 몰라 방황하지 않았는가. 완성까지 7년이 걸린 이 작품을 연출한 박혁지 감독은 방송 다큐멘터리를 거쳐 2015년 〈춘희막이〉로 스크린 데뷔를 했고, 2022 전주국제영화제 전주시네마프로젝트 선정작인 〈시간을 꿈꾸는 소녀〉가 네 번째 장편 다큐멘터리 연출작이다. (전진수)

박혁지 PARK Hyuckjee
방송 다큐를 주로 만들다 2015년 〈춘희막이〉로 데뷔, 최근 〈행복의 속도〉(2020)를 연출했다.

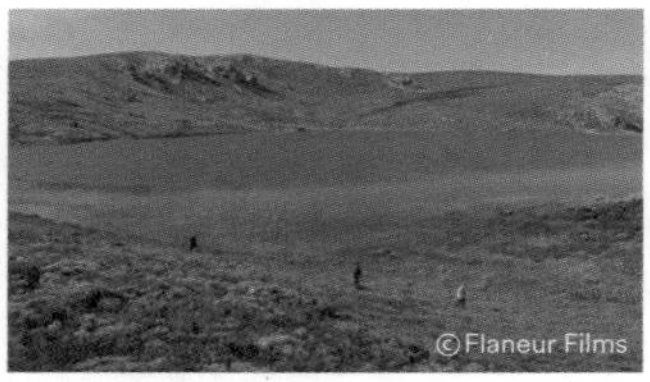
ⓒFlaneur Films

애프터워터 ⑫
온라인

Afterwater

Germany, Serbia, Spain, Korea | 2022
93min | DCP | Color | Asian Premiere

두 편의 장편영화와 단편 몇 편을 작업한 경력을 갖고 있음에도 불구하고 다네 콤렌에겐 어쩐지 '진정한 작가의 등장'이란 수식이 어울린다. 그는 그간의 어떠한 경향이나 스타일과도 차별되는 자신만의 독특한 이미지와 이야기를 창조하는 감독이다. 그의 스타일을 굳이 정의하자면, 꿈을 다큐멘터리로 기록하는 방식이라고 할 수 있겠다. 혹은 꿈 같은 것을 실재하는 영상과 사운드로 변형시키는 연금술이라고 할까. 자연에 대한 연구와 명상에 전념하는 일련의 등장인물들이 내미는 손을 잡는다면, 〈애프터워터〉는 세상에서 멀리 떨어진 유토피아적인 낙원을 찾아 관객들을 그곳으로 안내할 것이다. (문성경)

다네 콤렌 Dane KOMLJEN
1986년 유고슬라비아 사회주의 연방공화국 출생. 영화 연출과 현대 미술을 전공했다. 그의 단편영화들은 칸영화제를 포함한 다양한 영화제에서 상영되고 수상했다. 〈꿈의 문장 Fantasy Sentences〉(2017)으로 로카르노 국제영화제에서 특별언급상을 받았다.

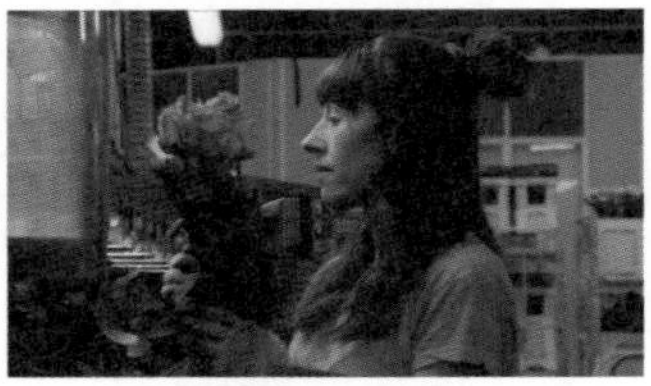

입 속의 꽃잎 [G]
온라인

A Flower in the Mouth

France, Korea, Germany | 2022 |
67min | DCP | Color | Asian Premiere

다큐멘터리스트와 미술가로서의 에리크 보들레르의 작업을 아는 이들은 그가 이탈리아 작가 루이지 피란델로의 희곡을 각색했다는 사실에 놀랄지도 모른다. 그러나 〈입 속의 꽃잎〉은 인간 조건의 상대성에 대한 이야기이며, 그가 꾸준히 관심을 가져온 인간의 삶을 새로운 스타일로 보여준다는 차이점만이 있을 뿐이다. 이 작품은 마치 세계의 뒤편처럼 존재하는 듯한 밤의 세계를 묘사한다. 세계에서 가장 큰 꽃 시장과 아름다운 도시, 파리의 작은 카페에서 밤새 일어나는 일들을 두폭화의 형식으로 보여준다. 〈입 속의 꽃잎〉은 그 모든 복잡성과 아름다움에도 불구하고 인본주의적 이상을 결코 외면하지 않는다는 측면에서 오늘날 영화가 가끔 잊어버리는 지점을 오롯이 담고 있다. (문성경)

에리크 보들레르 Éric BAUDELAIRE
1973년 출생. 프랑스 파리에 기반을 둔 예술가이자 영화감독이다. 장편영화 〈어글리 원 The Ugly One〉(2013), 〈레터즈 투 맥스 Letters to Max〉(2014), 〈지하디로 알려진 Also Known As Jihadi〉(2017), 〈드라마틱 필름 Un film dramatique〉(2019)은 로카르노, 토론토, 로테르담 등 여러 국제 영화제에서 소개되었다. 2019년 전시 '여유를 가지세요'(Tu peux prendre ton temps)로 마르셀 뒤샹상을 받았다.

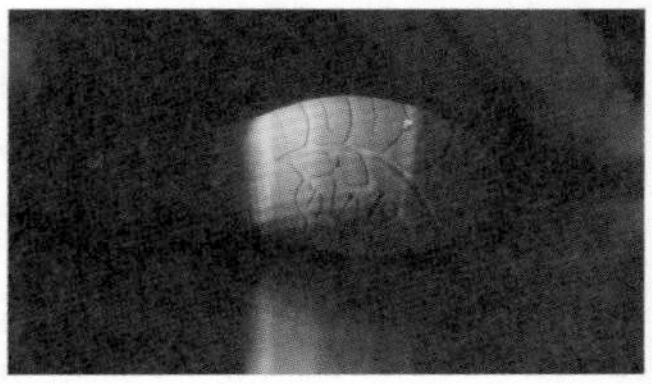

세탐정 [G]
온라인

Via Negativa

Argentina, Korea | 2022 | 60min |
DCP | Color | World Premiere

F는 두 명의 아나키스트를 따라다닌다. 이들은 버려진 상가와 아파트를 돌아다니는데, 자신들만의 비밀스러운 신호를 가지고 표 나지 않게 빈 공간을 침범하는 데서 재미를 느낀다. 사회 시스템에 대한 불복종과 무단 침입 같은 행동을 함께하며 모르는 사이였던 셋은 점점 가까워진다. 팬데믹 이후 경제위기를 겪은 도시는 영원히 정지 상태에 잠겨 있는 듯하고, 하나의 유물이 돼 기이한 우울함과 향수를 불러일으킨다. 아르헨티나 예술가 알란 마르틴 세갈의 장편 데뷔작인 〈세탐정〉은 이 시대의 모든 고통을 겪고 있는 것처럼 보이는 도시를 배경으로 젊은이들이 느끼는 망명에의 희망과 보장되지 않는 미래에 대한 환상을 표현하는 이야기다. (문성경)

알란 마르틴 세갈 Alan Martín SEGAL
1985년 아르헨티나 부에노스아이레스 출생. 부에노스아이레스와 뉴욕을 오가며 일하고 있다. 그의 작품은 뉴욕 헤셀미술관, 부에노스아이레스 현대미술관, 남미 현대미술비엔날레, 루브르 박물관 등 여러 갤러리와 비엔날레에서 전시되었다.

프론트라인
Frontline

전주국제영화제는 독립적이고 도발적인, 새로운 시선을 드러내는 영화를 오랫동안 지지해왔다. 영화보다 낯선 섹션이 이 같은 맥락에서 형식적인 실험에 초점을 두고 있다면, 프론트라인은 내용적인 측면에서 보다 과감하고 도전적인 시도를 하는 작품들로 구성된다.

크리스토프 코녜의 〈그들이 서 있던 곳에서〉는 제2차 세계대전 당시 나치 수용소에 수감된 유대인들이 자신들의 모습과 수용소의 풍경을 담은 사진을 기록으로 남겼다는 믿을 수 없는 사실을 알리는 다큐멘터리다. 이들이 직접 남긴 사진들을 통해 당시의 비참했던 역사를 돌아보게 만든다. 한편 다큐멘터리 감독 크리스틴 초이가 1989년 촬영을 시작한 뒤 미완으로 남은 프로젝트를 벤 클라인, 바이올렛 콜럼버스 두 감독이 다시 끌어와 만든 〈천안문의 망명자들〉은 중국 천안문 사건으로 추방당한 세 명의 반체제 인사를 추적한다. 올해 프론트라인은 중국을 배경으로 한 영화가 유독 많다. 중국 상하이에서 가장 큰 병원인 제6 인민병원과 그 병원을 찾는 환자들의 이야기를 담은 〈H6: 제6 인민병원〉, 한 자녀 정책으로 인해 버려진 딸이 살아남아 부모에게 자신을 받아줄 것을 요구하는, 중국의 비극적인 현실을 그린 〈내 동생에 관한 모든 것〉 등 중국의 과거와 현재를 다루는 영화가 3편에 이른다.

프론트라인에서 주요하게 다뤄온 팔레스타인의 상황을 담은 〈지옥의 드라이버〉도 소개된다. 이스라엘 점령지에서 불법으로 일하는 팔레스타인 노동자를 역시 불법으로 매일 실어 나르는 운전자들의 처절한 삶의 현장을 담고 있는 영화다. 〈리틀 팔레스타인, 포위된 나날들〉 역시 고립되고 비참한 일상을 보내는 팔레스타인 난민들의 모습을 기록한 작품이다. 그런가 하면 또 다른 면에서 전장을 바라본 작품도 있다. AI 로봇과 함께 이라크 모술과 시리아 라카와 같은 분쟁 지역은 물론 노란 조끼 시위가 한창인 프랑스 파리까지 누비며 인간의 본성과 인류의 미래에 질문을 던지는 철학적인 작품 〈전장의 A.I.〉가 그것이다. 코로나 팬데믹 시대에 더욱 조명받고 있는 우버, 딜리버루, 아마존 등의 플랫폼에서 일하는 이들의 그늘을 들여다보는 〈플랫폼 노동의 습격〉도 우리에게 생각할거리를 던진다.

프론트라인에 어울리는 극영화로는 21세기에 태어난 젊은 세대들의 이야기를 다룬 〈누가 우릴 막으리〉와 UFO를 탐구하는 모임을 둘러싸고 발생한 실종 사건을 다룬 〈성령의 이름으로〉라는 2편의 스페인영화와 브라질 작품 〈불타는 마른 땅〉, 그리고 르완다와 미국이 공동 제작한 〈해왕성 로맨스〉까지 때로는 급진적이고 때로는 날것의 느낌을 주는 작품들을 만날 수 있다. (전진수)

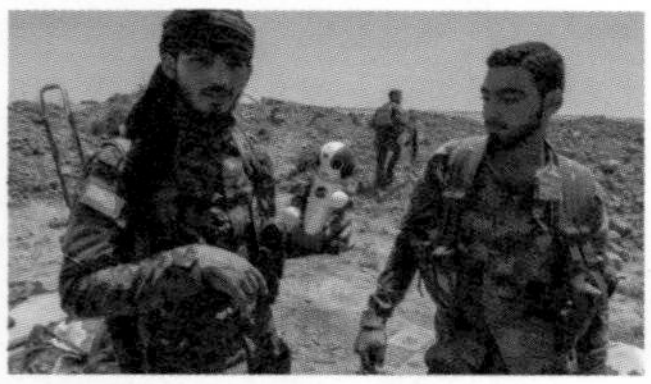

전장의 A.I. [12]
온라인

A.I. at War

France | 2021 | 107min |
DCP | Color | Asian Premiere

플로랑 마르시 감독은 어느 박람회에서 소타라는 AI 로봇을 발견한다. 그는 이라크 모술과 시리아 라카의 전쟁터, 프랑스 노란 조끼 시위 현장으로 소타를 데리고 다니며 현장을 기록한다. 이 다큐멘터리는 인간의 이기에서 시작된 전쟁이라는 비극이 자가학습이 가능한 지능형 기술의 눈에는 어떻게 보이는지를 드러낸다. 동시에 전장의 한복판을 기록한 겁 없는 카메라를 통해 인류에게 기술은 무엇이며, 기술로 인해 우리는 세상을 어떻게 바뀔 수 있고, 또 어디로 나아가는 것이 맞는지를 질문한다. (문성경)

플로랑 마르시 Florent MARCIE
1968년 프랑스 출생. 루마니아 혁명이 한창이던 1989년에 촬영을 시작했다. 그의 다큐멘터리들은 주로 전시에 사람들이 어떻게 행동하는지에 초점을 맞추고 있다.

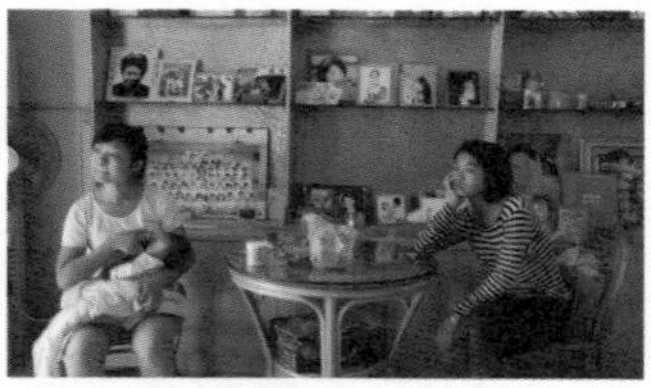

내 동생에 관한 모든 것 [12]

All About My Sisters

USA | 2021 | 174min |
DCP | Color | Asian Premiere

중국의 산아 제한 정책이 가장 강력하던 1994년, 감독의 동생 '진'이 태어났다. 진은 낙태 주사를 두 번이나 맞고, 길거리에 일주일간 버려지고도 살아남았다. 정부 당국의 눈을 피해 친척 집으로 입양됐지만 진은 친부모에게 버려졌다는 트라우마와 세상이 원치 않던 존재라는 자각 때문에 이질감을 안고 살아간다. 이 다큐멘터리는 국가가 독단적으로 행한 정책이 반인륜적으로 행해진 폭력과 다를 바 없고, 그 여파를 감당하는 것은 오롯이 개인이며, 이 불행은 대를 이어 전해진다는 것을 보여준다. 이 영화의 아름다움은 죄책감과 미움, 사랑을 갈구하는 마음이 뒤엉킨 가족이라는 이기적이고도 허약한 틀 안에서 누구 한 명의 손도 놓지 않으려는 감독의 의지에서 찾을 수 있다. (문성경)

왕충 WANG Qiong
1992년 중국 장시 출생. 여러 편의 단편을 연출한 후 다큐멘터리 〈내 동생에 관한 모든 것〉으로 장편 데뷔했다. 이 영화로 필라델피아영화제에서 핀켄슨상을 받았다.

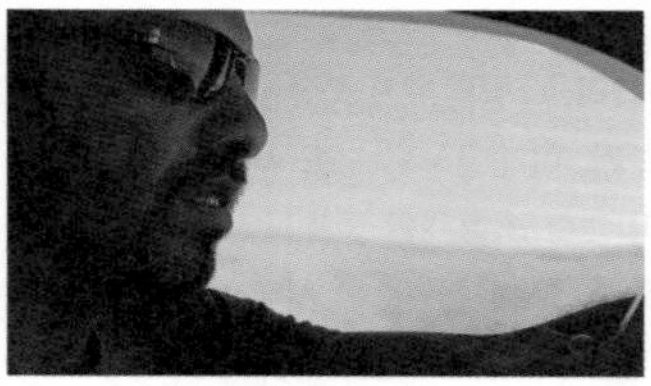

지옥의 드라이버 [12]

The Devil's Drivers

Germany | 2021 | 93min |
DCP | Color | Korean Premiere

뿌연 먼지를 일으키며 황량한 벌판과 언덕을 달리는 자동차. 이 차는 일종의 셔틀 택시로, 팔레스타인 서안지구 남쪽 마을 젠바에서 매일 불법 노동자들을 태우고 이스라엘 군대와 경찰을 따돌려 이스라엘 지역에 밀입국하는, '지구상에서 가장 위험한 지역' 중 하나를 넘나드는 영업을 한다. 이스라엘이 서안지구에 유대인 정착촌 건설을 추진하면서 2002년부터 높이 8미터의 콘크리트 장벽을 설치하기 시작해 이제는 젠바 근처를 제외하면 모든 곳이 장벽으로 차단돼 있기 때문에 이 지역은 더욱 위험한 상황이다. 독일 다니엘 카르젠티 감독과 팔레스타인 모하메드 아부게트 감독이 8년여의 시간을 들여 만든 이 작품은 팔레스타인 운전자들의 '위험천만한 영업'과 그들의 사생활까지 숨 막히는 일상을 담아내고 있다. (전진수)

다니엘 카르젠티 Daniel CARSENTY
첫 영화 〈봄이 가면 가을이 온다 After Spring Comes Fall〉(2016)는 예테보리국제영화제에서 상영되었고, 지그몬드빌모시국제영화제에서 장편영화상을 받았다. 두 번째 장편 영화 〈지옥의 드라이버〉는 토론토국제영화제에서 상영되었고, 아시아태평양영화상에서 다큐멘터리상 후보에 올랐다.

모하메드 아부게트
Mohammed ABUGETH
이스라엘 예루살렘 출생. 현재 베를린에 거주 중이다. 이디엄스 필름 제작부에서 일한 뒤, 도이체 벨레 아카데미에서 미디어 매니지먼트 학위를 수료했다. 다니엘 카르젠티와 공동 연출한 〈지옥의 드라이버〉는 그의 최신작이다.

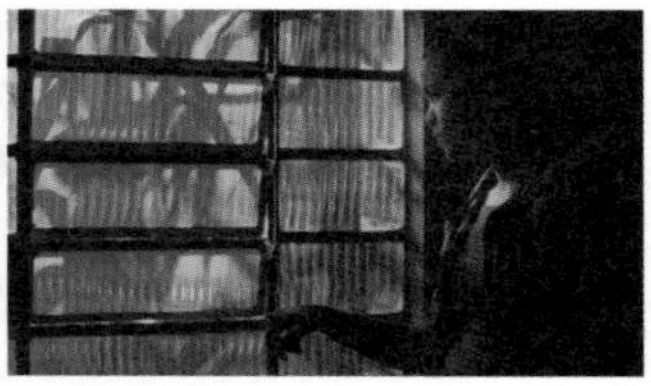

불타는 마른 땅 [15]
온라인

Dry Ground Burning

Portugal | 2022 | 153min |
DCP | Color | Asian Premiere

브라질리아 최대 빈민가의 밤을 지배하는 이는 갱스터 자매 시타라와 레아다. 이들은 지역 바이커들에게 불법으로 휘발유를 유통해 그 돈으로 공동체를 돌본다. 낮에는 감옥을 다녀온 사람들의 권리 보호를 위해 선거 홍보 마이크를 들고, 밤에는 검은 석유를 채굴하며 마른 땅에 울림을 퍼트리는 이 자매는 불꽃보다 더 강렬한 에너지를 내뿜으며 주변 여성들을 품는 꿈을 꾼다. 〈오래전 브라질리아에서 Once There was Brasilia〉(2017)에서 SF 장르를 이용해 브라질 현대사를 비판적으로 드러냈던 아지레이 케이로스 감독과 조아나 피멘타 촬영감독의 첫 공동 연출작이다. 지역의 역사를 체화하고 있는 비전문 배우들과 다큐멘터리를 찍듯 담아낸 이 극영화는 보우소나루 대통령 취임 이후 현재 브라질 상황을 거대 빈민가를 통해 은유적으로 드러낸다. (문성경)

조아나 피멘타 Joana PIMENTA
포르투갈 출생. 〈에비에이션 필드 An Aviation Field〉(2016)를 포함하여 3편의 영화를 연출했다.

아지레이 케이로스 Adirley QUEIRÓS
브라질 출생. 〈오래전 브라질리아에서〉를 연출했다.

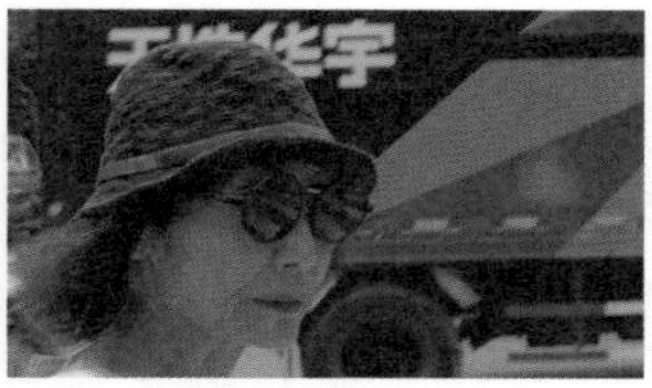

천안문의 망명자들 [12]

The Exiles

USA | 2021 | 96min |
DCP | Color+B/W | Korean Premiere

1989년 5월부터 중국 베이징 천안문 광장에서 민주주의를 요구하며 시위하던 시민들은 6월 4일 인민해방군의 탱크와 장갑차에 의해 무자비하게 진압된다. 얼마 뒤 이 시위의 중심인물로 지목된 베이징대학자치연합회 대표 우얼카이시, 중국 사회과학원 정치학연구소 소장 옌자치, IT기업 쓰퉁의 총수 완룬난은 간신히 미국에 도착하고, 미국 다큐멘터리스트 크리스틴 초이가 이들에 관한 다큐를 찍는다. 하지만 얼마 뒤 제작비가 바닥이 나 촬영은 중단된다. <천안문의 망명자들>은 그로부터 약 30년 뒤 초이가 이들 세 명의 '추방된 사람들'과 다시 만나는 과정을 담는다. 한국인 아버지와 중국인 어머니를 둔 초이 또한 중국에서 태어나 한국에서 자란 일종의 '아웃사이더'이기에 이들과의 만남은 의미심장하다. 언제 어디서나 담배를 물고 있는 초이의 자유분방한 모습을 보는 것만으로도 이 영화는 흥미롭다. (문석)

벤 클라인, 바이올렛 콜럼버스
Ben KLEIN, Violet COLUMBUS
두 사람은 뉴욕에서 영화 제작과 연출을 함께하고 있다. <천안문의 망명자들>은 그들의 첫 번째 장편 연출작이다.

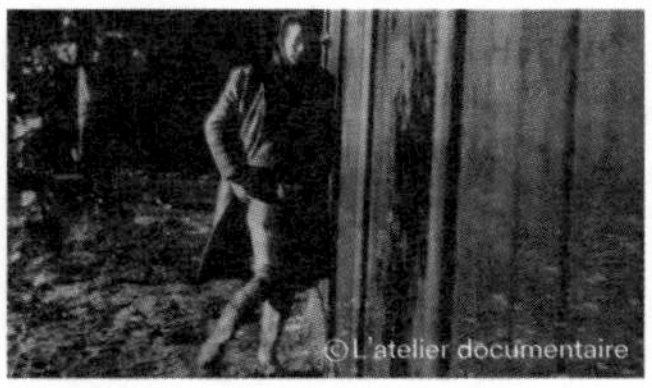

©L'atelier documentaire

그들이 서 있던 곳에서 [12]

온라인

From Where They Stood

France, Germany | 2021 | 109min |
DCP | Color | Asian Premiere

홀로코스트 기간 강제수용소에서 목숨을 걸고 그 실상을 알리기 위해 사진을 찍은 이들이 있다. 이제는 기념비적인 관광지가 된 수용소에서 감독은 사진들이 찍힌 위치를 찾아 나선다. 그러나 이 영화의 목적은 과거의 고통을 재현하는 것이 아니라 역사를 현재화하는 것이다. <밤과 안개 Night and Fog>(1955), <쇼아 Shoah>(1985) 등으로 영화와 시선에 대해 배우며 자란 감독은 몰래 찍은 수용소의 사진을 통해 우리에게 시선의 방향을 바꾸길 제안하고, 홀로코스트 이야기의 자명성을 깨뜨리려 한다. 수용자들이 어떤 위치에서 그 순간을 기록했는가를 추적해나가는 과정은 우리에게 어떤 위치에서 역사를 바라볼 것인가를 일깨운다. 이 작품은 과거와 현재의 이미지를 겹쳐놓으며 한 장소를 채우는 인간의 행위가 역사를 만드는 것임을 강조한다. (문성경)

크리스토프 코녜 Christophe COGNET
파리 제3대학교에서 영화를 전공한 후, 아프리카와 유럽에서 다큐멘터리 작가와 감독으로 활동하고 있다. 역사적 발자취와 기억에 관심이 많은 그는 영화를 통해 이미지의 힘과 작동 원리, 그리고 그 뒤에 숨겨진 창조적인 가능성에 대해 질문을 던진다.

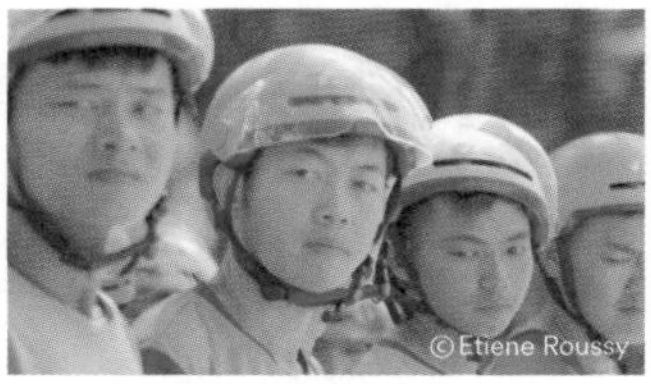

©Etiene Roussy

플랫폼 노동의 습격 [G]

온라인

The Gig Is Up

Canada | 2021 | 89min |
DCP | Color | Korean Premiere

IT 기술의 발전과 휴대전화 앱을 활용한 다양한 사업모델 가운데서도 각종 배달업체와 우버 같은 변형된 택시 시스템 등으로 대표되는, 소위 '플랫폼 경제'는 코로나 팬데믹 시대를 맞아 성장을 거듭하고 있다. 플랫폼 경제의 매출액이 전 세계적으로 5조 달러가 넘는 것으로 추산되고, 2025년이면 플랫폼 경제 종사자가 무려 5억 4천만 명이 넘을 것이라는 예측이 나올 정도지만, 눈부신 성장의 이면에는 어둠 또한 자리하기 마련이다. 섀넌 월시 감독은 미국과 프랑스, 중국 등 여러 나라에서 일하는 플랫폼 노동자들의 삶을 조명하며, 이들이 어떤 대가를 치르며 일하고 있는지, '승자 독식 구조'의 플랫폼 경제가 어떠한 사회적 비용을 초래하고 있는지를 잘 드러내 보여준다. '배달의 민족'인 우리에게도 많은 것을 시사하는 다큐멘터리다. (전진수)

섀넌 월시 Shannon WALSH
<요하네스버그, 어느 금요일 Jeppe on a Friday>(2013)과 <플랫폼 노동의 습격> 등 여러 편의 장편 다큐멘터리를 연출했다.

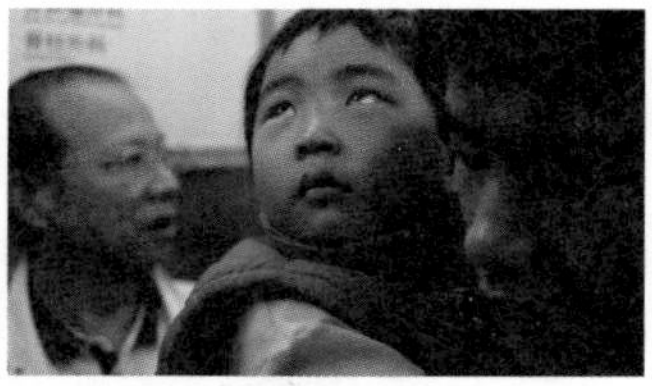

H6: 제6 인민병원 [12]

H6

France, China | 2021 | 114min |
DCP | Color | Asian Premiere

중국 상하이 제6 인민병원의 내부를 담은 이 다큐멘터리의 주인공은 의식이 오락가락하는 아내와 그를 헌신적으로 돌보는 늙은 남편, 승산이 거의 없는 남편의 척추 수술을 놓고 고민하는 아내 등이다. 환자건 보호자건 하나같이 헐벗은 '인민'들이며, 인생이라는 드라마에서 중요한 고비를 맞이한 상황이다. 이들은 최악과 차악 사이에서 선택을 해야 하거나 가망 없는 내일에 승부를 걸어야 한다. 이 영화는 이들의 기쁨과 슬픔, 공포와 분노, 희망과 좌절의 감정을 있는 그대로 보여주면서도, 이를 과장하거나 포장하지 않는다. 덕분에 병원에서 펼쳐지는 이 진짜 인생의 드라마는 느리지만 온전하게 보는 이의 마음으로 들어온다. (문석)

예 예 Ye Ye
장편 다큐멘터리 데뷔작 <H6: 제6 인민병원>으로 2021 칸영화제 비경쟁부문에 공식 초청되었다.

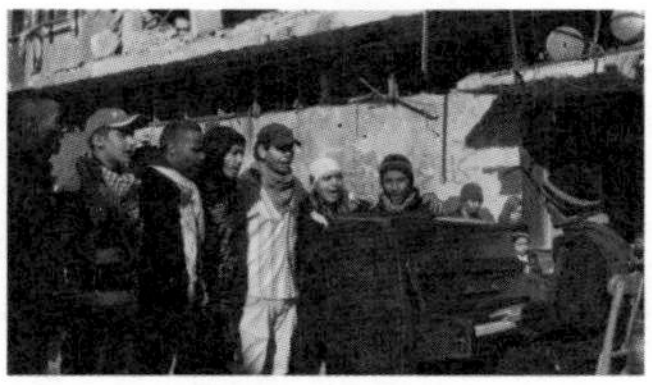

리틀 팔레스타인, 포위된 나날들 [G]

온라인

Little Palestine, Diary of a Siege

Lebanon, France, Qatar | 2021 |
89min | DCP | Color | Korean Premiere

시리아 다마스쿠스 야르무크에 자리한 '리틀 팔레스타인'은 1957년 이후 세계에서 가장 큰 팔레스타인 난민 캠프였다. 인구 10만 명의 이 소도시는 시리아 내전이 발발한 뒤 2013년부터 봉쇄된다. 이 다큐멘터리는 2015년 봉쇄가 풀릴 때까지 이곳 주민들이 겪었던 비참하고 참혹한 일상을 기록한다. 그 누구도 이곳을 나가지도, 들어오지도 못하는 가운데 식료품, 의약품, 전기가 바닥나면서 주민들의 삶은 극단에 몰린다. 아이들은 웃음을 잃고, 희망을 품은 채 시위하던 군중의 얼굴도 절망으로 창백해진다. 절반이 무너져 내린 건물에 살림을 꾸리거나 밀가루 죽을 먹기 위해 긴 줄을 선 풍경은 그야말로 일상이 된다. 이 영화를 보는 일은 고통스럽지만, 품위 있는 생존을 바라며 분투하는 사람들의 모습은 감동을 준다. (문석)

압달라 알카팁 Abdallah AL-KHATIB
1989년 시리아 야르무크 출생. 다마스쿠스 대학에서 사회학을 전공했다.

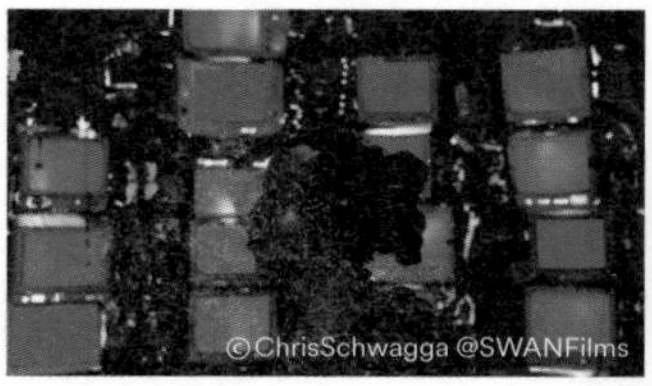

©ChrisSchwagga @SWANFilms

해왕성 로맨스 [12]

온라인

Neptune Frost

USA, Rwanda | 2021 | 105min |
DCP | Color | Korean Premiere

이 난해한 아프로퓨처리즘 SF 퀴어 뮤지컬의 배경은 르완다의 한 마을이다. 폭압적인 세력은 마을의 광물을 착취할 뿐만 아니라 약탈이 지나간 자리에 디지털 쓰레기를 폐기한다. 반식민주의 해커 집단이 독재에 저항하면서 마을은 혼란에 빠지고, '메모리'라는 이름의 신비로운 인터섹스와 콜탄 광산에서 탈출한 광부가 만나면서 예상치 못했던 일이 벌어진다. 영화는 공동 연출인 솔 윌리엄스의 '마터루저킹 프로젝트'(MartyrLoserKing Project)의 문제의식을 확장시킨다. 윌리엄스는 2015년 발표한 시 '콜탄은 목화다'(Coltan As Cotton)에서 이미 21세기 디지털 테크놀로지가 아날로그적인 것들에 대한 착취를 통해 발전한다는 사실을 날카롭게 지적했다. 서구는 아프리카에서 콜탄과 같은 광물을 착취해 각종 디지털 기기를 생산하며, 이는 과거 미국의 목화산업을 가능하게 했던 '새로운 노예제'에 비견할 만하다. 탈식민, 반자본의 상상력이 고리타분한 정상성의 경계를 허무는 인물들과 함께 모든 스테레오타입을 깨면서 매혹적인 음악을 타고 흐른다. (손희정)

솔 윌리엄스 Saul WILLIAMS
미국의 시인, 음악가이자 배우. <해왕성 로맨스>는 감독으로서 첫 번째 장편 연출작이다.

아니샤 우제이먼 Anisia UZEYMAN
르완다 출생. 프랑스에서 연극을 공부했고, 연극계와 영화계에서 일했다.

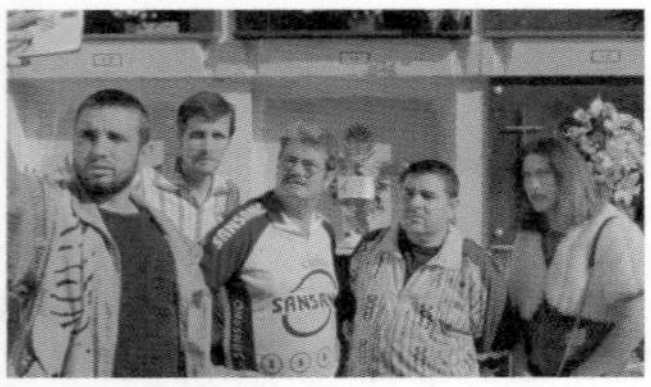

성령의 이름으로 ⑮

온라인

The Sacred Spirit

Spain, France, Turkey | 2021 |
97min | DCP | Color | Korean Premiere

스페인의 작은 마을, 열 살 소녀 바네사가 사라진 지 25일이 지났다. 쌍둥이 자매 베로니카는 엄마와 함께 실종 당시의 옷을 입고 TV 프로그램에 출연해 바네사를 찾기 위해 노력한다. 사람들은 위로를 건네지만 그들의 삶은 변함없이 그대로 유지된다. 이 마을에서는 UFO를 믿는 열성 지지자들이 매주 모임을 가진다. 미시적 존재인 인간이 거대한 우주 속 우월한 존재와 연결되길 바라는 이들로, 더 이상 이 사회에 희망을 가질 수 없는 그들은 지구라는 현실을 회피함으로써 구원을 얻으려 한다. 아이러니하게도 영화는 현실을 외면하는 이일수록 인간을 사물로 취급하는 왜곡된 욕망에 의해 이용당하기 쉽다는 것을 보여준다. 괴롭지만 어쩌면 현실을 직시하는 데에서부터 우리 사회의 아주 작은 희망이 시작될 수 있다. 어떠한 악도, 선도 가장 가까운 곳에 존재한다. (문성경)

체마 가르시아 이바라
Chema GARCÍA IBARRA
1980년 스페인 출생. 광고홍보학을 전공했으며 다수의 뮤직비디오, 광고, 단편영화를 만들었다.

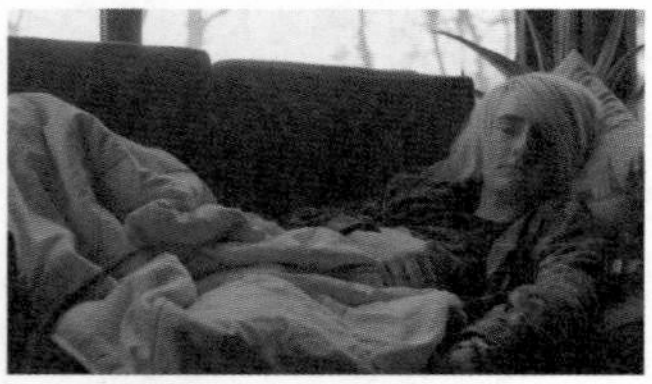

누가 우릴 막으리 ⑫

온라인

WHO'S STOPPING US

Spain | 2021 | 220min |
DCP | Color | Asian Premiere

호나스 트루에바 감독은 10대들과 5년 이상을 함께하며 그들의 삶과 생각을 픽션과 다큐멘터리가 혼합된 형식으로 담아냈다. 영화 제작보다는 10대와 시간을 보내며 무언가 함께하는 것이 더욱 중요했던 감독은 워크숍, 인터뷰 같은 설정을 마련하기도 하지만 대부분 그들을 그저 지켜볼 뿐, 젊음을 소재로 하는 통념적인 드라마 속에 이들을 가두려 하지 않는다. 어색했던 첫 만남부터 영화가 마무리될 무렵의 코로나 시기까지를 담아낸 이 작품 속 주인공들은 카메라에 찍히는 대상으로서 멋있게 보이길 바라면서도 동시에 자신의 가장 나약한 부분을 담담하게 고백한다. 세상이 작동하는 매커니즘에 대한 정치적 견해를 피력하기를 주저하지 않고, 본인의 경험을 타인과 기꺼이 나누려는 주인공들의 의지가 이 작품을 오늘날의 젊은이의 초상으로 만들었다. (문성경)

*영화는 3부로 나뉘어 있고 2번의 휴식시간이 있습니다.

호나스 트루에바 Jonás TRUEBA
1981년 스페인 마드리드 출생. 〈낭만적 망명자 The Romantic Exiles〉(2015), 〈재회 The Reconquest〉(2016), 〈어거스트 버진 The August Virgin〉(2019) 등을 연출했다.

월드시네마
World Cinema

세계 각국에서 제작된 다양한 장르의 영화들을 만날 수 있는 월드시네마는 '영화제 프로그램의 허리'를 맡고 있는 중추적인 섹션으로 올해는 지난해보다 4편 늘어난 23편의 작품이 관객과 만난다.

우선 〈인력자원부〉로 제1회 전주국제영화제에 함께했고, 제14회 영화제에서는 〈폭스파이어〉로 개막작의 주인공이 된 로랑 캉테의 신작 〈아르튀르 람보〉가 소개된다. 주목받던 신예 작가가 과거 SNS에 남긴 혐오 발언으로 인해 순식간에 모든 것을 잃어가는 모습을 그린, 실화를 바탕으로 한 작품이다. 일본에서 활동 중인 재일교포 3세 이상일 감독 역시 오랜만에 나기라 유의 동명 소설을 원작으로 한 신작 〈유랑의 달〉을 선보인다. 이 작품은 특히 홍경표 촬영감독이 참여해 멋진 영상을 만들어냈다. 역시 일본 요시노 고헤이 감독의 작품 〈대결! 애니메이션〉은 두 편의 신작 애니메이션이 숨 막히는 시청률 경쟁을 해나가면서 벌어지는 흥미로운 이야기를 담고 있다.

아르헨티나의 두 감독이 연출을 맡은 〈크레이지 컴페티션〉은 재벌 회장이 자신의 이름을 남길 영화를 제작하기로 하고, 국제영화제에서 상을 휩쓴 잘나가는 감독에게 영화 제작을 의뢰하면서 시작된다. 페넬로페 크루스뿐 아니라 안토니오 반데라스, 그리고 오스카르 마르티네스 같은 배우들의 열연을 즐길 수 있다. 역시 아르헨티나 작품 〈중세 시대의 삶〉은 코로나 팬데믹으로 인해 록다운된 한 가정의 이야기를 담고 있고, 2022 암스테르담국제다큐멘터리영화제의 개막작이었던 〈네 개의 여행〉은 중국의 한 자녀 정책으로 인해 외국으로 보내진 주인공이 직접 메가폰을 잡고 뿌리를 찾는 여행을 하게 되는 과정을 흥미롭게 보여준다. 또한 필리핀 작품 〈레오노르는 죽지 않는다〉, 홍콩 작품 〈바바리안 인베이전〉, 중국의 〈버진 블루〉, 그리고 이란의 〈길 위의 가족〉에 이르기까지 다양한 아시아영화들이 상영된다.

올해는 음악과 관련된 작품들도 여러 편 상영되는데, 초기 탱고를 자리 잡게 했던 카를로스 가르델과 라이벌 구도를 형성했던 전설적인 탱고 가수 이그나시오 코르시니의 전기영화부터 서아프리카 섬나라 카보베르데 출신의 세계적인 가수 세자리아 에보라의 감동적인 다큐멘터리 〈세자리아 에보라, 삶을 노래하다〉, 역대 가장 많은 음반을 판매한 연주자이자 현존하는 가장 유명한 재즈 음악가인 케니 지에 대한 여러 시각을 가감 없이 보여주는 〈리스닝 투 케니 지〉, 그리고 빌 에번스와 함께 가장 널리 알려진 재즈 피아니스트 오스카 피터슨의 삶과 음악을 담은 다큐멘터리 〈오스카 피터슨: 블랙+화이트〉가 상영될 예정이다. (전진수)

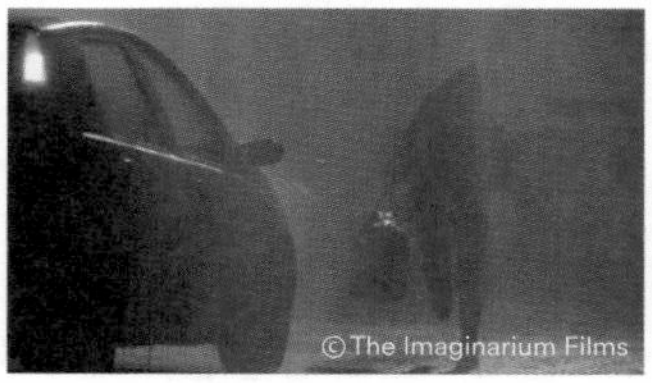
©The Imaginarium Films

골목길에서 ⑫

The Alleys

Jordan, Qatar, Egypt | 2021 | 116min |
DCP | Color | Korean Premiere

부모에게는 좋은 직장에 다닌다고 속이며 지내는 알리는 불법 영업하는 클럽에 관광객을 데려다주고 일종의 커미션을 챙기며 살아간다. 그는 동네 미용실 주인 아실의 딸 라나와 해선 안 되는 사랑을 하는 사이인데, 어느 날 두 사람의 밀회 장면을 찍은 동영상이 아실에게 전달되고 동영상 값을 요구하기 시작한다. 요르단 암만의 작은 동네에서 꼬리에 꼬리를 물고 벌어지는 사건들. 알리와 라나의 사랑은 이루어질까? 〈골목길에서〉는 바셀 간두르의 장편 데뷔작으로, 다섯 챕터로 이루어진 블랙 코미디이자 미스터리 스릴러이며 범죄 드라마라고 할 수 있다. 그는 2016 아카데미시상식 외국어영화상 후보작에 올랐던 〈디브〉의 제작자이자 각본가로, 여러 영화제에서 수상하며 이름을 알린 바 있다. 이 작품도 데뷔작이지만 얽히고설킨 줄거리를 정리해 나가는 솜씨가 시나리오 작가로 쌓은 그의 내공을 보여준다. 보기 드문 요르단 영화이며, 보기 드물게 재미있는 작품이기도 하다. (전진수)

바셀 간두르 Bassel GHANDOUR
미국아카데미시상식 후보작인 〈디브〉(2016)의 제작자이자 각본가이다. 감독 데뷔작 〈골목길에서〉는 로카르노국제영화제에서 상영되었다.

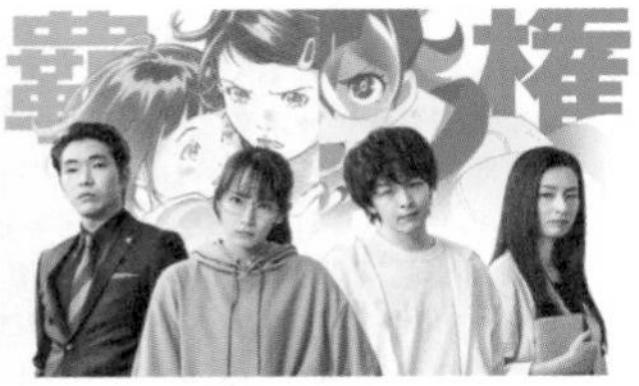

대결! 애니메이션 [G]

ANIME SUPREMACY!

Japan | 2022 | 128min |
DCP | Color | Asian Premiere

공무원 생활을 하다가 대기업 애니메이션 회사에서 일하고 있는 히토미는 대망의 첫 작품 〈사운드백. 연주의 돌〉 제작이 결정되어 감독 데뷔를 준비 중이지만 현장에는 먹구름이 가득하다. 특히 거슬리는 인물은 업계에서 히트 제조기로 추앙받는 프로듀서 요키요사. 창작의 산물을 단지 제품으로만 생각하는 그는 창작자로서의 자의식이 강한 히토미와 내내 실랑이를 벌인다. 한편 이 와중에 두 사람의 앞을 막아서는 사람이 있었으니, 한때 히토미의 롤 모델이었던 천재 감독 오지 지하루다. 하지만 오지는 큰 인기를 얻으며 사회 현상으로까지 불렸던 데뷔작 이후 별다른 활동 없이 '잊힌 사람'이 되어가고 있었다. 프로듀서 아라시나는 그런 오지를 북돋우며 8년 만의 신작을 만들어간다. 그렇게 시작된 숙명의 애니메이션 대결. 시청률 전쟁의 승자는 과연 누구일까. (홍상현)

요시노 고헤이 YOSHINO Kohei
1979년 일본 오사카부 출생. 단편 〈스스로 해보세요 DIY Encouragement〉(2011)로 부산국제영화제 선재상 특별언급상을 받았다. 광고 기획자이자 뮤직비디오 감독으로 일했으며, 〈너의 이름은.〉(2016) 회상 부분의 CG 및 공간디자인을 맡기도 했다. 영화 〈수요일이 사라졌다 Gone Wednesday〉(2020)로 장편 데뷔했다.

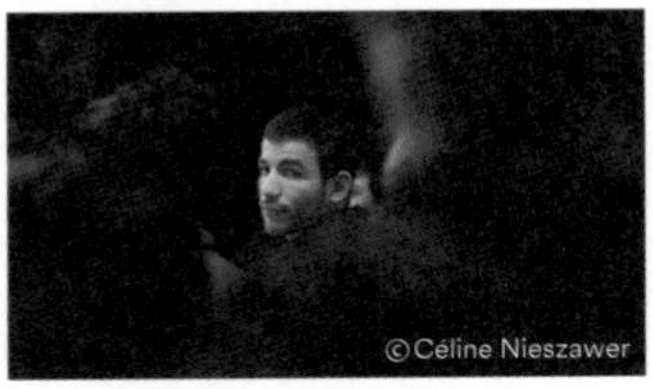

©Céline Nieszawer

아르튀르 람보 [12]

Arthur Rambo

France | 2021 | 87min |
DCP | Color | Asian Premiere

2008년 〈클래스〉로 칸영화제 황금종려상을 받았고 2013 전주국제영화제 개막작 〈폭스파이어〉로 전주를 방문한 로랑 캉테 감독의 신작이다. 2017년 프랑스를 떠들썩하게 했던 '메디 메클라 사건'을 영화화한 작품으로, 파리 근교에 사는 알제리 이민 2세인 주인공 카림 데는 가족의 프랑스 정착기를 소설로 써서 일약 문단의 신데렐라로 떠오른다. 책에는 찬사가 쏟아지고, 직접 감독을 맡아 영화화해 보지 않겠느냐는 제의까지 받는다. 구름 위를 걷는 것만 같았던 카림이지만, 과거 '아르튀르 람보'라는 이름으로 (실화의 주인공 메클라는 '마르셀린 데샹'이라는 이름으로) 트위터에 자신이 남겼던 반유대주의, 인종차별 지지, 동성애 혐오, 여성 혐오 등 일련의 글들이 문제가 되면서 그는 갑자기 나락으로 추락한다. SNS로 인해 흥하고, SNS로 인해 비난받는 일은 이제 일상이 되어버렸기에 이 작품이 우리에게 시사하는 바도 크다. (전진수)

로랑 캉테 Laurent CANTET
그는 프랑스 내 여러 기관의 작동 방식을 드러내는 복잡하고 인간적인 이야기를 다룬다. 〈인력자원부 Human Resources〉(1999)에서 직장을, 칸영화제 황금종려상 수상작인 〈클래스〉(2008)와 〈워크숍 The Workshop〉(2017)에서는 교육을 탐구했다. 〈아르튀르 람보〉에서는 미디어를 다룬다.

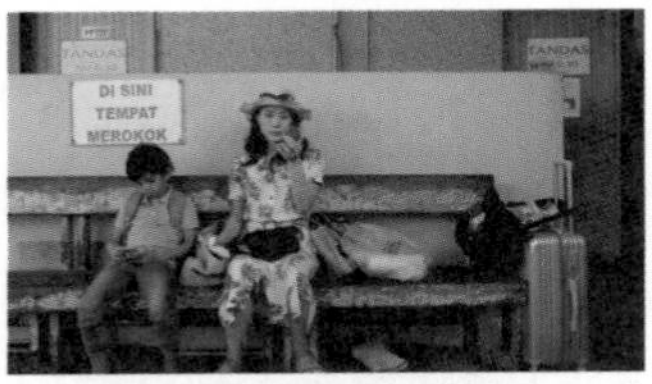

바바리안 인베이전 [12]

Barbarian Invasion

Hong Kong, Malaysia | 2021 | 106min |
DCP | Color | Korean Premiere

액션 장르는 대사가 아닌 몸의 움직임이 만들어내는 묘한 매력으로 관객의 흥미를 당긴다. 특히 이 장르가 말레이시아 뉴웨이브 시네마의 천추이메이 감독의 연출과 만나면, 주인공이 느끼는 세밀한 몸의 통증과 호흡들이 고스란히 드러나면서 긴장을 일으킨다. 이 영화는 홍콩국제영화제협회가 약 2억 원의 제작비를 지원하며 '기본으로 돌아가자'라는 기획으로 제작된 영화로, 천추이메이 감독의 친구들이자 독립영화 감독들이 대거 출연하고 있기도 하다. 아시아판 〈본 아이덴티티〉와 같은 영화를 만들려는 영화감독 로저는, 이혼한 후 아이와 함께 살고 있는 은퇴한 배우 문을 캐스팅한다. 문은 액션영화의 주연 배우로 무술을 직접 연기해야 하기에 쿵푸를 배우게 되고, 영화를 만드는 과정에서 로저와 문의 대화 속에 등장한 이야기들은 영화의 후반부를 구성하며 흥미로운 반전을 이끌어낸다. 쿵푸의 도(道)와 '마음은 몸의 감옥'이라는 철학적 함의까지 내포하고 있는 매력적인 영화. (김수현)

천추이메이 TAN Chui Mui
1978년 말레이시아 출생. 20편이 넘는 단편영화와 3편의 장편영화를 만들었다. 최신작 〈바바리안 인베이전〉은 상하이국제영화제에서 심사위원대상을 받았다.

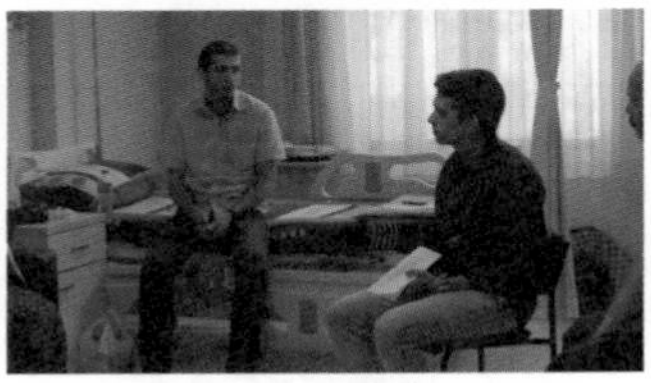

새벽과 새벽 사이 [G]

온라인

Between Two Dawns

Turkey, France, Romania, Spain | 2021 |
91min | DCP | Color | Korean Premiere

24시간 동안 카디르 가족이 경영하는 섬유공장을 둘러싸고 벌어진 이야기를 그린다. 비용 절감을 위해 낡은 기계를 수리해가며 사용하던 공장에서 한 직원이 사고를 당한다. 카디르와 창업주인 아버지 이브라힘, 그리고 경영주인 형 할릴은 직원을 병원으로 옮기고, 사건이 피해자 가족의 합의 없이 법정으로 가면 경영자 측 책임이 될 확률이 높다는 변호사의 조언에 따라 직원의 부주의와 음주 때문에 사고가 발생했다는 쪽으로 몰아가면서 합의를 시도한다. 그러나 카디르는 합의에 실패하고, 설상가상 그날은 미래를 약속한 여자친구 에스마의 부모님께 인사를 드리러 가야 하는 중요한 날이다. 회사의 이익을 위해서라면 어떤 대가를 치러도 상관없다는 식의 도덕 불감증과 그로 인한 산업재해는 우리 사회에서도 흔히 볼 수 있는 안타까운 일이다. 터키에서 법을 전공하고 영화로 방향을 바꿔 뉴욕 컬럼비아대학에서 연출을 전공한 셀만 나자르 감독의 장편 데뷔작으로, 가족의 도덕적 해이를 견디지 못하며 양심의 가책을 받는 카디르의 내면을 잘 그려내고 있다. (전진수)

셀만 나자르 Selman NACAR
1990년 터키 우샤크 출생. 영화감독이자 제작자다. 첫 연출작인 〈새벽과 새벽 사이〉는 산세바스티안국제영화제에서 상영되었다.

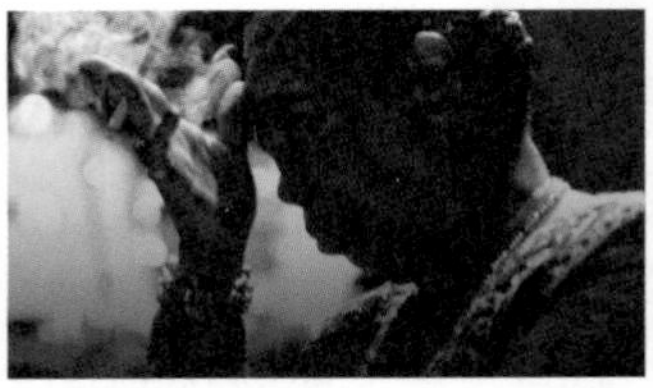

세자리아 에보라, 삶을 노래하다 [G]

온라인

Cesária Évora

Portugal | 2022 | 95min |
DCP | Color+B/W | Asian Premiere

1941년 서아프리카의 섬나라 카보베르데에서 태어나 쉰 살이 넘어서야 세계적인 주목을 받게 된 가수, 세자리아 에보라를 그린 새롭고 진심 어린 다큐멘터리. 아버지의 이른 죽음과 고아원에 버려져 보낸 유년기, 세 번의 결혼 실패와 폭음, 생계를 위해 노래했지만 그마저도 중단해야 했던 것이 45년 동안의 에보라의 삶이었다. 하지만 그는 다시 노래를 선택했고, 포르투갈에서 고향 출신의 한 프로듀서를 만나 비로소 인정받으며 카보베르데의 전통음악인 '모르나의 여왕', 찢어지게 가난했던 형편 탓에 신발을 신을 수 없어 붙여진 '맨발의 디바'라는 별명을 얻으며 세계를 무대로 노래하게 되었다. 포르투갈 노예 무역의 중간 정박지로 개발된 카보베르데의 슬픈 역사와 온갖 어려움을 노래로 극복했던 세자리아 에보라의 개인사가 다양한 미공개 영상과 함께 펼쳐지며, 그의 매력적인 노래들 역시 깊은 울림을 전해준다. (전진수)

아나 소피아 폰세카 Ana Sofia FONSECA
포르투갈 출생. 20편이 넘는 TV 다큐멘터리에 참여하고 다섯 권의 논픽션과 한 권의 소설을 출판했다. 그는 수년간 여성의 권리와 인종 문제를 다룬 설득력 있는 이야기를 하는 데 전념해왔다. 〈세자리아 에보라, 삶을 노래하다〉는 두 번째 장편 다큐멘터리다.

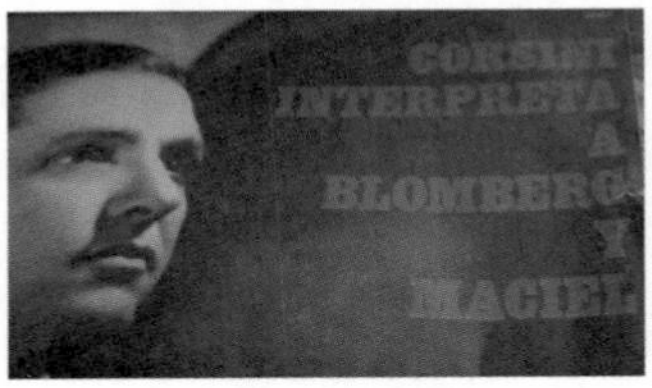

탱고가수 코르시니 [G]

온라인

Corsini sings Blomberg & Maciel

Argentina | 2021 | 100min |
DCP | Color+B/W | Asian Premiere

팬데믹 기간, 아르헨티나의 세 친구가 모여 음악 다큐멘터리를 만든다. 한 명은 〈라 플로르 La Flor〉(2018)를 만든 마리아노 지나스 감독, 다른 한 명은 아구스틴 멘딜라아르수 촬영감독, 마지막 한 명은 음악가 파블로 다칼이다.

이들은 잊힌 예술가, 이그나시오 코르시니를 조명하기로 한다. 다큐멘터리는 영화의 제목이 된 LP 디스크와 부에노스아이레스시의 지도, 오래된 책의 기록에 드러난 곳을 찾아가며 본격적으로 제작된다. 파블로가 밴드와 함께 코르시니의 노래를 자신의 스타일로 커버할 동안, 두 친구는 노래 가사를 바탕으로 관광지를 벗어나 국가의 정치와 역사를 담은 장소를 찾아가는 모험을 한다. 이들의 이야기를 따라가다 보면 영화는 어느새 장르를 탈바꿈해 다큐멘터리에서 세 친구의 재미난 모험물이 되어 있다. (문성경)

마리아노 지나스 Mariano LLINÁS
1975년 아르헨티나 부에노스아이레스 출생. 〈휴양지들 Balnearios〉(2002), 〈기묘한 이야기들 Extraordinary Stories〉(2008), 〈라 플로르〉를 연출했다.

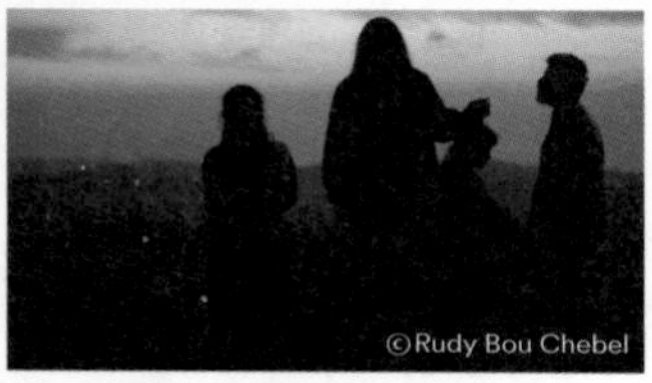
©Rudy Bou Chebel

코스타 브라바, 레바논 [12]

Costa Brava, Lebanon

Lebanon, France, Spain, Sweden, Denmark, Norway, Qatar | 2021 | 107min | DCP | Color | Korean Premiere

베이루트의 소음과 공해로부터 떨어진 산속에서 생활 중인 바드리 가족은 갑자기 집 앞에 나타난 쓰레기 처리장 때문에 갈등을 겪는다. 불법으로 태우는 쓰레기의 매연과 시뻘건 녹물은 외부와의 갈등뿐 아니라, 평화로웠던 가족이 그동안 깨닫지 못했던 각자의 욕망을 끌어낸다. 무니아 알 감독의 첫 장편은 베이루트의 2015년 쓰레기 대란이나 2년 전의 항구 폭발 사건을 떠올리게 하며 현재 레바논의 정치적 불안을 암시하지만, 더 중요하게는 한 가족 안에서 일어나는 미세한 교환들을 가까이에서 관찰한다. 감독과 활동가로도 활약 중인 배우 나딘 라바키와, 딸들을 연기한 신인 배우들이 각 인물의 설득력을 높인다. (조효진)

무니아 알 Mounia AKL
레바논 출생. 대표작으로는 〈레바논 팩토리 Lebanon Factory〉(2017)와 〈코스타 브라바, 레바논〉이 있다.

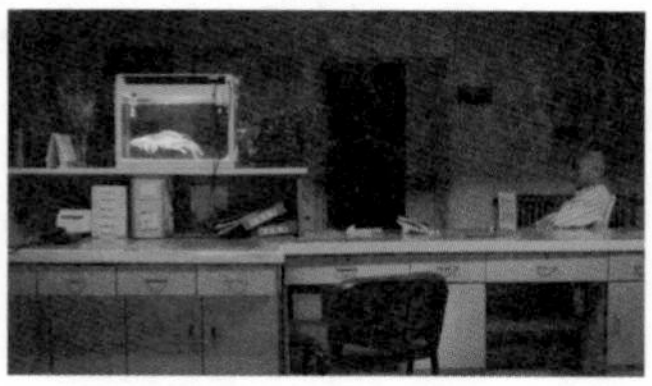

네 개의 여행 [12]

온라인

Four Journeys

Netherlands | 2021 | 112min | DCP | Color | Asian Premiere

한 자녀 정책하의 중국에서 태어난 둘째였던 감독은 가족에 대한 거리감만큼이나 물리적으로도 멀리 떨어진 암스테르담에 거주한다. 화목해 보이는 가족 안에 항상 도사려온 불화에 관해 질문하기 위해 그는 중국으로 돌아온다. 오래된 사진과 골동품, 고향 동네와 가족의 고백을 훑어가는 이 사적 다큐멘터리는 냉철한 사회적 탐사이기보다는 여러 갈래의 감정들을 따라가보는 방식을 택한다. 사진과 푸티지를 활용하는 방식에서 비디오 아트와 그래픽 디자인 경험이 묻어나는 감독의 첫 장편은 결국 개인적 상처들, 정치적 여파, 문화적 차이, 세대 간 갈등이 뒤얽힌 가족의 양상을 가늠해보는 시도이다. 깔끔하게 웃고 있는 가족사진에는 포착되지 않는 어지러운 감정들에, 어색하고 부족할지언정 '미안하다'는 말을 걸어보는 시도이다. (조효진)

루이스 핫핫핫 Louis HOTHOTHOT
다큐멘터리, 비디오 아트, 그래픽 디자인 분야에서 활동하는 중국 감독이다. 첫 장편영화 〈네 개의 여행〉은 2021 암스테르담국제다큐멘터리영화제의 개막작으로 선정되었다.

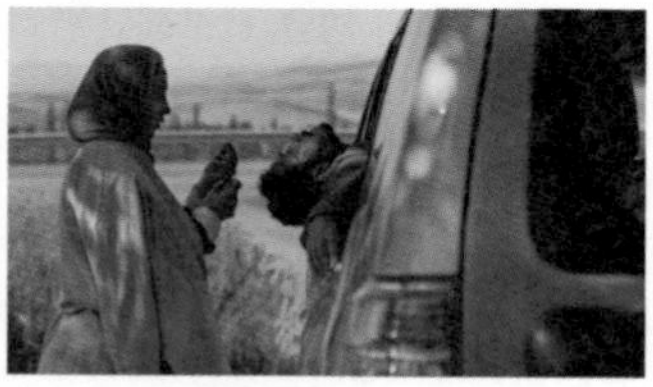

길 위의 가족 [G]

Hit the Road

Iran | 2021 | 93min | DCP | Color | Korean Premiere

네 명의 가족이 차를 타고 달리고 있다. 차 안은 소란스럽고 유쾌하지만 그 속의 공기는 왠지 무겁다. 좀처럼 가만히 있지 않는 어린 둘째 아들과 그를 달래는 부모의 재미있고 일상적인 모습은 묵묵히 운전만 하는 첫째 아들의 침묵과 대비를 이루어 이 미스터리한 긴장감을 배가시킨다. 영화는 점점 이들의 목표지를 짐작하게 하며, 결국 '왜' 집을 나섰고 이 여정에 올랐는지를 알게 한다. 가끔씩 카메라를 응시하는 캐릭터의 눈을 나란히 마주하고 있자면, 감정의 무게가 가슴을 짓눌러 깊은 여운을 남긴다. 파나 파나히 감독은 아버지인 이란 거장 감독 자파르 파나히의 밑에서 조연출로 참여해 그 내공을 쌓아왔다. 〈길 위의 가족〉은 이런 그의 장편 데뷔작으로, 영화 전반에 깔린 가족에 대한 따뜻한 시선과 함께 이란 사회에 대한 통찰을 녹여냈다. 2021 칸영화제 감독주간에서 최초로 상영한 이후, 런던영화제, 마르델플라타국제영화제, 싱가포르국제영화제 등에서 수상하며 작품성을 입증했다. 뛰어난 연기 앙상블 사이에서도 아역 배우 라얀 사를라크의 연기가 빛을 발한다. (황성원)

파나 파나히 Panah PANAHI
1984년 이란 테헤란 출생. 테헤란예술대학교에서 영화를 전공했다. 재학 기간 중 단편영화를 연출해 많은 영화제에서 수상했다. 이후 영화 스틸 작가로서 여러 작품에 참여했으며, 아버지인 자파르 파나히의 최근작에서 편집자 겸 조감독으로 활약하기도 했다. 〈길 위의 가족〉은 장편 데뷔작이다.

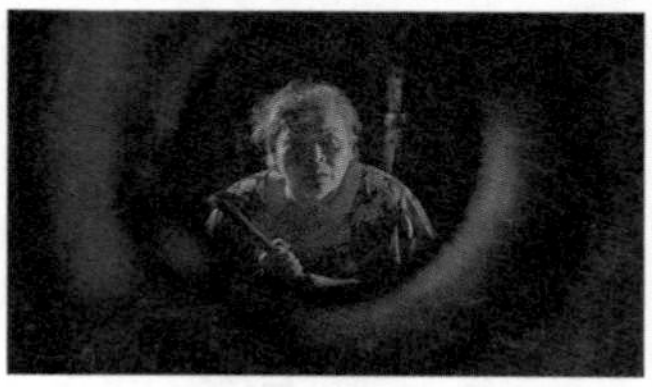

레오노르는 죽지 않는다 [12]

온라인

Leonor Will Never Die

Philippines | 2022 | 99min | DCP | Color | Korean Premiere

영화는 언제까지나 영화인들을 사로잡는 질문이자 미스터리일 것이다. 70~80년대 필리핀 액션영화로 성공을 누렸지만 지금은 은퇴한 작가 레오노르는 오래전에 묻어둔 시나리오를 꺼내 다시 집필을 시작한다. 어느 날 그는 하늘에서 떨어진 TV에 머리를 맞고 혼수상태에 빠져 자신이 쓰고 있는 영화 속으로 들어가게 된다. 레오노르에게, 이 영화를 자신의 첫 장편으로 만든 에스코바르 감독에게, 또 두 영화를 넘나드는 경험을 하는 우리에게, 영화는 과연 무엇일까. 영화는 액션이다. 과거의 영광이다. 죽은 아들이다. 기관총 소리를 내는 타자기다. 또 영화는 혼수상태다. 미완성의 결말이다. 편집 프로그램 위에 펼쳐진 수많은 클립이다. 영화는 우정이다. 우정을 위한 희생이다. 영화는 죽음에 뒤따르는 노래일 것이다. (조효진)

마르티카 라미레스 에스코바르 Martika RAMIREZ ESCOBAR
1992년 필리핀 마닐라 출생. 필리핀대학교 졸업 후 연출한 단편 〈푸송 바토: 차가운 마음 Stone Heart〉(2014)은 부산국제영화제에서 소개되었고, 2015년 시네말라야영화제에서 최우수 단편영화상을 수상했다. 단편 〈가족 사진 Quadrilaterals〉(2017)은 DMZ국제다큐멘터리영화제에서 상영되었다. 현재 그는 마닐라의 여러 제작사에서 프리랜서 감독과 촬영감독으로 일하고 있다.

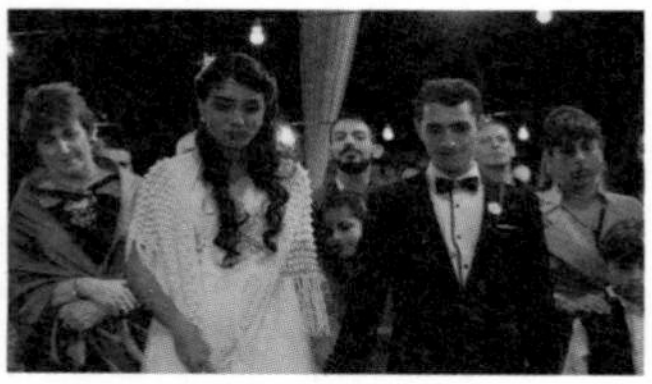

아침을 기다리며 [12]

Let It Be Morning

Israel, France | 2021 | 101min | DCP | Color | Korean Premiere

이스라엘 내 아랍 마을 출신이면서 예루살렘에서 거주하고 있는 사미는 동생의 결혼식 때문에 아내, 아이와 함께 잠시 고향에 돌아온다. 그는 예루살렘에서의 삶에 대해 궁금해하는 사람들의 관심이 부담스럽다. 일과 애인 때문에 결혼식이 끝나기도 전에 예루살렘으로 향하던 그는 이스라엘군의 갑작스러운 마을 봉쇄로 인해 마을을 벗어날 수 없게 된다. 마을에 머무르면서 일련의 사건을 겪은 그는 아랍 공동체 내의 갈등과 계급 분열에 대해 알게 된다. 거기에는 팔레스타인 일꾼들을 보호하려 하면서도 착취하고 있는 자신의 모순과, 아내를 속이고 있으면서도 문제를 해결하려 하지 않는 자신의 불합리도 포함된다. 영화는 절제되고 건조한 톤을 유지하면서 이스라엘 내 아랍 공동체가 처한 부조리를 날카롭게 풍자한다. (박진희)

에란 콜리린 Eran KOLIRIN
1973년 이스라엘 텔아비브 출생. 〈밴드 비지트 — 어느 악단의 조용한 방문〉(2007)으로 장편 데뷔하여 칸영화제 비평가협회상, 유럽영화상 발견상 등을 받으며 국제적인 주목을 받았다. 〈교환 The Exchange〉(2011)은 베니스국제영화제 경쟁부문에, 〈산과 언덕 너머 Beyond the Mountains and Hills〉(2015)는 칸영화제 주목할만한시선 부문에 초청되었다.

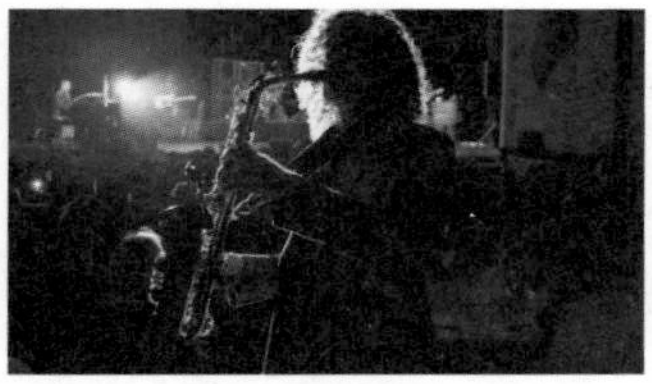

리스닝 투 케니 지 [G]

Listening to Kenny G

USA | 2021 | 96min |
DCP | Color | Korean Premiere

포털 사이트에 '케니 지'를 검색하면 노래방, 카페, 녹음실, 음악학원이 나오고, 심지어 2012년 한국관광 명예홍보대사가 되었다는 기사도 보인다. 이런 검색 결과는 한국에서 케니 지의 위상을 직간접적으로 보여준다. 모 의류업체 광고음악으로, 또 파마머리를 휘날리며 소프라노 색소폰을 연주하는 모습으로 우리에게도 너무나 친숙한 연주자 케니 지. 그는 역대 가장 많은 음반을 판매한 연주자이자 현존하는 가장 유명한 재즈 음악가이면서 그의 음악에 분노하는 많은 안티팬을 거느리고 있기도 한 문제적 아티스트이다. 이 작품은 케니 지라는 연주자가 어떻게 세계적인 연주가로 성공할 수 있었는지, 또 'Songbird', 'Going Home', 'Loving You' 등 그의 히트곡이 어떻게 탄생하게 되었는지 보여줌과 동시에 일부 청중과 평론가 들이 왜 그의 음악을 평가 절하하는지 그 이유를 다루고 있다. 예술 취향이 어떻게 개인의 정체성을 형성하고 사회적 소속감을 암시하는지를 보여준다는 점에서 케니 지라는 연주자만을 다룬 작품이라기보다 음악을 수용하는 행위 자체에 화두를 던지는 다큐멘터리라고도 할 수 있다. (전진수)

페니 레인 Penny LANE

1978년 미국 매사추세츠 출생. <우리들의 닉슨 Our Nixon>(2013), <너츠! Nuts!>(2016), <타인의 고통 The Pain of Others>(2018), <사탄에게 경배를? Hail Satan?>(2019) 등의 장편 다큐멘터리를 연출했다. <여행자들 The Voyagers>(2010)과 <저스트 애드 워터 Just Add Water>(2016) 등의 단편영화로 여러 영화제에서 상을 받았으며 온라인에서 인기를 얻었다.

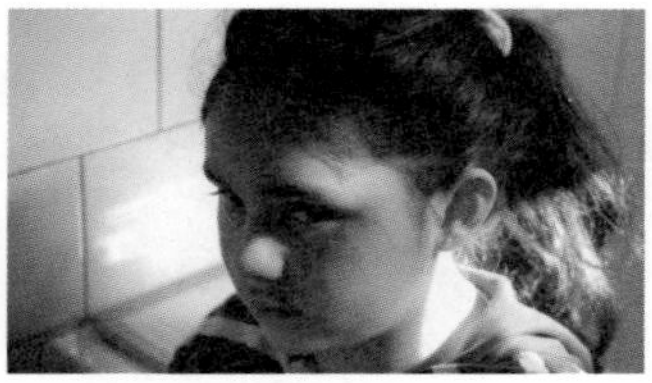

중세 시대의 삶 [G]

온라인

The Middle Ages

Argentina | 2022 | 90min |
DCP | Color | Asian Premiere

영화는 발명 이후 역사의 위대한 순간들을 기록하는 역할을 담당해왔고 이제는 역사가 아닌 가장 평범한 순간들을 담아내는 데에도 쓰인다. <중세 시대의 삶>은 한 예술가 가족이 열 살의 어린 딸과 함께 부에노스아이레스 집에 감금된 날을 기록하고 있다. 팬데믹에 대한 영화가 많지만, 이 작품의 독특한 점은 코미디적 요소다. 훌륭한 코미디가 그렇듯 이 영화도 슬픈 이면을 감춘다. 팬데믹이 우리를 위험과 영원한 기다림 사이에서 살게 하는 동안 이들은 집에 갇힌 채로 소소한 일상을 보내고, 미래와 직업에 대한 불확실성을 걱정하며, 생존과 행복을 위한 작은 행동들을 한다. 코로나 이후 실제 가족의 일상을 비춘 솔직하고 따뜻한 코미디. (문성경)

알레호 모기잔스키
Alejo MOGUILLANSKY

영화감독, 작가, 편집자이자 제작자다.

루시아나 아쿠냐 Luciana ACUÑA

무용가, 안무가, 배우이자 영화감독이다.

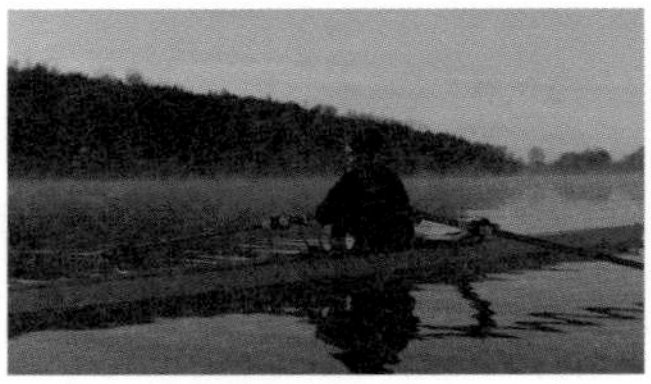

더 노비스 [15]

The Novice

USA, Canada | 2021 | 94min |
DCP | Color | Korean Premiere

대학 신입생 알렉스는 대학 조정팀에 들어가서 신참으로서 대표 선수가 되겠다는, 불가능에 가까운 목표를 자신에게 설정한다. 무리한 목표라고 코치들이 경고하지만 알렉스와 또 다른 신입생 제이미는 식단 조절부터 무자비한 연습까지, 모든 것을 걸고 운동에 매진한다. 로런 해더웨이 감독은 장편 데뷔를 준비하면서 좋아하던 감독들의 데뷔작을 조사한 결과, '가장 잘 아는 것을 영화로 만들자'라는 결론을 얻었다고 한다. 그리고 그녀 자신이 주인공 알렉스처럼 대학 조정부에 들어가서 4년 동안 열심히 운동했던 경험이 있었기에 알렉스의 미묘한 감정들을 표현해낼 수 있었다. 알렉스 역을 맡은 이저벨 퍼먼은 이미 <오펀: 천사의 비밀>(2009)에서 광기 어린 연기를 보여주기도 했는데, 이 작품에서도 강렬한 연기를 선보이면서 트라이베카영화제 여우주연상을 받았다. 한 인터뷰에서 감독 스스로 이 작품을 "조정을 소재로 한, <블랙 스완>의 느낌이 드리워진 <위플래쉬>"라고 했다고 하는데, 그 말처럼 스포츠 드라마와 심리 스릴러, 그리고 비극적인 로맨스까지 모두 녹여낸 작품이라고 할 수 있다. (전진수)

로런 해더웨이 Lauren HADAWAY

미국 텍사스 출생. 장편 데뷔작 <더 노비스>로 트라이베카영화제에서 미국 극영화 작품상을 받았으며, 인디펜던트 스피릿 시상식에서 5개 부문 후보로 지명되었다.

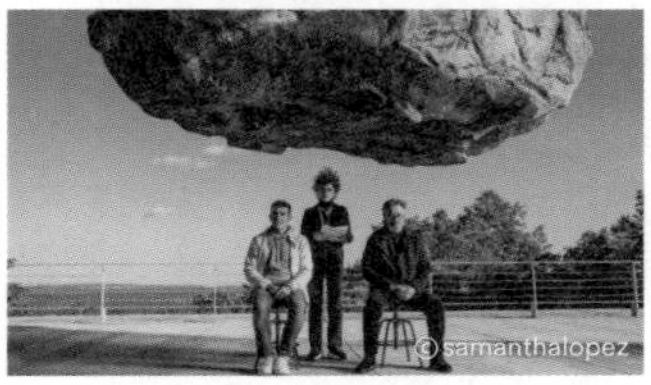
© samanthalopez

크레이지 컴페티션 [12]

Official Competition

Spain, Argentina | 2021 | 114min |
DCP | Color | Asian Premiere

재벌 회장이 다른 방식으로 자신의 이름을 남길 방법을 찾다가 영화 제작으로 눈을 돌린다. 제작비가 얼마가 들던 영화사에 길이 남을 걸작을 만들겠다고 결심한 회장은 세계 3대 영화제를 휩쓴, 잘나가는 감독 롤라 쿠에바스에게 연출을 의뢰한다. 천재 감독 롤라는 제안을 받아들여 서로 애증하는 형제의 이야기를 그린 소설을 영화화하기로 하고, 동생 역에 할리우드 스타 펠릭스를, 형 역에는 연기파 원로 배우 이반을 캐스팅한다. 두 배우의 캐스팅은 누구도 예상하지 못했지만, 롤라는 두 배우의 온도 차와 긴장감이 걸작을 만드는 데 꼭 필요하다며 밀어붙인다. 배우들의 팽팽한 기싸움과 함께 리허설은 시작되고, 거기에 배우들을 휘어잡으려는 감독 롤라까지 가세하여 어떻게 마무리될지 짐작조차 가지 않는 영화 제작기가 시작된다. 마치 극중 재벌 회장이 제작하는 영화처럼, 롤라 쿠에바스 역할을 맡은 페넬로페 크루스부터 안토니오 반데라스와 오스카르 마르티네스 등 최고의 배우들이 보여주는 불꽃 튀는 연기가 눈을 뗄 수 없게 만드는 작품이다. (전진수)

마리아노 콘, 가스톤 두프라트
Mariano COHN, Gastón DUPRAT

두 사람은 <성가신 이웃 The Man Next Door>(2009), <우등시민 The Distinguished Citizen>(2016), <아사도의 모든 것 Todo sobre el asado>(2016), <나의 걸작 My Masterpiece>(2018), <4x4>(2019)를 포함하여 10편의 영화를 공동 연출했다. 그들의 작품은 전 세계 영화제에서 상영되었으며, 고야상을 포함해 30개가 넘는 상을 받았다.

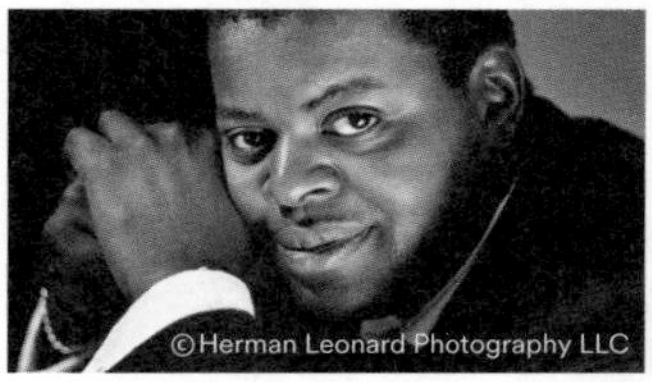
©Herman Leonard Photography LLC

오스카 피터슨: 블랙+화이트 [G]

온라인

Oscar Peterson: Black + White

Canada | 2021 | 83min |
DCP | Color+B/W | Asian Premiere

1925년 캐나다에서 태어나 2007년 여든두 살의 나이로 세상을 떠날 때까지, 60년이 넘는 긴 세월 동안 최고의 재즈 피아니스트로 활동한 오스카 피터슨의 삶과 음악을 총정리한 다큐멘터리다. 200장이 넘는 음반을 내놓으며 8개의 그래미상을 받았을 정도로 그의 존재와 음악은 많은 후배들과 재즈 팬들에게 잊을 수 없는 감동을 남겼다. 어린 시절 신동으로 불렸지만 전설적인 피아니스트 아트 테이텀에 대해 경외를 넘어 두려움까지 느끼며 그를 넘어서려고 노력했던 모습과, 오스카 피터슨을 상징하는 사운드가 완성된 트리오 시절의 녹음 작업, 유명 스타들과의 듀엣 연주와 편곡 작업들, 전 세계를 누비며 펼친 솔로 공연뿐 아니라 미국 투어 시절 겪은 인종차별 속에서 보여준 불굴의 의지, 그리고 그가 남긴 역사적인 곡 '자유를 위한 찬가'(Hymn to Freedom)까지 오스카 피터슨의 모든 활동이 이 작품에 망라되어 있다. (전진수)

배리 에이브리치 Barry AVRICH

멜버 엔터테인먼트의 프로듀서이자 감독. 60편 이상의 다큐멘터리를 제작하고 감독하였으며, 20편이 넘는 브로드웨이와 셰익스피어의 작품을 스크린으로 각색하고 상을 받았다.

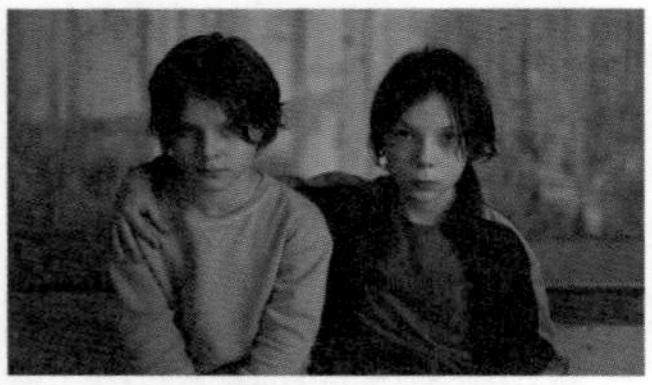

플레이그라운드 [G]
Playground

Belgium | 2021 | 72min |
DCP | Color | Korean Premiere

새 학기, 학교 앞. 의연한 오빠 아벨과 달리 노라는 교문이 끔찍한 괴물의 거대한 아가리라도 되는 듯 서럽게 울며 아빠에게 매달린다. 하지만 떼를 쓴다고 해서 등교를 피할 수 있는 건 아니다. 시간이 흐르고, 다행히 노라는 학교생활에 조금씩 적응해간다. 문제는 오히려 아벨 쪽이다. 쉬는 시간마다 운동장에서 끔찍한 집단 폭력에 시달리며 아벨은 점점 위축된다. 〈플레이그라운드〉에서 운동장은 놀이와 괴롭힘의 경계가 희미해진 야만의 공간이며, 그 폭력은 응당 학생을 보호하고 지도해야 할 교사들에게만은 보이지 않는다. 카메라는 시종일관 노라에게 달라붙어서 노라의 감각과 일체되어 있다. 극도로 얕은 심도는 관객으로 하여금 오로지 노라가 경험하고 느끼는 세계 속에 머물게 한다. 덕분에 영화는 “폭력은 폭력을 낳는다”는 진부한 결론을 거부하고 노라만이 할 수 있는 행동으로 성큼 이동한다. 그렇게 영화가 선택한 마지막 1분은 경이롭다. (손희정)

로라 완델 Laura WANDEL
1984년 벨기에 출생. 벨기에 방송예술학교 IAD에서 영화제작을 공부했다. 재학 중 만든 〈벽들 Walls〉(2007)은 전 세계 많은 영화제에 초대되었다. 첫 단편영화인 〈오 네거티브 O negative〉(2010)를 만든 후, 칸영화제 경쟁부문에 선정된 〈포린 바디스 Foreign Bodies〉(2014)를 연출했다. 〈플레이그라운드〉는 첫 장편영화 연출작이다.

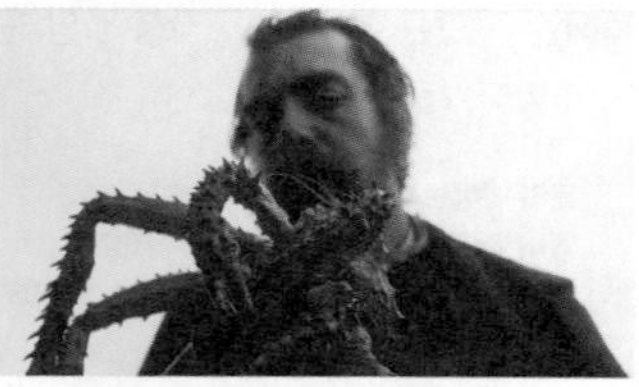

킹크랩의 전설 [12]
온라인

The Tale of King Crab

Italy, France, Argentina | 2021 | 106min |
DCP | Color | Korean Premiere

제목에서 알 수 있듯 이 영화는 구전으로 전해지는 전설과 신화에 관한 이야기다. 모든 전설이 그러한 것처럼 실제로는 존재하지 않았을 수도 있다. 어쩌면 이 영화는 세상의 끝이라 불리는 티에라델푸에고로 관객을 데려가기 위해 루치아노라는 미친 남자가 만들어낸 이야기로, 공상의 산물일지도 모른다. 감독은 주인공의 불행을 묘사하기 위해 금지된 사랑, 반역, 비극, 숨겨진 보물과 같은 영화적으로 가능한 형식과 장르를 모두 차용했다. 알레시오 리고 데 리기와 마테오 초피스가 공동으로 연출한 첫 극영화로 죄책감이 집착으로 변화된 우화를 그린다. (문성경)

알레시오 리고 데 리기, 마테오 초피스
Alessio RIGO DE RIGHI,
Matteo ZOPPIS
1986년 출생한 이탈리아계 미국인 영화감독들이다. 두 사람의 협업은 단편 다큐멘터리 〈검은 야수 Black Beast〉(2013)와 장편 다큐멘터리 〈일 솔렌고 Il Solengo〉(2015)로 시작되었다. 전통적인 농경사회에 관한 설화와 전설에 중점을 둔 그들의 작품은, 구전의 불완전한 작동 방식이 새로운 이야기를 창조해낼 수 있음을 보여준다.

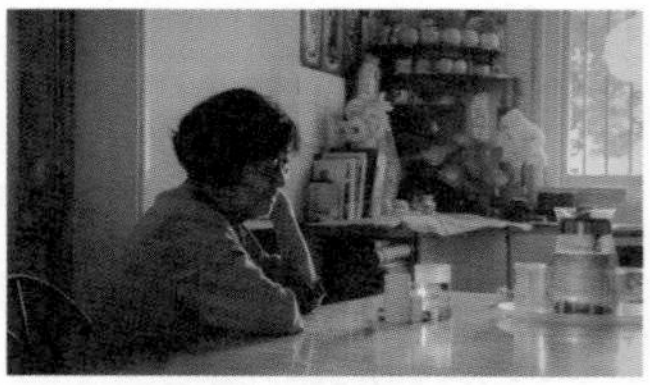

버진 블루 [12]
Virgin Blue

China | 2021 | 100min |
DCP | Color | Korean Premiere

대학을 갓 졸업한 예쯔는 할머니 집에서 여름을 보낸다. 예쯔는 할머니가 치매가 아닌가 의심하고, 할머니는 예쯔에게 몽유병이 있다고 생각한다. 두 사람이 공유하는 일상 공간은 어느새 할머니의 기억과 꿈, 예쯔의 환상 등이 뒤섞인 초현실적인 공간으로 변해간다. 영화는 예쯔를 따라가며 그가 직면하는 가족사의 일면들, 할머니, 할아버지와의 추억, 사후세계, 신화, 환생 등의 테마를 밀도 높게 전달한다. 비선형적인 내러티브는 예쯔가 느끼는 혼란에 대해 감정적으로 동요할 수 있게 만들며, 공간에 대한 일상적 표현은 과거와 현재를 경계 짓는 시간의 감각을 무력화한다. 트레이시 슈발리에의 소설 『버진 블루』(1997)에 느슨하게 기대고 있는 감각적인 영화다. (박진희)

뉴샤오위 NIU Xiaoyu
베이징전영학원에서 애니메이션과 실험영화를 각각 전공했다. 단편영화 〈유화 연못 YUHUA POND〉(2013)과 〈섬머 피버 2 SUMMER FEVER II〉(2017)를 연출했다.

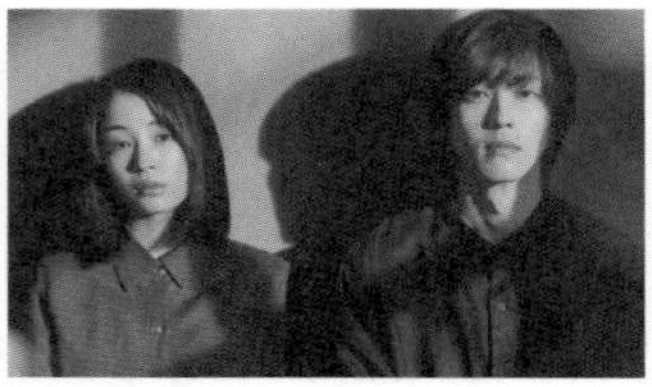

유랑의 달 [15]
Wandering

Japan | 2022 | 150min |
DCP | Color | World Premiere

2020년 일본 서점이 뽑은 서점대상을 수상한 나기라 유의 베스트셀러 소설을 이상일 감독이 영화화했다. 히로세 스즈와 마쓰자카 도리가 주연을 맡았다. 비 오는 어느 날 한 공원, 비를 맞으며 책을 읽던 열 살 소녀 사라사에게 열아홉의 대학생 후미가 우산을 씌워 준다. 고모 집으로 돌아가지 않으려는 사라사를 후미가 자신의 집으로 데려가고, 결국 후미는 사라사를 유괴한 죄로 체포된다. 불쌍한 존재로 살아야 했던 사라사와 갇혀 지내야했던 후미가 15년 후 다시 만나게 되고, 이들은 세상의 편견 속에서 서로의 결핍을 함께 극복해간다. 〈곡성〉(2016), 〈기생충〉(2019)의 촬영감독 홍경표가 이 영화의 촬영을 맡아 후미와 사라사의 연대감과 동경을, 커튼 사이로 들어오는 빛과 바람에 흔들리는 햇살로 보여준다. (김수현)

이상일 LEE Sang-il
1974년 출생. 재일교포 3세다. 대학 졸업 후 이마무라 쇼헤이의 일본영화학교에 입학했다. 첫 장편영화이자 졸업 작품 〈푸를 청 Chong: Blue Chong〉(1999)은 피아영화제에서 대상을 받았다. 다섯 번째 장편영화 〈훌라 걸스〉(2006)는 일본아카데미시상식에서 작품상, 감독상, 각본상을 받았다. 〈악인〉(2010), 〈용서받지 못한 자 Unforgiven〉(2013), 그리고 〈분노〉(2016)를 포함한 최근 작품은 인간성에 대한 깊은 통찰력을 보여준다.

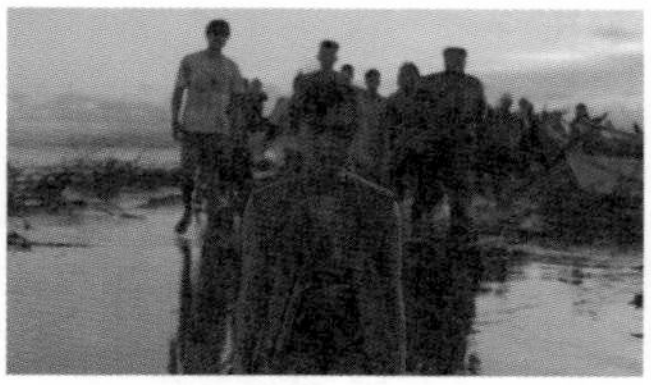

태풍주의보 [12]
온라인

Whether the Weather is Fine

Philippines, France, Singapore, Indonesia, Germany, Qatar | 2021 | 104min | DCP | Color | Korean Premiere

2013년 필리핀 중부를 강타해 7,300여 명의 사망자와 실종자를 만들고 그 일대를 초토화시켰던 태풍 하이옌이 휩쓸고 지나간 타클로반의 어딘가에서 이야기가 시작된다. 시체가 뒹구는 아수라장에서 눈을 뜬 미겔은 폐허가 된 거리를 걷다가 어머니 노마와 여자 친구 안드리아를 만난다. 또 다른 강력한 태풍이 다가오고 있다는 소문이 도는 가운데, 미겔은 항구로 가서 마닐라로 향하는 구조선을 타려 한다. 하지만 안드리아와 어머니는 각자의 이유로 미겔의 곁을 떠나버리고, 미겔은 넋 나간 사람처럼 구조선을 향해 간다. 감독은 하이옌 피해 직후였던 2014년부터 이 영화를 계획한 것으로 알려져 있다. 수년간의 기획개발 끝에 수백 명의 엑스트라를 동원해 여섯 군데 이상의 장소에서 찍은 아주 특별한 재난영화를 장편 데뷔작으로 완성시켰다. (박진희)

카를로 프란시스코 마나타드
Carlo Francisco MANATAD
필리핀의 영화감독이자 아시아영화아카데미, 베를린국제영화제 탤런트 캠퍼스, 로카르노국제영화제 영화아카데미 졸업생이다. 단편영화 〈산드라 Sandra〉(2016), 〈이달의 우수사원 Employee of the Month〉(2017), 〈닥친 실재 The Imminent Immanent〉(2018) 등을 연출했다.

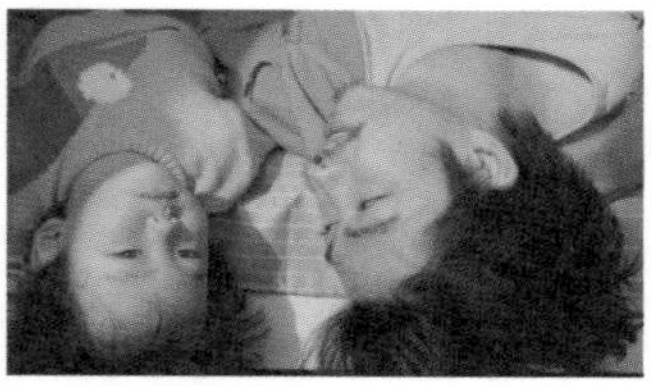

끝없는 폭풍의 해 [G]
The Year of the Everlasting Storm

USA, Iran, Chile, Thailand, UK, Singapore | 2021 | 122min |
DCP | Color | Korean Premiere

팬데믹이 오기 전의 세상은 멈추고 모든 확신은 의문으로 바뀌었다. 지난해 전주국제영화제는 책을 통해 ‘영화는 무엇이 될 것인가?’라는 질문을 던졌는데, 유명 감독들의 마음에도 이와 비슷한 질문이 떠올라 이 영화가 시작된 듯 보인다. 〈끝없는 폭풍의 해〉는 자파르 파나히, 앤서니 첸, 로라 포이트러스, 말릭 비탈, 도밍가 소토마요르, 데이비드 라워리, 아피찻퐁 위라세타꾼까지 내로라하는 유명 감독들이 참여한 옴니버스 영화다. 세계가 일시 정지한, 일종의 기다림의 시대에도 작업을 멈출 수 없었던 예술가들이 보내온 이 영상들로 창작의 한계에서 피어난 도전의 면면을 확인할 수 있다. (문성경)

자파르 파나히 Jafar PANAHI
1960년 이란 출생. 몇 편의 단편영화와 다큐멘터리를 만든 이후 첫 장편영화인 〈하얀 풍선〉(1995)을 제작해 칸영화제 감독주간에서 수상했다. 대표작으로는 베니스국제영화제 황금사자상을 받은 〈서클〉(2000), 베를린국제영화제 황금곰상을 받은 〈택시〉(2015) 등이 있다. 그의 영화는 이란 사회의 사실적인 모습을 묘사하여 이란 내에서 상영이 금지되었다. 인권 문제에 큰 공헌을 한 사람에게 주어지는 사하로프상을 받기도 했다.

앤서니 첸 Anthony CHEN
싱가포르 출신의 작가, 영화감독, 프로듀서. 싱가포르 영화학교와 영국 국립영화학교에서 수학했다. 단편영화인 〈아 마 Ah ma〉(2007)로 칸영화제에서 수상한 최초의 싱가포르인이 되었다. 첫 장편영화인 〈일로 일로 ILO ILO〉(2013)는 칸영화제 황금카메라상을 받았다. 최근작인 〈웻 시즌 Wet Season〉(2019)은 토론토국제영화제에서 상영되어 많은 호평을 얻었다.

말릭 비탈 Malik VITTHAL
미국 로스앤젤레스 출생. 남캘리포니아대학교 영화학과를 졸업했다. 첫 장편 연출작 〈임페리얼 드림즈 Imperial Dreams〉(2014)를 공동 집필하여 선댄스영화제에서 관객상을 받았다. 두 번째 영화인 〈바디캠 Body Cam〉(2020)은 파라마운트 픽쳐스 배급으로 개봉되었다.

로라 포이트러스 Laura POITRAS
영화감독, 저널리스트, 그리고 예술가. 〈시티즌포〉(2014)는 미국아카데미시상식에서 장편다큐멘터리상을 받았으며, 영국아카데미시상식, 에미상, 그리고 미국감독조합상에서 수상했다. 미국국가안전보장국과 에드워드 스노든에 대한 제보로 공익보도 부문 퓰리처상을 받았다. 〈마이 컨트리, 마이 컨트리 My Country, My Country〉(2006)는 베를린국제영화제에서 상영되었으며 미국아카데미시상식 후보에 지명되었다. 관타나모 수용소와 테러와의 전쟁에 대한 영화 〈서약 The Oath〉(2010)은 베를린국제영화제에서 상영되었다.

도밍가 소토마요르
Dominga SOTOMAYOR
1985년 칠레 산티아고 출생. 작가 겸 영화감독이다. 첫 장편영화 〈목요일에서 일요일까지 Thursday till Sunday〉(2012)와 공동 연출한 단편영화 〈섬 The Island〉(2013)은 각각 로테르담국제영화제에서 타이거상을 받았다. 최근작 〈죽기에는 어려 Too Late to Die Young〉(2018)로 여성으로서는 최초로 로카르노국제영화제에서 감독상을 수상했다. 현재 하버드대학교 영상예술학과의 초빙교수다.

데이비드 라워리 David LOWERY
작가 겸 영화감독. 대표작으로는 〈파이어니어 Pioneer〉(2011), 〈피터와 드래곤〉(2016), 〈고스트 스토리〉(2017), 〈피터팬 & 웬디 Peter Pan & Wendy〉(2018), 〈그린 나이트〉(2021)가 있다.

아피찻퐁 위라세타꾼
Apichatpong WEERASETHAKUL
태국 방콕 출생. 1994년 영상 작업을 시작해 2000년에 첫 장편 〈정오의 낯선 물체 Mysterious Object at Noon〉를 완성했다. 1998년부터 다양한 국가에서 비디오 설치 작업을 전시하고 있기도 하다. 비선형적이고 경계를 오가는 그의 작업은 기억을 소재로 사적 정치와 사회 문제를 예리하게 담아낸다. 대표작으로는 〈열대병 Tropical Malady〉(2004), 〈엉클 분미〉(2010), 〈메모리아 Memoria〉(2021) 등이 있다.

밀란 쿤데라, 문학과 영화 사이
Milan KUNDERA, In-between Literature and Film

1988년, 우리에게 전혀 알려지지 않았던 한 체코 작가의 소설이 큰 충격과 함께 출판계를 강타했다. 그리고 『참을 수 없는 존재의 가벼움』이라는 밀란 쿤데라의 대표작은 필립 코프먼에 의해 영화화되어 〈프라하의 봄〉이라는 제목으로 국내 개봉까지 하게 된다. 그리고 1988년 쿤데라의 작품을 처음 소개했던 출판사는 그로부터 25년이 지난 2013년, 15권으로 구성된 그의 작품 전집을 프랑스에 이어 세계 두 번째로 완간하기까지 했다.

그 정도로 우리나라에서 인기가 많은 작가이니만큼 밀란 쿤데라가 음악학자이자 피아니스트였던 아버지의 영향으로 음악에 조예가 깊었다는 것도 널리 알려져 있고, 쿤데라 자신도 프라하 카렐대학교 예술학부에서 문학과 미학을 공부하다가 프라하국립예술대학의 영화학부로 옮겨 공부했다는 것 또한 익히 알려진 사실이다. 대학 졸업 후에는 같은 학교에서 문학을 강의하며 밀로시 포르만, 아그니에슈카 홀란트를 비롯하여 후일 체코 뉴웨이브 영화를 이끈 감독들에게 많은 영향을 끼쳤다는 것 또한 유명하다. 그뿐만 아니라 그 자신이 영화와 연극을 위한 대본을 직접 집필하면서 무대와 영상예술에 직접적으로 관여하기도 했다.

2022년 제작된 다큐멘터리 〈밀란 쿤데라: 농담에서 무의미까지〉는 이 세계적인 작가의 삶과 예술 세계를 보기 드문 풍부한 자료 화면과 함께 설명하는 흥미로운 작품이다. 그리고 이 다큐멘터리에 소개된, 그의 소설 또는 창작 시나리오를 영화화한 작품들을 한데 모아 상영하고픈 욕구도 자연스럽게 생겨서 1960년대에 만들어진 3편의 작품을 함께 상영하게 되었다. 1965년 작품 〈누구도 웃지 않으리〉는 프라하국립예술대학에서 밀란 쿤데라에게 배운 히네크 보찬 감독이 쿤데라의 단편소설을 각색하여 만든 데뷔작이고, 『참을 수 없는 존재의 가벼움』만큼 많은 인기를 얻은 1965년작 『농담』을 야로밀 이레시 감독이 1968년 영화화한 〈농담〉은 암울한 시대에 잘못 던진 농담 한마디가 운명을 비극적으로 이끌어가는 웃지 못할 아이러니를 보여준다. 역시 밀란 쿤데라의 단편소설을 각색한 1969년 작품 〈나, 슬픔에 잠긴 신〉은 쿤데라 특유의 부조리와 위트, 복수와 역설이 잘 표현된 작품이다.

문학과 영화는 따로 얘기할 필요가 없을 만큼 밀접한 관계를 갖고 있지만, 밀란 쿤데라의 작품 세계에서 문학은 훨씬 더 '영화적'이라는 것을 1960년대에 만들어진 보기 드문 세 작품과 그의 다큐멘터리를 통해서 확인할 수 있다. (전진수)

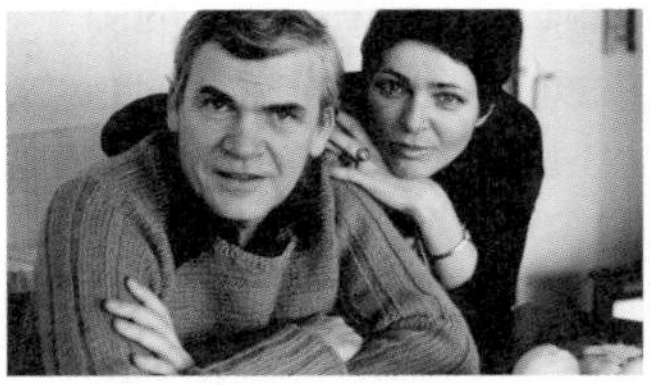

밀란 쿤데라: 농담에서 무의미까지 [G]
온라인

Milan Kundera: From the Joke to Insignificance

Czech Republic | 2022 | 95min | DCP | Color+B/W | Asian Premiere

밀란 쿤데라의 작품은 1988년 우리나라에 처음 소개됐고, 25년이 지난 2013년 15권으로 구성된 전집이 프랑스에 이어 세계에서 두 번째로 완간될 정도로 우리나라에서 그의 작품은 절대적인 지지를 받아왔다. 하지만 정작 밀란 쿤데라는 미스터리에 싸인 작가다. 왜 그의 작품에 전 세계가 열광하는가? 왜 그는 조국을 등지고 프랑스에 가서 프랑스어로 작품을 쓰는가? 쿤데라가 프랑스어로 쓴 자신의 작품을 체코어로 번역하지 못하게 했던 이유는 무엇인가? 그는 왜 대중 앞에 모습을 드러내기를 꺼리는가? 2009년, 체코 출신의 밀로시 포르만에 대한 다큐멘터리를 만든 바 있는 밀로슬라프 슈미드마예르 감독이 연출한 〈밀란 쿤데라: 농담에서 무의미까지〉는 쿤데라를 둘러싼 미스터리들을 풀어나가면서 이 세계적인 작가의 삶과 예술 세계를 풍부한 자료 화면과 함께 보여주고 있다. 특히 1960년대 프라하국립예술학교 영화학부(FAMU)에서의 강의 장면과 영화화된 그의 작품들의 발췌 화면, 그리고 프랑스에서의 모습 등 쿤데라의 팬이라면 놓칠 수 없는 보기 드문 영상들이 가득하다. (전진수)

밀로슬라프 슈미드마예르
Miloslav ŠMIDMAJER
체코뿐 아니라 세계 문화에 영향을 미치는 주요 인물들에 대한 독립 다큐멘터리를 만드는 감독이다.

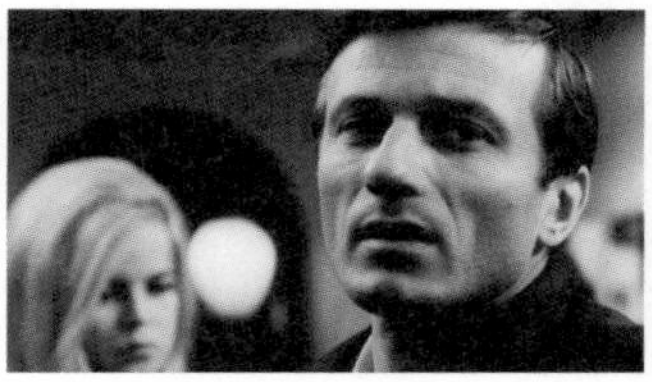

누구도 웃지 않으리 ⑫
온라인

Nobody Gets the Last Laugh

Czechoslovakia | 1965 | 92min | DCP | B/W

클라라는 예술학교 조교 클리마의 집으로 거처를 옮겨 함께 생활하고 있다. 어느 날 그녀는 클리마 앞으로 온 편지를 발견하는데, 거기엔 연구자 자투레츠키가 19세기 체코 화가 미콜라시 알레시에 대해 쓴 자신의 논문을 평가해 달라는 청이 담겨 있다. 논문이 실린 원고를 찾지 못한 클리마는 적당히 얼버무린 답장을 써서 보내지만 제대로 된 평가를 듣기 위한 자투레츠키의 집념은 생각 이상이다. 집요하게 쫓아다니는 자투레츠키를 떼어내기 위해 클리마는 그가 클라라를 추행했다고 거짓 소문을 낸다. 하지만 이는 클리마를 더 큰 수렁에 빠트릴 뿐이다.

* 제공: Národní filmový archiv, Prague, © State Cinematography Fund

히네크 보찬 Hynek BOČAN
프라하국립예술대학을 졸업한 뒤, 1965년 밀란 쿤데라의 단편을 각색한 〈누구도 웃지 않으리〉로 데뷔했다. 이후 연출한 역사영화 〈명예와 영광 Honor and Glory〉(1968)은 베니스국제영화제에서 상영되었다. 1960년대 말부터 체코의 국영 텔레비전 방송사에서 많은 영화와 TV 프로그램을 만들었다.

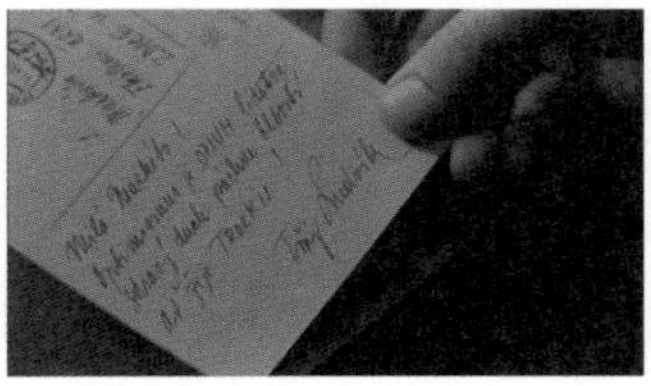

농담 ⑫
온라인

The Joke

Czechoslovakia | 1968 | 79min | DCP | B/W

루드비크는 헬레나를 만나기 위해 고향으로 돌아간다. 그는 헬레나의 남편 파벨 제마네크로 인해 고초를 겪은 바 있다. 대학생 시절 체코슬로바키아 공산당 학생연맹 소속이던 둘은 절친한 사이였다. 어느 여름, 방학을 연인과 보내길 바란 루드비크는 당시 연인 마르케타가 자기 대신 공산당 연수를 택하자 엽서에 "트로츠키 만세!"라는 농담을 섞어 보낸다. 문제는 파벨이 이를 빌미로 루드비크를 당과 학교 모두에서 퇴출당하게 했다는 것이다. 심지어 그는 이후 강제 노역 부대에 끌려간다. 하지만 헬레나를 유혹해 파벨에게 복수하려는 루드비크의 계획은 우스꽝스럽게 뒤틀리고 만다.

* 제공: Národní filmový archiv, Prague, © State Cinematography Fund

야로밀 이레시 Jaromil JIREŠ
프라하국립예술대학에서 촬영과 연출을 공부했다. 첫 영화인 〈더 크라이 The Cry〉(1963)는 칸영화제 경쟁부문에 초청되었다. 대표작으로는 밀란 쿤데라의 소설을 각색한 〈농담〉과 비테슬라프 네즈발의 산문을 원작으로 한 〈발레리의 기이한 일주일 Valerie and Her Week of Wonders〉(1970)이 있다.

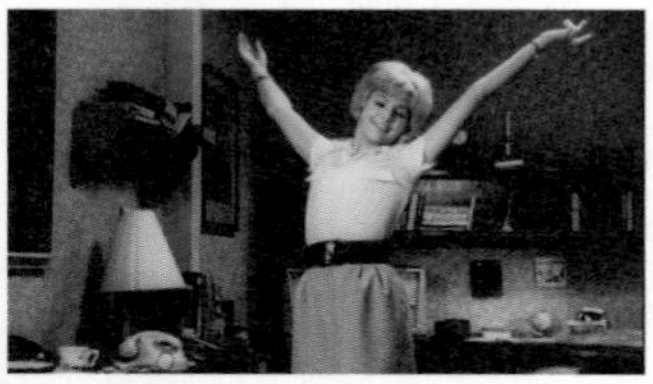

나, 슬픔에 잠긴 신 [12]

온라인

I, Distressing God

Czechoslovakia | 1969 | 86min |
DCP | B/W

아돌프는 뭇 여성의 관심을 한몸에 받을 만큼 매력 넘치지만 정작 자신이 관심 있는 이의 사랑은 받지 못한다. 그가 좋아하는 건 풋내기 오페라 가수 야니치카. 하지만 그녀는 유명인에게만 관심이 있다. 어느 날 그리스인 파르티잔 아포스톨레크를 알게 된 아돌프에게 좋은 생각이 떠오른다. 그를 멋있게 꾸며 야니치카에게 그리스에서 온 작곡가라고 속여 소개할 계획이다. 자신을 무시하는 야니치카에게 복수하기 위해 시작된 이 속임수는 그러나 아돌프의 계획과는 완전히 다른 방향으로 나아가기 시작한다.

* 제공: Národní filmový archiv, Prague, ©State Cinematography Fund

안토닌 카홀리크 Antonín KACHLÍK
프라하국립예술대학을 졸업한 뒤, 바란도프 필름 스튜디오에서 세컨드 유닛 감독으로 일했다. 1960년대 초 〈6월의 나날들 June Days〉(1961), 〈우리 열 명이 있었다 We Were Ten〉(1962) 등 젊은 세대를 위한 영화를 연출했다. 프라하의 봄 시기에 밀란 쿤데라의 단편소설을 각색한 〈나, 슬픔에 잠긴 신〉을 만들었다.

마스터즈
Masters

마스터즈는 거장의 신작을 소개하는 섹션으로 한평생 영화를 품고 살아온 장인들이 바라보는 동시대와 영화에 대한 생각을 엿볼 수 있다. 올해 특이한 점은 거장들의 단편 제작이 늘어난 것이다. 대형 프로젝트들이 팬데믹 상황으로 촬영을 할 수 없게 되자 이들은 스튜디오에서 홀로, 때로는 자연 속으로 떠나서, 혹은 소수의 사람들과 가능한 선에서 영화를 만들었다. 루크레시아 마르텔, 차이밍량, 라두 주데, 안드레이 우지커 등 동시대를 대표하는 감독들이 독립적으로 만든 작품들을 마스터즈 내 미니 섹션인 '거장의 단편'으로 묶어 소개한다.

제23회 프로그램의 수확 중 하나는 전주국제영화제의 정체성을 대변할 만한 장인의 작품을 소개할 수 있게 된 것이다. 이미지 언어로서 영화의 가능성을 솜씨 좋게 밀어붙여 최소한의 재료로도 걸작이 탄생할 수 있음을 증명하는 작품들이 준비돼 있다. 우선 장뤼크 고다르와 세르게이 파라자노프가 천재로 칭하는 감독, 아르타바즈드 펠레시안이 27년 만에 낸 신작 〈대자연〉을 관객에게 선보인다. 〈대자연〉은 까르띠에 현대미술재단의 지원으로 2020년에 제작되었으나 2021년 최초 공개된 후 아시아에서는 처음으로 전주에서 소개하는 영광을 누리게 되었다. 전주국제영화제와 오랜 인연을 이어온 제임스 베닝 감독의 신작은 이번에도 현재 세계와 영화의 시간을 연결하며 영화의 본질을 드러낸다. 마스터즈 섹션의 유일한 한국 작품은 누구보다 자유롭게, 그러나 끈질기게 다큐멘터리 작업을 하고 있는 김동원 감독의 〈2차 송환〉이다. 비전향 장기수의 북한 송환 운동을 다룬 〈송환〉 이후, 〈2차 송환〉은 개인의 운명이 여전히 국가라는 거대한 개념과 정치적 결정 아래 휘둘릴 수밖에 없는 상황 속에서 그들이 찾는 희망을 이야기한다.

내용적으로 주목할 지점은 인간 본성에 대한 거장들의 다양한 접근법을 볼 수 있다는 것이다. 정치와 권력 관계의 작동 방식에 영향을 받는 사회를 성찰하는 작품은 총 3편이다. 라브 디아스 감독은 〈하의 이야기〉로 1957년 라몬 막사이사이 대통령이 사망한 후의 필리핀 사회를 은유적으로 그렸다. 우크라이나에서 10대를 보낸 세르히 로즈니챠 감독은 구소련으로부터 리투아니아의 독립을 이끈 정치인의 삶을 그린 〈미스터 란즈베르기스〉와, 나치가 우크라이나 민간인 3만 3천여 명을 사살한 이야기를 담은 〈바비 야르 협곡〉을 통해 과거의 역사가 현재도 변하지 않았음을 드러낸다. 사랑과 신념, 정체성에 대한 탐구는 테런스 데이비스가 소환한 시인 시그프리드 서순의 이야기 〈베네딕션〉과 히타 아제베두 고메스가 재해석한 에리크 로메르의 유일한 희곡이자 동명의 영화 〈내림 마장조 삼중주〉를 통해 나타난다. 프랑스에서 가장 독특한 감독 중 하나로 꼽히는 베르트랑 보넬로는 동시대의 시급한 논쟁점인 가상 세계와 10대들의 세계가 담긴 〈코마〉로 관객을 안내한다. 단편이 포함되며 작품 수가 예년에 비해 늘었지만, 예술을 향한 도전을 멈추지 않는 거장들의 면면을 살펴보는 즐거움은 상당할 것이다. (문성경)

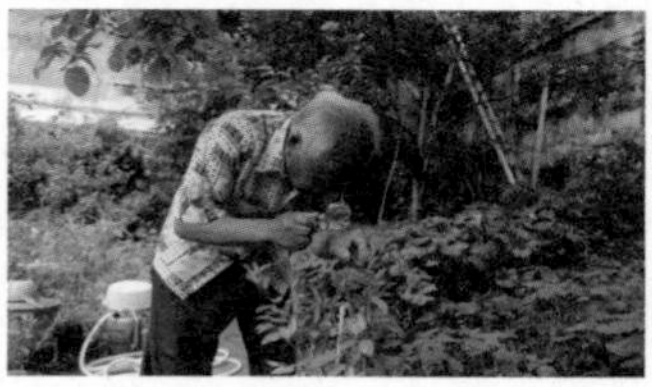

2차 송환 [G]

The 2nd Repatriation

Korea | 2022 | 156min |
DCP | Color | World Premiere

남한의 비전향 장기수들이 분단 이래 처음 북으로 송환된 것은 2000년이었다. 지난 5년간 남북 관계가 진전을 보이자 2차 송환이 현실화되는 것을 기대한 46명의 장기수들은 이제 평균 아흔을 넘겼다. 그중 강제 전향을 당한 김영식 선생은 막상 송환이 현실화된다고 해도 걱정이다. 북한의 가족들과는 연락이 끊겼고, 오랜 시간 남한에서 지내며 그가 가꾸어온 이곳의 삶을 버려야 한다는 사실 또한 그를 갈등하게 만든다. 사람의 인생을 지탱하는 것이 신념만은 아니며, 실체적인 삶과 인간관계에 있다는 사실 앞에서 지난 70년 넘게 해결되지 않은 전쟁과 이데올로기의 폭력이 여전히 자리한 한국사회를 다시금 돌아보게 만든다. (문성경)

김동원 KIM Dongwon
1991년 푸른영상을 창립하고 30년간 활동했다. 2003년 비전향 장기수를 다룬 〈송환〉을 발표했고, 2022년 송환되지 못한 전향 장기수들의 이야기인 〈2차 송환〉을 발표했다.

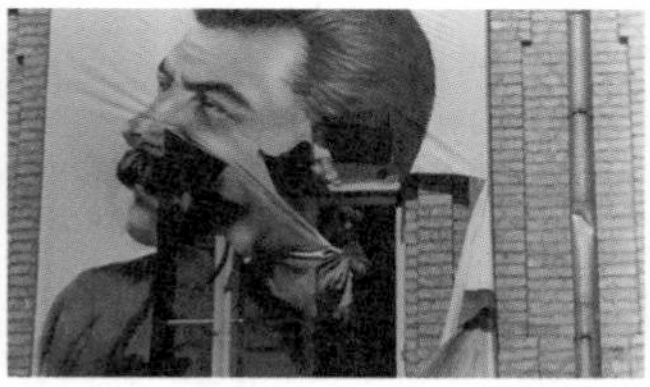

바비 야르 협곡 [15]

온라인

BABI YAR. CONTEXT

Netherlands, Ukraine | 2021 | 121min |
DCP | Color+B/W | Asian Premiere

1941년 6월부터 1952년 12월까지 제2차 세계대전을 겪어낸 소비에트 우크라이나 사람들과 그 땅의 역사를 복원된 아카이브 자료로만 구성한 작품이다. 영화는 3만 3,000명이 넘는 유대인이 학살된 바비 야르 협곡 사태의 전후 상황을 보여주지만, 로즈니챠 감독이 주목하는 역사의 맥락은 사건에만 있지 않고 사람들을 포함하고 있다. 명령을 받고 사람들을 사살한 낮은 계급의 군인과 시체 무더기 속에서 살아남은 여성들의 증언, 마지막 재판 후 나치에 가담한 이들을 처벌하는 방식에 이르기까지, 이 영화는 학살을 고증하는 것에서 그치지 않고 우리 속의 야만을 집요하게 들추어낸다. 말로 표현할 수 없는 잔인함을 이미지로 굳이 보여주는 이유는 바로 그 모든 참상들이 질문하지 않는 인간에 의해 자행된 것이기 때문이다. (문성경)

* 이 영화는 관객의 트라우마를 자극하거나 심리적 불편감을 느낄 수 있는 장면이 일부 포함돼 있습니다. 관람 전 참고하시기 바랍니다.

세르히 로즈니챠 Sergei LOZNITSA
1964년생. 1991년까지 과학자로서 키이우 사이버네틱스 연구소에서 인공지능을 연구했다. 1996년부터 영화제작을 시작해 23편의 다큐멘터리와 4편의 극영화를 연출했다. 대표작으로는 칸영화제 수상작 〈안개 속에서 In the Fog〉(2012), 〈돈바스 Donbass〉(2018) 등이 있다.

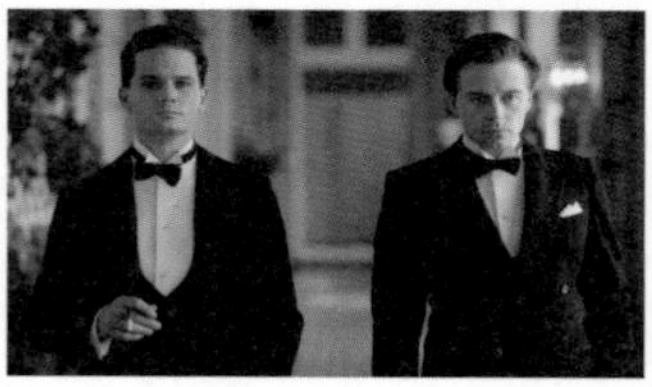

베네딕션 [12]

온라인

BENEDICTION

UK | 2021 | 137min |
DCP | Color | Korean Premiere

〈베네딕션〉은 20세기 실존 인물인 시인 시그프리드 서순의 삶을 그린다. 그러나 영화는 전형적인 전기라기보다 마르셀 프루스트의 내러티브 형식에 더 가깝다. 시인의 기억은 현재에서 과거로, 전쟁의 현장에서 평범한 삶으로 서정적으로 흐른다. 테런스 데이비스는 고전적이고도 정교하게 숙달된 솜씨로 삶의 운명을 바꾸는 인물들을 통해 세계와 역사가 바뀌는 순간들을 보여준다. 이 영화에는 다를 수도 있었던 삶, 이미 과거가 되었지만 사라지길 거부하는 사랑, 세월이 흘러도 여전히 아픈 기억의 이야기가 담겨 있다. (문성경)

테런스 데이비스 Terence DAVIES
1945년 영국 리버풀 출생. '테런스 데이비스 삼부작'으로 불리는 〈칠드런 Children〉(1976), 〈마돈나와 아이 Madonna and Child〉(1980), 〈죽음과 변모 Death and Transfiguration〉(1983)를, 2000년에는 이디스 훠턴의 소설을 원작으로 한 〈환희의 집 The House of Mirth〉을 연출하였다. 이 밖의 연출작으로는 〈리버풀의 추억 Of Time And The City〉(2008), 〈더 딥 블루 씨〉(2011) 등이 있다.

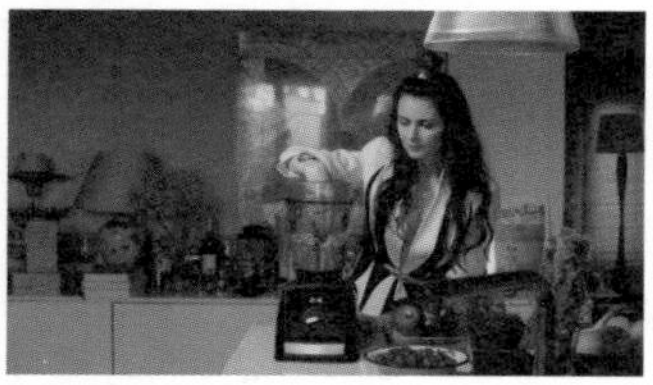

코마 [15]

온라인

Coma

France | 2022 | 80min |
DCP | Color | Asian Premiere

베르트랑 보넬로의 〈코마〉는 물리적·지리적 한계가 일상을 제한하고 있던 시기에 만들어진 영화 중 가장 이상하고 수수께끼 같은 작품 중 하나다. 감독이 딸에게 보내는 친밀한 편지 형태를 띠다가도 부분적으로는 오늘날 10대들의 삶과 집착의 여정을 보여주고, 또 한편 현재의 세계에 대해 논평하기도 한다. 픽션과 사적 에세이의 중간 어디쯤에서 가스파르 윌리엘 등 유명 프랑스 배우들의 목소리가 등장하는 애니메이션까지 포함하고 있는 이 영화는 파트리시아 코마라는 신비한 유튜버의 모습을 통해 동시대의 시급한 논쟁점인 가상 세계로 관객들을 안내한다. (문성경)

베르트랑 보넬로 Bertrand BONELLO
1968년 프랑스 니스 출생. 장편 데뷔작 〈유기적인 것 Something Organic〉(1998)은 베를린국제영화제 파노라마 부문에 진출했다. 두 번째 연출작 〈포르노그래퍼 The Pornographer〉(2001)는 칸영화제 국제비평가협회상을 받았다. 칸영화제 경쟁부문에 초청된 〈라폴로니드: 관용의 집〉(2011), 산세바스티안국제영화제에서 시그니상을 받은 〈녹투라마 Nocturama〉(2016)로 전주국제영화제에 소개된 바 있다.

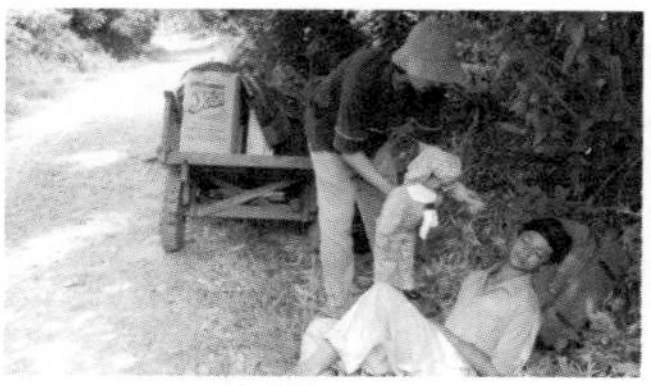

하의 이야기 [12]

온라인

History of Ha

Philippines | 2021 | 277min |
DCP | B/W | Korean Premiere

때는 1957년, 라몬 막사이사이 대통령이 사망한 해. 복화술 인형 공연의 대가 에르난도 알라마다는 메이플라워 크루즈에서의 마지막 공연을 마치고 사랑하는 이와의 결혼을 고대하며 필리핀으로 돌아온다. 가족들의 환대에도 마을에 퍼진 빈곤의 기운은 숨길 수가 없고, 빚을 갚기 위해 계약결혼을 하는 약혼자의 소식에 에르난도는 인생의 의미를 잃고 마을을 떠난다. 길 위에는 황금 광산에서의 한 방을 노리는 사람들로 가득하고, 모두들 디와타섬으로 향하는데 이들의 꿈은 과연 어디를 향하는 것일까. 〈하의 이야기〉는 한 남자의 사랑 이야기이자 물질과 정치 권력 때문에 무너지는 공동체에 대한 이야기로, 자국의 안타까운 상황을 은유적으로 표현해온 라브 디아스 감독의 신작이다. (문성경)

라브 디아스 Lav DIAZ
1958년 출생. 필리핀 3부작으로 불리는 〈웨스트 사이드 키드 Batang West Side〉(2001), 〈필리핀 가족의 진화 Evolution of a Filipino Family〉(2004), 〈에레미아스 Heremias〉(2006)를 통해 국제적인 감독으로 인정받았다.

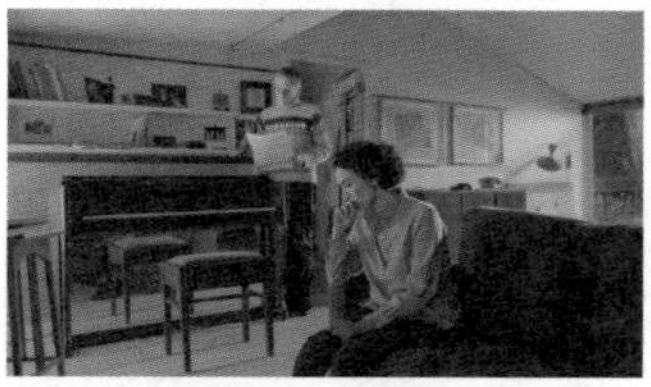

내림 마장조 삼중주 [G]

온라인

The Kegelstatt Trio

Portugal | 2022 | 127min |
DCP | Color | Asian Premiere

인생의 어떤 순간들은 음악으로 기억된다. 모차르트의 '내림 마장조 삼중주'는 영화 속 커플의 오해와 사랑의 순간에 함께하는 음악이다. 영화는 에리크 로메르가 쓴 유일한 희곡 「내림 마장조 삼중주 Le Trio en mi bémol」를 현재에 맞게 영화로 각색해 촬영하는 장면으로 시작된다. 헤어진 사이지만 여전히 함께 시간을 보내는 이들은 사랑과 우정 사이에서 마음이 통할 어떤 우연을 기다린다. 히타 아제베두 고메스 감독은 이유를 알 수 없는 채로 연속해 일어나는 일들이 곧 삶이고, 사랑이며, 예술이라는 것을, 시간이 흘러도 변하지 않는 인생의 비밀이라는 것을 보여준다. 〈잠자는 미녀 Sleeping Beauty〉(2016)의 아도아리에타 감독이 영화 속에서 이 작품을 연출하는 감독으로 나오는 것 또한 보는 재미를 더한다. (문성경)

히타 아제베두 고메스 Rita AZEVEDO GOMES
1952년 포르투갈 출생. 첫 장편영화 〈요동치는 대지의 소리 The Sound of the Earth Shaking〉(1990)를 만든 후 영화라는 매체에 대한 독자적인 접근 방식을 이어 나가고 있다.

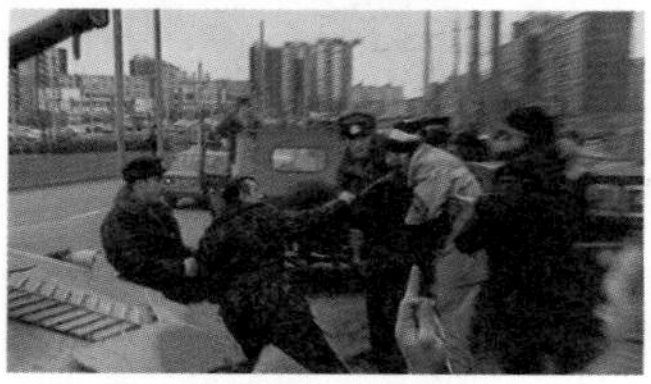

미스터 란즈베르기스 [G]

온라인

MR LANDSBERGIS

Lithuania, Netherlands, USA | 2021 |
248min | DCP | Color | Asian Premiere

세르히 로즈니챠 감독은 벨라루스에서 태어나 10대를 우크라이나에서 보낸 영향 탓인지 동유럽 국가의 역사에 관해 꾸준히 작업을 해왔다. 이 다큐멘터리는 소련으로부터 리투아니아 독립운동을 이끈 비타우타스 란즈베르기스의 도전과 영광, 좌절을 돌아보는 형식을 취하고 있다. 그가 1990년 총선 승리로 국가원수의 자리에 올라 구 소련공화국으로부터 독립을 쟁취한 전후인 89년부터 91년까지의 시간을 다룬다. 이 작품은 역사의 현장에서 권력의 중심에 있던, 아흔이 다 되어가는 란즈베르기스의 자전적인 회고와 당시 아카이브를 담고 있다. 그러나 이 작품의 진정한 울림은 동유럽 국가를 지배하려는 러시아의 이기심이 불러온 전쟁이 30여 년이 지난 현재에도 여전히 현재 진행형이라는 데 있을 것이다. (문성경)

세르히 로즈니챠 Sergei LOZNITSA
1964년생. 1991년까지 과학자로서 키이우 사이버네틱스 연구소에서 인공지능을 연구했다. 1996년부터 영화제작을 시작해 23편의 다큐멘터리와 4편의 극영화를 연출했다. 대표작으로는 칸영화제 수상작 〈안개 속에서 In the Fog〉(2012), 〈돈바스 Donbass〉(2018) 등이 있다.

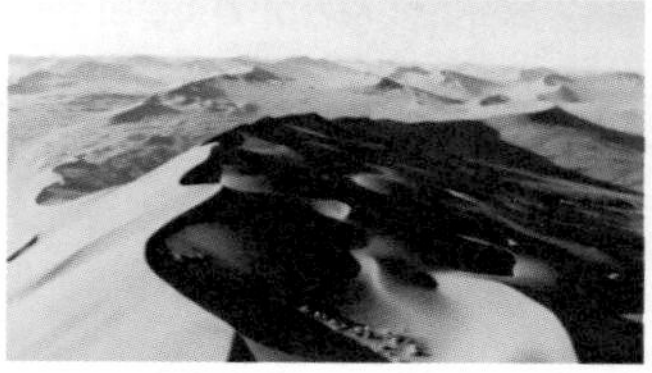

대자연 [G]

Nature

France, Germany, Armenia | 2020 |
62min | DCP | B/W | Asian Premiere

전설적인 시각 에세이스트 아르타바즈드 펠레시안 감독이 27년 만에 신작을 만들었다. '인간의 언어가 존재하기 전에 이미 영화의 언어가 있었다'며 그는 어떤 배움 이전에 본능적으로 느낄 수 있는 감각으로서의 이미지 언어가 존재함을 전작들로 보여준 바 있다. 감독의 마술적인 편집 리듬 아래 거룩하고 평화로워 보이던 자연이 공포스러운 재해로 바뀌고 인간이 구축한 시스템을 무자비하게 쓸어버리는 장면들은 대자연 앞에 무력한 인류를 느끼게 함과 동시에 압도적인 환희와 공포를 선사한다. 펠레시안은 그의 신작으로 다시 한번 자신의 말을 증명한다. 영화는 언어라는 것을. (문성경)

*거장의 단편 1의 〈2 파솔리니〉와 함께 상영됩니다.

아르타바즈드 펠레시안 Artavazd PELECHIAN
1938년 아르메니아 규므리 출생. 〈시작 Beginning〉(1967), 〈우리 We〉(1969), 〈사계 The Seasons〉(1975), 〈우리의 세기 Our Century〉(1983), 그리고 〈대자연〉 등을 연출했다.

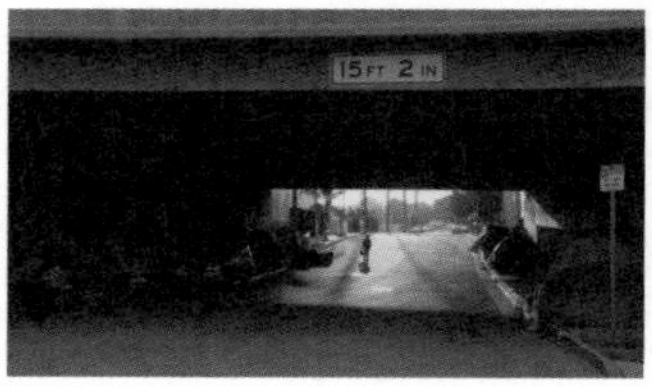

미국 [G]

온라인

The United States of America

USA | 2021 | 103min |
DCP | Color | Korean Premiere

1975년 제임스 베닝은 벳 고든 감독과 함께 〈미국 The United States of America〉이라는 27분 길이의 단편을 만들었다. 당시 관객은 차 뒷자리에 착석한 시점에서 미국을 여행했었다. 거의 50년이 지난 지금 베닝은 같은 제목으로, 그러나 이번에는 조금 다른 경험을 선사한다. 고정된 샷으로 움직임이 없는 카메라는 알파벳 순서로 정렬된 미국의 각기 다른 장소를 바라본다. 늘 그랬듯이 베닝의 영화는 영화적 순간과 현재를 연결할 뿐만 아니라 우리를 시각적인 사색의 순간으로 이

끌고, 추상적인 생각이 자유로이 피어나도록 만든다. 그의 영화는 오늘날 우리가 마주한 시청각적 폭격을 해독하는 데 있어 가장 효과적인 치료제이다. (문성경)

제임스 베닝 James BENNING
1942년 미국 밀워키 출생. 1970년대 초부터 아방가르드 영화를 만들고 있다.

거장의 단편 1

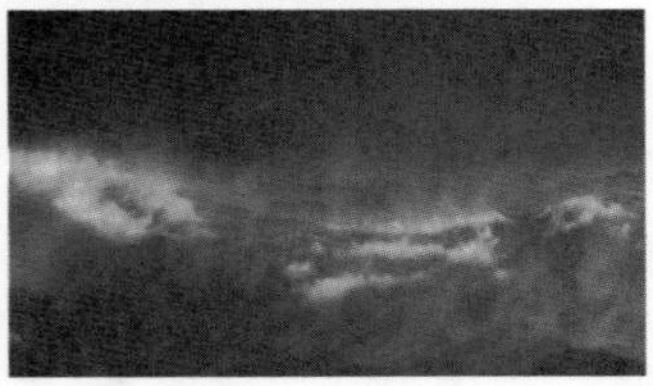

2 파솔리니 [G]

온라인

2 Pasolini

France | 2021 | 11min |
DCP | Color+B/W | Asian Premiere

〈2 파솔리니〉는 피에르 파올로 파솔리니 감독이 〈마태복음 The Gospel According to St. Matthew〉(1964)의 촬영지를 찾는 현장에 관객을 데려다 놓으면서 시작한다. 〈마태복음〉은 훗날 성경을 영화화한 작품 중 가장 논란이 많고 또 성공적인 작품으로 일컬어지게 된다. 촬영 당시 파솔리니는 그의 신학 고문인 돈 안드레아 카라로와 함께 한때 예수 그리스도가 갔던 길을 되새기며 팔레스타인을 횡단한다. (문성경)

* 마스터즈 섹션의 〈대자연〉과 함께 상영됩니다.

안드레이 우지커 Andrei UJICĂ
1951년 루마니아 티미쇼아라 출생. 〈니콜라이 차우세스쿠의 자서전 The Autobiography of Nicolae Ceaușescu〉(2010)을 포함해 5편의 영화를 연출했다.

거장의 단편 2

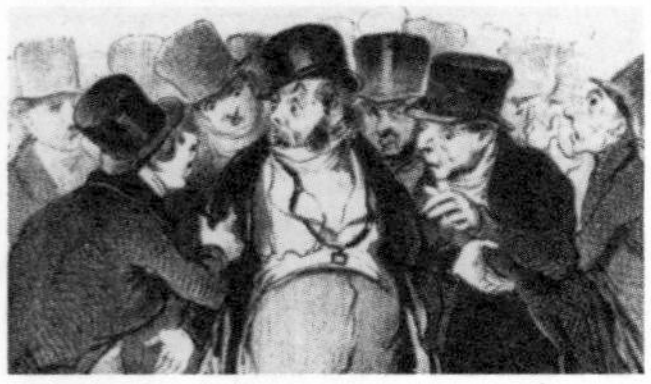

풍자만화 [15]

온라인

Caricaturana

Romania | 2021 | 9min |
DCP | B/W | Asian Premiere

라두 주데 감독은 세르게이 예이젠시테인의 아이디어를 기반으로 이미지와 글의 상관관계에 관한 영화를 만들며 어떻게 이들이 서로를 변화시킬 수 있는지를 보여준다. 이미지가 홀로 있을 때와 글과 함께 있을 때, 전혀 다른 맥락의 이야기와 함께 있을 때, 이들이 만들어내는 변주를 재치 있게 드러낸다. 미국 배우 귀네스 팰트로의 깜짝 출연은 풍자 코미디의 힘을 더하는 역할을 한다. (문성경)

라두 주데 Radu JUDE
루마니아의 영화감독 겸 각본가. 〈배드 럭 뱅잉 Bad Luck Banging or Loony Porn〉(2021)으로 베를린국제영화제 황금곰상을 받았다.

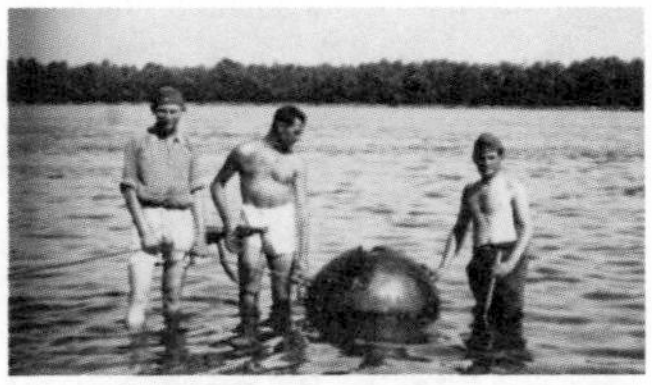

동부 전선의 기억 [12]

온라인

Memories from the Eastern Front

Romania | 2022 | 30min |
DCP | Color+B/W | Asian Premiere

장편 〈데드 네이션 The Dead Nation〉(2017)과 유사한 형식을 취한 이 다큐멘터리는 오래된 사진과 텍스트만을 이용해 1941년부터 이듬해까지, 루마니아 군대가 나치와 동맹을 맺고 내린 결정의 결과를 보여준다. 루마니아 라두 코르네 준장의 전쟁 일지와 로시오리 6연대의 사진첩은 냉전 시기의 낡은 이미지와 기억일 뿐이지만 영화를 거쳐 현재로 새로이 태어난다. (문성경)

라두 주데 Radu JUDE
아드리안 치오플른커 Adrian CIOFLÂNCĂ
홀로코스트 역사, 공산주의 역사, 정치 폭력, 문화사, 역사 이론 등을 연구하는 사학자이다.

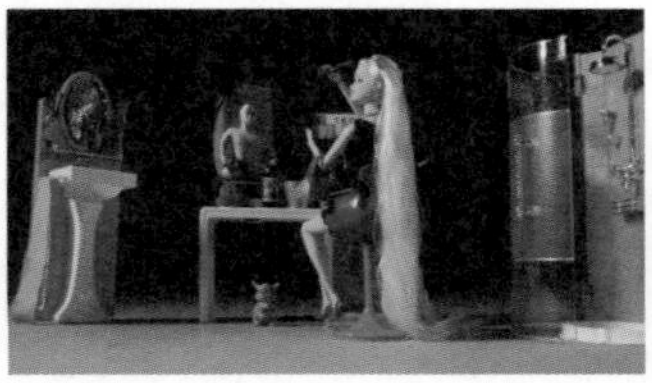

플라스틱의 기호학 [15]

온라인

Semiotic Plastic

Romania | 2021 | 22min |
DCP | Color | Asian Premiere

"우리 삶의 본질을 말뿐만이 아니라 순수한 장난감의 이미지로 전하는 영화를 상상했습니다." 라두 주데 감독은 자신의 신작 〈플라스틱의 기호학〉을 이와 같이 묘사한다. 이 작품은 아이들이 갖고 노는 플라스틱 장난감을 활용하지만 이것과 관련해 그 어떤 종류의 향수에도 젖지 않는 독특한 재현법을 선보인다. 인간의 탄생에서부터 전쟁의 광기까지 삶의 다양한 순간이 마치 정지된 삽화나 스냅샷처럼 표현되는 이 영화는 마치 살아 있는 인형 박물관 같다. (문성경)

라두 주데 Radu JUDE

거장의 단편 3

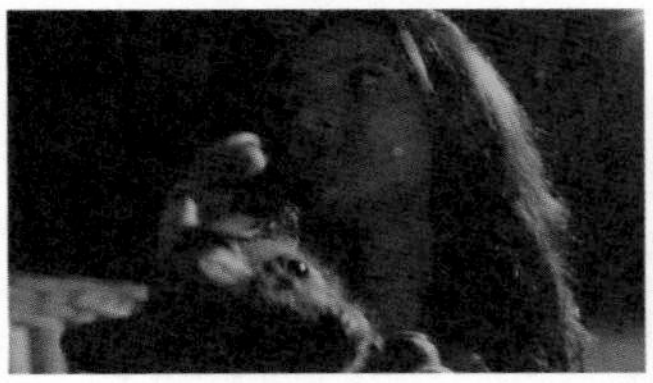

북부 터미널 [G]

North Terminal

Argentina | 2021 | 37min |
DCP | Color | Asian Premiere

루크레시아 마르텔 감독은 팬데믹 기간 동안 아르헨티나에서 오래도록 지속된 봉쇄 정책 때문에 고향인 아르헨티나 북부 살타로 향하고, 그곳에서 음악하는 여성들과 지인들과 보낸 시간을 카메라에 담았다. 탱고 가수 훌리에타 라소가 어둠이 깔린 저녁, 모닥불 앞에서 첫 곡을 시작하면 여성 트랩 래퍼가 답가를 하고 해가 뜨면 아름다운 북부 지역의 숲에서 선주민의 전통 음악이 흐른다. (문성경)

루크레시아 마르텔 Lucrecia MARTEL
아르헨티나 살타 출생. 〈늪 The Swamp〉(2001)으로 장편 데뷔하여 베를린국제영화제에 초청되었다. 이후 〈홀리 걸 The Holy Girl〉(2004), 〈얼굴 없는 여인 The Headless Woman〉(2008), 〈자마〉(2017)를 연출했다. 팬데믹 기간 중 암스테르담 아이필름뮤지엄에서 선보인 설치 작품 「통로 THE PASSAGE」(2021)와 음악 다큐멘터리 〈북부 터미널〉을 만들었다.

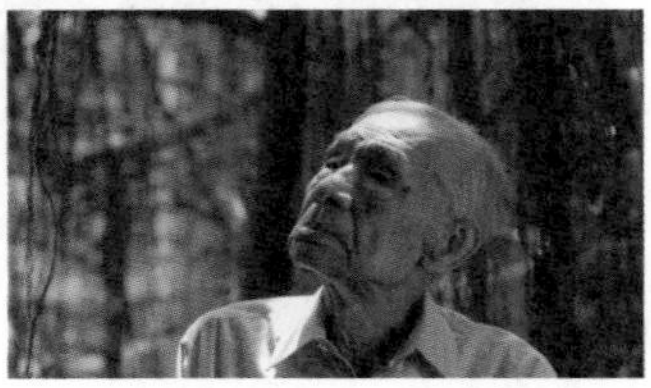

달과 나무 [G]

온라인

The Moon and the Tree

Taiwan | 2021 | 34min |
DCP | Color | Korean Premiere

'나는 달을 사랑해'(I love the moon)라는 노래로 유명세를 얻었지만 잘못된 수술로 재활 치료를 받으며 사는 리페이징은 여전히 무대를 꿈꾼다. 1950년부터 70년간 텔레비전과 스크린에서 배우로 활동해온 창펑은 나무와 같은 인물로 이 영화에 출연한 후 올해 2월 9일, 98세를 일기로 별세했다. 감독은 대만의 두 예술가를 통해 영화가 '시간을 품는 예술'임을 증명한다. (문성경)

차이밍량 TSAI Ming-Liang
1957년 말레이시아 출생. 대만 뉴웨이브를 대표하는 감독이다. 주요작으로는 〈애정만세〉(1994), 〈구멍〉(1998), 〈안녕, 용문객잔 Good Bye, Dragon Inn〉(2003), 〈떠돌이 개 Stray Dogs〉(2013) 등이 있다.

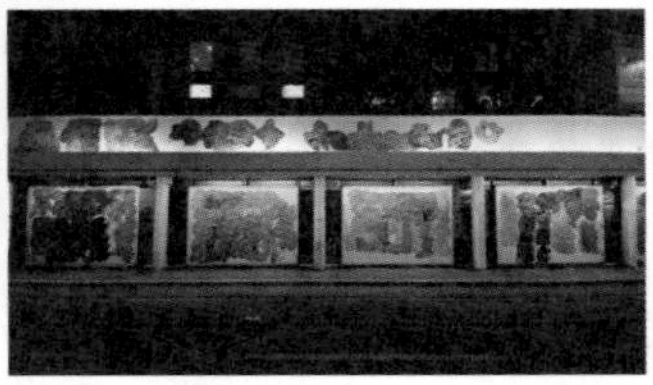

홍콩의 밤 [G]

온라인

The Night

Taiwan | 2021 | 20min |
DCP | Color | Korean Premiere

차이밍량은 2019년 말 옛 노래에 관한 공연을 계기로 홍콩을 방문한다. 많은 아시아인이 그랬던 것처럼 젊은 시절 홍콩 문화에 취한 경험과 그에 대한 애정을 갖고 있는 그는 시위로 격동의 낮을 보내고 밤이 된 코즈웨이베이를 걸으며 그 풍경들을 촬영하기 시작한다. 별다를 바 없어 보이는 도시의 밤이 펼쳐지지만, 1940년대 중국의 옛 노래가 흐르자 차이밍량의 마법이 곧 도시의 풍경에 마음을 입힌다. (문성경)

차이밍량 TSAI Ming-Liang

오마주: 신수원, 그리고 한국여성감독
Hommage: SHIN Su-won and Korean Women Directors

올해 코리안시네마에서는 신수원 감독의 최신작 〈오마주〉를 중심 삼아 한국 여성 감독의 삶에 관해 논하는 소규모 특별전을 기획했다. '오마주: 신수원, 그리고 한국 여성감독'이라 이름 붙여진 이 특별전에서는 모두 4편의 영화가 상영되며, 흥미진진하고 아기자기한 이야기보따리 또한 함께 풀려나올 것이다.

이 특별전의 실마리에 해당하는 〈오마주〉는 여성 영화감독 지완의 이야기다. 힘들게 만든 신작 영화가 대중으로부터 외면을 받자 지완은 낙담한다. 새로운 시나리오를 쓰지만 일은 더디고 주변 반응은 없다. 그러던 어느 날 영상자료원으로부터 1960년대 활동한 한 여성 감독의 영화 〈여판사〉 사운드 복원 작업을 맡게 되고, 부족한 자료를 메우기 위해 직접 길을 나서 영화의 흔적을 좇다 여성 감독의 삶을 만나게 된다. 이정은의 생활감 짙은 연기가 힘든 상황에서도 낙관성을 잃지 않는 지완의 모습을 잘 드러낸다. 신수원 감독의 데뷔작 〈레인보우〉는 영화감독이 되기 위해 멀쩡하게 다니던 직장을 그만둔 지완이라는 여성이 지난한 과정을 통해 데뷔하는 과정을 그린다. 많은 사람들이 알 듯 이 영화는 신수원 감독의 자전적 경험이 녹아든 이야기이기도 하다. 또한 〈오마주〉를 중심에 놓고 본다면 지완의 과거사를 담은 영화가 되기도 한다. 그런 맥락에서 두 영화를 나란히 놓고 본다면 흥미로운 경험이 될 것이다. 〈여자만세〉는 신수원 감독이 MBC 창사 50주년 기념 다큐멘터리 시리즈 「타임」의 한 챕터로 만든 다큐멘터리다. 이 영화에서 신수원 감독은 〈레인보우〉에 출연한 여성 로커에게 카메라를 빌려줘 자신만의 영화를 만들게 하기도 하고, 부산에 사는 한 가정주부의 용감한 영화 만들기 작업을 보여주기도 한다. 후반부는 〈여판사〉 등을 만든 한국영화 두 번째 여성감독, 홍은원에 관한 이야기다. 신수원 감독은 홍 감독이 살았던 자택과 당시 홍 감독의 영화를 편집한 여성 편집기사 김영희도 만나는데, 이 이야기는 〈오마주〉에서도 극화돼 보여진다.

특별전의 마지막 작품은 바로 홍은원 감독의 〈여판사〉다. 1961년 의문의 죽음을 맞은 한국 최초의 여성 판사, 황윤석 이야기에서 영감을 얻어 제작된 이 영화는 실화와는 다른 궤적의 이야기를 그리지만, 남성의 사회적 지배력이 압도적이던 1960년대 초반의 사정을 고려한다면 '한국 두 번째 여성감독이 그린 한국 최초 여성 판사 이야기'라는 점만으로도 큰 의의를 가진다.

〈여판사〉는 특별전의 고리로서는 마지막에 해당하지만, 사실 이번 특별전의 시발점이기도 하다. 이처럼 선구적인 영화가 결국 오늘날 한국 여성 감독과 여성 영화의 역사를 일궈낸 거름이 되었기 때문이다. 결국 〈여판사〉 〈여자만세〉 〈레인보우〉 〈오마주〉, 이 4편은 서로 꼬리에 꼬리를 무는 관계를 맺고 있다고도 할 수 있다. 이 4편을 모두 독파한다면 이들 사이의 흥미로운 연관성을 파악할 수 있을뿐더러 한국 여성 감독의 삶에 대한 이해 또한 깊어질 것이다. (문석)

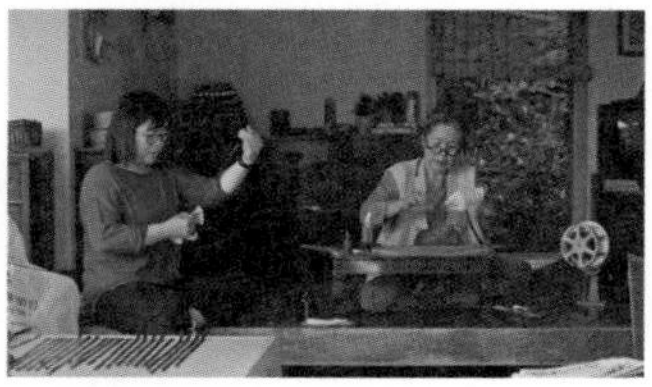

오마주 [12]
Hommage

Korea | 2021 | 109min |
DCP | Color | Korean Premiere

신수원 감독의 최근작 〈오마주〉는 그의 데뷔작 〈레인보우〉에서 이어지는 이야기이자 한국영화 역사상 두 번째 여성 감독인 홍은원에 관한 이야기이며, 한국의 모든 여성 영화감독에 관한 이야기이기도 하다. 여성 감독 지완은 힘들여 만든 영화가 대중으로부터 큰 반응을 얻지 못하자 섭섭한 마음이 든다. 새 시나리오 작업마저 난항을 겪는 와중 영상자료원으로부터 1960년대 한 여성 감독의 영화 사운드 복원 의뢰를 받는다. 부족한 자료를 메우기 위해 그 영화와 관련된 사람들을 만나면서 지완은 여성 감독의 그림자를 만나게 된다. 배우 이정은의 생활감 짙은 연기가 힘든 상황에서도 낙관성을 잃지 않는 지완의 모습을 잘 드러낸다. 지난해 도쿄영화제에서 좋은 반응을 얻기도 했던 영화. (문석)

신수원 SHIN Su-won
첫 장편 〈레인보우〉를 전주국제영화제에서 상영했다. 이후 연출한 〈명왕성〉(2012), 〈마돈나〉(2014), 〈유리정원〉(2016) 등은 여러 국제영화제에 초청됐다. 〈오마주〉는 도쿄국제영화제 경쟁부문에서 상영되었다.

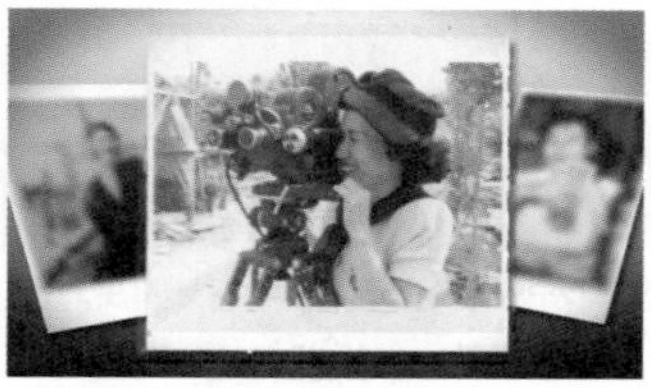

여자만세 [G]
Women with a camera

Korea | 2011 | 47min |
DCP | Color+B/W

신수원 감독이 MBC 창사 50주년 기념 다큐멘터리 시리즈 「타임」의 한 챕터로 만든 다큐멘터리. 여성의 영화 만들기를 주제로 하는 이 다큐멘터리에서 신수원 감독은 〈레인보우〉에 출연했던 여성 로커에게 카메라를 빌려줘 자신만의 영화를 만들게 하기도 하고, 부산에 사는 한 가정주부의 용감한 영화 만들기 작업을 보여주기도 한다. 영화 후반부는 〈여판사〉 등을 만든 한국영화 역사상 두 번째 여성감독 홍은원 감독에 관한 이야기다. 신수원 감독은 홍 감독이 살았던 자택을 찾아 유품들을 훑어보며 그의 체취를 느끼게 해준다. 또 당시 홍 감독의 영화를 편집했던 여성 편집기사 김영희도 만나는데, 이 이야기는 〈오마주〉에서도 극화되어 보여진다. (문석)

* 코리안시네마 '오마주: 신수원, 그리고 한국여성감독' 부문의 〈여판사〉와 함께 상영됩니다.

신수원 SHIN Su-won

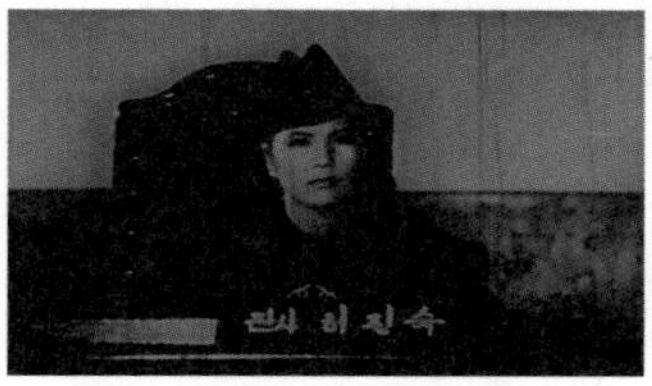

여판사 [15]
A Woman Judge

Korea | 1962 | 86min |
DCP | B/W

한국영화 역사상 두 번째 여성 감독 홍은원의 데뷔작. 사법고시에 성공해 최초의 여성 판사가 된 진숙은 채사장의 며느리가 된다. 하지만 시아버지를 제외하고 시댁 식구들은 사회적으로 높은 지위를 가진 진숙을 질시한다. 1961년 의문의 죽음을 맞았던 한국 최초의 여성 판사 황윤석에게서 영감을 얻었다는 이 영화는 실화와 다른 궤적의 이야기를 그리며 예상 밖의 결론을 맺지만, 남성의 사회적 지배력이 압도적이던 1960년대 초반의 사정을 고려한다면 나름의 존재 의의는 인정할 수 있다. 여성 법관의 길이 어렵다고 말하는 여자 후배에게 진숙이 "개인의 일시적인 고통이나 난관보다는 많은 여성들의 지위 향상을 위해 노력해야 하지 않겠어?"라고 답하는 장면에서 볼 수 있듯, 이 영화는 일종의 사명감마저 담고 있다. (문석)

* 제공: 한국영상자료원
* 코리안시네마 '오마주: 신수원, 그리고 한국여성감독' 부문의 〈여자만세〉와 함께 상영됩니다. (상영코드 261, 625)
* 〈여판사〉 1회차는 개별 상영 후 프로그램 이벤트가 진행될 예정입니다.(상영코드 436)

홍은원 HONG Eunwon
한국 최초의 여성 시나리오 작가이자 두 번째 여성 감독. 〈죄없는 죄인〉(1948) 스크립터로 영화계에 입문한 후 조감독, 각본, 각색 등 여러 분야에서 활동하다 〈여판사〉로 감독 데뷔하였다. 이후 〈홀어머니〉(1964), 〈오해가 남긴 것〉(1965)을 연출했다.

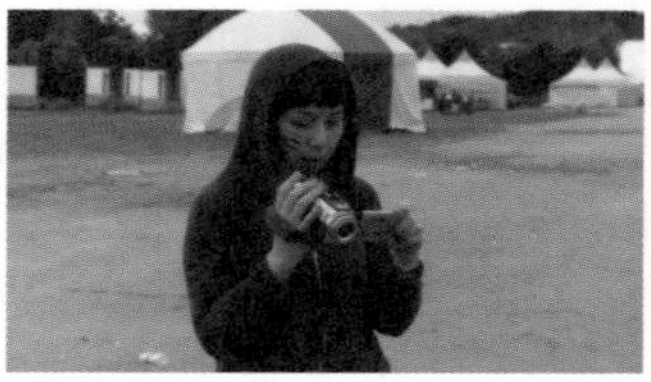

레인보우 [12]
온라인

Passerby #3

Korea | 2010 | 92min |
DCP | Color

영화감독 신수원을 오늘날의 자리에 올려놓은 영화. 신수원 감독의 자전적 경험이 녹아든 이야기를 담았다. 지완은 영화감독이 되겠다는 꿈을 갖고 어느 날 멀쩡히 다니던 회사에 사표를 던진다. 한 영화사를 소개받고 사무실에 들어가 시나리오를 쓰지만 감독의 길은 쉽게 열리지 않는다. 지완을 담당하는 프로듀서는 갈팡질팡하고 제작사 대표는 돈 되는 영화만을 갈망한다. 집에 들어와도 남편은 시종 구박하고 아들마저 엄마를 무시하니 세상에 지완 편은 하나도 없어 보인다. 영화를 거의 포기할 무렵, 지완은 동네 운동장 한쪽 물웅덩이에 뜬 무지개를 보게 되고 새로운 영화의 영감을 얻는다. 이 유쾌한 음악영화이자 코미디이자 성장영화는 제11회 전주국제영화제 한국 장편경쟁 부문 대상 수상작이기도 하다. (문석)

신수원 SHIN Su-won

코리안시네마
Korean Cinema

올해 코리안시네마에는 가족영화를 여러 편 배치했다. 한국경쟁 부문에서도 설명했듯 올해 유난히 가족을 다룬 영화가 많은 탓도 있지만, 코로나 팬데믹 속에서 3년 만에 극장 중심으로 열리는 영화제라는 점을 고려해 보다 많은 관객이 즐길 수 있도록 한 이유도 있다. 관객에게 익숙한 배우들의 출연작을 다수 포진시킨 점 또한 비슷한 까닭에서다.

심미희 감독의 〈그대라는기억〉과 이창열 감독의 〈그대 어이가리〉는 각각 다큐멘터리와 극영화임에도 불구하고, 놀랍도록 비슷한 소재를 다루고 있다. 두 영화는 치매인 아내를 돌보는 남편의 이야기를 통해 노부부의 지고지순한 사랑을 보여준다. 〈그대라는기억〉 속 남편은 아내를 돌보던 중 자신이 치명적인 병에 걸렸다는 사실을 알게 된다. 이 영화에서 가장 아름다운 대목은 아내를 돌보기 위해서라도 수술을 받아야 하는 남편이 아내를 데리고 단둘이 여행을 떠나는 장면이다. 이 여행길은 오랜 세월 함께했던 부부의 지난 여정의 축약이자 마지막 동행에 해당한다. 〈그대 어이가리〉의 남편은 판소리 전문가로, 어느 날 치매를 앓기 시작한 아내를 돌보며 갖은 어려움을 겪는다. 사랑하는 아내를 바라보는 남편의 슬픔은 애절한 판소리 곡절로 영화 안에 수놓아진다. 남편의 고뇌가 깊을수록 곡조는 더욱 애달파진다.

이순성 감독의 〈룸 쉐어링〉은 혈연으로 맺어지지는 않았지만 삶을 함께하면서 관계가 이어지는 '유사 가족'을 다루는 영화다. 주인공은 주택을 소유한 할머니로, 그는 적은 돈을 받고 대학생에게 방을 주는 지역 자치단체의 '룸 쉐어링' 프로그램에 참여한다. 하지만 깐깐한 성격의 할머니와 대학생은 여러 충돌을 빚게 되며, 이 가운데서 서로를 아주 조금씩 알아간다. 조금 전형적인 이야기가 될 수도 있었겠지만 주연 나문희의 원숙한 연기가 영화에 올록볼록한 재미를 붙여넣는다. 차봉주 감독의 〈안녕하세요〉는 호스피스 병원이라는 공간을 무대로 가족이나 다름없는 관계를 맺은 인물들의 이야기를 그린다. 자살을 시도하다 이곳에 오게 된 젊은 여성의 시선으로, 마지막 순간까지 최선을 다해 삶을 꾸려가려는 환자들의 의지를 보여준다. 영화의 화자에 해당하는 김환희(《곡성》)를 비롯해 이순재, 유선, 이윤지, 송재림 등 익숙한 배우들이 출연한다. 한국영화계 중견 감독인 김경형, 조진규, 정흥순, 박영훈이 연출한 옴니버스 영화 〈나의 사람아〉 또한 가족 또는 유사 가족의 이야기를 묶어놓았다. 삶의 빛과 어둠이 동시에 드리워진 사연을 공유한 의사와 환자의 이야기, 아버지가 사망한 줄 모르는 한 소녀의 전화를 받으면서 새로운 삶을 맞는 약사의 이야기, 펜션을 운영하는 아버지와 딸이 빚어내는 역설의 드라마, 희귀병으로 세상을 떠나며 진정한 영웅이 되는 소년의 이야기 등 기묘하게 얽히는 운명의 수레바퀴와 인생의 반전을 보여주는 에피소드들이 가득하다.

반면 〈말이야 바른 말이지〉는 조금 특별한 프로젝트다. '서울독립영화제 2022 옴니버스 챌린지'라는 공식 명칭에서 알 수 있듯 이 영화는 서울독립영화제가 제작한 옴니버스 영화로, "사회의 약자인 '을'이 그보다 낮은 위치에 있는 '병'과 '정'을 타자화하고 대상화하는 풍경을 통해 사회의 허위와 모순을 통찰하는 풍자 코미디" 6편을 담았다. 김소형, 박동훈, 최하나, 송현주, 한인미, 윤성호 감독 등이 연출한 10분 남짓한 단편영화가 함께 묶여 상영된다.

전주국제영화제를 통해 널리 알려진 감독들도 컴백한다. 2019년 〈파도를 걷는 소년〉으로 시작해 매년 전주를 찾았던 최창환 감독은 올해도 〈여섯 개의 밤〉을 내놓았다. 비행기를 타고 인천공항에서 출발했지만 엔진 고장으로 부산 호텔에서 하룻밤을 묵게 된 세 커플의 이야기를 그린다. 지난해 전주 상영작 〈식물카페, 온정〉과 유사하게, 하나의 커다란 설정 안에서 여러 에피소드를 담은 이 영화는 우연한 '착륙'이 빚어내는 삶의 균열과 봉합을 보여준다. 한국 독립영화계 대표 배우인 강길우, 변중희, 강진아, 김시은 등이 빚어내는 연기 앙상블이 우아하다. 2015년 〈그저 그런 여배우와 단신 대머리남의 연애〉로 한국경쟁 부문에 진출했고 2018년 〈기억할 만한 지나침〉을 선보였던 박순리(박영임) 감독도 〈섬.망(望)〉으로 오랜만에 전주에 돌아왔다. 〈섬.망(望)〉은 코리안시네마 상영작 중 가장 실험적인 작품이다. 고독한 삶을 살아가다 그 끝을 맞이하는 한 여성을 묘사하는 이 영화는 인상적인 영상과 미니멀한 음악을 통해 강렬한 인상을 남긴다. 여성의 기억과 꿈, 그리고 판타지 속에서 깊은 슬픔과 고통이 스며 나오는 듯하다.

앞서 소개한 〈그대라는기억〉을 비롯해 올해 코리안시네마 부문에서 소개하는 다큐멘터리는 3편이다. 박홍열, 황다은 감독의 〈나는 마을 방과후 교사입니

다.〉는 '성미산 마을'로 불리는 성산동 지역의 방과후 학교인 '도토리 마을 방과후'에서 일하던 교사 혹은 돌봄 노동자들에 관한 이야기다. 교육 공동체 활동으로 유명한 이 마을에서 60여 명의 아이를 돌보던 다섯 교사들은 코로나 팬데믹이 터지면서 위기를 맞는다. 아이들이 학교에 가지 못하면서 교사들의 부담은 커진 반면, 여건은 이를 따라가지 못한다. 교사들의 나날을 묵묵히 쫓는 섬세한 다큐멘터리. 전후석 감독의 〈초선〉은 미국 하고도 정치판을 무대로 삼는다. 〈헤로니모〉(2019)를 통해 쿠바 혁명 주역 중 하나였던 한인의 이야기를 들려준 감독은 이 영화에서 2020년 미국 의회(상하원) 선거에 출마한 재미 한국인 다섯 명의 이야기를 담았다. LA 한인타운에서 출마한 데이비드 김을 비롯한 이들은 민주당과 공화당으로 나뉘었지만 재미교포에 대한 법적 보호를 내세우는 것은 공통적이다. 미국 정치계에 재미 한국인이 다수 진출한 것에 기뻐하기보다는 이를 객관적으로 바라보는 냉정한 시선이 인상적이다. 진보적 어젠다를 내세우고도 한인타운에서 떨어진 데이비드 김 후보의 현실은 눈여겨볼 필요가 있다. 한편, 코리안시네마 단편 부문도 주목할 만하다. 눈에 익은 배우들이 출연하는 극영화부터 창의적인 애니메이션까지 다양한 성향의 단편영화 14편이 관객의 관심을 기다린다. (문석)

그대라는기억 ⓖ · 온라인
The memory of you

| Korea | 2022 | 79min |
| DCP | Color | World Premiere |

드라마보다 더 드라마틱한 현실이 있다면 다큐멘터리 〈그대라는기억〉 속 노부부의 경우가 그에 해당할 것이다. 아내는 치매에 걸렸다. 말도 못하고 행동은 어린아이 같은 데다 다른 이의 말을 잘 따르지 않는 아내지만 남편과 함께 있을 때면 행복하고 편안한 표정을 짓는다. 남편의 헌신이 전제된 것이지만, 그나마 평화롭던 나날은 남편이 치명적인 질병에 걸렸다는 진단을 받으면서 당장 무너질 위기에 처한다. 남편은 자신이 먼저 세상을 뜨고 나면 아내가 어떻게 될지 걱정하며 잠을 이루지 못한다. 위험한 수술을 앞둔 남편은 마지막이 될지도 모를 여행을 통해 아내와 행복한 기억을 남기고 싶어 한다. 누군가 만들어냈다면 과하다는 말을 들을 법한 아내와 남편의 이야기는 일정한 거리감을 둔 객관적인 연출 태도 덕에 큰 과장 없이 다가오지만, 밀려오는 슬픔을 막을 길은 없다. (문석)

심미희 SIM Mihee
2013년 MBC 아카데미 교육과정을 수료했다. 2013년부터 2019년까지 MBC 「생방송 오늘 아침」과 KBS 「6시 내고향」 연출을 맡았고, 2022년 영화 〈그대라는기억〉을 감독했다.

그대 어이가리 ⓖ
A song for my dear

| Korea | 2021 | 121min |
| DCP | Color | Korean Premiere |

〈그대 어이가리〉는 코리안시네마 부문의 〈그대라는기억〉과 비슷한 이야기를 담은 극영화다. 소리꾼 아버지와 곡비(다른 이의 장례 때 대신 곡을 해주는 사람) 어머니를 둔 남편은 물려받은 재능을 활용해 대학에서 국악을 가르친다. 평범하던 그의 일상은 아내가 언젠가부터 이상한 행동을 보이면서 막막해진다. 치매 판정을 받은 아내의 병세가 빠르게 나빠지자 남편은 모든 일을 제쳐두고 병간호에 나서지만 그의 육체와 정신 또한 노쇠해간다. 이 영화는 남편의 상심한 내면을 그가 부르는 창가로 드러내는데, 아내의 상태가 나빠질수록 곡절은 구슬퍼지고 가사는 애달파진다. 「태종 이방원」의 배우로, 지난해 KBS 연기대상 시상식에서 조연들을 응원하며 깊은 인상을 남긴 선동혁이 남편을 연기한다. (문석)

이창열 LEE Changyeoul
2016년 영화 〈트릭〉으로 감독 데뷔하였다. 장편 연출작인 〈그대 어이가리〉로 현재 해외 영화제에서 38관왕을 달성 중이다.

나는 마을 방과후 교사입니다. G

온라인

The Teachers: pink, nature trail, ridge between rice paddies, plum

Korea	2022	93min
DCP	Color	World Premiere

서울 마포구 성산동의 성미산 마을은 교육 공동체의 활발한 활동으로 유명하다. 이곳에는 '도토리 마을 방과후'라는 방과후 학교가 있는데, 〈나는 마을 방과후 교사입니다.〉는 이곳에서 일하던 교사 혹은 돌봄 노동자들에 관한 다큐멘터리이다. 이 방과후 학교에서 5명의 교사는 60여 명의 아이를 돌보고 있는데, 코로나 팬데믹을 계기로 큰 타격을 입는다. 아이들이 학교에 가지 못하면서 교사들의 부담은 커지는 반면 여건은 이를 받쳐주지 못한다. 더욱 큰일은 이들이 10년을 일하더라도 이곳 밖에서는 교사로 인정받지 못한다는 사실이다. 이 다큐멘터리는 교사들의 삶을 묵묵히 쫓으며, 쉽게 드러내지 못하는 그들의 고통과 어려움에 귀를 기울인다. (문석)

박홍열 PARK Hong-yeol
1975년 출생. 다큐 감독이자 촬영감독이다. 연출작 〈상암동 월드컵- 사람은 철거되지 않는다〉(2002), 〈이것은 다큐멘터리가 아니다 2〉(2019)는 부산국제영화제에서 상영되었고, 이에 앞선 〈이것은 다큐멘터리가 아니다〉(2005)는 인디포럼 개막작으로 소개되었다. 이외에도 120여 편 이상의 극영화와 다큐멘터리 등을 촬영했다.

황다은 HWANG Da-eun
1975년 출생. 다큐 감독 및 작가이다. 연출작 〈이것은 다큐멘터리가 아니다〉가 인디포럼 개막작으로, 〈이것은 다큐멘터리가 아니다 2〉는 부산국제영화제에서 상영되었다. 영화와 드라마를 비롯한 다양한 글쓰기 작업을 한다.

나의 사람아 G

My only love

Korea	2021	147min
DCP	Color	World Premiere

우리는 평범한 일상 중 지독히 아픈 순간을 만나기도 하고, 특별한 순간에 새로운 사람을 만나기도 한다. 〈나의 사람아〉는 옴니버스 구성으로 저마다 다른 네 가지 인연에 대해 이야기한다. 지독하게 얽힌 인연의 끈을 풀어가며 성장하고, 잊었던 과거를 다시 마주하며 새로운 삶에 눈을 뜨고, 기억을 잃어버린 이와 이별을 준비하고, 떠나는 순간에도 희생으로 누군가에게 희망을 주는 네 에피소드. 저마다의 인연에 대한 이들 이야기들은 마음속에 잔잔한 여운을 남긴다. (최지나)

김경형 KIM Kyunghyung
경희대학교 신문방송학과를 졸업했다. 단편 〈푸른 옷〉(1989), 〈숲〉(2000), 〈같이 타기는 싫어〉(2014)와 장편 〈동갑내기 과외하기〉(2003), 〈라이어〉(2004), 〈우주의 크리스마스〉(2015)를 연출하였다.

조진규 JO Jinkyu
영남대학교 미술학과를 졸업했다. 〈조폭 마누라〉(2001), 〈조폭 마누라 3〉(2006), 〈박수건달〉(2012)을 연출하였다.

정흥순 CHUNG Heung-soon
서울예술전문대학 연극영화학과를 졸업했다. 〈현상수배〉(1997), 〈가문의 영광〉(2002), 〈조폭 마누라2 - 돌아온 전설〉(2003)을 연출하였다.

박영훈 PARK Younghoon
동국대학교 예술대학 연극영화학과를 졸업했다. 〈중독〉(2002), 〈댄서의 순정〉(2005), 〈브라보 마이 라이프〉(2007)를 연출하였다.

룸 쉐어링 G

Room Sharing

Korea	2022	92min
DCP	Color	World Premiere

주택을 소유한 채 홀로 살아가는 노인 금분은 지자체의 주선으로 방이 절실한 대학생 지웅을 '하우스 메이트'로 맞이한다. 지웅은 요즘 세대답지 않게 순수하고 고분고분한 성격을 갖고 있지만 금분의 깐깐한 성격을 모두 수용하기란 쉽지 않다. 집안일을 나눠 하고 서로의 공간을 절도 있게 지키는 것 등은 합리적이라 해도 화장실에서 대변을 보지 못하게 하는 것까지는 받아들이기 어렵다. 이런저런 일로 금분과 지웅은 번번이 대립하는 듯 보이지만 어느새 정이 들게 되고, 자신들도 모르는 사이에 두 사람을 가르는 선은 희미해진다. 휴먼 드라마 〈룸 쉐어링〉에서 가장 중요한 요소는 뭐니 뭐니 해도 금분을 연기하는 배우 나문희다. 이 대배우는 다소 전형적인 이야기에 리듬을 불어넣고 올록볼록한 재미를 더해준다. (문석)

이순성 LEE Soon-sung
1972년 경기도 성남 출생. 〈폭력써클〉(2006) 녹음감독을 시작으로 상업영화 현장에서 근무했다. 단편 연출작 〈춘사〉(2019)는 제24회 부천국제판타스틱영화제 판타스틱 단편 걸작선에 선정되었다.

말이야 바른 말이지 G

Citizen Pane
서울독립영화제2022 옴니버스 챌린지

Korea	2022	67min
DCP	Color	World Premiere

'서울독립영화제2022 옴니버스 챌린지'라는 부제가 붙은 이 작품은 서울독립영화제가 기획하고 제작해 전주국제영화제에서 가장 먼저 상영하는 옴니버스 영화이다. 이 안에 담긴 5편의 신작 단편은 모두 비슷한 주제를 담고 있다. 사회의 약자인 '을'이 그보다 낮은 위치에 있는 '병'과 '정'을 타자화하고 대상화하는 풍경을 통해 사회의 허위와 모순을 통찰한다는 것이 그 내용이다. 하나 같이 풍자적인 코미디라는 사실도 공통점이다. 김소형 감독의 〈하리보〉, 박동훈 감독의 〈당신이 사는 곳이 당신이 누구인지 말해줍니다?〉, 최하나 감독의 〈진정성 실천편〉, 송현주 감독의 〈손에 손잡고〉, 한인미 감독의 〈새로운 마음〉 등 10분 남짓한 단편영화가 윤성호 감독이 만든 프롤로그와 함께 묶여 상영된다. (문석)

김소형 KIM Sohyoung
〈사랑과 평화〉(2018), 〈선화의 근황〉(2018), 〈우리의 낮과 밤〉(2020), 〈아마 늦은 여름이었을 거야〉(2020)를 연출했으며, 〈말이야 바른 말이지〉를 공동 연출하였다.

박동훈 PARK Dong-hoon
〈전쟁영화〉(2005), 〈소녀X소녀〉(2006), 〈계몽영화〉(2009), 〈게임회사 여직원들〉(2016), 〈이상한 나라의 수학자〉(2022)를 연출하였다.

최하나 CHOI Hana
〈고슴도치 고슴〉(2012), 〈마음의 소리〉(2013), 〈애비규환〉(2020)을 연출하였다.

송현주 SONG Hyeon-ju
〈어제 내린 비〉(2020)를 연출하였다.

한인미 HAN Inmi
〈마침내 날이 샌다〉(2013), 〈만년설〉(2015),

〈토끼의 뿔〉(2015), 〈만인의 연인〉(2021)을 연출하였다.

윤성호 YOON Seongho
〈은하해방전선〉(2007), 〈할 수 있는 자가 구하라〉(2010), 〈도약선생〉(2010)과 웹드라마 「대세는 백합」(2015), 「탑 매니지먼트」(2018), 웨이브 오리지널 드라마 「이렇게 된 이상 청와대로 간다」(2021)를 연출하였다.

섬.망(望) 15

Prayer of the isle

Korea	2022	155min
DCP	Color+B/W	World Premiere

〈섬.망(望)〉을 보기 위해서는 약간이나마 마음의 준비를 해야 한다. 2시간 30분의 짧지 않은 상영 시간 동안 영화는 친절한 이야기를 전하지도, 다양한 컷으로 눈호강을 시켜주지도 않는다. 대신 어두운 색조의 롱테이크 화면과 누군가의 꿈속을 들여다보는 듯한 몽환적인 이야기가 보여진다. 주인공 여성의 고독한 삶과 그 마지막 대목을 뛰어난 영화적 수단으로 담아내는 이 영화에서 제한적으로 사용된 사운드와 미니멀한 음악은 특유의 분위기를 자아내는 중요한 요소다. 영화에 몰입하는 순간, 이 여성의 기억과 꿈, 그리고 판타지 속에서 스며 나오는 깊은 슬픔과 고통을 느낄 수 있을 것이다. 2015년 〈그저 그런 여배우와 단신 대머리남의 연애〉로, 2018년 〈기억할 만한 지나침〉으로 전주를 찾았던 박순리(박영임) 감독의 신작이다. (문석)

박순리 PARK Soonlee
1974년 출생. 김정민우 감독과 순리필름을 운영하며 영화를 만들고 있다. 장편영화 〈그저 그런 여배우와 단신 대머리남의 연애〉(2015), 〈이름없는 자들의 이름〉(2016), 〈기억할 만한 지나침〉(2018)을 연출하였다.

안녕하세요 G

Good morning

Korea	2022	118min
DCP	Color	World Premiere

태어나자마자 보육원에서 자라며 별다른 사랑을 받지 못한 스무 살 여성

수미는 자살을 시도하지만, 호스피스 병원 수간호사 서진에게 발견된다. 서진은 수미에게 죽는 법을 가르쳐줄 테니 자신이 일하는 호스피스 병원으로 오라고 권유한다. 〈안녕하세요〉는 그렇게 호스피스 병원을 찾은 수미가 죽는 법 대신 사는 법을 배우는 과정을 그리는 휴먼 드라마다. 이곳에는 죽기 전 한글을 익히겠다는 70대 노인부터 세상을 놀라게 할 글을 쓰겠다는 아저씨와 해외여행을 위해 영어를 익히는 중년 여성까지 다양한 사람들이 있다. 이들 모두는 시한부 판정을 받았지만 마지막 순간까지 최선을 다해 살아가려 한다. 다소 예측 가능한 구석이 있지만, 보는 이의 가슴을 훈훈하게 하는 대중적인 정서를 품어 가족들이 함께 보기 좋은 영화다. 수미 역의 김환희를 비롯해 이순재, 유선, 이윤지, 송재림 등이 출연한다. (문석)

차봉주 CHA Bongju
영화연출을 전공하고 2004년 첫 단편 〈그늘〉(2004)로 제4회 대한민국청소년영화제 단체상 동상, 제2회 한백단편영화제 장려상을 수상했다.

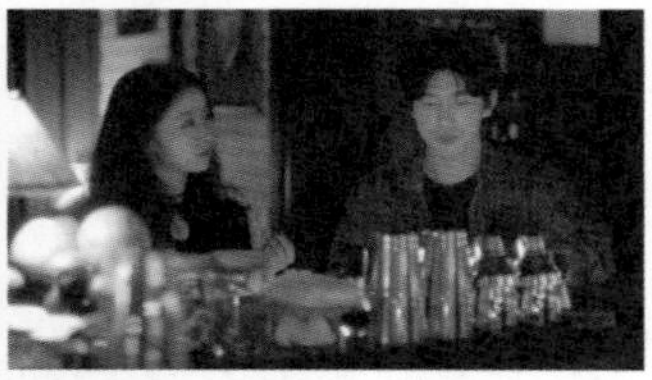

여섯 개의 밤 [12]
온라인
The layover

Korea | 2021 | 82min |
DCP | Color | World Premiere

누구나 각자의 이야기가 있다. 〈여섯 개의 밤〉은 비상 착륙이라는 예상치 못한 상황에서 시작한다. 각자 하룻밤을 보내며 그들의 관계를 재정비한다. 일상적인 대화를 통해 단순하게 이야기를 끌어가지만 사실상 그들에게는 이 상황이 결코 단순하지만은 않다. 우리가 주변에서 볼 수 있는, 혹은 경험해본 상황들에 대한 사실적인 묘사와 차분하고 안정감 있는 연출은 어느새 이들의 모습에 공감을 불러일으키게 만든다. 여기에 배우들의 섬세한 감정 연기로 현실감을 더했다. (최지나)

최창환 CHOI Changhwan
〈호명인생〉(2008), 〈그림자도 없다〉(2011), 〈내가 사는 세상〉(2018), 〈파도를 걷는 소년〉(2019), 〈숨어드는 산〉(2020), 〈식물카페, 온정〉(2021)을 연출했고, 〈파도를 걷는 소년〉은 제20회 전주국제영화제에서 특별 언급 되었다.

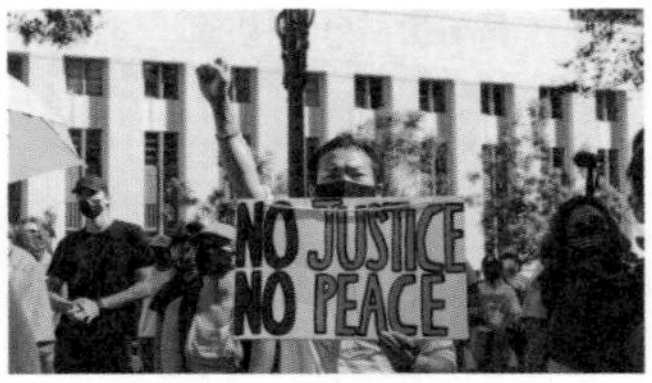

초선 [12]
CHOSEN

USA, Korea | 2022 | 90min |
DCP | Color | World Premiere

〈초선〉은 우리에겐 낯선 미국 정치판에 관한 이야기를 담은 다큐멘터리다. 2020년 11월, 미국에서는 바이든과 트럼프가 맞붙은 대통령 선거가 열렸지만 이와 동시에 의회(상하원) 선거도 진행됐다. 이 영화는 의회 선거에 출마한 한인 재미 교포 5명의 이야기를 그린다. 영화의 중심에는 LA 한인타운을 지역구로 삼은 데이비드 김이 있다. 그는 매우 진보적인 어젠다를 내걸고 선거에 임한다. 이처럼 한인들의 정계 진출은 갈수록 활발해지고 있는데, 영화에 따르면 이러한 움직임은 1992년 LA 폭동의 충격에서 비롯됐다. 한인들의 목소리를 미국 중앙에 직접적으로 전달할 창구가 절실했던 것이다. 이 영화는 우리와 생각보다 멀지 않은 190만 재미 한인의 역사와 현재, 그리고 미래를 엿보게 하며, 한국 정치를 바라보는 거울 역할도 해준다. (문석)

전후석 Joseph JUHN
재미 한인으로, 쿠바 한인에 관한 다큐멘터리 〈헤로니모〉(2019)를 감독, 제작했다. 두 번째 연출작인 〈초선〉은 전주국제영화제에서 전 세계 최초 상영된다.

코리안시네마 단편 1

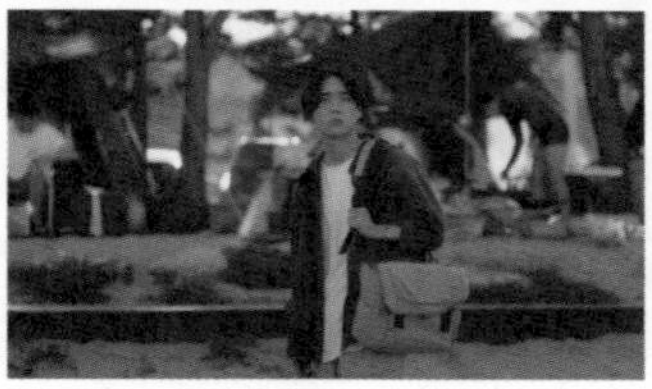

몽키숄더 [15]
온라인
Monkey Shoulder

Korea | 2022 | 37min |
DCP | Color | World Premiere

새로운 시작은 모두 낯설고 낯선 만남은 모두 새롭다. 특유의 나른한 무드로 여름밤 해변의 풍광을 감각적으로 그려낸 작품이다. 하룻밤 꿈 같기도 하고 낯선 향을 머금은 바람 같기도 한 어떤 여름날의 시간을 겪어가는 한 남자의 여정이 매혹적인 질감의 화면 안에 담겨 있다. 꿈과 현실이라는 청춘의 선택지 앞에 또다시 서게 되는 이들 앞에 파도는 언제나 여러 가지 의미로 출렁이기 마련이고, 영화는 그 리듬을 유려하게 담아낸다. (진명현)

황태성 HWANG Taesung
1995년 출생. 한국예술종합학교에서 영화를 전공했으며, 단편 〈창우동굴다리〉(2011), 〈그 해, 여름〉(2012)을 포함해 5편의 작품을 연출했다.

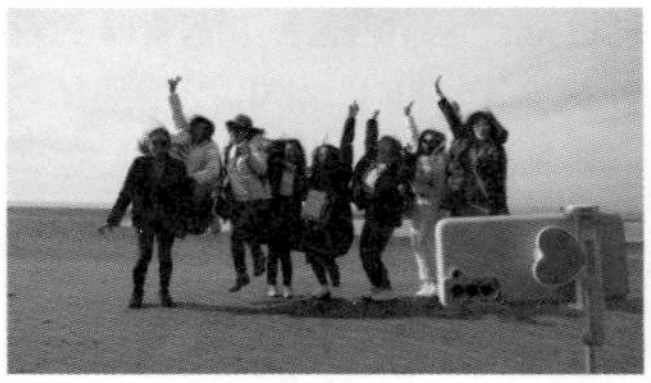

좋은 친구들 [G]
온라인
That's what friends are for

Korea | 2021 | 14min |
DCP | Color | World Premiere

이주 여성들이 탄 버스가 바다를 향해 달려간다. 생활비를 벌어 오라는 남편의 강요에 시달리고, 숱한 제사를 홀로 준비해야 하며, 일상적인 차별에 시달리는 이들은 굴레에서 벗어나기 위해 버스에 올라탄다. 이 영화는 순창으로 보금자리를 옮긴 여균동 감독의 주도하에 '우리영화만들자 사회적협동조합'과 순창 다문화지원센터의 협력으로 만들어진 다문화 이주 여성 영화 캠프의 산물이다. 이주 여성들이 직접 하는 연기는 서툴지만 그 안에 묻어 있는 진한 감정이 감동을 준다. (문석)

여균동 YEO Kyundong
〈세상 밖으로〉(1994), 〈예수보다 낯선〉(2018), 〈저승보다 낯선〉(2019) 등 십여 편의 장·단편 영화를 각본, 감독하였다.

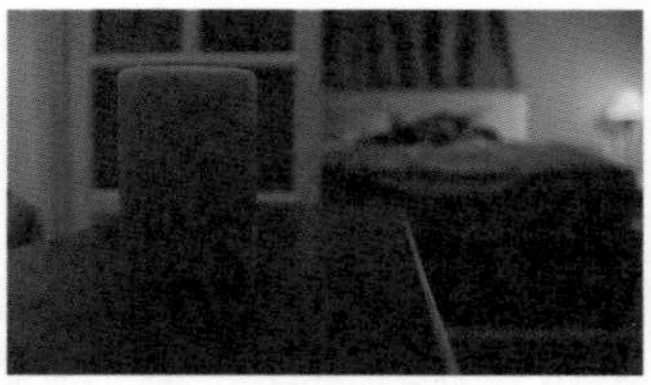

한밤중 은하수 푸른빛 [12]
온라인
Midnight in Galaxy

Korea | 2022 | 12min |
DCP | Color | World Premiere

남자는 여자에게 한없이 가벼운 연락을 하려 한다. AI는 그런 주인의 문자 수정을 돕는다. 초록색 불빛이 반짝이더니 AI의 경이로운 소통의 마법이 펼쳐진다. 창피함과 든든함 사이를 핑퐁처럼 오가며 SNS에 대한 가벼운 코미디인 척 시작하는 영화는, 우리의 마음을 깊이 휘저으며 끝난다. 소통의 기술적 정답이 주는 안정감으로 우리를 유인하더니, '진심'을 비추며 우리를 반성시킨다. 모든 소통이 종료된 후 찾아오는 AI의 공허함과 외로움에는 우리의 모습이 비쳐 보인다. 그 외로움을 외면하지 않고 위로하며 끝나는 영화가 참 고맙다. (이재은)

신기헌 SHIN Ki-hun
부산대학교 예술문화영상학과를 졸업했다. 2018년 연출한 〈포상휴가〉는 제18회 미쟝센단편영화제 경쟁부문에서 상영되었다.

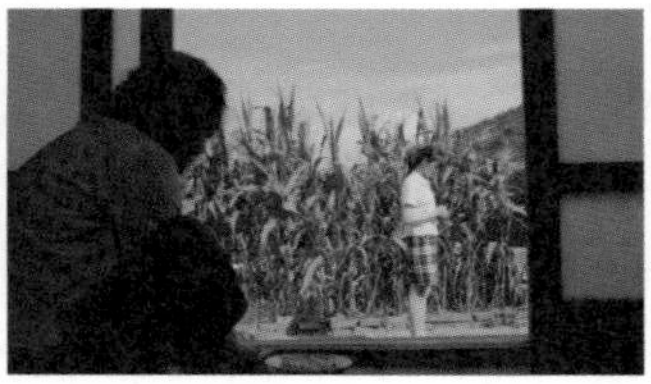

매일의 기도 [G]
온라인
Bone and Flesh

Korea | 2021 | 19min |
DCP | Color | World Premiere

미성년에 임신해 딸을 낳고 키워온 엄마는 그 선택이 얼마나 힘들고 아픈지 알기에 같은 길을 가게 될 자신의 딸이 너무나도 애달프다. 현실에서 벗어나 자유로워지길 꿈꾸지만 매일의 시작과 끝은 변함이 없고 앞으로도 그저 살아가고 버티는 수밖에 없는 것이다. 두 모녀를 가까스로 지탱하는 것은 '하루는 하루일 뿐'이라며 혼잣말로 되뇌는 엄마의 기도다. 단편영화에서 보여줄 수 있는 서정성과 심리가 잘 표현된 작품. (정승은)

김규민 KIM Kyumin
1996년 출생. 전북대학교에서 철학과 국문학을 전공했다. 전주에서 주로 활동했으며 현재는 전라북도 장수에 있다.

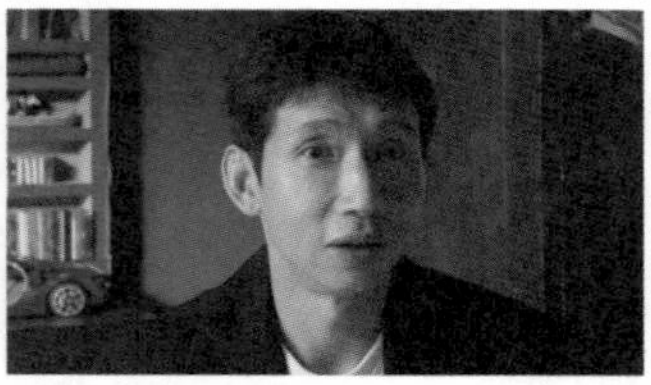

몬티 쥬베이의 삶과 죽음 [12]
온라인
The Life and Death of Monty Jubei

Korea | 2021 | 30min |
DCP | Color | World Premiere

전업주부 완수는 사업을 하러 쥬베이상과 함께 일본으로 간 아내가 돌아오기만을 기다린다. 완수는 바쁘다. 의처증 상담도 받아가며, 아내의 사업자금을 대기 위해 온갖 노력을 한다. 완수는 바보다. 이 모든 것은 하등 중요하지 않았는데, 그 일들은 곁가지를 뻗치며 마구 확장된다. 여기서 가지마다 엮이는 인물들이 자신의 이야기를 들려주는 식으로 영화는 전개된다. 각 장면이 짧음에도 단역 캐스팅과 미장센이 화려한 점은 내용에 부합하는 코미디 요소로 작용한다. 상상의 동물 같은 '쥬베이 상'이 제목을 차지하는 점까지. 재밌는 아이러니가 난무하는 이 작품은 독특한 화법과 리듬으로 관객을 매혹시킨다. (임지선)

김정민 KIM Jungmin
1990년 출생. 단편 〈감자〉(2018) 등을 연출했고 〈긴 밤〉(2020)으로 제19회 미장센단편영화제에서 절대악몽 부문 최우수 작품상을 받았다.

코리안시네마 단편 2

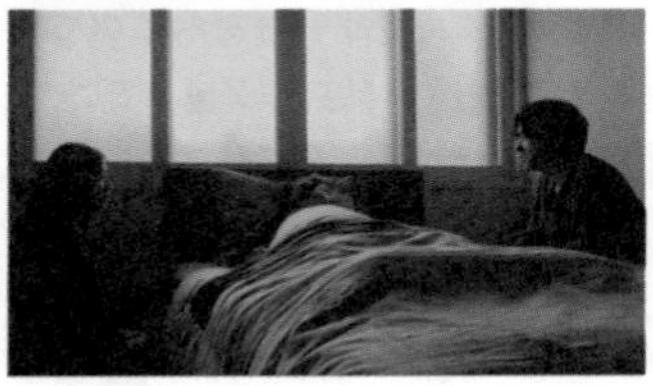

Mercy Killing [G]

온라인

Mercy Killing

Korea | 2022 | 11min |
DCP | B/W | World Premiere

외적 위기는 내부 결속의 기회가 되기도 하지만 영화 속 세상에서는 개인의 탐욕이 우선시되어 마치 팬데믹 시기에 지친 우리에게 경각심을 주는 것 같기도 하다. 흑백 화면 속 간결히 배치된 요소들, 익숙하지만 서글픈 멜로디, 과도한 줌인 기법과 부감 앵글, 연극 같은 대사와 연기는 한데 묶여 묘한 이질감과 몰입감을 동시에 선사한다. 또한 '어떻게든 살아남아 투쟁하는 것'보다 '안락한 죽음의 선택'이 존엄이자 최선이라는 이 영화의 전복된 사회적 가치관을 다시 비틀어내는 데에도 역할을 하고 있다. (정승은)

김은성 KIM Eun-seong
1996년 출생. 첫 연출작 〈갈귀〉(2019)는 제23회 부천국제판타스틱영화제에 초청되었고, 〈Mercy Killing〉은 그의 세 번째 연출작이다.

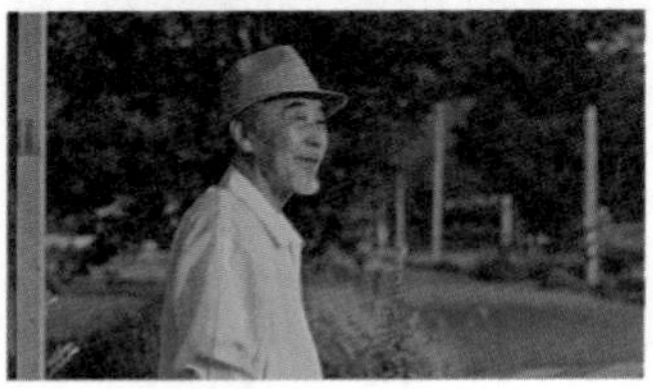

동창회 [G]

온라인

The Reunion

Korea | 2022 | 20min |
DCP | Color | World Premiere

느릿한 걸음, 무표정한 얼굴, 기운 없는 뒷모습. 노인 종선의 일상은 심심한 걸 넘어 쓸쓸해 보인다. 동네엔 친한 사람도 없고, 아내는 종일 누워 있기만 한다. 그런 종선에게 오랜만에 날아든 소식은 메마른 일상에 작은 생기를 불어넣는다. 오랜만에 친구를 보러 가는 길, 같은 걸음도 느긋하고 여유로워 보인다. "갔나?" "갔어." 같은 말들이 예사롭지 않게 들리는 노년의 삶을 가만히 끌어안아 보려는 영화. 엔딩을 장식하는 미소가 무척 따스하다. (손시내)

김고은 KIM Goeun
1996년 출생. 2019년 단편 〈해피투게더〉를 시작으로 2020년 〈방안의 코끼리〉를 연출해 제11회 광주여성영화제, 시네광주 1980 등 다수의 영화제에서 상영하였다.

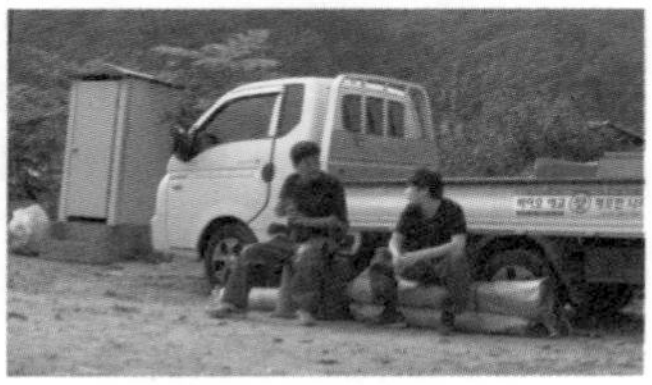

유실 [15]

온라인

Loss

Korea | 2021 | 26min |
DCP | Color | World Premiere

윤효진 감독의 〈유실〉은 스릴러라는 장르의 외피를 두른 채, 인간의 탐욕과 딜레마를 이야기하는 영화다. 으슥한 외딴집에 도착한 용혁과 경현은 특수청소업체의 노동자들이다. 그곳에서 발견한 돈다발이 든 가방을 가지고 두 사람은 팽팽하게 긴장하며 서로를 감시하고 경계한다. 두 인물이 서로에게 갖는 의심이 지속될수록 물질적 가치 앞에서 믿음이란 얼마나 나약한 것인가를 말하는 이 영화는 용혁의 폐소공포증이라는 설정을 통해 그 나약함을 극대화한다. 팽팽한 긴장과 경계가 화면을 꽉 채우면서 단편영화가 시도하는 장르적 쾌감과 서늘한 온도가 고스란히 전해지는, 꽤 용감한 영화다. (최진영)

윤효진 YOON Hyojin
1996년 완주 출생. 2021년 단편영화 〈유실〉을 연출했다.

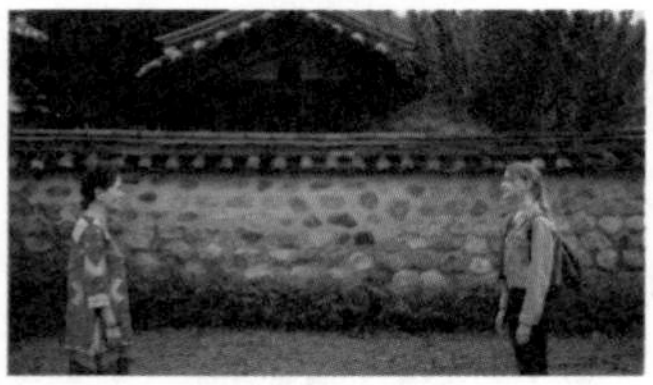

선산 [G]

온라인

One's Family Gravesite

Korea | 2022 | 39min |
DCP | Color

〈선산〉은 국적과 '뿌리'의 의미를 묻는 영화다. 우즈베키스탄 출신으로 한국인으로 귀화한 나타샤는 자신의 뿌리를 내릴 선산을 만들려 한다. 좋은 땅을 발견하지만 주인인 할머니는 외국인에게 땅을 팔지 않겠다고 한다. 나타샤의 적극적인 접근에 결국 대화의 물꼬가 터지고 두 사람은 속내를 털어놓는다. 영화 마지막 무렵 나오는 대사, "달은 어디에서도 같은 달이니까"는 이 영화가 하고픈 말을 요약해준다. 할머니 역할을 맡은 허진의 원숙한 연기가 인상적이다. (문석)

정형석 JUNG Hyungsuk
공연과 영화 양쪽에서 작가, 연출가, 배우, 기획자로 다양한 능력을 보여주는 멀티플레이어다. 2018년 전주국제영화제에서 한국경쟁 부문 대상을 수상하기도 했다.

코리안시네마 단편 3

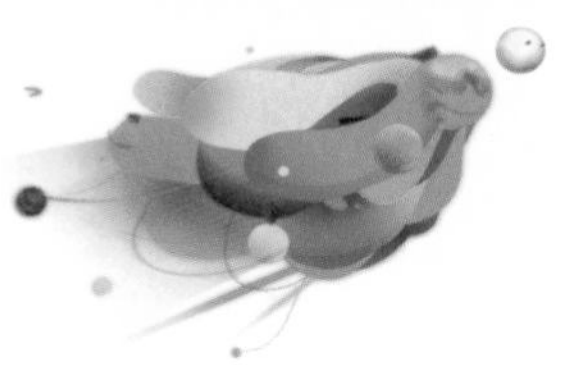

METAMODERNITY [12]

METAMODERNITY

Korea | 2022 | 7min |
DCP | Color | World Premiere

바닥에 머리를 찧고 공중에 몸을 던져 '나'를 깨부순다. 증식과 분열을 거듭하는 신체 이미지들이 우선 감각에 동요를 일으키고 나면, 이 카니발적 퍼레이드가 남긴 일련의 잔여물들에 눈길이 간다. 과격한 자기 성찰 위로 문득 가슴에서 솟아 나온 말랑한 심장과 팔랑거리는 나비를 띄우는 〈METAMODERNITY〉는 포스트모더니즘의 냉소와 허무를 딛고 따뜻한 감각을 소환하는 에릭 오 감독의 메타모더니즘이라 할 만하다. 7분 남짓한 죽음과 탄생, 끊임없는 실패의 운동 속에서도 자아의 가변성을 결코 아이러니로 내버려 두지 않으려는 의지가 화면을 비집고 나온다. (김소미)

에릭 오 Erick OH
미국 캘리포니아를 기반으로 활동하는 한국인 영화제작자이자 예술가다.

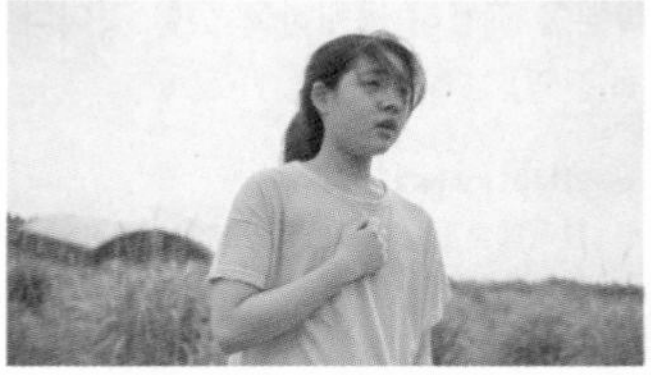

꼬마이모 [12]

온라인

My Little Aunt

Korea | 2022 | 28min |
DCP | Color | World Premiere

이상한 세상 속 평범하지 않은 꼬마 이모와 이제 막 2차 성징에 접어든 열두 살 조카의 이야기. 팬데믹의 여름, 식당을 하는 엄마와 엄마 가게에서 일하는 꼬마 이모를 바라보는 한 소녀가 있다. 알 수 없는 세상의 변화만큼이나 알 수 없는 자신의 변화에 당혹스러운 소녀와 세상의 편견 앞에 솔직하고 당당한 꼬마 이모는 둘만이 공유하고 이해할 수 있는 관계다. 제주의 풍광을 배경으로 다정하고 다감한 캐릭터들이 서로에게 진심의 응원을 보내는 이야기로 마음을 움직이는 엔딩을 선사한다. (진명현)

안선유 AN Sunyou
1987년 대구 출생. 2011년 단편 〈잠시만 쉬어갈까〉를 시작으로 3편의 작품을 연출했다.

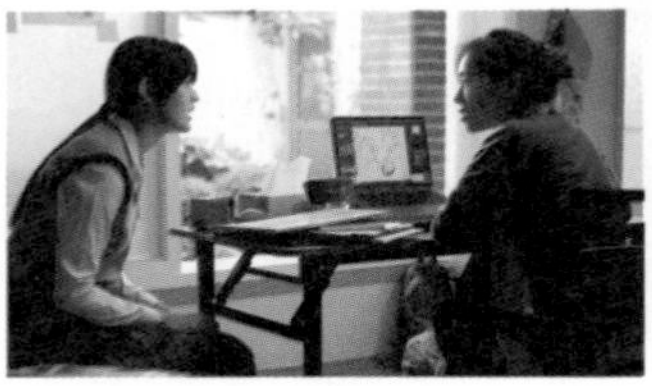

마음에 들다 [12]

온라인

Entering your heart

Korea | 2022 | 23min |
DCP | Color | World Premiere

강지이 감독의 〈마음에 들다〉는 제목처럼 주인공 은하의 인정 투쟁기다. 특히 야근 때문에 '유령'이라고 표현하는 엄마와의 관계가 그렇다. 어릴 적부터 어려운 이야기를 털어놓았던 피아노를 떠나보내고 나서 은하의 공허함은 커져만 간다. 그 공허함을 메우기 위해 약간의 일탈을 해보기도 하지만 결국 돌고 돌아 피아노가 있는 가게 앞을 서성인다. 인정받고 싶은 마음을 에둘러 표현하는 배우 장해금의 연기가 이 영화의 포인트지만, 기교를 부리지 않고 은하의 외로운 감정과 정서를 정공법으로 깊이 있게 표현한 강지이 감독의 연출 또한 인상적이다. 여느 때처럼 평범하고 똑같은 하루지만 자신의 고유성을 인정받고 싶어 하는 마음에 공감하는 사람이라면 은하의 이 하루를 조용히 응원하고 싶을 것이다. (최진영)

강지이 KANG Jeeiee
한국예술종합학교 영상원에서 영화연출을 전공했다. 〈원하는 대로〉(2002), 〈미친 김치〉(2003), 〈소나무〉(2010), 〈연락처〉(2019)를 연출했다.

아침의 빛 12
Motel in the sunshine
온라인

Korea | 2021 | 28min |
DCP | Color | World Premiere

부부의 균열이나 연애의 끝, 관계의 곤란함은 이제 제법 익숙한 영화적 주제다. 〈아침의 빛〉은 그처럼 낯익은 소재를 재치 있게 돌파한다. 앱으로 만나 하룻밤을 보낸 요미와 훈, 둘은 함께 아침을 맞은 후에도 연인 놀이를 조금 더 이어가 보기로 한다. 결혼을 앞둔 척 집을 보러 다니기로 한 두 사람은 곧 진짜 부부가 사는 집을 방문하게 된다. 아슬아슬한 대화 끝에 집 구석구석에 묻은 관계의 상처와 아픔의 흔적이 천천히 떠오르면, 영화엔 어느새 쓸쓸한 어둠이 내린다. (손시내)

정인 JUNG In
2014년 한국예술종합학교 영화과에 입학해 현재까지 3편의 단편을 연출했다. 범죄, 코미디 장르의 장편영화를 준비 중이다.

평양랭면 G
Pyeongyang Neangmyeon
온라인

Korea | 2021 | 26min |
DCP | Color | World Premiere

분단이란 테마는 영화적으로 아직 유효할 수 있는가. 〈평양랭면〉은 구체적인 소재, 분명한 시공간의 제약을 활용해 단편다운 호흡으로 정체된 상상력의 환기를 시도했다. 남북정상회담이 열리는 판문점에 북측 제면기를 가져와 냉면을 대접한 실화에서 영화적으로 집약된 설정을 도출해내고 이를 밀어붙인 뚝심이 곧 〈평양랭면〉의 정체성이다. 올해 데뷔 60년 차를 맞은 배우 백일섭의 존재는 영화 속에 말없이 세월의 감각을 불어넣는데, 그 주름지고 절박한 얼굴이 화면에 육중한 감정을 소생시킬 때 마음의 빗장이 순순히 풀어진다. (김소미)

윤주훈 YOON Ju-hun
홍익대학교 섬유미술과를 졸업했다. 〈평양랭면〉은 세 번째 영화 연출작이다.

영화보다 낯선은 전주국제영화제가 내걸고 있는 기치인 '대안'을 가장 잘 나타내는 섹션 중 하나다. 전통적이고 관습적인 영화 형식에 대한 대안으로서 그간 전 세계의 특출난 영화적 실험을 소개한 바 있다. 올해는 여기서 한발 더 나아가 형식뿐 아니라 이야기를 구성하는 방법과 주제를 표현하는 미학적 새로움을 시도하는 영화들을 포함한다.

〈위대한 움직임〉은 볼리비아 고산지대에 위치한 라파스에서 펼쳐지는 일종의 '도시 교향곡'으로 한 일용직 노동자의 질병과 구원을 다룬다. 〈죽음을 운반하는 자들〉은 역사극 장르를 이용해 새로운 시대가 탄생했던 아메리카 대륙의 역사 중 한순간을 되돌아보고, 죽음 이후에도 지속되는 기억을 말한다. 〈보이지 않는 산〉은 다큐멘터리와 픽션 사이에서 가상의 우주를 묘사하고, 밴드가 연주하는 음악은 마음속에 아름다운 명상의 순간을 형상화한다.

〈혁명을 말하자〉는 아카이브 이미지를 통해 전 세계와 현재 상태를 여행하는 '비주얼 포엠'이다. 〈식물수집가〉는 한 편의 시를 짓는 마음으로 식물 수집과 필름 보존의 세계의 연결점을 만들고, 〈붉은 별〉은 고대 텍스트로 무장한 러시아 혁명 신화를 풀어내려 한다. 도시의 지붕과 버려진 건물을 걸어 다니는 두 청년은 위대했던 과거의 잔해 속으로 관객을 안내한다.

〈핵-가족〉은 인류에게 공포를 선사한 전쟁, 재난과 개인의 이야기를 잇는 가족 로드무비이자 미국에 대한 지리학적 여행이다. 〈세이렌의 토폴로지〉는 과거와 세계를 구성하는 사운드의 아름다움을 향한 수수께끼 같은 여정으로 가득하며, 〈우회로〉 속에서 가상 세계의 위험은 현실과 혼합되어 황폐해진 모스크바의 도시를 배회한다. 〈맑은 밤〉을 연출한 아이제이나 머디나는 캐나다의 가장 비밀스럽고 놀라운 면모를 가진 감독이다. 전작 〈88:88〉(2015)의 독특함에 이어 신작에서도 인물 간의 대화가 영화적 실험이 되는 형식을 발견했다.

영화보다 낯선에서 소개하는 단편 15편은 완전히 실험적인 작품부터 끔찍한 세계의 아름다움을 보여주는 내러티브 영화까지 다양하다. 이 영화들은 정치, 역사, 과거에 대한 특정 분석, 현재에 대한 새로운 해석, 유머를 표출하며 가장 절대적인 자유에서 영화가 만들어질 수 있다는 확신을 입증한다. (문성경)

우회로 18
Detours
온라인

Russia, Netherlands | 2021 | 73min |
DCP | Color | Asian Premiere

예카테리나 셀렌키나 감독은 자신의 두 번째 장편영화로 도시 모스크바와 척박한 풍경에 대한 일종의 현대 교향곡을 만들었다. 다크웹을 이용해 음성적으로 마약을 파는 삼류업자 데니스의 활동을 보여주는 시나리오를 바탕으로, 범죄를 가상의 게임으로 변형시키기까지 하는 게으른 사회에 대한 조용한 비난이 묘사된다. 도시를 기능하게 하는 공간과 황폐히 버려진 공간 사이에서 도시의 풍경과 주민들의 삶이 드러나고, 이제는 벗어날 수 없어 보이는 인터넷 연결망을 통해 일상의 의례가 벌어진다. 누군가는 우크라이나 국기 색이 칠해진 전쟁 반대 피켓을 들고 1인 시위를 한다. (문성경)

예카테리나 셀렌키나
Ekaterina SELENKINA
1992년 러시아 상트페테르부르크 출생. 영화감독이자 예술가, 큐레이터다.

위대한 움직임 12
The Great Movement
온라인

Bolivia | 2021 | 85min |
DCP | Color | Korean Premiere

중남미에서 가장 빛나는 재능 중 하나로 손꼽히는 키로 루소 감독의 신작이다. 전작 〈검은 해골 Dark Skull〉(2016)과 함께 볼리비아의 현재를 마치 두폭화를 연상케 하는 독특한 형식으로 드러내고 있다. 이 작품은 고산에 위치한 수도 라파스를 배경으로 살아가는 일용직 노동자들을 그린다. 이유를 알 수 없이 아픈 주인공이 생활을 이어나가려 노력하고 치료를 받기 위해 돌아다니는 과정은 감독의 손을 통해 꿈과 전설이 뒤섞인 새로운 세계로 창조된다. 세계화와 자본주의가 배제시킨 이곳 사회에서 살아남기 위해 노력하는 노동자들은 의인화된 볼리비아의 모습이기도 하다. 베니스국제영화제 오리촌티 심사위원특별상 수상작. (문성경)

키로 루소 Kiro RUSSO
볼리비아 라파스 출생. 아르헨티나 영화대학(FUC)에서 영화를 배웠다. 단편영화 〈사업 Enterprisse〉(2010), 〈주쿠 Juku〉(2012), 〈새로운 삶 New Life〉(2015), 장편 〈검은 해골〉 등을 연출했다.

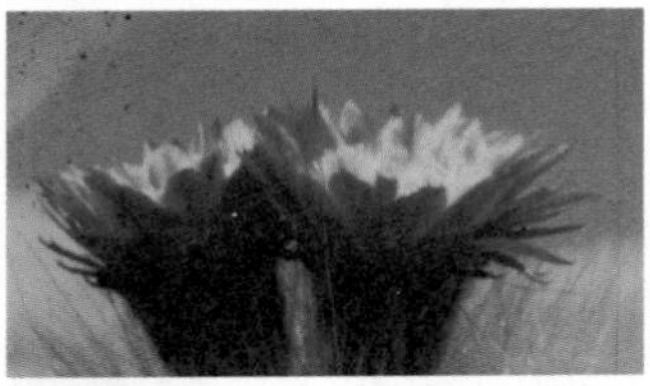

식물수집가 [G]

온라인

Herbaria

Argentina, Germany | 2022 | 83min |
DCP | Color+B/W | Asian Premiere

영화와 식물학은 언뜻 그 공통점을 찾기 힘들고, 발견한다고 해도 최소한의 공통분모만을 가진 듯 보인다. 이 영화 속에서 둘의 연결고리는 다윈식물연구소의 창립자와 영화박물관의 창립자가 아르헨티나의 한 가족이라는 데에 있다. 이와 같은 표면적인 공통점 외에도 식물 수집과 영화 보존은 모두 개인적이고 독립적이며 섬세한 작업을 요한다는 점에서 닮았다. 〈식물수집가〉는 영화의 공식 역사가 아닌 더욱 비밀스러운 지점에서 일어나는 역사를 다루는 영화이기도 하다. 실험영화를 만드는 감독들과 큐레이터들이 지치지 않는 마음으로 지속하는 작업들을 보여주며 역사에서 숨겨져왔던 챕터를 새로이 들춰낸다. (문성경)

레안드루 리스토르티 Leandro LISTORTI
1976년 아르헨티나 부에노스아이레스 출생. 영화제작자, 프로그래머이자 아키비스트다. 첫 장편 〈데스 유스 Death Youth〉(2010)는 암스테르담국제다큐멘터리영화제를 비롯 다양한 영화제에서 상영되었다.

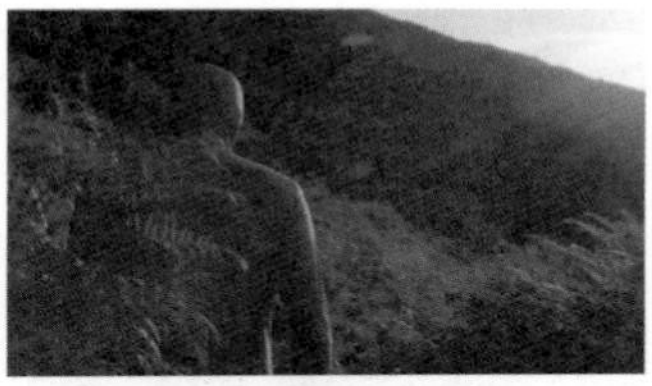

보이지 않는 산 [G]

온라인

The Invisible Mountain

USA | 2021 | 83min |
DCP | Color+B/W | Asian Premiere

각색과는 거리가 멀지만, 벤 러셀처럼 난해하고 실험적인 필모그래피를 가진 감독이 프랑스의 초현실주의 작가 르네 도말의 작품을 해석한다는 것은 생각만으로도 설레는 일이다. 〈보이지 않는 산〉은 미완성으로 남았음에도 신화가 된 소설, 『마운트 아날로그』로부터 시작된다. 일찍이 알레한드로 호도로프스키가 〈홀리 마운틴〉(1973)에서 영화화를 시도했지만 성공하지 못했던 작품이기도 하다. 〈보이지 않는 산〉은 시적이고 음악적인 영화로 보이지만 특정 인물과 풍경이 이끄는 곳에는 나름의 모험과 발견이 산재해 있기도 하다. 영화가 진행되면서 영화는 스스로에 대해 새로운 발견을 해나가고, 소리와 음악이 이미지로 바뀌는 기적을 성취해낸다. (문성경)

벤 러셀 Ben RUSSELL
1976년 미국 스프링필드 출생. 단편영화 30여 편, 장편영화 4편을 만든 영화감독이자 설치미술, 퍼포먼스, 큐레이팅 등 다양한 방식으로 예술 활동을 펼치는 아티스트다.

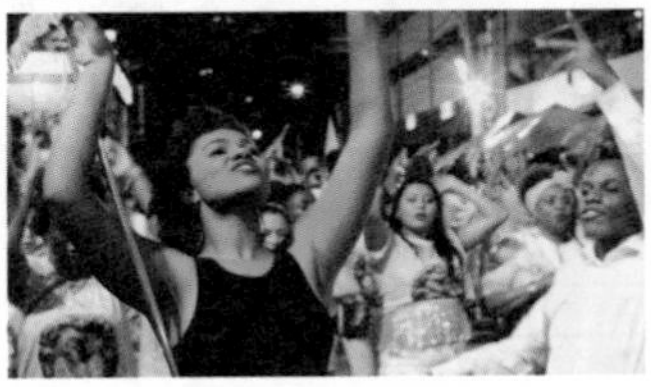

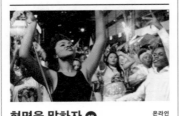

혁명을 말하자 12

온라인

Let's Say Revolution

France | 2021 | 127min |
DCP | Color+B/W | Asian Premiere

엘리자베트 페르스발과 니콜라 클로츠는 여러 가지 방식으로 협업하며 영화를 만들어왔다. 〈혁명을 말하자〉는 이들이 수집해왔던 다양한 재료를 조합한 것이지만 단순히 이미지의 축적에 호소하는 영화는 아니다. 황홀한 이미지와 사운드가 픽션, 다큐멘터리, 에세이 사이의 경계를 지우면서 서로 결합해 일종의 '시각시'(視覺詩, visual poem)로 변모한다. 심지어 아프리카에서 유럽으로, 유럽에서 남미로 지역적 경계를 넘나들고 선언, 음악, 춤, 사적인 메모, 들뢰즈와 프레시아도, 버틀러, 포크너의 텍스트들을 오가며 영혼과 육체의 저항을 표출한다. 이 형언할 수 없는 영화는 감독들이 느끼는 오늘날 세계의 상태에 대한 자신들만의 독특한 해석이기도 하다. 혁명에 대한 감독들의 요구는 정치뿐만 아니라 예술에 대한 태도이며, 이는 이 작품 속에서 이미 발현되고 있다. (문성경)

니콜라 클로츠, 엘리자베트 페르스발
Nicolas KLOTZ, Elisabeth PERCEVAL
프랑스 파리 출생. 이 둘은 〈휴먼 퀘스천 The Human Question〉(2007), 〈영웅의 땅 The Heroic Land〉(2017)을 포함한 7편의 영화를 공동 제작했다.

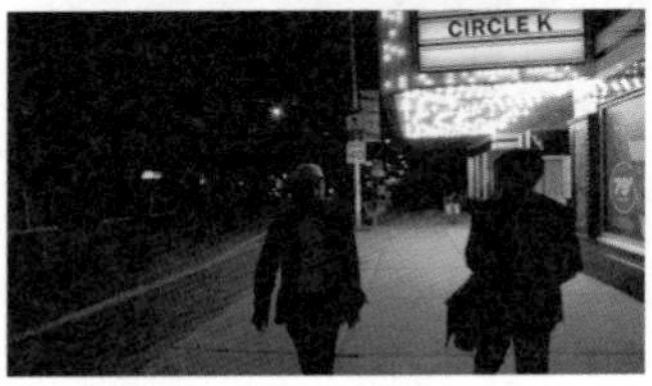

맑은 밤 [G]

온라인

Night is Limpid

Canada | 2022 | 75min |
DCP | Color | World Premiere

머디나의 데뷔작 〈88:88〉(2015)은 너무도 독특해 무엇 하나로 분류할 수 없는 혁신적인 영화로 전 세계 영화제에서 관심을 끌었다. 이는 장뤼크 고다르와 알랭 바디우의 수호 아래 영화의 역사를 설명하는 듯한 독특한 몽타주로 무장하고서 일과 기회 부족에 관해 말하는 맹렬한 실험영화였다. 〈맑은 밤〉은 같은 세계에 속한 작품으로 주제는 유사하더라도 형식은 정반대 편에 자리 잡고 있다. 휴식시간에 친구들과 함께, 또 비평가 그룹이 모여 예술에 대한 새로운 사고방식, 무엇보다도 인간관계에 대해 철학자들의 모임처럼 토론을 펼친다. 고대 철학자와의 차이점은 이들이 더 이상 동굴에 있지 않고, 현대식 건물에 자리하고 있다는 것뿐이다. (문성경)

아이제이아 머디나 Isiah MEDINA
캐나다의 영화 제작자. 대표작으로는 〈88:88〉과 〈인벤팅 더 퓨처 Inventing the Future〉(2020)가 있다.

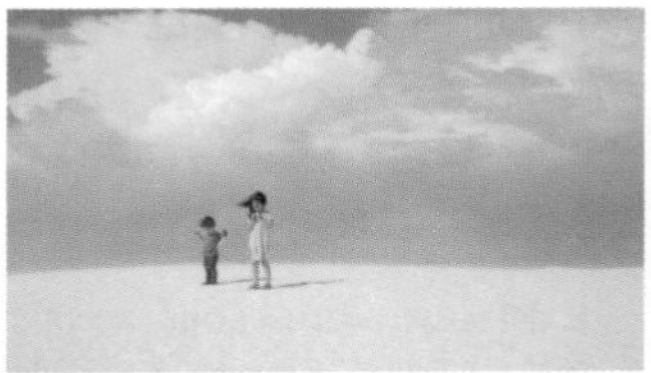

핵-가족 [G]

온라인

Nuclear Family

USA, Singapore | 2021 | 96min |
DCP | Color | Korean Premiere

가족이 등장하는 아름다운 로드무비도 정치영화가 될 수 있다. 에린과 트래비스 윌커슨이 만든 〈핵-가족〉이 그 예시라고 할 수 있겠다. 이 가족은 미국의 척박한 장소들, 가족의 역사가 한 나라의 역사와 교차하는 곳, 국가가 저지른 과거의 실수가 기억되는 곳을 방문한다. 이들이 마주하는 과거는 몇 세대를 걸쳐도 사라지기를 거부하며 여전한 두려움으로 남아 있고, 위험으로 가득 찬 미래를 위협하기까지 한다. 인간에 대한 편견과 증오가 만들어낸 공포를 숨긴 채 화면 위에 아름다움으로 가득한 풍경을 펼쳐내는 〈핵-가족〉은 저항의 형태로서 가족의 사랑을 보여준다. (문성경)

에린 윌커슨, 트래비스 윌커슨
Erin WILKERSON,
Travis WILKERSON
2010년 크리에이티브 에지테이션(Creative Agitation)을 결성해 베네치아 비엔날레, 베를린국제영화제, 로카르노국제영화제에서 작품을 전시하였다.

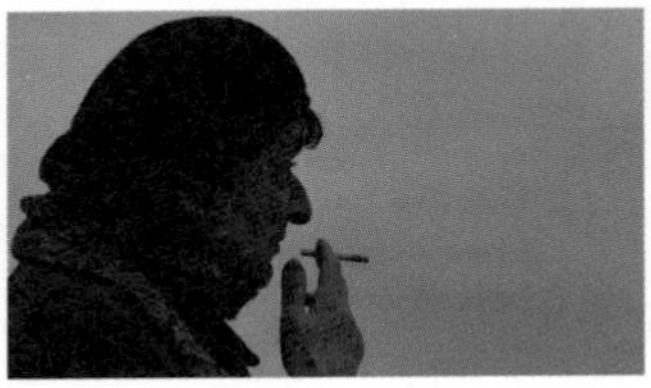

붉은 별 [G]

온라인

Red Star

Argentina | 2021 | 73min |
DCP | Color+B/W | Asian Premiere

아르헨티나의 한 감독이 볼셰비키 혁명 100주년 기념식을 보기 위해 러시아 여행을 떠난다. 그러나 정부 주도의 기념행사는 광장이 아닌 공공기관과 박물관 등의 실내에서 조용히 치러진다. 감독은 화려한 행사 대신에 사람들의 기억을 수집하기 시작한다. 청년 시기에 그 시절을 지나온 주인공 카티아의 구술사로부터 도시의 버려진 건물과 지붕을 걸어 다니는 니키타와 카를이라는 젊은이들의 이야기에 이르기까지, 카메라는 조용히 이들의 목소리에 집중한다. 한 국가에 대한 이야기와

이를 담아내는 영화 속 풍경은 실제로 존재했던 과거임에도 불구하고 마치 전설로만 남은 유토피아를 그려내고 있는 듯하다. (문성경)

소피아 보르데나베 Sofía BORDENAVE
1978년 스페인 코르도바 출생. 〈부드러운 밤 The Soft Night〉(2017)과 〈붉은 별〉을 만든 영화감독이자 변호사이다.

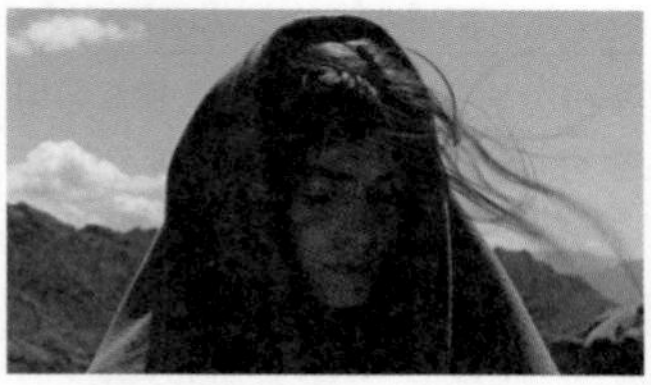

죽음을 운반하는 자들 [12] 온라인
They Carry Death

Spain, Colombia | 2021 | 75min |
DCP | Color | Korean Premiere

엘레나 히론과 사무엘 델가도는 유명한 단편영화들을 연이어 함께한 후 첫 장편영화도 같이 만들었다. 그리고 이들은 역사극과 실험영화를 혼합해 아메리카 대륙에 도착한 콜럼버스 일행의 이야기를 재창조한다. 제목에서 내비치고 있듯 죽음을 피한다고 생각하면서도 죽음을 옮기는 인물들을 다루고 있다. 감독에 따르면 "이 영화는 애도, 사랑하는 사람, 친구의 죽음에 관한 것이다. 하지만 우리가 한 번도 만난 적 없던 사람들, 그리고 꺼지지 않는 불꽃처럼 우리 안에 남아 있으면서 길을 따라 묻혀버린 생각과 기억들에 관한 것"이기도 하다. (문성경)

엘레나 히론, 사무엘 M. 델가도
Helena GIRÓN,
Samuel M. DELGADO
두 감독이 공동 연출한 단편영화는 여러 국제영화제에서 상영되었다. 〈죽음을 운반하는 자들〉은 그들의 첫 장편 연출작이다.

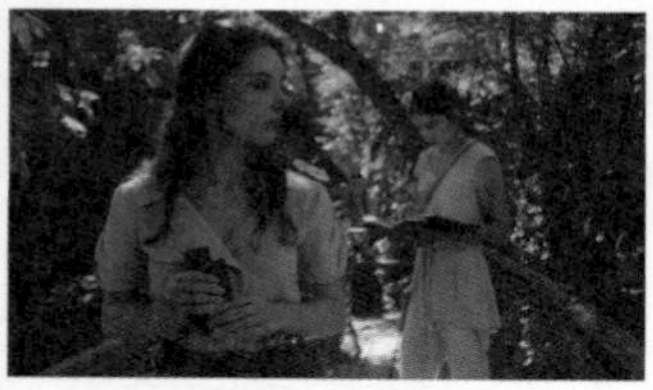

세이렌의 토폴로지 [G] 온라인
Topology of Sirens

USA | 2021 | 105min |
DCP | Color | Asian Premiere

카스는 신진 음악가로 최근 세상을 떠난 친척 집에서 지내게 된다. 그는 그곳에서 우연히 신비한 문구가 적힌 미니 카세트테이프를 발견하고, 이를 계기로 소리의 본질에 대한 탐구에 나선다. 조너선 데이비스의 첫 장편영화 〈세이렌의 토폴로지〉는 단순한 음악영화를 넘어 실험적인 변이를 보여주는 형태로, 음악을 세상의 아름다움에 대한 논문으로 변형시킨다. (문성경)

조너선 데이비스 Jonathan DAVIES
미국 로스앤젤레스에 기반을 둔 영화감독이자 음악감독. 〈세이렌의 토폴로지〉는 장편 데뷔작이다.

영화보다 낯선 단편 1

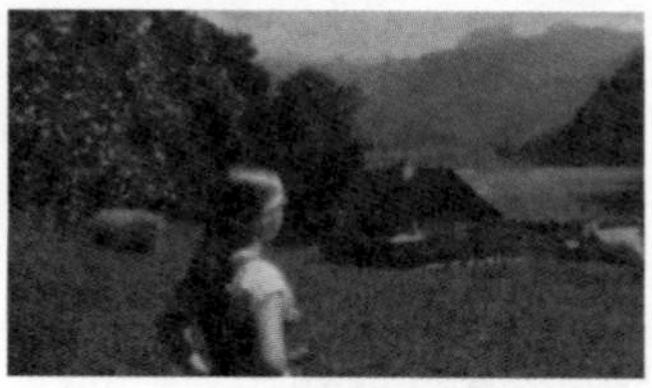

알프스의 디른들 [G] 온라인
Dirndlschuld

Austria | 2021 | 15min |
DCP | Color+B/W | Asian Premiere

디른들은 아름답고 화려한 색깔로 꾸며진 앞치마가 달린 오스트리아 전통 옷이다. 그러나 역사적 유산이자 이제는 관광 상품으로 보이는 이 소품은 우리를 다른 세기로 거슬러 올라가게 하는 물건이기도 하다. 순수해 보이는 전통문화와 아름다운 오스트리아 풍경 이면에 심오한 이야기가 숨어 있다. (문성경)

빌비르크 브라이닌 도넨베르크
Wilbirg BRAININ-DONNENBERG
빈 각본가 포럼의 이사이며 큐레이터 겸 영화감독이다. 〈딸에게 보내는 편지 Letter to a Daughter〉(2019)와 〈알프스의 디른들〉을 연출했다.

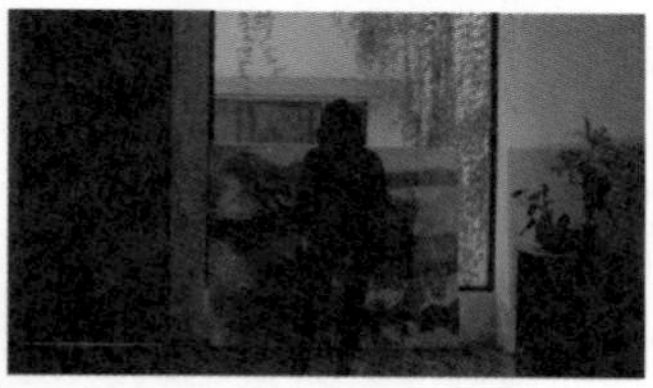

친애하는 샹탈에게 [G] 온라인
Dear Chantal

Mexico, Spain | 2021 | 5min |
DCP | Color | Asian Premiere

샹탈 아커만이 숙박 공유 사이트를 통해 멕시코시티에서 머무를 곳을 찾는다는 상상을 펼치내는 영화다. 숙소 주인과 고객으로 주고받는 편지글은 아커만의 말과 니콜라스 페레다 감독의 목소리를 통해 한 편의 감성적인 영화로 변신한다. (문성경)

니콜라스 페레다 Nicolás PEREDA
1982년 멕시코 멕시코시티 출생. 10편의 장편영화와 여러 편의 단편영화를 연출했다. 〈골리앗의 여름 Summer of Goliath〉(2010)으로 베니스국제영화제 오리촌티상을 받았다.

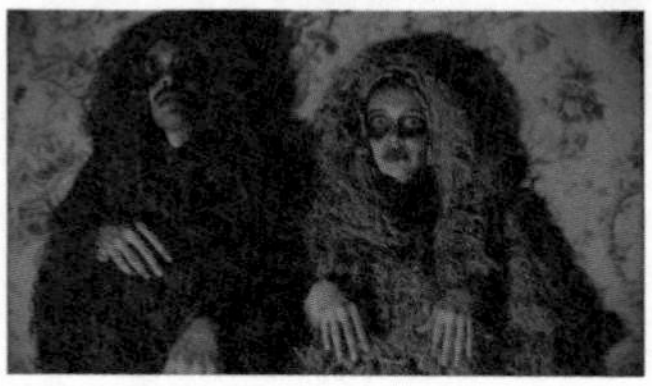

나를 박제해줘 [G] 온라인
Taxidermisez-moi

France | 2021 | 11min |
DCP | Color | Korean Premiere

마리 로지에 특유의 스타일을 보여주는 작품. 박제된 동물들 속에서 실제 배우들이 벌이는 퍼포먼스로 인해 영화는 연극 무대로 변형된다. 로지에가 부리는 영화적 마법은 허구가 자신의 존재 차제로 빛날 수 있음을 재치 있게 표현한다. (문성경)

마리 로지에 Marie LOSIER
프랑스 출생. 영화 제작자이자 큐레이터다. 파리 낭테르대학(파리 제10대학교)에서 미국 문학을, 뉴욕 헌터대학에서 미술을 공부했다. 조지 쿠차, 가이 매딘, 토니 콘래드, 제네시스 피-오리지와 같은 아방가르드 감독, 음악가, 작곡가에 대한 다수의 영화를 제작했다. 그의 영화들은 예술가들의 삶과 작품을 탐구한다.

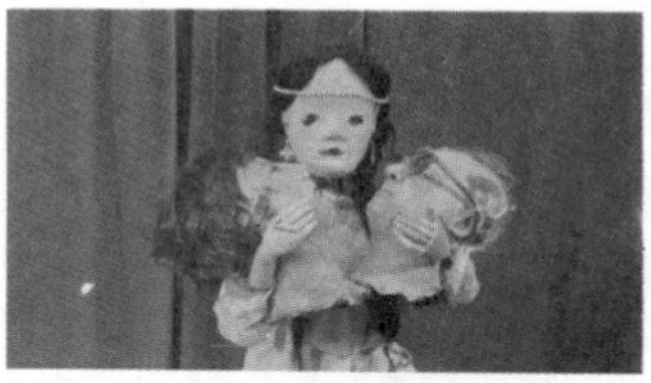

뼈 [12] 온라인
The Bones

Chile | 2021 | 14min |
DCP | B/W | Korean Premiere

스톱모션 애니메이션으로 만든 영화 〈늑대의 집 The Wolf House〉(2018)으로 주목받았던 팀의 신작이다. 다시 한번 애니메이션을 사용해 몸서리쳐지는 칠레의 과거를 재현하고, 최초의 애니메이션에 대한 이야기를 들려주는 페이크 영화를 만들었다. 16mm 필름과 애니메이션의 물성이 두드러지는 영화로, 〈미드소마〉(2019)의 감독 아리 애스터가 총괄 프로듀서로 제작을 지원했다. (문성경)

크리스토발 레온, 호아킨 코시냐
Cristóbal LEÓN, Joaquín COCIÑA
1980년 칠레 출생. 안시국제애니메이션영화제에서 작품상을 받은 〈늑대의 집〉을 포함하여 8편의 단편영화와 1편의 장편영화를 연출했다.

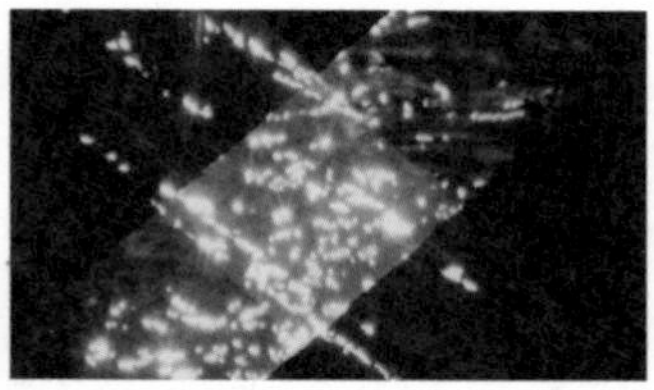

빛의 함정 [G] 온라인
Light Trap

Argentina | 2021 | 9min |
DCP | Color+B/W | Asian Premiere

영화는 빛의 덫이 되기도 하고, 아름다움의 덫이 되기도 한다. 들판에서 풀을 뜯고 있는 소들의 짧고 모호한 이미지가 이를 증명한다. 16mm로 촬영한 〈빛의 함정〉은 영화의 진정한 의미와 신비는 영화가 뒷받침하는 물질성에 있다는 것을 보여준다. (문성경)

파블로 마린 Pablo MARÍN
1982년 아르헨티나 부에노스아이레스 출생. 영화감독이자 작가, 교수, 번역가이다.

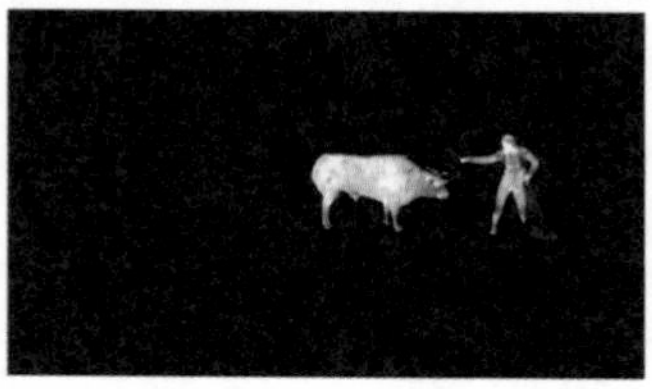

피는 하얗다 [G] 온라인
Blood is White

Spain, Venezuela | 2021 | 13min |
DCP | B/W | Asian Premiere

1816년 프란시스코 고야가 노년의 열정을 불태우며 제작한 판화집 『판화 La Tauromaquia』는 투우장 소들의 운명을 33점의 판화로 구성하고 있다. 이 영화는 33점의 네거티브 이미지를 영감의 기반으로 삼아 투우장에서 펼쳐지는 우아함과 폭력이 교차하는 순간을 열화상 카메라로 포착한다. (문성경)

오스카르 빈센텔리 Óscar VINCENTELLI
1989년 베네수엘라 출생. 〈떨림 The Tremor〉(2015), 〈어두운 전설 Lenda negra〉(2016), 〈비올레타 + 기예르모 Violeta + Guillermo〉(2018), 〈피는 하얗다〉를 연출했다.

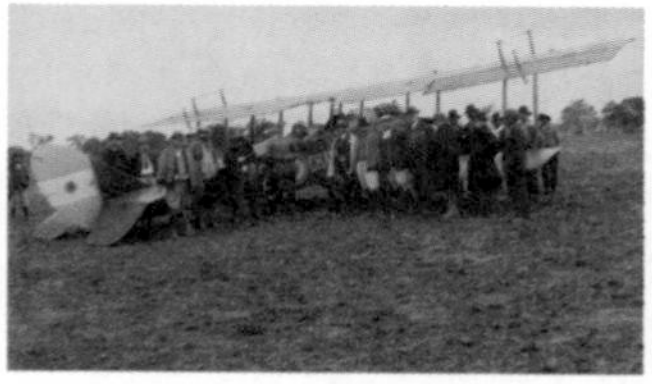

거짓을 위해 보낸 [G] 온라인
Sent to Lie

Argentina | 2021 | 6min |
DCP | Color | Asian Premiere

사람들의 삶의 수준을 향상하기 위해 고안된 테크놀로지는 때로 감시와 억압의 도구로 활용되고, 아르헨티나 북부에서는 선주민 학살의 공범자로 변형돼 우리가 가장 두려워하는 지점을 직접 확인시켜준다. 마이아 나바스 감독은 실험영화가 일종의 '규탄의 행위'가 될 수 있음을 제시한다. (문성경)

마이아 나바스 Maia NAVAS
1986년 아르헨티나 코리엔테스 출생. 리스본다큐멘터리영화제에서 상영된 〈거짓을 위해 보낸〉을 비롯해 5편의 영화를 연출했다. 2014년 비데오아바벨에서 라틴 아메리카 비디오 아트상을 받았다.

영화보다 낯선 단편 2

고도 상태 ⓖ
온라인
State of Elevation

| France | 2021 | 20min |
| DCP | Color+B/W | Asian Premiere |

하나의 이미지를 또 다른 맥락 속에 놓아두는 것으로부터 새로운 이야기는 시작된다. 이자벨 프림 감독은 프랑스 국립우주연구소를 비롯한 아카이브 자료로 무장하고 지혜로운 소녀와 우주로 날아간 풍선의 이야기를 들려준다. 높은 고도의 풍선과 현재와 과거 사이, 현실과 거짓 사이를 종단하는 짧은 여행. (문성경)

이자벨 프림 Isabelle PRIM
1984년 프랑스 파리 출생. 대표작 〈멘스 Mens〉(2018)를 포함한 그의 영화는 많은 국제 영화제에서 상영되었다.

태양의 정원 ⓖ
온라인
Sol de Campinas

| Brazil | 2021 | 26min |
| DCP | Color | Asian Premiere |

브라질 아크레주에서 지난 10년간 이루어지고 있는 고고학자들의 작업을 따라가는 작품. 천 년도 더 전에 그 땅에서 살았을 원주민들의 도자기 파편과 기타 유물을 발굴하는 조심스러운 손길부터 과학적 도구와 학술적 분류 체계를 이용해 이들이 분리되는 과정까지를 뒤쫓으며 그곳에서 발견된 물체와 그 물체가 겪는 변형을 다룬다. (문성경)

제시카 세라 린랜드 Jessica Sarah RINLAND
아르헨티나계 영국인 영화감독. 로카르노국제영화제 특별언급상을 포함하여 다수의 상을 받았다.

당신의 세계를 생각하다 ⓖ
온라인
I Thought the World of You

| Canada | 2022 | 17min |
| DCP | Color+B/W | World Premiere |

이 영화는 일부분 삶의 미스터리에 관한 것이고, 일부분은 캐나다 음악가 루이스를 향한 러브레터이기도 하다. 인생의 어느 시점에 자신의 앨범 「라무르 L'Amour」를 남기고 사라지기로 결심한 수수께끼 같고 신화적인 인물에 대한 실험적인 연가. (문성경)

커트 워커 Kurt WALKER
캐나다 밴쿠버 출생. 장소, 경험, 관계에 대한 영화를 만드는 실험영화 감독이다.

D의 다두증 ⓖ
온라인
Polycephaly in D

| USA | 2021 | 23min |
| DCP | Color | Asian Premiere |

이 영화는 불안과 동시대가 우리에게 가하는 집단적 외상에 대해 이야기한다. 마이클 로빈슨은 영화, 텔레비전, 인터넷에서 가져온 이미지를 활용해 독특하면서도 기이한 콜라주를 만든다. 오늘날 인류의 실존적 공포를 팝아트적인 감성으로 표현한 작품. (문성경)

마이클 로빈슨 Michael ROBINSON
1981년 미국 플래츠버그 출생. 〈빛의 정차 Light Is Waiting〉(2007), 〈어둠의, 크리스탈 The Dark, Krystle〉(2013), 〈온워드 로스레스 팔로우 Onward Lossless Follows〉(2017) 등 25편의 단편영화를 연출했다.

영화보다 낯선 단편 3

데블스피크 ⓖ
온라인
Devil's Peak

| Hong Kong, USA | 2021 | 30min |
| DCP | Color+B/W | Asian Premiere |

사이먼 류는 전작 〈해피 밸리 Happy Valley〉(2014)에 이어 홍콩 시위 이후 도시의 모습을 카메라에 담고 있다. 그는 정치적 행동을 직접적으로 보여주기보다 시위의 열기가 사그라든 이후 도시에 남은 흔적들을 기억하려 한다. 사이먼 류의 도시에 관한 단편 연작은 곧 시간의 흐름에 따라 변해가는 홍콩 이미지의 수집책이자 안내서에 다름 아니다. (문성경)

사이먼 류 Simon LIU
1987년 홍콩 출생. 베를린, 로테르담, 토론토, 뉴욕, 선댄스 등 여러 국제영화제에서 단편영화들을 상영했다.

실라바리오 ⓖ
온라인
Silabario

| France | 2021 | 14min |
| DCP | Color | Asian Premiere |

라고메라섬에는 휘파람으로만 구성된 언어가 있다. 감독은 이 섬의 유산이자 독특한 언어인 '실보'의 역사를 스페인 시인 미겔 앙헬 페리아의 시를 통해 재창조하고 재현하려 한다. 소리와 바람이 섬의 곳곳에서 울려 퍼지면 음높이의 차이가 만들어내는 언어는 곧 음악이 된다. (문성경)

마린 드 콩트 Marine DE CONTES
다큐멘터리 감독. 단편영화 〈실라바리오〉를 스페인의 '휘파람 언어'로 만들었다.

시코락스 ⓖ
온라인
Sycorax

| Spain, Portugal | 2021 | 20min |
| DCP | Color | Asian Premiere |

윌리엄 셰익스피어의 희곡 『템페스트』를 영화화하며 시코락스라는 캐릭터를 연구하고, 그를 연기할 인물을 찾아 나선다. 이 과정을 통해 로이스 파티뇨와 마티아스 피녜이로, 두 감독은 자신들의 재능을 결합해 한 편의 영화를 만드는 새로운 방식을 찾는다. (문성경)

로이스 파티뇨 Lois PATIÑO
1983년 스페인 비고 출생. 영화감독이자 예술가다. 그의 영화와 비디오 아트는 사람과 풍경 사이의 관계와 사색적인 경험을 다룬다. 그의 작품들은 베를린, 로테르담, 토론토국제영화제 등에서 상영되었다.

마티아스 피녜이로 Matías PIÑEIRO
1982년 아르헨티나 부에노스아이레스 출생. 미국 뉴욕에 기반을 둔 시나리오 작가이자 감독이다. 셰익스피어 희극 속 여성 인물을 바탕으로 만든 영화를 지난 10년간 연이어 선보이고 있다.

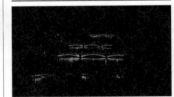

별을 심는 자들 ⓖ
온라인
The Sower of Stars

| Spain | 2022 | 25min |
| DCP | Color | Asian Premiere |

도쿄의 밤은 감독을 일련의 시각적 대화로 초대한다. 도시가 내뿜는 이미지의 정신을 담아 달라고 요구하기도 하고, 단순히 그들이 만들어내는 아름다운 최면 속 밤의 도시를 함께 여행하자고 속삭이기도 한다. (문성경)

로이스 파티뇨 Lois PATIÑO

영화보다 낯선+ 보더리스 스토리텔러
Expanded Plus Borderless Storyteller

영화보다 낯선+ 섹션은 영화 매체의 확장 현상을 주목하며 그간 극장이라는 공간에 한계를 두지 않는 '무빙 이미지' 작업을 소개해왔다. 영화보다 낯선+를 이어온 지난 3년간 다양한 크기의 스크린에서 무빙 이미지의 영역은 더욱 빠른 속도로 확산되는 현상을 보였다. 이에 전주국제영화제는 현재의 시점에서 추구해야 할 새로움은 무엇인지, 영화는 어디까지 확장될 수 있는지를 자문하게 되었다. 팬데믹으로 인해 '공간'에 대한 인식이 달라졌고, 기술 변화로 인해 무빙 이미지가 흔해진 지금 모두가 신기술이 예술과 어디까지 결합했는지 그 위치를 궁금해한다. 설사 영화가 기술에 의해 탄생했더라도 그 자체만으로는 예술이 되지 않기에, 모두가 기술 변화를 쫓는 지금 오히려 매체를 수단으로 동시대의 이야기를 하는 작가를 주목하는 것이 가장 현재적이고 미래적이라는 믿음으로 올해는 '보더리스 스토리텔러'를 준비했다.

하나, 다양한 매체를 이용해서 자신의 이야기를 풀어내고 있는 한국 예술가를 주목했다. 그간 이 섹션은 영화제라는 틀 안에서 꾸려져 왔기에 영화감독의 실험적인 작업을 소개해올 수밖에 없었다. 올해는 이 전통을 전복시켜 자신의 이야기를 드러내기 위해 영상 매체를 이용하는 다른 분야의 작가들에 주목하고, 이들의 작업을 영화관으로 가져와 상영한다. 매체를 넘나들며 작업을 하는 예술가 중 무빙 이미지 작업을 했고, 그 예술적 성취에 영화적 가치를 포함한 여덟 명을 선정하였다. 또 감독으로서 영화 작업을 했더라도, 기술과 형식에서 관습적인 영화와 차별되는 무빙 이미지 창작자로서의 지평을 넓힌 이들도 포함했다.

둘, 이야기의 시선과 작법에 무게 중심을 두었다. 그간 영화 언어로서 형식적 시도에 초점을 맞춰온 섹션 전통에서 이 모든 기술의 변화에도 불구하고 굳건히 이어져갈 '이야기'에 방점을 찍었다. 현재의 과도기적 시점에서 이제는 무엇이 영화냐 아니냐를 구분 짓는 것보다 동시대 작가들이 귀 기울이는 주제를 들여다보고, 그들이 이야기를 풀어내는 방식에서 지금의 영상예술의 흐름을 읽어내는 것이 더욱 중요하다고 판단한 때문이다.

고등어, 김영글, 김진아, 김희천, 무진형제, 송주원, 오재형, 황수현. 여덟 명의 작가들은 VR, 미술, 무용, 문학, 음악 등을 바탕으로 신매체에 대한 두려움 없이 무빙 이미지가 어디까지 확장될 수 있는가를 도전해온 혁신적인 예술가들이다. 이들의 작업 세계와 삶의 철학을 한 단계 깊이 이해할 수 있는 인터뷰집도 함께 출판한다. 이들이 직접 전하는 다양한 작업 이야기를 통해 그들이 세상을 바라보는 방식과 미디어 컨버전스 시기 예술에 스며든 영화의 위치를 가늠해본다. (문성경)

* 보더리스 스토리텔러 중 한 명인 김진아 감독의 VR 작업의 경우 극장이 아닌 별도의 공간에서 상영된다.

영화보다 낯선+ 1

고등어

고등어는 연필 드로잉과 회화를 중심으로 활동하는 미술 작가다. 그의 독특한 재능은 응축된 한 장의 그림으로 마치 한 편의 영화를 보는 듯한 착시를 일으킬 만큼의 집약된 서사를 담아낼 줄 아는 데 있다. 최근 드로잉 애니메이션을 통해 신체에 입혀진 시선과 편견에 대한 작업을 해오고 있으며, 사건의 발전이나 드라마틱한 서사보다는 언어로 표현되지 않는 감정과 느낌을 이미지로 형상화하기 위해 매체의 확장성을 탐구한다. (문성경)

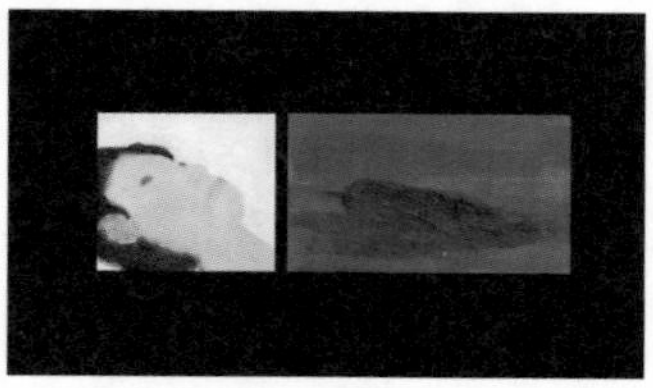

Timeline for ending 애도일기×해저2만리 ⑫

Timeline for ending
Diary of mourning×Twenty Thousand Leagues Under the Sea

Korea | 2018 | 10min |
DCP | Color

〈해저2만리〉의 결말 부분을 100장의 물감 드로잉으로 나누어 그리고, 〈애도일기〉 애니메이션 작업과 함께 새로운 영상 작업을 진행했다. 2013년에 한 〈애도일기〉 영상 작업의 타임라인 위에 〈해저2만리〉의 결말 부분이 개입하며 타임라인 위 두 내러티브는 또 다른 이야기로 확장된다.

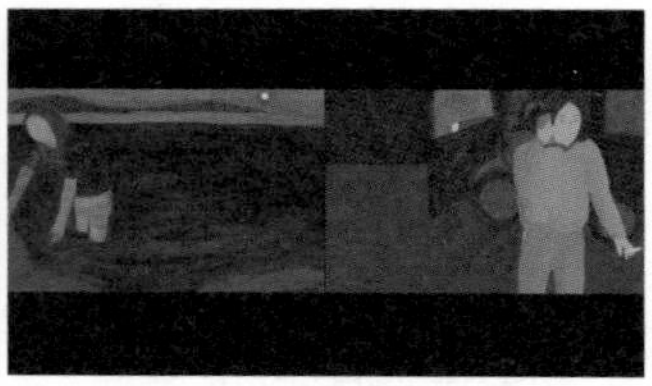

공동고백 [G]

Communal Confession

Korea | 2021 | 11min |
DCP | Color

310장의 수채화와 연필 드로잉으로 연출한 2채널 애니메이션. 한 채널은 일반 미디어에서 묘사되는 탈북 여성의 경험을 토대로, 강을 건너려는 여정을 따라간다. 반대편 채널에서는 당사자들이 느낀 주관적 인상이나 사적 기억을 담은 단편적인 이미지들이 나열된다.

고등어 Mackerel Safranski
이주, 노동, 폭력, 욕망, 관계에 대한 감정이 신체로 드러나는 작업을 주로 한다. 사건 간의 관계를 살펴 내러티브가 도드라지는 그의 작업은 연필 드로잉과 회화 작업을 기본 바탕으로 한다.

황수현

황수현은 감각과 감정에 대해 탐구하는 안무가다. 그는 작품을 통해 극장과 움직임에 관해 근본적인 질문을 던지며 예술의 경계를 넓혀왔다. 무대 중심의 관람 방식을 체험 중심으로 전환하며 춤을 바라보는 새로운 지평을 열었다는 평을 받는다. 무대에서는 영화적 기법을 차용하고, 스톱모션 애니메이션에서는 안무 언어를 시각화하는 방식으로 춤의 잠재성을 확장해오고 있다. (문성경)

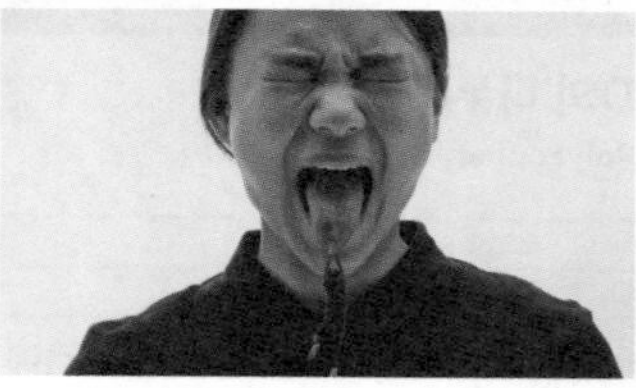

저장된 실제 ⑫

Stored Reality

Korea | 2014 | 12min |
DCP | B/W | World Premiere

2014년 서울무용센터에서 진행된 공연과 연계해 만든 작품으로 세 개의 스튜디오에서 이루어진 퍼포먼스를 관람한 이들에게 제공된 영상을 바탕으로 한다. 서로 다른 세 개의 몸이 다층적 시점에서 섞이고 중첩된다. 공연에서 관객의 경험을 환기하는 기억 장치였던 본 영상이 오늘날 극장에서 부재한 퍼포먼스를 상상하게 하는 또 다른 몸이 될 수 있을까? 정지된 이미지는 관객들의 시선 속에서 어떻게 실제의 경험으로 다가오게 될까.

황수현 HWANG Soo-hyun
공연예술에서 감각과 인지의 상관관계를 꾸준히 탐구해온 안무가다. 대표작으로 〈I want to cry but I'm not sad〉(2016), 〈검정감각〉(2019), 〈음------〉(2020)이 있다.

오재형

오재형은 대학에서 동양화를 전공했으나 현재는 피아니스트이자 영화감독으로 공연과 영상 상영을 통해 사람들을 만나고 있다. 그의 작업은 강정, 세월호, 광주, 장애 등에 관한 주제를 다루지만, 부조리에 대항하는 저항의 운동이라기보다는 한 사람이라도 더 품을 수 있는 사회를 위해 타인에 대한 상상력을 불러일으키려는 행위로의 예술을 펼쳐나간다. 자신에게 가슴 뛰는 이야기가 가장 아름다운 예술이 될 수 있음을 그의 삶과 작업은 말한다. (문성경)

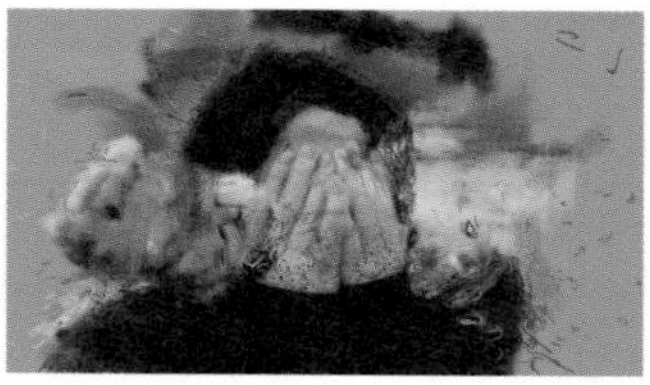

블라인드 필름 [G]

Blind Film

Korea | 2016 | 8min |
DCP | Color

삶의 터전을 빼앗긴 채 끌려나가는 사람이 있다. 자식을 잃고 오열하는 사람이 있다. 검은 바위를 지키고자 두 팔을 맞잡은 사람이 있다. 원전 없는 세상을 위해 투쟁하는 사람이 있다. 여기 우는 사람이 있다.

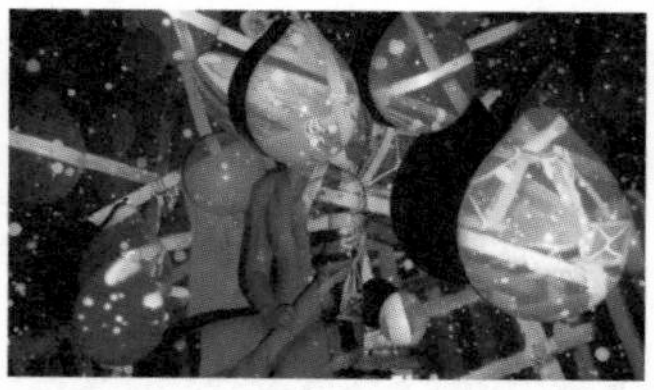

보이지 않는 도시들 [G]

Invisible Cities

Korea | 2021 | 27min |
DCP | Color

304개의 얼굴이 방 안에 가득 차 있는 도시 프로코피아, 곧 무너질 장소를 지키는 사람들이 모여 있는 도시 테클라, 주민들의 욕망에 의해 형태가 지워지는 도시 제노비아 등이 등장한다.

오재형 OH Jaehyeong
〈덩어리〉(2016), 〈블라인드 필름〉, 〈봄날〉
(2018), 〈피아노 프리즘〉(2021) 등을 연출했
으며, 이들은 부산국제영화제와 제천국제음
악영화제 등에서 소개되었다.

영화보다 낯선+ 2
무진형제

무진형제는 정무진, 정효영, 정영돈으로 구성된 미디어 작가 그룹이다. 익숙한 동시대 문제를 신화와 같은 고전 텍스트와 이미지를 통해 낯설게 볼 수 있게 함으로써 시간과 장소에 구애받지 않는 작업을 해왔다. 개인의 사적인 연대기가 어떻게 보편적인 이야기로 환원될 수 있는지 사유하는 무진형제는 시대의 방향성을 반문하고 증언하며 장르와 매체에 국한되지 않는 작품 세계를 확장해나가고 있다. (문성경)

노인은 사자 꿈을 꾸고 있었다 1 Ⓖ
The old man was dreaming about the lions - Volume Ⅰ

Korea | 2019 | 31min |
DCP | Color

평생 한 마을에서만 살아온 노인의 낮 시간을 담았다. 노인은 가쁜 숨을 내쉬면서도 식사를 하고 고지서를 확인하며 일상을 영위한다. 노인의 신체와 그의 주거 환경을 다양한 지점에서 지켜보는 과정을 통해 노년과 거주에 대한 견해, 그리고 삶의 조건 등에 대해 묻는다.

풍경(風經) Ⓖ
Scriptures of the Wind

Korea | 2016 | 21min |
DCP | Color

오늘날 '아버지'로 대변되는 기존 질서와 가치를 지키며 살아가는 두 형제의 이야기. 그들은 과거 세대가 만들어놓은 세상 속에서 자리 잡지 못한 채 기존 시스템에 순응하는 것만이 최선인 줄 알며 산다. 그러나 언젠가 그러한

삶도 한계에 다다르고, 형제들은 온전히 자신들의 힘으로 해결해야 하는 새로운 문제에 직면하게 된다.

무진형제 Moojin Brothers
영화적 시선으로 영상매체 중심의 작업을 진행해왔다. 단편 〈적막의 시대〉(2012)를 시작으로 〈결구〉(2015), 〈여름으로 가는 문〉(2018), 〈오비탈 스퀘어즈〉(2020) 등을 연출했다.

김희천

김희천은 디지털 기술에 따라 급변하는 현시대의 양상을 다루는 영상 작가다. 데뷔 초기 스크린으로 매개되는 납작한 현실 세계를 자전적 내러티브로 보여주며 큰 반향을 일으켰고, 이후 기술 환경이 변화시키는 세계의 작동 방식에 대한 작업을 이어가고 있다. 2010년대에 젊은 예술가를 주축으로 형성된 새로운 미술 흐름을 타고 청년 세대들의 공감과 관심을 받으며 디지털 세대를 대표하는 미술 작가로 자리매김하였다. (문성경)

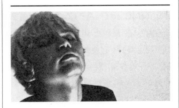

탱크 Ⓖ
Deep in the Forking Tanks

Korea | 2019 | 43min |
DCP | Color

심해 잠수부가 시뮬레이션 트레이닝 중 사라진 동료 잠수부를 찾아 떠난다.

김희천 KIM Heecheon
미술가. 아트선재센터, 두산갤러리 등에서 개인전을 열고 부산비엔날레, 광주비엔날레, 이스탄불비엔날레, 미디어시티서울 등의 비엔날레와 다수의 단체전에 참여한 바 있다.

영화보다 낯선+ 3
김영글

김영글은 언어와 사유를 다루는 작가다. 예술을 구성하는 핵심 언어인 텍스트와 이미지로 영상, 사진, 설치, 출판 매체를 엮어 활동한다. 그의 페이크 다큐멘터리는 사실과 허구를 뒤섞어 우리 앞에 놓여 있는 사실들에 대해 의문을 갖게 하고, 사유를 촉발하여 세상을 바라보는 새로운 눈을 가지게 하는 기폭제로 기능한다. 동시대 예술은 과거의 역사와 문화를 재조립하고 현재의 시선에서 차별된 맥락을 제시하는 것임을 일깨우는 작가다. (문성경)

파란나라 Ⓖ
Blue Land

Korea | 2020 | 18min | DCP |
Color+B/W

1904년 10월 12일. 벨기에 영사관 건물을 짓기 위한 건축 기술자 모집 광고를 보고 한 무리의 스머프들이 한국을 찾았다. 아름다운 건물이 완공된 후, 이들에게는 무슨 일이 생긴 걸까?

해마 찾기 Ⓖ
Searching for Seahorse

Korea | 2016 | 9min |
DCP | Color+B/W

어느 날 세상에서 해마가 사라졌다. '그녀'는 사라진 해마를 찾아 바다와 도시와 과거와 미래의 기억을 헤맨다.

김영글 KEEM Youngle
텍스트를 중심으로 영상, 출판 등 여러 매체를 엮어 활동한다. 이야기를 새롭게 직조하면서 역사적 이미지 및 언어의 '다시 읽기'와 '다시 쓰기'를 시도하는 작업을 진행해왔다.

송주원

송주원은 안무가이자 실험 다큐멘터리 영상 작가다. 20대부터 무용수로 활발히 활동해온 그는 2003년부터 '일일댄스프로젝트'를 창간한 이래 춤과 영상을 결합한 실험적인 작품으로 주목을 받았다. 사라지는 도시 풍경과 장소가 지닌 역사성을 춤과 결합해 풀어낸 〈풍정.각(風情.刻)〉 연작은 그의 대표작이다. 특히 재개발과 도시재생 공간에 담긴 감각과 서사를 놀이와 유머를 동반해 리드미컬하게 전달하는 것은 그의 작업이 지닌 독특한 미학으로 평가된다. (문성경)

마후라 Ⓖ
MUFFLER

Korea | 2021 | 11min |
DCP | Color | Korean Premiere

자동차 도시를 맴돌며 이동, 기계 모빌리티, 그리고 도시를 구성하는 존재들의 관계를 들여다본다. 장한평에서 벌어지고 있는 이야기와 탄생과 소멸을 거듭하는 인간의 삶이 오버랩되며, 삶의 주기, 삶의 장소의 의미를 몸짓을 통해 묻는다.

나는 사자다. Ⓖ
I Am a Lion

Korea | 2019 | 11min |
DCP | Color

'풍정.각(風情.刻)' 연작의 열두 번째 작품으로, 경기도 광주 대단지 사건의 흔적을 따라간다. 도시의 욕망과 폭력으로 만들어진 20평 옥상은 이 마을이 형성된 배경과 과정의 기록이다. 3대가 성남 태평동에서 함께 살아가는 이야기로 그 시대의 삶을 상상한다.

풍정.각(風精.刻) 푸른고개가 있는 동네 [G]

PungJeong.Gak (風精.刻)
A Town with a Blue Hill

Korea | 2018 | 16min |
DCP | Color

'풍정.각(風情.刻)' 연작의 여덟 번째 작품으로, 오늘날 청파동의 모습을 그린다. 한국전쟁의 흔적과 봉제 공장, 흔치 않은 골목 풍경들이 세월의 더께를 보여준다. 재개발로 사라질 마을의 자취와 푸른 고개가 있는 동네의 모습이 몸짓으로 기록된다.

송주원 SONG Joo-won
안무가이자 댄스필름 감독. 현대무용을 기반으로 시간을 축적한 도시의 장소들에 주목하고, 그 공간에 투영되는 신체가 말하는 삶에 대한 질문들을 장소 특정적 퍼포먼스와 댄스필름으로 구현한다. 〈풍정.각(風情.刻) 골목낭독회〉(2017)로 제18회 서울국제뉴미디어페스티발 관객구애상, 제1회 서울무용영화제 최우수 작품상을 받았다.

시네마천국
Cinema Fest

시네마천국에서는 다양한 세대의 관객을 아우르는, 작품성과 대중성을 갖춘 영화들이 소개된다. 월드시네마 부문 못지않은 완성도를 가진 영화들을 보다 더 가볍게 만날 수 있는 섹션이라고 할 수 있다.

우선 '음식의 고장' 전주에 잘 어울릴, 음식 관련 영화부터 살펴보면 일본 고바야시 마사토 감독의 두 번째 연출작 〈라멘 피버〉가 있다. 전설적인 라멘 체인점 '아후리'의 대표로 일본에서 라멘을 대표하는 형 히로토와 뉴욕을 비롯한 세계 각국에 체인을 내며 성공한 셰프이자 경영자인 동생 시게토시 형제에 대한 다큐멘터리다. 6개국 21개 도시에서 촬영된 이 작품은 나카무라 형제의 일화와 성공담뿐 아니라 '라멘'이라는 음식이 어떻게 세계 식문화에 녹아들었는지를 보여준다. 영국의 배우 출신 감독 필립 배런티니의 두 번째 장편 극영화 〈보일링 포인트〉는 레스토랑이 연중 가장 바쁘다는 크리스마스 전 마지막 금요일, 런던의 한 식당을 배경으로 하는 작품으로 원테이크 촬영으로 식당 공간을 담아낸 독특한 연출력과 주연 스티븐 그레이엄의 뛰어난 연기, 그리고 다양한 음식들이 볼거리다.

음식 외에도 독특한 소재를 다룬 작품들을 만날 수 있는데, 2016년 타계한 이탈리아 영화의 거장 에토레 스콜라의 원작을 세계적인 배우 세르조 카스텔리토가 감독과 주연을 맡아 만든 〈파리의 책방〉은 파리에 자리한 작은 책방을 운영하는 이탈리아 주인의 이야기라는 것만으로도 매력이 넘친다. 한 편의 연극을 보는 것 같은 감독의 연출력이 돋보이며 배우들의 연기도 매력적이다. 중국 베이징영화학원 출신 쿵다산 감독의 데뷔작 〈UFO를 찾아서〉는 한때는 제법 팔렸던 공상과학 잡지의 편집장과 몇 남지 않은 그의 주변인들이 외계인을 찾아 나선다는, 다소 황당하지만 흥미로운 소재를 그린다. 한편 스코다(Skoda), 라다(Lada), 자즈(Zaz) 등 이름도 생소한 구동구권의 자동차와 그 덕후들의 모습을 담은 보리스 미시르코프, 게오르기 보그다노프 감독의 〈자본주의를 향해 달린 자동차〉는 단순히 클래식카를 수집하는 취미뿐 아니라 이 차들이 동구권 붕괴 때 어떤 역할을 했는지를 보여주는 흥미로운 사회학적 보고서로 기능한다. 촬영감독 출신 감독이 함께한 만큼 아름다운 화면도 눈을 뗄 수 없게 하는 요소다.

이외에도 마음이 따뜻해지는 감동적인 작품들을 만날 수 있는데, 종교와 사회가 쌓아 올린 편견을 뛰어넘는 두 소년의 천진난만한 우정을 그린 인도영화 〈깐부〉와 각각 상처를 안고 작은 마을에 들어와 살고 있는 중년 남녀의 마음 따뜻해지는 사랑 이야기를 그린 〈달개비의 계절〉이 대표적이다. 고바야시 사토미와 마쓰시게 유타카라는 뛰어난 두 배우의 연기가 일품이다. 한편 사춘기를 심하게 앓고 있는 소년 샘이 까칠한 성격인 데다 알코올 의존증을 가진 할머니를 돌보게 되면서 벌어지는 사건을 담은 〈주니퍼〉에서는 할머니 역의 샬럿 램플링의 신들린 연기를 감상할 수 있다. 원로 배우 티머시 스폴 역시 아내를 잃고 버스를 이용해 젊은 시절 그녀와의 추억이 깃든 곳을 재차 방문하며 국토를 종단하는 한 노인의 이야기를 감동적으로 그린 〈마지막 여행〉에서 샬럿 램플링 못지않은 농익은 연기를 선보인다. (전진수)

보일링 포인트 [12]

온라인

Boiling Point

UK | 2021 | 96min |
DCP | Color | Korean Premiere

배우 출신 감독은 심심치 않게 있었지만, 최근 들어 확실히 연출에 도전장을 내미는 수가 늘어난 듯하다. 축구 드라마 「드림팀 Dream Team」으로 연기를 시작했고, 우리에게도 유명한 「밴드 오브 브라더스」「체르노빌」 등에 출연한 필립 배런티니도 2021년 〈보일링 포인트〉를 연출했는데, 이 작품은 벌써 그의 네 번째 작품이다. 그는 2019년 단편 〈세컨즈 아웃 Seconds Out〉과 〈보일링 포인트 Boiling Point〉를 만든 뒤 〈빌런 Villain〉(2020)을 통해 장편 데뷔를 했고, 이어서 단편 〈보일링 포인트〉를 장편으로 내놓았다. 1년 중 가장 바쁘다는 크리스마스를 앞둔 금요일 저녁, 런던의 한 레스토랑을 무대로 숨 가쁘게 돌아가는 주방과 그 주변에서 펼쳐지는 이야기를 원테이크로 촬영한 독특한 작품으로, 넓지 않은 공간임에도 불구하고 원테이크로 촬영하기 위해서 동선을 치밀하게 계획해 촬영하였다. 이야기의 몰입도가 높아 어느 순간 원테이크라는 것도 잊게 되는 이 영화에는 「밴드 오브 브라더스」에서 배런티니 감독과 함께 연기한 스티븐 그레이엄이 오너 셰프 역을 맡아 뛰어난 연기를 선보인다. (전진수)

필립 배런티니 Philip BARANTINI
1996년 스카이원에서 방영된 축구 드라마 「드림팀」에 출연하며 연기 생활을 시작했다. 최근 몇 년 동안 연출과 각본에 대한 열정을 키워왔으며, 영화계에서 연출력을 빠르게 인정받았다. 단편영화 〈보일링 포인트〉와 장편영화 〈빌런〉을 연출했다. 두 번째 장편인 〈보일링 포인트〉는 동명의 단편을 각색한 작품이다.

파리의 책방 [12]

온라인

A Bookshop in Paris

Italy, France | 2021 | 95min |
DCP | Color | Korean Premiere

2016년 타계한 이탈리아 영화의 거장, 에토레 스콜라 감독의 원작을 세르조 카스텔리토가 감독과 주연을 맡아 만든 작품이다. 사고로 휠체어에 의지하며 말을 잃은 딸 알베르티네와 함께 사는 빈첸초는 파리에서 책방을 운영하는 고지식한 서점 주인이다. 늘 똑같은 일상을 유지하던 빈첸초의 삶은 어느 날 매력적인 동네 이웃 욜랑드가 등장하면서 심한 변화를 겪게 된다. 문학에 전혀 관심이 없는 연극배우 욜랑드는 잃어버린 반려견을 찾으러 빈첸초의 책방에 들어가 거침없이 행동하고, 두 사람 사이에는 묘한 기류가 형성된다. 그리고 두 사람의 만남은 예기치 못한 여러 가지 변화를 만들어낸다. 시작과 끝 장면에 붉은색 커튼이 나오는 것을 비롯해 이 작품은 마치 한 편의 연극을 보는 것 같은 느낌을 준다. 베네수엘라 출신의 영화음악가 아르투로 안네키오의 아름다운 피아노 음악과, 영화의 분위기와 절묘하게 맞아떨어지는 삽입곡들의 향연도 놓칠 수 없는 매력이다. 특히 마지막 장면에 흐르는 니나 시몬의 노래 'Stars'는 긴 여운을 남긴다. (전진수)

세르조 카스텔리토
Sergio CASTELLITTO
배우, 작가이자 감독. 뤼크 베송의 〈그랑블루〉(1988), 자크 리베트의 〈알게 될거야〉(2001), 마르코 벨로키오의 〈종교의 시간 L'Ora Di Religione〉(2002)을 포함한 여러 유럽영화에 출연했다. 영화감독으로서의 대표작으로는 〈빨간 구두〉(2004), 〈투와이스 본〉(2012), 〈럭키 Lucky〉(2017) 등이 있다.

자본주의를 향해 달린 자동차 G
온라인
The Cars We Drove Into Capitalism

Bulgaria, Germany, Czech Republic, Denmark, Croatia | 2021 | 93min |
DCP | Color | Asian Premiere

자동차에 관심이 있는 사람이라면 이제는 폭스바겐 그룹의 일원이 된 체코의 자동차 브랜드 스코다의 이름은 들어본 적이 있을 것이다. 하지만 구소련의 라다, 구동독의 바르트부르크, 지금은 우크라이나 지역이지만 구소련 시절 생산된 자즈 같은 자동차 브랜드의 이름은 생소할 테다. 냉전 시대에 동구권 여러 나라에서 생산된 이들은 화려하고 성능이 뛰어난 서구의 자동차들과는 달리, '사회주의 이념에 충실하게도 수수한 매력만을' 느낄 수 있는 독특한 자동차들이었다. 그런데 신기한 것은 '얼핏 보면 멋대가리 없는' 화면 속 이 차들이 '예.쁘.다.' 동구권의 몰락과 함께 이 차들은 사람들의 기억에서 자취를 감추었지만, 아직도 이들을 수집하고 운전하기를 좋아하는 몇몇 사람들이 있다. 그리고 그들의 기억 속에 이 차들은 자유를 갈망한 구동구권의 많은 사람들을 서구 자본주의 사회로 탈출시킨 소중한 친구로도 남아 있다. 이후 펼쳐진 그들의 삶과는 별개로. (전진수)

보리스 미시르코프, 게오르기 보그다노프
Boris MISSIRKOV, Georgi BOGDANOV
두 사람은 불가리아 소피아에서 살고 일했다. 오로지 팀으로만 활동하는 이들은 영화 제작자, 비주얼 아티스트, 사진가이다. 불가리아 사진협회, 제작사 AGITPROP를 설립했다. 이들의 사진 스타일은 매우 다양하며, 대체로 '창의적인 다큐멘터리'라고 표현할 수 있다. 이들 작품은 여러 박물관에 소장돼 있고, 개인이 소장하고 있기도 하다.

UFO를 찾아서 G
Journey to the West

China | 2021 | 111min |
DCP | Color | Korean Premiere

SF 잡지 『우주 탐색 Space Exploration』은 1990년대 초반 많은 인기를 끌었고, 편집장인 탕즈쥔 역시 외계인과 교신한다며 방송에 출연할 정도로 화제를 모았다. 30년이 지난 지금, 『우주 탐색』은 외면받는 잡지로 전락했고 잡지사 직원들조차 탕즈쥔을 몽상가 취급한다. 수입이 없어 사무실 난방도 끊기고, 탕즈쥔은 정신병원에서 강연하고 받는 강사료로 겨우 입에 풀칠하는 상황이지만 외계인을 찾아 나서는 여정을 멈출 수 없어, 잡지사의 상징인 가짜 우주복까지 팔아 자금을 마련하고 외계인이 출몰한다는 쓰촨성으로 향한다. 1990년 태어나 베이징영화학교를 졸업한 쿵다산 감독의 장편 데뷔작인 이 작품은 1980년대와 90년대에 중국에서 실제 발행되며 젊은 층의 인기를 끌었던 『우주 탐색』이라는 잡지를 소재로 살을 붙인 B급 정서의 코미디라고 할 수 있다. 모큐멘터리 방식으로 서술하는 것도 재미있고, 작품의 영어 제목인 'Journey to the West'가 번역하면 '서유기'인데, 손오공의 고장이라고 할 수 있는 쓰촨성으로 외계인을 찾아 나선다는 설정도 흥미롭다. (전진수)

쿵다산 KONG Dashan
1990년 출생. 베이징영화학원에서 연출을 전공했다. 〈UFO를 찾아서〉는 그의 첫 장편 연출작이다.

주니퍼 12
Juniper

New Zealand | 2021 | 95min |
DCP | Color | Asian Premiere

엄마가 세상을 떠나고 기숙학교로 보내진 열일곱 살 소년 샘은 사춘기를 심하게 겪고 있다. 그런 샘에게 아버지 로버트는 다리를 다쳐 휠체어 신세가 된 할머니를 돌보라고 한다. 2차 세계대전 당시 종군 사진기자로 활동했던 샘의 할머니 루스는 알코올 중독인 데다 누구와도 쉽게 어울리지 못하는, 매우 까다로운 성격을 지닌 인물이다. 두 사람은 첫 만남부터 부딪히고, 샘의 시중이 마음에 들지 않은 루스는 폭력을 행사하기까지 한다. 하지만 루스로 인해 샘은 성장하고, 두 사람은 점점 서로에게 마음을 열게 된다. 갈등을 지닌 가족이 결국 '서로의 정'을 알게 되면서 해피엔딩으로 끝나는 전형적인 구조를 지녔지만, 무엇보다 할머니 루스 역을 연기한 75세의 노배우 샬럿 램플링의 뛰어난 연기는 이 작품을 끌고가는 거대한 힘이라고 생각된다. 〈스위밍 풀〉(2003)을 비롯해 수많은 작품에서 쌓은 샬럿 램플링의 공력과 매력이 배우 출신 감독인 매슈 J. 새빌의 장편 데뷔작에서 빛난다. (전진수)

매슈 J. 새빌 Matthew J. SAVILLE
1977년 출생. 여러 편의 단편영화와 TV 프로그램을 만들어 다수의 상을 받았다. 〈주니퍼〉는 장편 데뷔작이다. 현재 자신의 단편영화인 〈다이브 Dive〉(2014)를 각색한 장편영화를 준비하고 있다.

©Kevin Scullion

마지막 여행 G
The Last Bus

UK | 2021 | 86min |
DCP | Color | Korean Premiere

은퇴한 노인 톰은 얼마 전 부인 메리를 저세상으로 떠나보냈다. 이들이 살던 마을은 영국 최북단 존오그로츠지만, 톰의 고향이자 메리와의 추억이 깃든 곳은 남서쪽 끝인 랜즈엔드다. 톰은 노인 무료 교통카드를 이동해 버스로만 국토를 종단해 랜즈엔드로 갈 여행 계획을 세운다. 영국에서 흔히 쓰는 '랜즈엔드에서 존오그로츠까지'라는 표현은 '영국의 끝에서 끝까지'라는 의미라고 하는데, 작은 옷 가방 하나만 들고 길을 나선 톰은 기나긴 여정을 통해 많은 사람들을 만나 그들의 도움을 받고, 때로는 도움을 주기도 한다. 사람들은 버스로만 국토를 가로지르려는 톰의 무모함을 한심히 여기기도 하고 박수를 보내기도 한다. 그리고 톰의 모습을 SNS에 릴레이로 올리게 되면서 노인의 국토 종단기는 국민적 관심사가 된다. 1957년생 원로 배우 티머시 스폴과 1948년생으로 이 작품이 열

일곱 번째 연출작인 노감독 길리스 매키넌이 힘을 합쳐 만든 가슴 따뜻해지는 이야기다. (전진수)

길리스 매키넌 Gillies MACKINNON
1948년 스코틀랜드 출생. 〈스몰 페이스 Small Faces〉(1995)로 에든버러국제영화제에서 마이클 파월상을, 〈트로잔 에디 Trojan Eddie〉(1996)로 산세바스티안국제영화제에서 황금조개상을 받았다. 〈마지막 여행〉은 그의 열일곱 번째 장편영화이다.

라멘 피버 G
온라인
RAMEN FEVER

Japan | 2021 | 91min |
DCP | Color | International Premiere

나카무라 형제로 말하자면 현재 일본은 물론이고 전 세계 라멘계를 쥐락펴락하는 인물이다. 천재 셰프로 불리며 2000년대 세계적인 라멘 붐을 일으켰다는 평을 받는 동생 시게토시는 뉴욕에 있는 명점 '나카무라'의 오너 셰프, 형 히로토는 전설적인 라멘 체인점 '아후리'의 대표다. 아후리는 일본 내 16개 체인점 외에도 미국, 포르투갈, 싱가포르 등 해외 진출을 이어가는 일본을 대표하는 인기 라멘 체인. '라멘'이라는 음식을 '아트'의 경지로 끌어올려 세계인의 음식으로 만든 것이 나카무라 형제라고 하지만, 막상 두 사람은 주먹다짐을 하면서 한동안 사이가 좋지 않았다고 한다. 이 다큐멘터리의 제작, 각본, 촬영, 편집을 맡은 고바야시 마사토 감독은 그런 팽팽한 긴장감까지 놓치지 않으며 미국, 영국, 프랑스 등 6개국, 21개 도시를 배경으로 일본 라멘 열풍과 그 중심에 서 있는 형제의 이야기를 담았다. 영화가 끝나고 나면 가까운 라멘집을 찾게 될, 식욕을 돋우는 영화다. (전진수)

고바야시 마사토 KOBAYASHI Masato
일본 미에현 출생. 〈비욘드 블러드 BEYOND BLOOD〉(2018)와 〈라멘 피버〉를 연출했다.

시네마프렌즈

달개비의 계절 [12]

Tsuyukusa

Japan | 2022 | 95min |
DCP | Color | Korean Premiere

조용한 바닷가 마을에 사는 후미는 지역의 작은 섬유공장에서 일하면서 금주 모임에 참석하고, 이웃집 꼬마 고헤이와 친하게 지내고 있다. 그러던 어느 날 밤, 집에 돌아가던 후미의 차에 작은 운석이 떨어지면서 사고가 나지만 십억 분의 일이라는 확률에 후미는 오히려 좋은 일이 생길 징조라고 믿는다. 한편 도쿄에서 치과의사를 하다가 개인적인 아픔을 겪은 고로가 마을로 이사를 와 건설 현장에서 일을 하게 된다. 두 사람은 공원에서 우연히 만나는데, 마침 그때 고로가 풀피리를 불고 있었다. 그렇게 조심스럽지만 두 사람은 서서히 서로에게 마음을 열게 된다. 각자의 아픔을 안고 살아가는 두 중년 남녀의 잔잔하지만 마음 따뜻해지는 사랑 이야기로, 〈카모메 식당〉(2006)으로 유명한 배우 고바야시 사토미, 「고독한 미식가」, 〈심야식당〉(2015) 등으로 친숙한 마쓰시게 유타카가 주연을 맡아 열연을 펼쳤고, 1990년 〈마리아의 위 Maria's Stomach〉로 데뷔한 베테랑 히라야마 히데유키 감독의 최신작이다. (전진수)

히라야마 히데유키 HIRAYAMA Hideyuki
〈마리아의 위〉로 데뷔하고 〈중학교사 The Games Teachers Play〉(1992)로 일본감독조합시상식에서 신인상을 받았다. 〈사랑을 바라는 사람 Begging for Love〉(1998)으로 몬트리올국제영화제 국제언론상, 일본아카데미시상식 올해의 감독상, 마이니치영화콩쿠르 감독상을, 〈턴 Turn〉(2001)으로 부천국제판타스틱영화제 감독상을 받았다.

깐부 [G]

온라인

Two Friends

India | 2021 | 111min |
DCP | Color | Korean Premiere

1990년대 초반, 여덟 살이 된 팔라시와 사피는 이웃집에 사는 둘도 없는 단짝이다. 이 둘은 서로를 영화의 원제목이기도 한 '도스토제'(dostojee)라고 부르는데, 이는 벵갈어로 '특별한 친구'라는 뜻이라고 한다. 하루에 최소한 한 번은 '도스토제'라고 서로에게 얘기해야 직성이 풀릴 만큼 두 친구는 모든 것을 함께하다시피 한다. 아이들은 이렇게 아무 문제 없이 지내는 한편 어른들의 세계는 다른 양상인데, 힌두교를 믿는 팔라시의 집이 사피의 집을 포함한 이슬람교도들이 다수인 지역에 있다는 것이 가장 큰 문제다. 마침 이슬람 사원이 힌두교도들의 습격으로 파괴되는 일이 생기자 팔라시의 엄마는 이사를 하길 원하고, 사피의 아빠는 아들에게 팔라시와 놀지 말라고 얘기한다. 프라순 차터지 감독은 이 데뷔작을 통해 아무 조건 없이 친구가 될 수 있었던 아이들과 달리, 안타깝게도 그럴 수 없었던 어른들의 모습을 당시 시대상을 담아 잘 그려냈다. (전진수)

프라순 차터지 Prasun CHATTERJEE
인도 콜카타 출생. 장편 데뷔작 〈깐부〉는 2021 BFI 런던영화제에서 최초로 상영됐다.

불면의 밤
Midnight Cinema

올해 전주국제영화제 불면의 밤은 어느 해보다 독특한 분위기가 될 듯하다. 이 부문에서 소개되는 영화 6편의 감독은 노르웨이, 스페인, 남아프리카공화국, 핀란드, 중국, 영국 등 다양한 국적의 소유자로, 영화의 배경이 되는 지역 특유의 정조가 이야기 안에 자연스럽고도 다채롭게 배여 있다. 또한 6편 중 4편이 여성 감독의 손길을 거쳐 섬세하게 직조된 장르영화로 구성됐다.

멀티미디어 아티스트이기도 한 샤를로트 콜베르 감독의 영국영화 〈마녀들의 땅〉은 피에 젖은 여성의 역사를 들춰내는 처절한 복수극이다. 주인공은 어린 시절 유명 남자 감독의 영화에 출연해 스타덤에 올랐으나 당시 겪은 불행한 일로 트라우마에 시달리는 여성 배우 베로니카. 그는 유방 절제 수술 후 요양차 스코틀랜드 한 지방을 찾는데, 이곳이 과거 마녀사냥이 자행되던 곳이라는 사실을 알게 되고 기묘한 일을 겪기 시작한다. 스페인 카를로타 페레다 감독의 〈피기〉 또한 섬뜩한 복수를 다루는 영화다. 몸이 비대하다는 이유로 친구들로부터 모욕적인 말을 들으며 무시당하던 사라가 마을에서 소녀들을 납치하는 남성을 목격하면서 벌어지는 사건을 그린다. 사라는 이 남성에게서 느껴지는 일종의 연대감에 자신을 죽어라 괴롭히던 소녀들에 대한 복수심을 얹어 남성의 존재를 숨긴다. 2019년 전주에서 상영된 동명의 단편영화를 장편으로 만든 작품이기도 하다.

제나 카토 바스 감독의 〈굿 마담〉은 사회의 심연에 인종주의와 노예제의 뿌리가 여전히 남아 있는 남아프리카공화국을 배경으로, 한 여성의 심리적 공포를 그려낸다. 주인공 치디는 엄마와 함께 생활하기 위해 케이프타운 인근 부촌으로 삶의 터전을 옮긴다. 치디는 오랜 세월 동안 백인 '마담'을 섬기고 살아가는 엄마의 태도를 이해하지 못하는데, 이와 동시에 공포와 환상 속에 빠져들기 시작한다. 핀란드 한나 베리홀름 감독의 〈부화〉는 독특한 상상력에서 시작된다. 체조선수로 활약하는 열두 살 소녀 티니아는 언제나 최고이기를 바라는 엄마의 압박에 시달린다. 엄마가 집 안으로 들어온 새를 죽이고 난 얼마 뒤, 티니아는 우연히 새알 하나를 발견해 집으로 가져온다. 그런데 놀랄 만큼 크게 자라던 이 알에서 놀라운 존재가 나타나면서 티니아의 삶은 완전히 달라진다. 예측 불가한 전개 속에서 억압된 소녀의 심리가 투영되어 나온다.

에실 보그트 감독의 〈이노센트〉도 놀라운 상상력의 영화다. 노르웨이 변두리의 주택단지를 배경으로 하는 이 영화의 주인공 아이들은 따돌림을 당하거나 자폐증을 앓고 있다. 그런데 이들에게 초자연적 능력이 감춰져 있다는 사실이 밝혀진다. 아이들은 자신의 능력을 자각하면서 텔레파시, 염력, 마인드 컨트롤 등을 발전시켜 나간다. 하지만 '슈퍼 파워'는 이상한 방향으로 작동하기 시작하고 아이들은 서로 맞서게 된다. 순수로부터 탈주하는 아이들의 세계를 장르적 코드를 수단 삼아 보여주는 영화다. 티베트 출신 젊은 중국 감독 지크메 트린리의 데뷔작 〈하나 그리고 넷〉은 제한된 공간에서 펼쳐지는 스릴러다. 분명 구로사와 아키라의 〈라쇼몽〉에서 깊은 영감을 얻었을 법한 이 영화는 외딴 산장을 배경으로, 산장지기와 이곳을 차례로 들르는 낯선 사람들의 이야기를 통해 모호한 진실의 실체를 따져 묻는다. 이 영화의 프로듀서이자 현재 티베트 영화계를 대표하는 감독인 페마 체덴은 지크메 트린리의 아버지이기도 하다. (문석)

굿 마담 [12]

온라인

Good Madam

South Africa | 2021 | 92min |
DCP | Color | Korean Premiere

싱글맘 치디는 할머니가 돌아가신 뒤 살 곳이 없어지자 한 백인 여성의 시중을 들며 엄마가 살고 있는 부유한 저택으로 들어간다. 어릴 적 이 집에서 살았던 치디는 저택에서 뿜어져 나오는 이상한 기운에 점점 빠져들고 스스로도 이해할 수 없는 행동을 하게 된다. 〈굿 마담〉의 주된 무대인 저택은 인종주의와 노예제의 뿌리가 여전히 남아 있는 남아프리카공화국을 상징하는 공간이다. 영화는 여기에 고대 이집트의 순장 풍습을 결합한다. 이집트 시대에는 '샤브티'라는 인간 모양의 부장품을 함께 묘에 넣었는데, 샤브티는 사후에도 망자의 노예 역할을 하는 존재였다. 제나 카토 바스 감독은 치디의 심리적 공포를 이러한 역사적인 요소들과 결합해 독창적인 아프리카 호러영화를 창조했다. (문석)

제나 카토 바스 Jenna Cato BASS
〈네 멋대로 사랑해라 Love the One You Love〉(2014), 〈하이 판타지 High Fantasy〉(2017), 그리고 〈평지 Flatland〉(2019)로 알려진 작가이자 감독이다.

©Andrejs Strokins

부화 [15]
Hatching

Finland, Sweden | 2022 | 91min |
DCP | Color | Korean Premiere

열두 살 소녀 티니아의 엄마가 제작한 브이로그에 의하면 이 가족은 완벽하다. 잘 정돈된 집과 광고 속 모델 같은 표정의 가족 구성원들로 봐선 이들은 정말 행복한 것 같다. 하지만 다른 남자와 바람이 난 엄마만 봐도 이 가정의 실상은 그렇지 않다는 걸 알 수 있다. 아슬아슬한 균형을 유지하던 가족에 균열이 생기는 것은 엄마가 집 안에 우연히 들어온 새를 죽이면서부터다. 다음 날 티니아는 숲에서 이 새가 낳은 듯한 알을 발견하고 집에 들인다. 알은 놀랍게 커지고 마침내 그 안에서는 반인반수의 괴생명체가 튀어나온다. '알리'라 이름 붙여진 이 생명체는 거친 몸짓으로 현대 가족이라는 알의 얇은 틈을 헤집고 다니며 그 허위성을 폭로한다. 억압된 소녀의 심리 또한 불거져 나온다. (문석)

한나 베리홀름 Hanna BERGHOLM
핀란드의 영화감독. 국제적으로 많은 상을 받은 단편영화와 TV 드라마 시리즈를 연출했다. 단편 공포영화인 〈퍼펫 마스터 Puppet Master〉(2018)는 판타지아국제영화제와 판타스틱페스트를 포함한 여러 국제영화제에서 상영되었다. 〈부화〉는 그의 첫 장편영화다.

이노센트 [12]
The Innocents

Norway | 2021 | 117min |
DCP | Color | Korean Premiere

아이들이 단지 순수하기만 한 존재가 아니라는 것을 보여주는 영화나 초자연적 능력을 가진 아이들이 등장하는 영화는 적지 않다. 〈이노센트〉는 이 두 가지 요소를 북유럽풍의 우울한 정서 안에 녹여내는 독특한 호러·스릴러다. 노르웨이 변두리의 주택단지에 이사 온 소녀 이다는 자폐증인 언니 안나, 따돌림 당하는 소년 벤, 피부병을 가진 여자아이 아이샤 등이 모두 특별한 능력을 가졌다는 것을 알게 된다. 이들의 능력은 어른과 함께하는 세계에선 잘 나타나지 않다가 자기들끼리 있을 때 증폭되고, 이내 통제할 수 없을 만큼 강력해진다. 하지만 이들의 '슈퍼 파워'는 할리우드 영화에서처럼 영웅담으로 포장되지 않는다. 어른들의 삶에 대한 비유로도, 순수로부터 탈주하는 아이들의 모습으로도 읽힐 수 있지만, 이 영화가 보는 이의 마음을 불편하게 만든다는 것만큼은 확실하다. (문석)

에실 보그트 Eskil VOGT
1974년 노르웨이 오슬로 출생. 감독 데뷔작인 〈블라인드〉(2014)는 선댄스영화제 월드 시네마 부문 각본상, 베를린국제영화제 파노라마 부문 유럽영화상 등 20개가 넘는 국제적인 상을 받았다. 〈델마〉(2017), 〈사랑할 땐 누구나 최악이 된다 The Worst Person in the World〉(2021) 등의 각본을 쓰며 요아킴 트리에르 감독과 오래 협업해오고 있다.

하나 그리고 넷 [12]
One and Four

China | 2021 | 88min |
DCP | Color | Korean Premiere

티베트 출신 젊은 중국 감독 지크메 트린리의 데뷔작 〈하나 그리고 넷〉은 구로사와 아키라의 〈라쇼몽〉(1950)으로부터 깊은 영감을 받았음이 틀림없다. 스릴러 장르를 빌어 실체를 파악하기 어려운 진실을 보여주는 이 영화는 한겨울 외딴 산장을 배경으로 한다. 이곳을 지키는 산림 경비원은 한 산림 경찰의 방문을 받는다. 그는 동료와 함께 밀렵꾼을 뒤쫓다 자동차 사고를 당했고, 도망치는 밀렵꾼을 따라오다 보니 산장에 도착했다고 한다. 여기에 지난밤 산장을 찾았다가 길을 잃고 경찰과 밀렵꾼의 추격전을 목격한 경비원의 고향 친구가 산장으로 돌아오고, 자신이 진짜 산림 경찰이라고 주장하는 또 다른 남성까지 등장하면서 사건의 재구성은 복잡해진다. 이 영화의 프로듀서이자 티베트 영화계를 대표하는 영화인, 페마 체덴은 트린리 감독의 아버지이기도 하다. (문석)

지크메 트린리 Jigme Trinley
티베트의 감독이자 시나리오 작가. 베이징영화학원에서 영화연출 학위를 취득했다. 다큐멘터리 연출작 〈고원에서 영화 만들기 Making Movies on the Plateau〉(2017)는 중국 독립영화 아카이브에 영구 소장돼 있다. 첫 장편영화 〈하나 그리고 넷〉은 도쿄국제영화제 경쟁부문 후보에 올랐다.

©Jorge Fuembuena

피기 [15]
PIGGY

Spain | 2021 | 100min |
DCP | Color | Korean Premiere

정육점 집 딸인 사라는 몸이 비대하다는 이유로 동네 소녀들의 놀림감이 된다. 어느 날 소녀들은 수영장에 홀로 있던 사라의 옷을 가지고 도망치고, 사라는 수영복 차림으로 집으로 돌아가는 치욕을 겪는다. 그 와중 사라는 한 남성이 자신을 괴롭혔던 소녀를 잔인하게 납치하는 모습을 보지만 차마 신고를 하지 못한다. 〈피기〉는 일종의 복수극이자 변주된 백마 탄 왕자 이야기다. 사라는 그 남성이 동네를 떠들썩하게 만든 연쇄 납치범이라는 사실을 알지만, 소녀들에 대한 복수심과 남성에 대한 연대감으로 이 사실을 발설하지 않는다. 스페인 카를로타 페레다 감독이 2019년 전주에서 상영된 자신의 동명 단편영화를 장편화한 이 영화는 전형적이지 않은 외모의 인물을 주인공으로 삼아 기묘한 쾌감을 전한다는 의미에서도 주목할 만하다. (문석)

카를로타 페레다 Carlota PEREDA
1975년 스페인 마드리드 출생. 영화와 TV 시리즈 감독이다. 마드리드영화학교를 졸업한 후 「기자들 Periodistas」(1998), 「붉은 독수리 Aguila roja」(2009), 그리고 「아카시아스 38 Acacias 38」(2015) 등의 TV 시리즈에서 작가, 감독으로서 경력을 쌓았다. 장편영화 〈피기〉의 원작이기도 한 두 번째 단편 연출작 〈피기 Piggy〉(2018)는 여러 국제영화제에서 다수의 상을 받았다.

마녀들의 땅 [12]
온라인

She Will

UK | 2021 | 95min |
DCP | Color | Asian Premiere

〈마녀들의 땅〉은 페미니즘 스릴러 복수극으로 불릴 법한 영화다. 유명 배우 베로니카는 유방 절제 수술을 받은 뒤 휴양을 하기 위해 스코틀랜드의 고급스러운 요양소를 찾는다. 베로니카는 어린 시절 해스본이라는 남성 감독의 〈나바호 프런티어〉라는 영화에 출연해 스타가 됐지만, 당시 겪었던 불행한 일로 트라우마에 시달려왔다. 그런데 해스본이 기사 작위를 받을 뿐 아니라 〈나바호 프런티어〉를 리메이크하고, 이를 위한 오디션에 1만 명이 넘는 소녀가 몰렸다는 소식이 전해지며 베로니카의 트라우마가 재발한다. 한편 베로니카는 요양소에 온 뒤로 계속 기이한 일을 체험하는데, 이는 이곳이 오래전 참혹한 마녀사냥이 자행되던 곳이었다는 사실과 깊은 관련이 있다. 2021년 로카르노국제영화제 신인감독상 수상작이기도 하다. (문석)

샤를로트 콜베르 Charlotte COLBERT
젠더와 정체성의 정치·사회적 구조, 언어학, 정신분석학은 콜베르 작업의 핵심이다. 영화뿐 아니라 사진, 도예, 조각 등 다양한 예술 분야에서 활약하는 그는 서사 구조와 스토리텔링에 대해 질문을 던지면서 인물과 캐릭터, 형상에 다큐멘터리적 방식으로 접근한다. 그에게 픽션은 가장 내밀한 감정과 진실에 접근하기 위한 수단이다. 순수 예술과 영화 사이의 미세한 경계를 넘나드는 그의 작품은 어둡고 초현실적이며 때론 코믹하기도 하다.

시네필전주
Cinephile JEONJU

"영화의 미래는 과거에 있다"고 장뤼크 고다르는 말했다. 올해 처음 시작하는 섹션 '시네필전주'는 이 문장이 담고 있는 진리, 즉 영화의 역사를 '살아 있는 것'으로 취급하는 영화로 채워질 것이다. 현재의 시선에서 논의할 가치가 있는 영화를 망각으로부터 구해내기 위해 그들을 재방문하고, 과거를 다루는 신작을 통해 영화사의 새로운 맥락을 구축하는 것이 목표다. 그러나 이 섹션은 과거의 향수에만 몰두하지 않는다. 오히려 '영화를 생각한다'는 능동적인 행동을 촉구한다. 영화를 통해 영화에 대해 생각하고, 그 영화가 다루고 있는 인간의 삶과 역사에 대해 사유하는 움직임을 만들려는 것이다. 아이러니하게도 영화나 감독에 대한 수많은 책과 논문, 기사가 넘치지만 그들이 다루고 있는 영화를 영화관에서 보기란 너무도 힘든 일이 되었다. 전주국제영화제는 제대로 사유하기 위해 제대로 본다는 그 첫 번째 단계를 실현하려 한다.

'영화란 무엇인가?' 이 섹션은 앙드레 바쟁이 던진 신화적인 질문을 되새김하는 것이기도 하다. 이 질문은 여전히 유효하며 기술, 제작, 상영이 새로운 규칙을 확립하는 것처럼 보이는 지금 시대에도 우리가 여전히 영화를 이해하려고 노력하고, 동시에 끊임없이 변화하는 규칙을 읽어내려는 시도 속에 있다는 것을 일깨운다. 한마디로, 이 섹션이 대표하는 것은 저항과 사유다. 이 글의 시작에 썼듯 영화의 미래가 과거에 있다면, 영화가 어떠한 위험을 받더라도 절대 죽지 않는다는 것을 뜻하기 때문이다. 이 섹션이 그 증거가 되기를 바란다.

섹션 내 특별 구성으로는 '영화의 운명'이라는 주제를 바탕으로 과거와 현재를 이어가는 두 작품을 짝을 지어 소개한다. 그 첫 번째로 폴란드영화의 역사적 순간을 기록할 예정이었으나 미완으로 끝난 안제이 주와프스키의 SF 대작 〈은빛 지구〉와, 이 영화의 기구한 운명을 들려주는 다큐멘터리 〈은빛 지구로의 탈출〉이 소개된다. 두 번째로는 포르투갈 모던시네마를 대표하는 감독 파울루 호샤가 일본에서 촬영한 〈사랑의 섬〉과 호샤를 알고 그와 함께 작업한 이들이 진술하는 감독의 초상을 담은 다큐멘터리 〈파울루 호샤에 대하여〉가 있다.

그 외 셰익스피어 각색작 중 가장 이상한 영화로 꼽히는 장뤼크 고다르의 〈리어왕〉과, 피에르 파올로 파솔리니 탄생 100주년을 기념하며 〈맘마로마〉를 선보인다. 알렉산더 O. 필립의 〈테이킹〉은 수많은 서부극에서 보여진 모뉴먼트밸리와 그 위풍당당한 지형을 보여준다. 〈영화관을 말하다〉는 베를린을 대표하는 극장, 아르세날 영화관에 대한 이야기이자 그 공간을 만든 부부의 사랑 이야기이기도 하다. 니나 멩키스 감독은 〈세뇌된 시선〉으로 우리에게 익숙한 영화문법이 실은 남성의 시선을 통해 구축된 것임을 기술적으로 분석한다. 마지막으로 볼 기회가 너무 적어 신화적인 존재로 남은 〈어떤 방법으로〉는 쿠바 영화의 선구자 중 하나인 사라 고메스 감독의 유일한 장편으로, 쿠바혁명 이후의 사회와 개인사를 보여준다. (문성경)

사랑의 섬 Ⓖ
The Isle of Love

Portugal	1982	169min
DCP	Color	

파울로 호샤는 뛰어난 작품을 다수 만들었음에도 그간 제대로 알려지지 않았다. 그의 필모그래피 가운데 〈사랑의 섬〉은 뉴웨이브의 흐름 속에서 포르투갈 영화사에 정점을 찍은 작품 중 하나다. 작가이자 해군장교였던 벤세슬라우 드 모라이스의 삶에서 영감을 얻은 영화로, 모라이스는 조국에 환멸을 느끼고 일본으로 이주해 다시는 포르투갈로 돌아가지 않은 인물이다. 호샤는 연극적인 공간과 문학적인 텍스트로 전기의 세부사항을 묘사하는 것처럼 보이지만, 이 표면적인 형식은 미장센이라는 영화의 토대 위에서 사랑과 죽음의 이야기로 변형된 것이다. 다큐멘터리 〈파울루 호샤에 대하여〉에 따르면 호샤도 일본에 특별한 매력을 느낀 것으로 보이는데, 이 영화는 감독이 일본에 보내는 러브레터이기도 하다. (문성경)

파울루 호샤 Paulo ROCHA
1935년 포르투갈 포르투 출생. 첫 작품인 〈녹색의 해 The Green Years〉(1963)와 〈움직이는 삶 Change of Life〉(1966)으로 포르투갈 뉴웨이브 시네마의 대표적인 인물이 되었다. 그의 작품은 만남과 충돌에서 탄생하는 '포르투갈의 정체성'에 대한 지속적인 에세이로 요약될 수 있다. 2012년 말 포르투갈 북서부 빌라노바드가이아에서 사망했다.

파울루 호샤에 대하여 Ⓖ
Around Rocha's Table

Portugal	2021	93min
DCP	Color+B/W	Asian Premiere

마노엘 드 올리베이라의 끝없는 필모그래피와 동시대 히타 아제베두 고메스까지, 포르투갈 영화사는 필연적으로 영화의 '현대성'과 연결돼 있다. 파울루 호샤의 기념비적 데뷔작 〈녹색의 해〉부터 그의 작품 세계를 집대성한 마지막 작품 〈내가 도둑이라면, 훔쳤을 것이다 If I Were a Thief... I'd Steal〉(2011) 역시 이 같은 모던시네마 계보에서 중요한 자리를 차지해왔다. 호샤는 자국의 변화무쌍한 정치 상황과 사람들을 외면하지 않으면서 사실주의와 시적 표현 사이를 오가며 영화를 만들어왔고, 이 다큐는 호샤의 주변인과 동료 들이 증언하는 그의 삶을 담고 있다. 특히 그의 작품 세계뿐만 아니라 정부 관료로 일본에 머물던 시기, 야심 찬 걸작 〈사랑의 섬〉의 기원이 된 이야기를 들려준다. (문성경)

사무엘 바르보자 Samuel BARBOSA
1981년 출생. 현재 영화를 연구하고 있으며 예술학부에서 박사 과정을 밟고 있다.

은빛 지구 ⑱
On the Silver Globe

Poland	1987	165min
DCP	Color	

폴란드 영화사에서 안제이 주와프스키(1940~2016)는 로만 폴란스키와 안제이 바이다에 비해 저평가돼 왔지만 70~80년대에 명확한 자취를 남긴 감독이다. 그리고 그의 영화에서 '장르'는 하이컬처와 인간 심리의 가장 뒤틀린 곳을 탐구하는 독특한 방식으로 혼합돼 존재한다. 〈은빛 지구〉는 1977년 야심 차게 촬영을 시작한 SF영화였지만 공산정부는 이 영화가 폴란드 영화의 가치를 대변하지 않는다고 판단, 곧 촬영을 중단시켰다. 10년 후 감독은 마침내 영화를 완성할 수 있었다. 물론 자신이 원하던 방식은 아니었고, 영화 역사상 가장 위대한 영화 중 하나가 됐어야 했던 작품은 그렇게 저주받은 영화로 남게 되었다. 물론 덕분에 〈은빛 지구로의 탈출〉이라는 다큐멘터리가 탄생할 수 있었지만 말이다. (문성경)

* 이 영화는 관객의 트라우마를 자극하거나 심리적 불편감을 느낄 수 있는 장면이 일부 포함돼 있습니다. 관람 전 참고하시기 바랍니다.

안제이 주와프스키 Andrzej ŻUŁAWSKI
1940년 출생한 폴란드의 영화감독이자 작가. 그의 영화는 종종 대중적인 상업주의를 거슬렀다. 대표작으로 〈포제션 Possession〉(1981), 〈코스모스Cosmos〉(2015) 등이 있다.

©Silver Frame, author: Stefan Kurzyp, Andrzej Jaroszewicz

은빛 지구로의 탈출 ⑱
Escape to the Silver Globe

Poland	2021	95min
DCP	Color+B/W	Asian Premiere

영화의 역사는 여러 가지 이유로 끝내 결실을 맺지 못한 영화들, 재능 있는 감독들의 실패한 프로젝트를 통해서도 기록될 수 있다. 아마도 그 역사는 터무니없이 웃긴 일화로 가득하겠지만 가능성에 대한 아쉬움 또한 상존할 것이다. 이러한 생각을 현실화한 것이 바로 〈은빛 지구로의 탈출〉이라는 다큐멘터리다. 쿠바 미쿠르다 감독은 과거 〈은빛 지구〉 작업에 참여했던 스태프의 증언, 비평가들의 평가, 아카이브 등을 통해 당시 영화 제작 과정과 제작이 무산된 순간에 대해 알려준다. 폴란드영화 역사상 최대 프로젝트였지만 공산당 정부에 의해 촬영이 중단되고 세트와 의상이 파괴되며 좌절된 안제이 주와프스키의 SF영화는 끝내 애초의 기획대로 완성되지 못했다. 그럼에도 이 영화가 어떻게 전설이 되었는지, 다큐멘터리 〈은빛 지구로의 탈출〉은 이 모든 것이 어떻게 일어났는지를 증언한다. (문성경)

쿠바 미쿠르다 Kuba MIKURDA
1981년 출생. 감독, 작가이자 교수. 영화를 연출하기 이전에는 영화비평가, 기자, TV 프로그램 감독으로 일했다. 첫 장편영화 〈러브 익스프레스 Love Express〉(2018)는 밀레니엄독스어게인스트그래비티영화제에서 상

시네필전주

영되어 음악 다큐멘터리상인 쇼팽스 노즈상을 받았다.

세뇌된 시선 [12]

Brainwashed: Sex-Camera-Power

USA | 2022 | 108min |
DCP | Color+B/W | Asian Premiere

니나 멩키스의 필모그래피는 그간 잘 알려지지 않았지만, 최근 그의 몇몇 작품이 디지털로 복원되면서 독립영화와 페미니즘 시네마의 선구자로 자리매김하기 시작했다. 〈세뇌된 시선〉은 비평가이자 이론가인 로라 멀비가 만든 '남성 시선'(male gaze)이라는 표현을 출발점 삼아 영화에서 여성이 어떻게 묘사되는지에 관한 리포트를 구성하고 있다. 고전부터 최신 영화까지 남성뿐만 아니라 여성 감독의 시선으로 그려진 영화 속 장면들을 기술적으로 분석해 나간다. 모든 훌륭한 가르침이 그렇하듯 멩키스는 관객을 새로운 시점으로 이끄는데, 이를 통해 우리가 보는 것과 그것을 인식하는 방법을 재고하도록 만든다. 예술이 지속하기 위해서는 이런 방식의 영화 읽기가 반드시 필요하고, 이 다큐멘터리에서 멩키스는 그 역할을 충실히 수행하고 있다. (문성경)

니나 멩키스 Nina MENKES
페미니스트 영화의 선구자이자 미국에서 가장 선도적인 독립영화 제작자다. 〈퀸 오브 다이아몬드 Queen Of Diamonds〉(1991), 〈블러드 차일드 The Bloody Child〉(1996), 〈팬텀 러브 Phantom Love〉(2008), 그리고 〈세뇌된 시선〉은 선댄스영화제에서 상영되었다.

영화관을 말하다 [G]

Come with me to the cinema — THE GREGORS

Germany | 2022 | 155min |
DCP | Color+B/W | Korean Premiere

고다르는 같은 영화를 좋아하지 않는 부부는 결국 이혼하게 된다고 말했다. 그레고어 부부, 에리카와 울리히는 같은 영화를 너무도 좋아해서 자신들만의 영화관을 갖기로 결정한다. 그곳은 바로 베를린국제영화제 포럼 섹션의 본거지인 아르세날이다. 〈영화관을 말하다〉는 그레고어 부부의 사랑 이야기는 물론 영화의 역사까지를 포함해 들려준다. 특히 독일영화 이야기뿐 아니라 자국의 격동의 역사까지 함께 회고한다. 베를린 포럼 프로그램을 대표했던 영화 제목들과 주타 브뤼크너, 도리스 되리, 빔 벤더스 등 몇몇 감독들의 이름만 대더라도 영화 역사 안에서 그레고어 부부의 중요성을 깨닫기에 충분하다. (문성경)

알리스 아그네스키르히너 Alice AGNESKIRCHNER
독일 뮌헨 출생. 베를린 장벽 철거 전 동독에 위치해 있던 바벨스베르크 영화학교에서 공부를 시작해 1995년에 학위를 마쳤다. 첫 장편 다큐멘터리 〈라울린의 구역 Rauliens Revier〉(1995)으로 시카고국제영화제에서 골든휴고상을 수상했다. 2015년에는 로스앤젤레스의 빌라 오로라에서 예술가 회원 자격을 얻었다. 〈스포트라이트에 있는 아이들 Kids in the spotlight〉(2019)은 베를린국제영화제 스페셜갈라 부문에서 상영되었다.

리어왕 [G]

King Lear

France, USA | 1987 | 91min |
DCP | Color

고다르 작품의 특징 중 하나는 작품 성향이 지속적으로 변화한다는 데 있다. 그리고 이는 누벨바그를 대표하던 영화, 정치적이고 전투적인 영화, 영화와 역사와 세계사와 개인사가 에세이 형태로 함께 흐르는 현재의 영화로 구분할 수 있을 것이다. 그의 80년대 영화는 격동의 변화를 느낄 수 있는 시기로 〈할 수 있는 자가 구하라: 인생 Every Man for Himself〉(1980), 〈마리아에게 경배를 Hail Mary〉(1985), 〈탐정 Detective〉(1985) 등은 세밀하고 복잡한 내러티브를 갖고 있다. 〈리어왕〉은 이때 만든 영화로 셰익스피어를 충실하게 각색하기를 기대한 사람들에게는 충격을 선사했다. 이 영화의 기이함을 완성하는 요소에는 몰리 링월드, 레오스 카락스, 우디 앨런, 노먼 메일러가 출연했다는 것도 있지만 제작자가 80년대 '액션영화의 제왕'이라 불리던 요람 글로부스와 메나헴 골란이었다는 점도 빼놓을 수 없다. (문성경)

장뤼크 고다르 Jean-Luc GODARD
1930년 프랑스 출생. 누벨바그 운동의 기수 중 한 명이다. 스위스 니옹과 파리 소르본에서 공부하였으며, 소르본 시기에 누벨바그 운동을 이끈 영화감독 및 영화 이론가들과 함께하게 되었다. 할리우드의 관습적인 영화 문법에 도전하는 영화를 만들어 왔으며, 가장 누벨바그적인 감독으로 평가된다.

맘마로마 [15]

Mamma Roma

Italy | 1962 | 107min |
DCP | B/W

〈아카토네 Accattone〉(1961)로 감독 데뷔를 한 파솔리니는 당시 유명한 작가로 이탈리아 정치와 문화의 중심에서 지칠 줄 모르는 논쟁가로도 활약했다. 그는 내러티브와 형식에서 다양한 방식의 작업을 했는데, 자국의 정치적 상황을 고려한 시적 영화는 항상 작품의 중심에 서 있었다. 〈맘마로마〉는 그의 데뷔작처럼 형식적으로는 네오리얼리즘을 떠올리게 하는 작품으로 로베르토 로셀리니에게 헌정되었다. 그는 성매매를 하는 어머니와 아들의 재회라는 이야기를 통해 언제든 사회적 약자를 비난할 준비가 된 비참한 사회의 내면을 응시한다. 자신의 작업뿐만 아니라 삶 자체를 통해 진정한 예술가이자 시인이라는 것을 증명했던 파솔리니는 2022년 탄생 100주년을 맞는다. (문성경)

피에르 파올로 파솔리니 Pier Paolo PASOLINI
〈아카토네〉로 감독 데뷔하여 〈오이디푸스 왕 Oedipus Rex〉(1967), 〈캔터베리 이야기 The Canterbury Tales〉(1972), 〈아라비안 나이트 Arabian Nights〉(1974) 등 고전을 극도로 개인적이고 에로틱하게 각색한 작품으로 이름을 알렸다. 그의 또 다른 대표작으로는 마르크스주의, 무신론, 파시즘, 동성애에 대한 논쟁적인 견해를 표현한 〈테오레마 Theorem〉(1968), 〈돼지우리 Pigsty〉(1969), 〈살로 소돔의 120일 Salo, Or The 120 Days Of Sodom〉(1975)이 있다.

테이킹 [G]

The Taking

USA | 2021 | 76min |
DCP | Color+B/W | Korean Premiere

모뉴먼트밸리는 미국 애리조나주와 유타주 사막 위에 거대하게 솟은 바위산을 포함한 지역을 가리키며, 그렇게 이름 붙여진 건 바위산들의 모습이 기념비(영어 monument)와 비슷하게 생겨서라고 한다. 〈테이킹〉은 이 모뉴먼트밸리와 미국 역사에 대한 탐구이자 이 지형을 주된 배경으로 삼았던 수많은 영화, 특히 존 포드와 그의 서부극에 관한 고찰이다. 〈조지 루카스: 이 사람을 고발합니다 The People vs. George Lucas〉(2010), 〈78/52〉(2017), 〈메모리: 걸작 에이리언의 기원 Memory: The Origins of Alien〉(2019) 등 그간 영화에 관한 독창적인 다큐멘터리를 만들어온 알렉산더 O. 필립 감독은 수많은 영화 장면과 다양한 인터뷰를 통해 미국 서부 개척사의 상징이 되었고 나아가 신화적 풍경이 된 이곳을 분석하며, 존 포드의 아일랜드 혈통이 이 공간과 어떤 관련을 갖는지까지 보여준다. 이곳의 원래 주인이 나바호족이라는 사실 또한 이 다큐멘터리가 강조하는 바다. (문석)

알렉산더 O. 필립 Alexandre O. PHILIPPE
다수의 수상 경력을 가졌다. 그의 영화 대부분은 거장 감독들의 영향력 있는 작품과, 중요한 영화적 순간들을 분석하고자 한다. 최근 작품에는 베니스국제영화제 경쟁부문 진출작 〈윌리엄 프리드킨, 엑소시스트를 말하다 Leap of Faith: William Friedkin on The Exorcist〉(2019), 선댄스영화제에 소개된 〈메모리: 걸작 에이리언의 기원〉이 있다.

어떤 방법으로 [15]

One Way or Another

Cuba | 1974 | 73min |
DCP | B/W

쿠바영화사는 자국의 처지처럼 과거로 지탱되고 있다. 그 가운데서도 전설과도 같은 영화, 〈어떤 방법으로〉는 쿠바영화예술산업진흥원(ICAIC)의 기록에 남아 있는 쿠바 최초의 여성 감독이 연출한 작품이다. 사라 고메스는 픽션과 다큐멘터리를 혼합해 오랜 시간이 지난 후 새로운 장르로 자리잡게 될 형식을 시도한 선구자이기도 하다. 영화는 쿠바혁명 이후 한 교사가 일터에서 마주하는 이들과 물라토 노동자와의 관계를 통해 사회에 내재한 갈등을 묘사한다. 이 작품은 영화적 가치뿐만 아니라 당대 현실을 기록한 역사적 가치를 내포하고 있다. 더 정의로운 사회를 추구하던 사람들의 희망과 현실에 결여된 이상의 가치를 찾고, 이를 의심하는 사람들의 생각을 가늠해볼 수 있다. 고메스는 천식으로 인해 촬영 중 사망했고, 영화는 토마스 쿠티에레스 알레아와 훌리오 가르시아 에스피노사가 완성했다. (문성경)

사라 고메스 Sara GÓMEZ
1942년 출생. 영화 제작자이자 작가였다. 문학, 피아노, 그리고 아프리카계 쿠바인의 민족학을 공부했다. 기자로 일하던 중 쿠바영화예술산업진흥원에 입사해 그곳에서 그는 흑인 영화 제작자로서는 유이한 존재였고, 수년 동안은 유일한 여성 감독이었다. 〈어떤 방법으로〉를 미처 완성하기도 전에 세상을 떠났다.

올해 전주국제영화제에서 가장 주목해야 할 섹션 중 하나는 이창동 감독의 작품 세계를 중간 정리하는 차원에서 마련된 특별전 '이창동: 보이지 않는 것의 진실'이다. 굳이 설명을 할 필요가 없어 보이기도 하지만 이창동은 한국을 대표하는 감독 중 한 사람이며, 세계 영화제들이 행보를 주목하는 감독이기도 하다. 이번 특별전에서는 프랑스 알랭 마자르 감독이 만든 이창동 감독에 관한 다큐멘터리가 월드 프리미어로 상영되며, 이창동 감독이 연출한 최신 단편영화 〈심장소리〉 또한 세계 최초로 공개된다. 또 이창동 감독이 연출한 장편영화 6편을 모두 4K 디지털 리마스터링된 화질로 상영할 계획으로, 이 또한 세계 최초다.

이번 특별전은 프랑스 감독 알랭 마자르가 이창동 감독의 작품 세계를 돌아보는 다큐멘터리 〈이창동: 아이러니의 예술〉을 만든다는 사실을 알게 되면서 출발했다. 마자르 감독은 칸영화제에서 〈박하사탕〉을 처음 보고 충격을 받아 이후 꾸준히 이창동 감독의 영화를 봐왔고, 영화인으로서만이 아니라 예술가로서 존경심을 갖게 되었다고 한다. 〈이창동: 아이러니의 예술〉은 '극적 아이러니'라는 본질을 중심으로 이창동 감독과 함께하는 여행이자 시간 여행이기도 하다. 이창동 감독과 함께 〈버닝〉의 후암동부터 〈초록물고기〉의 일산에 이르기까지, 영화의 배경 장소를 찾아다니면서 영화 안과 밖의 이야기를 들려준다. 송강호, 전도연, 설경구, 문소리, 유아인 등 이창동 감독 영화에 출연한 배우들의 목소리 또한 담겨 있다.

〈심장소리〉는 이창동 감독의 첫 단편영화이기도 하다. 몇 년 전 세계보건기구(WHO)와 베이징현대예술기금(BCAF)이 세계적 감독들에게 '우울증'을 주제로 단편영화 연출을 의뢰했고, 이 영화는 그 결과물 중 하나로 만들어졌다. 하나의 테이크로 한 소년의 표정과 몸짓과 내면을 담아내는 이 영화는 20여 분이라는 짧은 시간 안에 개인의 우울증이라는 주제와 함께 한국사회의 우울한 단면까지 예리하게 드러내며 거장의 숨결을 느끼게 한다. 또한 4K로 상영되는 이창동 감독의 전작 또한 주목할 만하다. 애초부터 4K 디지털로 촬영된 〈버닝〉이 이미 4K 리마스터링 작업 후 한 차례 공개된 적이 있는 〈박하사탕〉을 제외하면 모두 4K 버전으로는 처음 상영된다. 특히 디지털 상영본이 아예 존재하지 않았던 〈초록물고기〉와 〈오아시스〉는 "최초로 현상한 깨끗한 필름 프린트 같은 느낌으로 볼 수 있"다.(이창동 감독) (문석)

초록물고기 18
Green Fish

| Korea | 1997 | 112min |
| DCP | Color | |

이창동의 영화에서 공간은 공동체가 살아가고 인물이 활동하는 장소 이상의 의미를 지닌다. 인물들의 삶이 영위되고 타인과 갈등하며, 존재의 딜레마가 서사의 수면 위로 드러나거나 진실된 감정이 숨겨진 곳이다. 때론 사회적 격변을 목도하고 마음의 상태가 급변하며 감정이 표출된다. 〈초록물고기〉를 순수하고 정감 있는 막동과 냉혹한 조직 보스 배태곤, 보스의 연인이지만 잔악한 그로부터 벗어나고자 애쓰는 미애의 삼각관계, 막동과 배태곤의 상이한 꿈의 실현, 느와르 장르의 배신과 죽음이란 관습으로 축소할 수 없는 이

유이기도 하다. 이창동의 영화는 삶의 사실적인 묘사와 끝끝내 이해할 수 없는 아이러니가 비밀의 형태로 각인되는 방식이라고 할 수 있다. 〈초록물고기〉는 그 시작을 알린 영화다. (박인호)

이창동 LEE Chang-dong
1954년 대구 출생. 〈초록물고기〉로 감독 데뷔 후 국내외에서 극찬을 받은 〈박하사탕〉 〈오아시스〉 〈밀양〉 〈시〉 〈버닝〉을 연출했다.

박하사탕 18
Peppermint Candy

| Korea | 1999 | 131min |
| DCP | Color | |

〈박하사탕〉은 20년의 시차를 두고 순수한 청년에서 파괴당한 중년으로 변질된 영호의 인생유전을 일곱 단계의 플래시백을 따라 여행한다. 이창동의

묵상은 1999년 IMF 외환위기에서 출발해 1980년 광주민주화운동으로 귀결되는 역 연대기의 궤도를 탐험한다. 〈박하사탕〉은 한국사회가 군사독재에서 현대 자본주의로 이행하는 과정에서 거쳐간 정치적 사건들과 사회적 문제, 폭력의 기원을 모두 보여준다. 플롯 시간은 앞으로 가지만 스토리 시간은 뒤로 흘러가는 시간의 역설을 형상화한 내러티브 설계 안에서 영호의 반응과 행위는 현대의 관점에서 역사적 사건들을 재평가할 기회를 제공한다. 이 같은 시간 되밟기 구조는 한국영화의 뿌리 깊은 자연주의 전통을 파기하면서 역사와 픽션이 엇물린 혁신적 스토리텔링의 시대를 열었다. (장병원)

* 해당 작품 상영 중의 회차는 '이창동: 보이지 않는 것의 진실' 부문의 〈심장소리〉와 함께 상영됩니다.(상영코드 264)

이창동 LEE Chang-dong

오아시스 18
Oasis

| Korea | 2002 | 134min |
| DCP | Color | |

〈오아시스〉는 한국사회의 치부를 잔인하리만치 냉정하게 묘사한다. 이 영화는 자신이 저지른 잘못에 대한 대가를 치렀거나 아무런 잘못을 저지르지 않았음에도 낙인이 찍힌 사람들에 관한 이야기다. 한 사람은 전과자, 다른 한 사람은 장애인이다. 돌이킬 수 없는 상처를 준 우발적인 범죄에 대해 사과하기 위해 종두가 공주를 찾아가면서 관계가 시작된다. 공주는 장애 지원을 받으려는 형제들에 의해 억류돼 있고, 종두는 잉여 인간 취급을 받아 기피 대상이 된 사람이다. 외톨이들과 사회적 추방자들의 숙명에 관한 이 우화는 어떤 관계도 불가능하다고 여겨지는 상황에서 자신의 일을 해내는 이들을 그린다는 점에서 용감하다. 외면하고 싶은 진실을 너무 많이 담고 있지만, 문소리와 설경구의 본능적인 캐릭터 창조는 영적인 해방감을 제공한다. (장병원)

이창동 LEE Chang-dong

밀양 🔞
Secret Sunshine

Korea | 2007 | 143min |
DCP | Color

이창동은 신애의 고난을 통해 신의 자비와 인간의 나약함, 구원과 용서의 뜻을 묻는 질문으로 나아가고 신애의 무기력과 맹목적인 의지와 휘몰아치는 감정의 극한을 통해 우리의 느슨한 도덕심을 자극한다. 삶의 불가사의함과 부서지기 쉬운 믿음은 죄지은 인간이 숨기 쉬운 신의 뜻에 도발적인 제스처를 취하지만, 신애의 삶은 결국 존재의 허약함을 드러낼 뿐이다. <밀양>은 감당하기 힘든 사건에 직면한 인물과 폐쇄적인 소도시의 분위기, 타인의 고통을 위로함과 동시에 소비하는 불편한 현실과 무심한 신의 비밀이 섞여들며 이창동의 영화 세계가 실존과 마주함을 보여준다. 비밀스러운 빛이 신애에게 허용될 것인지, 처참하게 부서진 신애의 삶이 다시 빛 안으로 들어설 수 있을지 쉽게 판단을 내리지 않는 이창동의 과묵한 시선이 사무친다. (박인호)

이창동 LEE Chang-dong

시 🔞
Poetry

Korea | 2010 | 140min |
DCP | Color

시(詩)가 미자를 흔들어 깨운다. 시가 미자를 세상 속으로 당기더니 종국에 세상 너머로 끌고 나간다. 시상을 찾아 사물과 사태를 잘 보고, 다시 보고, 오래 보기를 자처한 미자 앞에 예상치 못한 잔혹한 삶의 국면이 펼쳐진다. 소녀의 죽음, 외손자 종욱의 연루, 죽음에 직간접적으로 책임 있는 이들이 해보이는 양태까지. 게다가 미자는 알츠하이머 초기에 접어들었다. 이러한 그녀의 상태가 때론 그녀의 보는 행위에 제동을 걸고, 때론 보이는 것 너머의 맥락을 소거해버리며 오직 눈앞의

것에만 집중하게 만든다. 미자와 그녀의 시는 바로 이 어중간한 사이 어디쯤에 있다. 살아 있지만 죽음 가까이 향하는 상태, 보고 있지만 이면은 가늠할 수 없고 금세 잊는 상태, '제대로' 보는 일로부터 자꾸만 미끄러지는 시 쓰는 자의 비애, 보기의 한계. 임박한 망각의 시간 앞에서 영화는 처음이자 마지막으로 '아녜스의 노래'를 써내려간다. 사라진 이들의 코러스, 시의 원형을 향한 음률이 흐른다. (정지혜)

이창동 LEE Chang-dong

버닝 🔞
Burning

Korea | 2018 | 148min |
DCP | Color

<버닝>은 삶이라는 거대한 미스터리에서 출발한다. 장르의 구조와 장치를 취해서가 아니라 영화가 인식하는 세계의 상태와 작동의 원리 그 자체의 의문투성이다. 그렇기에 존재의 유무, 눈에 보이는 것과 보이지 않는 것, 현실과 가상, 픽션과 논픽션과 같은 이분의 경계는 이 세계를 이해하는 데 방해될 뿐이다. <버닝>은 그저 종수의 의식의 흐름에 올라타라 한다. 아르바이트로 생계를 유지하고, 아버지가 남긴 파주의 낡은 집을 지키며, 자기만의 소설을 쓰려는 종수. 친구 해미와의 재회가 불씨가 됐을까. 해미가 소개한 의문의 남자 벤이 불쏘시개가 됐을까. 비밀스러운 해미와 벤 사이에서 종수는 질투심과 열패감, 불안과 좌절, 의문과 자기 확신의 정념에 휩싸이더니 급기야 돌이킬 수 없는 일까지 벌이고 만다. 절멸 혹은 절연인가. <버닝>이 멈춰선 그곳이야말로 감독이 바라보는 세계의 잠정적 지경일 것이다. (정지혜)

이창동 LEE Chang-dong

심장소리 🅖
Heartbeat

Korea | 2022 | 28min |
DCP | Color | World Premiere

이창동 감독의 최신작이자 그의 첫 단편영화 <심장소리>는 우울증을 주제로 한다. 몇 년 전 세계보건기구(WHO)와 베이징현대예술기금(BCAF)이 세계적 감독들에게 단편영화를 의뢰했는데, 주제가 우울증이었다. 주인공 소년은 학교에서 수업을 받다 왠지 불안과 걱정에 사로잡혀 곧장 집으로 뛰어간다. 단 하나의 테이크로 주인공 소년을 쫓으며 진행되는 이 영화는 개인의 우울증과 함께 한국사회가 앓고 있는 우울증의 원인까지 보여준다. 전주에서 세계 최초로 상영된다. (문석)

* 해당 작품은 아래와 같은 묶음으로 3회차 상영됩니다.
1. <심장소리> 개별 상영 후 마스터클래스가 진행될 예정입니다.(상영코드 233)
2. 묶음 상영 순서 <심장소리> <박하사탕>(상영코드 264)
3. 묶음 상영 순서 <심장소리> <이창동: 아이러니의 예술>(상영코드 623)
Contacts | Production/Distribution/Press:
pinehouse09@gmail.com(국내) /
qiao.cui@bcaf.org.cn(해외)

이창동 LEE Chang-dong

이창동: 아이러니의 예술 🔞
Lee Chang-dong: the art of irony

France, Korea | 2022 | 100min |
DCP | Color | World Premiere

전주국제영화제에서 세계 최초로 공개하는 이창동 감독에 관한 다큐멘터리. 극영화와 다큐멘터리, 실험영화를 가리지 않았으며, 특히 애텀 이고이언, 더글러스 서크 같은 영화감독에 관한 다큐멘터리를 만든 프랑스 알랭 마자르 감독이 연출했다. 이 다큐멘터리는 이창동 감독의 영화를 쫓아가는 물리적 여행이자 시간 여행이기도 하다. 이창동 감독은 장편 최근작 <버닝>의 촬영지인 후암동과 파주에서부터 데뷔작 <초록물고기>의 무대인 일산과 영등포까지, 시간을 거슬러 올라가며 자

신의 작품과 그 배경을 설명한다. 한국을 대표하는 영화 작가로부터 듣는 영화 안과 밖의 이야기가 흥미진진하다. 영화는 여기서 멈추지 않고, 영화감독이 되기 전 이창동 감독의 공간까지 찾아가면서 그의 뿌리를 탐구한다. 그와 함께했던 배우들의 증언도 감독의 진면목을 드러낸다. (문석)
* 해당 작품 상영 중 일부 회차는 '이창동: 보이지 않는 것의 진실' 부문의 <심장소리>와 함께 상영됩니다.(상영코드 623)

알랭 마자르 Alain MAZARS
1955년 프랑스 파리 출생. 수학, 심리학, 중국학을 전공했으며 다수의 극영화와 실험영화, 다큐멘터리를 연출했다. 대표작으로는 영화 <사라진 봄 Lost spring>(1990), 다큐멘터리 <매개자 자크 투르뇌르(보이지 않는 것을 찍다) Jacques Tourneur le médium (filmer l'invisible)>(2015) 등이 있다.

이창동

충무로 전설의 명가 태흥영화사

Legacy of Chungmuro, Taehung Pictures

전주국제영화제와 한국영상자료원이 함께 준비한 회고전 '충무로 전설의 명가 태흥영화사'는 지난해 안타깝게 세상을 떠난 이태원 태흥영화사 대표를 추모하고, 태흥영화사가 한국영화사에 남긴 발자취를 돌아보기 위해 기획되었다.

1970년대 중반부터 극장을 운영한 故 이태원 대표는 1984년, 바로 전해에 인수한 '태창흥업'의 이름을 '태흥영화'로 바꾸면서 본격적으로 영화 제작업에 뛰어든다. 출발은 순탄하지 않았다. 임권택 감독, 정일성 촬영감독과 함께 창립작으로 〈비구니〉를 준비했지만 불교계의 격렬한 반대에 부딪혀 좌절됐기 때문이다. 하지만 〈무릎과 무릎 사이〉(1984), 〈어우동〉(1985), 〈뽕〉(1985) 등을 잇달아 성공시키며 탄탄대로에 올랐고, 1990년 〈장군의 아들〉로 당시 최고 관객 수 기록을 깼으며, 〈서편제〉(1993)로는 한국영화 최초로 관객 100만 명을 돌파하는 초유의 기록을 세우기까지 했다. '흥행사'로서 놀라운 감각을 발휘한 이태원 대표는 한국영화의 새로운 지평을 열고 다양성을 넓히기 위한 시도도 펼쳤다. 배창호, 김유진, 곽지균 같은 당대의 감독들과 작업을 했을 뿐 아니라 이명세, 장선우, 김홍준, 김용태처럼 젊고 새로운 감각을 지닌 감독들에게 손을 뻗어 힘을 불어넣기도 했다.

그럼에도 불구하고 한국영화계에 이태원 대표가 남긴 가장 중요한 족적은 아무래도 임권택, 정일성과 함께 '삼총사'가 되어 만든 영화들일 것이다. 〈비구니〉의 실패에도 불구하고 이태원 대표는 이 두 파트너와 함께 작업하기를 꺼리지 않았다. 그 결과 〈장군의 아들〉이나 〈서편제〉 같은 흥행작이 나오기도 했고, 칸영화제에 진출하며 한국영화의 가치를 세계에 알렸던 〈춘향뎐〉(2000)과 〈취화선〉이 만들어지기도 했다. 이태원 대표는 꾸준히 한국영화의 해외 진출에 힘을 기울였지만, 임권택과 정일성이라는 파트너를 만나면서 비로소 커다란 날개를 달 수 있었다.

또한 그는 마지막까지 충무로의 유산을 지키려 애쓴 인물이기도 했다. 그는 극장을 처분해가면서까지 태흥의 영화를 스스로의 자본으로 만들었고, 영화판이 돈으로 물드는 풍조를 경계했다. 결국 금융자본이 한국영화계의 지형을 바꾸어 놓으면서 그 또한 '남의 돈'을 투자받아 마지막 3편, 즉 〈춘향뎐〉과 〈취화선〉 〈하류인생〉(2004)을 만들었지만, 기회가 있을 때마다 이에 대한 아쉬움을 토로하곤 했다. 그런 의미에서 그를 '충무로의 마지막 거물'이라고 해도 좋을 것이다.

이번 회고전에서는 칸영화제에서 감독상을 수상한 〈취화선〉을 비롯해 모두 8편의 영화가 상영된다. 임권택 감독을 비롯해 이두용, 김유진, 장선우, 배창호, 김홍준, 이명세, 송능한 감독의 대표작이 선보일 예정이다. 이 중 〈취화선〉과 〈장미빛 인생〉(김홍준)은 디지털 상영본으로 최초 공개된다. (문석)

Korean Film Archive
한국영상자료원

* 이 회고전은 한국영상자료원과 공동주최합니다.

장남 [G]

The Oldest Son

Korea | 1984 | 109min
DCP | Color

실력 있는 감독을 영입하려는 이태원 대표의 포용력이 빛을 발해 한국영화사뿐만 아니라 한국의 사회문화사적 맥락에서도 중요한 의미를 만들어낸 영화. 1970년대를 액션 장르로 풍미하던 이두용이 태흥에서 연출한 첫 작품이다. 1980년대 초반 〈피막〉(1980)이 베니스국제영화제에, 〈여인잔혹사 물레야 물레야〉(1983)가 칸영화제에 초청받으며 자신의 작가주의적 역량을 확신하기 시작한 그는 자전적 에피소드에서 출발한 가족 이야기로 전통과 현대 사이에서 요동치는 대가족제를 탐구한다. 압도하는 현대에 자리를 내어주고 쇠락해가는 전통에 관한 탁월한 묘사는 엔딩 장면에서 확인할 수 있다. 엘리베이터에 실을 수 없어 아파트 외부에 쇠줄을 매달아 위태롭게 하강하는 어머니의 관은 영화 속 자식들뿐만 아니라 관객들 역시 눈을 떼지 못하게 만든다. (정종화)

이두용 LEE Dooyong
1942년 출생. 〈잃어버린 면사포〉(1970)로 감독 데뷔 후 〈용호대련〉(1974), 〈분노의 왼발〉(1974) 등의 액션영화를 비롯해 해외 유수의 영화제에서 주목을 받은 〈피막〉 〈여인잔혹사 물레야 물레야〉 등을 연출했다.

기쁜 우리 젊은 날 [12]

Our Joyful Young Days

Korea | 1987 | 126min
DCP | Color

1987년 개봉 당시 〈기쁜 우리 젊은 날〉은 매우 생소한 문법의 로맨스영화였다. 대학생 영민이 혜린의 연극 무대를 보고는 반해 일편단심 민들레처럼 그녀만을 사랑한다는 내용에는 그 흔한 키스나 포옹 장면이 없다. 그 때문에 제작자 이태원은 〈기쁜 우리 젊은 날〉의 흥행을 기대하지 않았는데, 그것은 오판이었다. 젊은 관객들은 개봉 첫날 첫 회부터 배창호 감독이 의도한 대로 순수한 사랑의 정서에 반응했다. 내 사랑을 받아준다면 몇 날 며칠 비를 맞아도 괜찮다는 혜린을 향한 영민의 지고지순한 사랑은 배창호의 롱테이크 미학, 이명세의 전에 없던 각본, 안성기의 안정적인 연기, 황신혜의 스크린 데뷔와 맞물려 이 영화를 〈미미와 철수의 청춘 스케치〉(1987)에 이어 그해 한국영화 흥행 2위에 오르게 했다. 더욱이 그해 최고의 멜로영화라는 찬사까지 얻었다. (허남웅)

배창호 BAE Changho
1953년 출생. 〈꼬방동네 사람들〉(1982)로 성공적인 감독 데뷔 후 〈고래사냥〉(1984), 〈깊고 푸른 밤〉(1984), 〈황진이〉(1986), 〈꿈〉(1990) 등을 연출했다.

개그맨 [15]

Gagman

Korea | 1988 | 125min
DCP | Color

이태원의 태흥영화사는 신인 감독들의 성장을 과감하게 지원하는, 지금으로 치면 창작 인큐베이터 같은 곳이었다. 이전의 한국영화에서는 볼 수 없던 새로운 작품들이 태흥에서 태어났고 비록 당대의 상업적 평가는 박했지만 후대 영화광들은 한국의 컬트영화로서 이들을 아낌없이 칭송했다. 그 대표 주자가 바로 이명세의 〈개그맨〉이다. 독보적 스타일리스트 이명세가 자신의 수공예적 필모그래피를 직조한 출발점이자 그가 코리안 뉴웨이브의 가장 독특한 지분을 차지하고 있음을 증명해 보인다. '상하이 박'을 외치며 액션영화의 과잉된 연기를 선보이는 이발사 도석, 산속에서 개그맨 종세가 펼치는 무언극, 스튜디오의 영화 촬영 중에 얼굴을 내미는 불청객 종세의 장면이 불균질하게 이어지며 영화와 현실, 환상과 실재 사이의 경계는 아득하게 무너진다. (정종화)

이명세 LEE Myung-Se
1957년 출생. 장편영화 〈개그맨〉으로 감독 데뷔했다. 대표작으로는 〈나의 사랑, 나의 신부〉(1990), 〈인정사정 볼 것 없다〉(1999), 〈형사 Duelist〉(2005) 등이 있다.

경마장 가는 길 [18]

The Road To Race Track

Korea | 1991 | 141min
DCP | Color

장선우 감독에게도 태흥영화사와 한국영화계에도 의미가 컸던 작품. 그는 변두리 하층 계급의 삶을 연민 어린 시선으로 살핀 〈우묵배미의 사랑〉(1990)부터 사람들의 일상을 관찰하는 것으로 전환했는데, 이 영화에서는 하일지의 포스트모더니즘 소설을 원작으로 지식인 계층의 허약한 내면과 이중성을 내밀하게 묘사해낸다. 공항을 나서는 한 남자의 모습을 보여주며, R이 돌아왔다는 누군가(장선우)의 내레이션으로 시작한 영화는 첫 장면부터 3인칭 주인공의 시점과 카메라의 시점을 합치며 감독이 목적한 '주관적 객관성'을 실험한다. 시외버스를 탄 R이 시골 아낙들이 있는 바깥 풍경을 보다 우유를 쏟는 엔딩은 여전히 묵직하다. 1991년 12월 개봉한 단성사에서만 18만 명에 가까운 관객을 모으고 국내의 수많은 영화상까지 휩쓸며 이태원 대표의 '감'을 적중시켰다. (정종화)

장선우 JANG Sunwoo
1952년 출생. 대표작으로는 〈성공시대〉(1988), 〈화엄경〉(1993), 〈너에게 나를 보낸다〉(1994), 〈꽃잎〉(1996), 〈성냥팔이 소녀의 재림〉(2002) 등이 있다.

장미빛 인생 🔞
A Rosy Life

| Korea | 1994 | 94min |
| DCP | Color |

동팔, 기영, 유진은 전혀 다른 삶의 배경을 가진 인물들이다. 각각 싸움꾼, 노동운동가, 작가 지망생인 이들의 공통점은 마담(최명길)이 운영하는 만화방을 은신처로 삼고 있다는 사실이다. 〈장미빛 인생〉은 임권택 감독의 〈장군의 아들 2〉(1991), 〈장군의 아들 3〉(1992), 〈서편제〉(1993)의 스태프로 참여하며 태흥영화사와 인연을 맺은 김홍준 감독의 연출 데뷔작이다. 〈장미빛 인생〉의 특기할 점은 그동안 한국영화가 다룬 적 없는 만화방을 배경으로 성장 과정이 전혀 다른 이들의 연대를 끌어낸다는 데 있다. 공권력의 억압에 저항하는 '사회 의식적' 주제와 만화로 대변되는 일종의 '마니아' 문화가 결합한 〈장미빛 인생〉은 1990년대 불어닥친 한국영화 뉴웨이브의 대표적인 작품으로 평가받는다. (허남웅)

김홍준 KIM Hong-Joon
1956년 출생. 한국영상자료원장, 한국예술종합학교 영상원 명예교수다. 임권택 감독 연출부로 시작해 〈장미빛 인생〉으로 감독 데뷔해 청룡영화상 신인상을 받았다. 이후 〈정글스토리〉(1996)를 연출했다.

금홍아 금홍아 🔞
My Dear KeumHong

| Korea | 1995 | 96min |
| 35mm | Color |

천재 시인 이상과 야수파로 주목받은 화가 구본웅이 끌고가는 이 영화의 제목은 '금홍아 금홍아'다. 이상이 함께 살고 구본웅이 짝사랑한 기생, 금홍이 두 예술가의 기이한 우정의 바탕이 된 까닭이다. 그러니까 이 영화는 「날개」 「오감도」 등의 문제적 시를 쓴 이상과 「푸른 머리의 여인」 「친구의 초상」 등

거친 붓질과 강렬한 색감이 돋보이는 구본웅의 예술 세계를 깊이 파고들 생각이 없다. 대신 1930년대 당시 한국 문단과 화단의 기존 질서를 흔들었던 이들의 기행을 볼거리 삼아 평범하지 않았던 이들의 삶의 궤적을 쫓는다. 더 정확히는 구본웅의 시선으로 이상과 금홍의 사랑을 따라간다. 이 사랑은 장난스러웠다 음란했고, 진지했다 심각했으며, 결과적으로 파괴적이었다. 영화는 그것이 이상의 삶이었다고 말하며 끝을 맺는다. (허남웅)

김유진 KIM Yujin
1950년 출생. 〈영웅연가〉(1986)로 감독 데뷔하였다. 대표작으로는 〈단지 그대가 여자라는 이유만으로〉(1990), 〈참견은 노~ 사랑은 오예~〉(1993), 〈약속〉(1998), 〈신기전〉(2008) 등이 있다.

세기말 🔞
Fin De Siecle

| Korea | 1999 | 103min |
| 35mm | Color |

시나리오 작가 송능한이 연출한 초유의 데뷔작 〈넘버 3〉(1997)에 충격받은 이태원은 그의 두 번째 작품을 태흥으로 끌어온다. 역시 송능한이 각본을 쓴 〈세기말〉은 본격적인 소비사회로 진입한 1990년대의 한국사회 풍경을 역동적인 스타일과 빠른 템포로 묘사하고, 시대를 상징하는 인물들을 쫓으며 세기말의 절망적 공기를 실어낸다. '모라토리움'에서 감독의 분신인 시나리오 작가 두섭, '무도덕'에서 파친코 사장과 원조 교제를 하는 대학생 소령, '모랄 해저드'의 기성세대를 비난하는 시간강사 상우가 견디는 세기말은 에필로그 'Y2K'에서도 결코 나아지지 않는다. 영화 속 두섭의 작업은 멜로드라마가 득세하던 1990년대까지의 한국영화계를 비판하는 것이면서 21세기의 스릴러 장르 유행을 예견한 것처럼 보인다. (정종화)

송능한 SONG Neunghan
1959년 출생. 시나리오 작가로 활동하면서 〈태백산맥〉(1994), 〈보스〉(1996) 등의 시나리오를 썼다. 감독 데뷔작인 〈넘버 3〉에서는 연출과 각본을 겸했다. 〈세기말〉은 그의 두 번째 장편 연출작이다.

취화선 🔞
Chihwaseon

| Korea | 2002 | 120min |
| DCP | Color |

제목인 '취화선'(醉畵仙)은 '술에 취해 그림을 그리는 신선'을 뜻한다. 흥선대원군과 명성황후의 권력 싸움이 한창이고, 쇄국정책으로 천주교가 박해를 받고, 외세의 침략이 빈번했던 조선 말기, 장승업은 천재 화가로 이름을 날렸다. 임권택 감독은 장승업의 일생을 다루되 자신의 작품에 만족하지 않아 술로 화를 풀고 취기로 그림을 그리는 등 자기 파괴적인 면모의 예술가의 초상에 주목했다. 전작 〈춘향뎐〉(2000)에서 음악으로 형식 실험을 감행했던 임권택은 〈취화선〉에서는 그림으로 인물의 행적과 심리를 쫓는다. 촬영감독 정일성이 임권택 연출의 화폭이 되어주고, 제작자 이태원이 전폭적인 지지를 아끼지 않았던 〈취화선〉은 2002년 칸영화제에서 한국영화 최초로 감독상을 받으며 임권택 영화 경력에 정점을 찍었다. (허남웅)

임권택 IM Kwon-taek
1934년 출생. 1960년대 감독 데뷔 후 〈화장〉(2014)까지 102편을 연출하였다. 대표작으로는 〈장군의 아들〉〈서편제〉〈축제〉(1996) 등이 있다. 〈취화선〉으로 한국영화 최초로 칸영화제 경쟁부문에서 감독상을 받았다.

J 스페셜: 올해의 프로그래머

J Special: Programmer of the Year

전주국제영화제로부터 '올해의 프로그래머' 제안을 받고 과연 어떤 기준으로 프로그래밍을 해야 할까 고민을 많이 했다. 그러다 단순하게, '요즘 내가 가장 관심 있어 하는 장르영화에 영향을 준 작품들로 프로그래밍을 해보자!'라는 생각이 들었다. 그렇게 선택한 세 영화는 요즘 내가 가장 관심 있어 하는 장르의 영화, 또 극장에서 관람할 기회를 놓친 작품들이다.

이렇게 선택한 첫 번째 영화는 데이비드 린치 감독의 〈블루 벨벳〉이다. 내가 영화에 처음으로 관심을 갖기 시작했을 때, 데이비드 린치 감독의 영화들은 '필수 관람 목록'의 상위에 항상 올라 있었다. 그중에서도 〈블루 벨벳〉은 비교적 대중적인 문법을 지닌 영화이자, 데이비드 린치 감독의 개성이 넘쳐나는 영화다. 시각적으로도, 청각적으로도 끊임없이 관객을 자극하고 불안하게 만드는 힘이 있다.

두 번째 영화는 구로사와 기요시 감독의 〈큐어〉다. 〈큐어〉는 미지의 혐오와 불안을 마주하는 힘이 있는 영화다. 간결하고 정갈하며 정적인 화면 구성 속에 흠칫흠칫 들어가는 타이트하고 잔혹한 숏의 배치는 관객을 끝 모를 불안 속에 빠뜨린다. 그리고 그 결말 역시 흐릿하고 명확하지 않아 이 영화의 불길함 같은 것을 더욱 배가시킨다. 그 시대에도 새로운 영화였지만 지금 보아도 전혀 익숙해지지 않는 새로움을 가지고 있는 영화다. 세 번째 영화는 가타야마 신조 감독의 〈실종〉이다. 앞선 두 편의 영화와 거대한 맥락을 함께하고 있는 영화다. 그리고 스릴러라고 하는 장르에서 앞선 두 작품처럼 '불안'이라고 하는 정서를 함께하고 있는 작품이기도 하다. 어떻게 보면 앞선 두 영화와 하나의 피를 나눈 작품이라는 생각도 든다. 그러면서도 올해 일본에서 개봉한 현재 진행형의 최신 영화다.

이 세 편의 영화를 함께 봄으로써 시대를 초월한 장르영화의 매력과 동시에 장르영화의 변천까지도 같이 느낄 수 있는 시간이 되었으면 하는 바람이다. 이외에도 나의 첫 번째 장편영화 데뷔작인 〈돼지의 왕〉과 첫 번째 실사영화 데뷔작인 〈부산행〉도 프로그램에서 함께 볼 수 있다. (연상호)

돼지의 왕 [18]

The King of Pigs

Korea | 2011 | 96min |
DCP | Color

연상호라는 이름을 국내뿐 아니라 전 세계에 알린 문제적 애니메이션. 2011년 한국 개봉 당시에는 '성인용 애니메이션'이라는 점이 부각되기도 했다. 사업 실패 뒤 충동적으로 아내를 살인한 경민은 대필 작가인 중학교 동창 종석을 찾아간다. 둘은 중학교 시절 우상으로 여겼던 친구 철을 회상한다. 중학생 당시 종석과 경민은 철저한 계급으로 짜인 학교 안에서 바닥에 자리해 폭력을 감수하면서도 비굴한 태도를 보여야 했던 '돼지'였지만, 철은 이들과 달리 폭력에 더 심한 폭력으로 맞서는 '괴물'이었다. 이 끔찍한 약육강식의 세계는 결국 〈부산행〉과 「지옥」(2021)으로 이어진다. 그런 의미에서 〈돼지의 왕〉은 연상호 감독의 초기 작품 세계의 총정리판이라고 할 수 있다. (문석)

연상호 YEON Sang-ho
장편 애니메이션 〈돼지의 왕〉으로 데뷔했다. 대표 영화 연출작으로는 〈부산행〉 〈반도〉(2020) 등이 있고, tvN 「방법」(2020)으로 드라마 작가로도 데뷔했다. 최근 연출작으로는 넷플릭스 시리즈 「지옥」이 있다.

부산행 [15]

Train to Busan

Korea | 2016 | 118min |
DCP | Color

연상호 감독을 세계적 감독으로 끌어올린 영화이자 'K 좀비'의 위력을 대내외에 알린 작품이며, 연상호 감독의 첫 실사영화다. 천만이 넘는 관객을 끌어모으는 대중성을 발휘하면서도 그 안에 새겨진 정치적 메타포로 비평적 찬사마저 품은 〈부산행〉은 2010년대 한국영화의 최고 문제작 중 하나다. 정체불명의 바이러스가 급속도로 퍼지는 가운데 사람들은 부산행 KTX 열차를 탄다. 이 극도로 폐쇄된 공간 안에서 바이러스는 번져 나가고 아비규환 가운데 사람들은 살아남기 위해 다채로운 행동을 펼친다. 지금 이 시점에는 이 영화가 코로나 팬데믹을 예고한 것처럼 보이기도 한다. (문석)

연상호 YEON Sang-ho

블루 벨벳 [18]

Blue Velvet

USA | 1986 | 120min |
DCP | Color

〈블루 벨벳〉은 오프닝부터 압도적인 이미지로 시작한다. 평화로운 일상을 강렬한 색감으로 담아내 기묘하게 꼬여버린 상황들을 보여줌으로써 일상에서 비일상으로 출발할 준비를 마친다. 곧이어 등장하는 청년 제프리는 산책 도중 풀숲에서 사람의 잘린 귀를 발견한다. 〈블루 벨벳〉은 이어지는 오프닝 시퀀스와 첫 번째 사건을 통해서 일상에서 한 걸음만 더 들어가면 나타날 수 있는 기묘하고 두려운 사건을 향해 성큼성큼 접근하는 형식을 지닌 작품이다. 영화라는 예술을 통해 우리는 그 두려운 발걸음에 동참할 수 있고, 그 과정에서 영화가 줄 수 있는 즐거움을 만끽할 수 있다. (연상호)

데이비드 린치 David LYNCH
대표작으로는 〈이레이저 헤드〉(1977), 〈광란의 사랑〉(1990), 〈멀홀랜드 드라이브〉(2001) 등이 있다.

큐어 [15]

Cure

Japan | 1997 | 111min |
DCP | Color

〈큐어〉는 〈회로 Pulse〉(2001), 〈절규 Retribution〉(2006)와 함께 구로사와 기요시 감독의 호러 3부작으로 불린다. 아무런 동기 없이 피해자를 살해하고 몸에 X자 표시를 하는 사건이 연쇄적으로 발생하자 경시청의 형사 다카베 겐이치는 그 사건들을 수사하기 시작한다. 그리고 어느 해변에서 자신의 이름 외에는 아무것도 기억하지 못하는 마미야 구니히코는 만나는 사람들에게 의미를 알 수 없는 질문을 던지고, 그의 주변에서는 의문의 살인 사건이 계속해서 일어난다. 〈큐어〉는 원인을 알 수 없는 불안감을 공포의 재료로 사용하며 관객을 끊임없이 두렵게 만들어가는 작품이다. 정적인 카메라 앵글 속에서 어떻게 진행될지 예측하기 힘든 이야기는 관객에게 원인을 알 수 없는 불안감과 공포를 계속해서 주입한다. 이유 없는 혐오와 폭력에 자주 노출되는 지금의 현대인들에게 더욱더 상징하는 바가 큰 호러 걸작 영화다. (연상호)

구로사와 기요시 KUROSAWA Kiyoshi
1955년 일본 고베 출생. 〈큐어〉 〈도쿄 소나타〉(2008), 〈스파이의 아내〉(2020) 등으로 알려진 감독이자 작가이다.

실종 [18]

Missing

Japan | 2021 | 123min |
DCP | Color

단둘이 살고 있는 아버지와 딸. 어느 날 아버지는 연쇄 살인범을 찾는다는 말을 남기고 사라지고, 딸은 아버지를 찾기 시작한다. 전작 〈곶의 남매 Siblings of the Cape〉(2018) 이후 가타야마 신조의 장르적인 야심이 돋보이는 작품이다. 딸과 아버지 그리고 연쇄 살인범의 세 가지 관점으로 하나의 사건을 전개해 나가는 이야기 구성이 신선하며, 하나의 막이 끝나고 다른 막이 시작될 때마다 점점 장르적인 어두움이 짙어진다. 하나의 해프닝으로 시작되는 이야기는 극이 진행될수록 차츰 가족에 대한 딜레마, 윤리에 대한 딜레마까지 사유의 깊이를 더해간다. 단지 구성적 미학이나 장르적인 연출 외에도 가족과 진실에 대한 고찰이 진한 작품으로 스릴러 장르의 명작의 반열에 오를 만하다. (연상호)

가타야마 신조 KATAYAMA Shinzo
예테보리국제영화제와 제네바국제영화제에 초청된 〈곶의 남매〉로 데뷔했다.

골목상영은 영화제를 찾은 관객들이 상영관 밖에서 자유롭게 영화를 관람하는 자리를 마련하고, 지역 내 특색 있는 공간을 소개합니다. 특히 올해는 야외상영을 통해 에코시티, 혁신도시로 행사 공간을 확장해 전주의 새로운 공간을 만날 수 있습니다.

일정
2022년 4월 29일(금)-5월 6일(금) 매일 20:00부터 (종료시간 상이)

골목상영
· 영화의거리(쇼타임 건물): 전주시 완산구 전주객사3길 74-23
· 동문문화센터(전주시민놀이터): 전주시 완산구 동문길 50
· 남부시장 하늘정원: 전주시 완산구 풍남문2길 63, 2층
· 도킹스페이스 캠프관: 전주시 완산구 홍산북로 57, 5층

야외상영
· 에코시티 세병공원: 전주시 덕진구 송천동2가 1316
· 혁신도시 엽순공원: 전주시 덕진구 장동 1073-1

시간표

4.29(금)	남부시장 하늘정원 〈아버지의 길〉 에코시티 세병공원 〈강아지와 함께한 날들〉
4.30(토)	남부시장 하늘정원 〈습도다소높음〉 동문문화센터(전주시민놀이터) 〈당신은 믿지 않겠지만〉 혁신도시 엽순공원 〈강아지와 함께한 날들〉
5.1(일)	동문문화센터(전주시민놀이터) 〈아버지의 길〉
5.2(월)	도킹스페이스 캠프관 〈그레타 툰베리〉
5.3(화)	도킹스페이스 캠프관 〈당신은 믿지 않겠지만〉
5.4(수)	도킹스페이스 캠프관 〈습도다소높음〉
5.5(목)	영화의거리(쇼타임 건물) 〈그레타 툰베리〉
5.6(금)	영화의거리(쇼타임 건물) 〈아버지의 길〉

전주 시민 대상 특별상영회

전주 시민이 전주국제영화제를 직접 경험하고 더 많은 시민들에게 다가갈 수 있는 영화제를 만들기 위해 영화제 기간 호남 유일의 향토 극장인 전주시네마타운에서 전주 시민을 위한 특별상영회를 진행합니다.

일정	4.30일(토), 5.1(일), 5.5(목) / 3일간 진행
장소	전주시네마타운 2개 관
관람료	무료 * 현장매표소에서 무료 발권 가능
대상	전주 시민 1) 전주시 주소지의 신분증 소지자 2) 전주 내 주소지를 둔 학교의 학생증 소지자 3) 전주 내 주소지를 둔 직장의 직장인(명함, 사원증으로 확인) * 상영 당일 잔여 좌석이 있을 경우에는 전주 시민 외에도 관람 가능

클래스

· 아래의 프로그램은 영화 상영 후 진행됩니다.
· 영화제 사정에 따라 아래 내용은 변경될 수 있습니다.

마스터클래스
Master Class
전주국제영화제는 영화 예술의 각 분야에서 탁월한 성취를 이루고, 자신만의 영역을 개척한 전문가를 선정해 마스터클래스를 개최합니다.
* 참가 비용: 15,000원(영화 관람 및 특별 굿즈 포함)

1. 〈심장소리〉 (생중계) *영어 통역 진행
이창동 감독의 영화 세계를 집중 조명하는 특별전 '이창동: 보이지 않는 것의 진실'에서 첫선을 보이는 그의 첫 단편 연출작, 〈심장소리〉를 관람하고 이창동 감독의 작품 세계에 관한 이야기 나눕니다.

일정	4.30(토) 14:00 씨네Q 1관 (NAVER NOW관)
게스트	이창동 감독
모더레이터	이동진 영화평론가
방식	영화 상영 후 극장에서 진행
상영코드	233

2. 〈바비 야르 협곡〉
신작 〈바비 야르 협곡〉〈미스터 란즈베르기스〉를 중심으로 살펴보는 세르히 로즈니차 감독의 작품 세계. 리투아니아에서 지내고 있는 세르히 로즈니차 감독을 화상으로 만납니다.

일정	4.30(토) 21:00 CGV전주고사 2관 5.3(화) 13:30 CGV전주고사 5관
게스트	세르히 로즈니차 감독
모더레이터	정지혜 영화평론가
방식	영화 상영 후 사전 녹화 영상 상영
상영코드	207, 509

케이사운드 마스터클래스
K-Sound Master Class
한국을 대표하는 사운드 마스터 2인을 초청, 그들이 선정한 영화 1편씩을 관람한 후 사운드에 대해 심층적인 대화를 나누고 노하우를 듣습니다.

* 참가 비용: 15,000원(영화 관람 포함)
* 해당 마스터클래스는 (재)전주정보문화산업진흥원과 함께합니다.

1. 〈2차 송환〉 (생중계)

일정	4.30(토) 18:00 씨네Q 1관 (NAVER NOW관)
주제	한국 다큐멘터리 사운드
게스트	표용수 사운드 슈퍼바이저(미디액트)
모더레이터	이혁상 감독
방식	영화 상영 후 극장에서 진행
상영코드	234

2. 〈스윙키즈〉 (생중계)

일정	5.1(일) 10:00 씨네Q 1관 (NAVER NOW관)
주제	영화와 영상 그리고 음악
게스트	김준석 음악감독(무비클로저)
모더레이터	전진수 전주국제영화제 프로그래머
방식	영화 상영 후 극장에서 진행
상영코드	332

영특한클래스
Cinema Class
'영화와 함께하는 특별한 클래스'의 줄임말. 영화가 다루고 있는 주제에 맞는 전문 지식인을 패널로 섭외해 그 분야에 대해 배울 수 있는 시간을 갖습니다.
* 참가 비용: 12,000원(영화 관람 포함)

1. 〈오마주〉
'오마주: 신수원, 그리고 한국여성감독' 미니 특별전과 함께하는 영특한클래스. 신작 〈오마주〉와 함께 전주를 찾은 신수원 감독과의 대화를 통해 영화에 대한 첫 기억, 영화를 바라보는 현재의 관점 등을 이야기합니다.

일정	4.29(금) 13:00 CGV전주고사 4관
게스트	신수원 감독
모더레이터	문석 전주국제영화제 프로그래머
방식	영화 상영 후 극장에서 진행
상영코드	114

2. 〈중세 시대의 삶〉
김하나&황선우 작가와 함께하는 〈중세 시대의 삶〉 토크! 우리가 지나온 코로나19 격리 시대의 삶이 마치 '중세 시대'의 삶과 다를 바 없다는 영화 속 주인공들의 이야기와 함께 알쏭달쏭한 삶의 해법을 찾아봅니다.

일정	4.30(토) 10:30 씨네Q 전주영화의거리 4관
모더레이터	김하나 작가, 황선우 작가
방식	영화 상영 후 극장에서 진행
상영코드	247

3. 〈2차 송환〉
2004년의 〈송환〉 이후, 18년 만에 돌아온 〈2차 송환〉. 총 촬영 기간 30여 년이라는 긴 시간 동안 카메라를 놓지 않고 장기수들의 삶을 가까이에서 지켜본 김동원 감독과 함께 〈2차 송환〉의 제작기를 들어봅니다.

일정	5.1(일) 18:30 CGV전주고사 4관
게스트	김동원 감독, 김영식 출연자
모더레이터	이주현 편집장(씨네21)
방식	영화 상영 후 극장에서 진행
상영코드	315

4. 〈여판사〉
유실된 필름이 생명을 입어 스크린에서 다시 태어나는 일. 필름 복원은 과거와 현재를 이어붙여 한 편의 영화가 재탄생하도록 합니다. 필름 복원이라는 이 길고 어렵고 복잡한, 그러나 신비롭고 아름다운 세계를 한국영상자료원과 함께 탐색해봅니다.

일정	5.2(월) 14:00 씨네Q 전주영화의거리 10관
모더레이터	한국영상자료원 복원팀
방식	영화 상영 후 극장에서 진행
상영코드	436

5. 〈영화관을 말하다〉
베를린 예술영화의 준거지, 아르세날 영화관에 관한 다큐멘터리를 감상하고 한국의 독립·예술영화를 꽃피우게 한 영화관들을 떠올려봅니다. 영화관이라는 장소에 깃든 기억, 한국 예술영화관이 그간 선보인 참신한 기획전 등에 대해 KT&G 상상마당 영화사업팀장 출신의 진명현 대표와 광주극장 김형수 이사와 함께 이야기 나눕니다.

일정	5.5(목) 17:00 씨네Q 전주영화의거리 4관
게스트	광주극장 김형수 이사
모더레이터	진명현 무브먼트 대표
방식	영화 상영 후 극장에서 진행
상영코드	730

전주대담
JEONJU Special
영화에 대한 깊은 이해를 도모할 수 있는 자리를 마련하여 심도 깊은 대화를 듣는 시간을 가집니다.
* 참가 비용: 12,000원(영화 관람 포함)

1. 〈여자만세〉 〈여판사〉
'오마주: 신수원, 그리고 한국여성감독' 미니 특별전과 함께하는 전주대담 토크. 작품을 통해 끊임없이 세상에 화두를 던지는 세 감독과 함께 '한국에서 여성 감독으로 산다는 것'에 대해 이야기합니다.

일정	4.30(토) 17:00 전주디지털독립영화관
게스트	신수원 감독, 부지영 감독, 윤가은 감독
모더레이터	이다혜 기자(씨네21)
방식	영화 상영 후 극장에서 진행
상영코드	261

2. 〈오스카 피터슨: 블랙 + 화이트〉
재즈 토크의 영원한 콤비, 전진수 프로그래머 & 황덕호 재즈평론가와 함께하는 '오스카 피터슨' 파헤치기. 재즈 팬에겐 놓치기 어려운 만담의 시간이, 음악 애호가에겐 재즈를 더 깊이 알 수 있게 되는 시간이 기다리고 있습니다.

일정	5.1(일) 15:00 CGV전주고사 2관
게스트	황덕호 재즈평론가
모더레이터	전진수 전주국제영화제 프로그래머
방식	영화 상영 후 극장에서 진행
상영코드	306

3. 〈사랑의 섬〉 〈파울루 호샤에 대하여〉
정성일 영화평론가와 함께하는 〈사랑의 섬〉〈파울루 호샤에 대하여〉 토크. 파울루 호샤가 남긴 걸작 〈사랑의 섬〉과, 감독 파울루 호샤에 대해 더욱 깊이 알아봅니다.

일정	5.4(수) 19:00 CGV전주고사 3관
모더레이터	정성일 영화평론가
방식	〈파울루 호샤에 대하여〉 상영 후 극장에서 진행
상영코드	609

4. 〈은빛 지구〉 〈은빛 지구로의 탈출〉
정성일 영화평론가와 함께하는 〈은빛 지구〉〈은빛 지구로의 탈출〉 토크. 미처 완성되지 못한 문제적 SF 걸작 〈은빛 지구〉와, 이 영화의 기구한 운명을 〈은빛 지구로의 탈출〉의 안내에 따라 현재의 시점으로 되돌아봅니다.

일정	5.5(목) 19:00 CGV전주고사 3관
모더레이터	정성일 영화평론가
방식	〈은빛 지구로의 탈출〉 상영 후 극장에서 진행
상영코드	710

올해의 프로그래머, 연상호

J 스페셜클래스

'J 스페셜: 올해의 프로그래머' 섹션 행사로 올해의 프로그래머가 선정한 작품의 감독, 배우 등 관계자를 초청해 관객과 함께 영화에 대한 이야기를 나눕니다.

* 영화 상영 후 진행됩니다.
* 영화제 사정에 따라 아래 내용은 변경될 수 있습니다.
* 참가 비용: 12,000원(영화 관람 포함)

1. 〈큐어〉(생중계) *통역 진행

게스트	연상호 프로그래머, 구로사와 기요시 감독
모더레이터	문석 전주국제영화제 프로그래머
일정	5.1(일) 15:00
장소	씨네Q 1관 (NAVER NOW관)
상영코드	333

2. 〈돼지의 왕〉

게스트	연상호 프로그래머, 조영각 프로듀서
모더레이터	문석 전주국제영화제 프로그래머
일정	5.2(월) 10:00
장소	CGV전주고사 4관
상영코드	412

3. 〈부산행〉

게스트	연상호 프로그래머
모더레이터	문석 전주국제영화제 프로그래머
일정	5.2(월) 14:00
장소	CGV전주고사 4관
상영코드	413

4. 〈블루 벨벳〉

게스트	연상호 프로그래머
모더레이터	장병원 영화평론가
일정	5.3(화) 14:00
장소	CGV전주고사 3관
상영코드	502

5. 〈실종〉

게스트	연상호 프로그래머
모더레이터	김봉석 영화평론가
일정	5.3(화) 19:30
장소	씨네Q 전주영화의거리 10관
상영코드	527

전주톡톡

전주국제영화제를 대표하는 토크 프로그램. 영화를 보지 않은 관객도 자유롭게 참여해 영화인들의 현장 경험과 그들의 새로운 이야기를 들어보는 가벼운 영화 수다입니다.

* 장소: 카페 비오브 / 40분 진행
* 참가 비용: 12,000원(영화 관람 없음, 티켓 예매 필요)
* 참석자는 변경될 수 있습니다.

전주톡톡 1 – 8090 배우가 간다1

코로나가 제아무리 기승이어도 우리는 카메라 앞에 선다! 팬데믹에도 굴하지 않고 맡은 배역을 성실히 연기한 8090 배우들. 올해에도 잊지 않고 전주를 찾은 이 멋진 배우들을 전주톡톡에서 만나봅니다.

일정	4.29(금) 11:00
패널	〈파로호〉〈주인들〉 공민정 배우, 〈폭로〉 유다인 배우
모더레이터	백은하 배우연구소 소장
상영코드	1001

전주톡톡 2 – 8090 배우가 간다2

코로나가 제아무리 기승이어도 우리는 카메라 앞에 선다! 팬데믹에도 굴하지 않고 맡은 배역을 성실히 연기한 8090 배우들. 올해에도 잊지 않고 전주를 찾은 이 멋진 배우들을 전주톡톡에서 만나봅니다.

일정	4.29(금) 13:00
패널	〈비밀의 언덕〉〈여섯 개의 밤〉 강길우 배우, 〈폭로〉 강민혁 배우, 〈겹겹이 여름〉〈말이야 바른 말이지〉〈경아의 딸〉 김우겸 배우
모더레이터	백은하 배우연구소 소장
상영코드	1002

전주톡톡 3 – 봄날의 전주, 따뜻한 영화

이름만 들어도 마음이 따뜻해지는 이들과 함께하는 따뜻한 토크! 〈안녕하세요〉의 차봉주 감독, 이순재-이윤지-김환희 배우와 함께 촬영 에피소드를 나눕니다. 다사다난한 촬영기가 펼쳐집니다.

일정	4.29(금) 15:00
패널	〈안녕하세요〉 차봉주 감독, 이순재 배우, 이윤지 배우, 김환희 배우
모더레이터	이은선 영화저널리스트
상영코드	1003

전주톡톡 4 – 이상한 가족

혼밥과 혼술이 디폴트가 되어버린 요즘 세상에서, '슬기로운 같이 살기' 방법이 있다? '할머니'와 'MZ세대'의 '룸쉐어링' 비법. 이순성 감독, 나문희-최우성 배우에게 물어봅니다.

일정	4.29(금) 17:00
패널	〈룸 쉐어링〉 이순성 감독, 나문희 배우, 최우성 배우
모더레이터	이은선 영화저널리스트
상영코드	1004

전주톡톡 5 – 8090 배우가 간다3

코로나가 제아무리 기승이어도 우리는 카메라 앞에 선다! 팬데믹에도 굴하지 않고 맡은 배역을 성실히 연기한 8090 배우들. 올해에도 잊지 않고 전주를 찾은 이 멋진 배우들을 전주톡톡에서 만나봅니다.

일정	4.30(토) 11:00
패널	〈여섯 개의 밤〉 강진아 배우, 김시은 배우, 〈윤시내가 사라졌다〉 이주영 배우
모더레이터	백은하 배우연구소 소장
상영코드	1005

전주톡톡 6 – 8090 배우가 간다4

코로나가 제아무리 기승이어도 우리는 카메라 앞에 선다! 팬데믹에도 굴하지 않고 맡은 배역을 성실히 연기한 8090 배우들. 올해에도 잊지 않고 전주를 찾은 이 멋진 배우들을 전주톡톡에서 만나봅니다.

일정	4.30(토) 13:00
패널	〈정순〉 윤금선아 배우, 〈비밀의 언덕〉 임선우 배우
모더레이터	백은하 배우연구소 소장
상영코드	1006

전주톡톡 7 – 정순과 경아의 '연대의 딸'

〈정순〉과 〈경아의 딸〉에 각각 출연해 강렬한 연기를 선보인 김금순, 김정영 배우와 함께 때로는 혼자, 때로는 같이 연대하는 법에 대해 이야기합니다.

일정	4.30(토) 15:00
패널	〈정순〉 김금순 배우, 〈경아의 딸〉 김정영 배우
모더레이터	이은선 영화저널리스트
상영코드	1007

전주톡톡 8 – 단편의 기쁨과 슬픔

2021 전주숏 선정작 감독&PD와 함께, 한번 들으면 지나칠 수 없는 단편 촬영의 기쁨과 슬픔에 대해 이야기합니다.

일정	4.30(토) 17:00
패널	〈동창회〉 김고은 감독&정윤석 프로듀서, 〈힘찬이는 자라서〉 김은희 감독&김태경 프로듀서
모더레이터	이은선 영화저널리스트
상영코드	1008

전주톡톡 9 – 전주가 사랑한 사람1

전주의 단골들과 함께하는 〈여섯 개의 밤〉 토크! 독립영화 애호가라면 놓칠 수 없는 이름들과 함께 최창환 감독의 신작 〈여섯 개의 밤〉 이야기에 대해 이야기합니다.

일정	5.1(일) 11:00
패널	〈여섯 개의 밤〉 최창환 감독, 강길우 배우
모더레이터	이은선 영화저널리스트
상영코드	1009

전주톡톡 10 – 전주가 사랑한 사람2

올해 전주국제영화제 상영작에 최다 출연한 오민애 배우를 위한 시간! 장편 1편, 단편 4편과 함께 전주를 찾은 오민애 배우의 연기 세계에 대해 알아봅니다.

일정	5.1(일) 13:00
패널	〈윤시내가 사라졌다〉〈그렇고 그런 사이〉〈심장의 벌레〉〈오 즐거운 나의 집〉〈현수막〉 오민애 배우
모더레이터	이은선 영화저널리스트
상영코드	1010

전주톡톡 11 – 어서 와, 전주는 처음이지?

전주국제영화제를 처음 찾아온 배우들과 함께하는 토크. 정지인-박보람-오우리 배우와 함께 전주를 찾은 소감, 영화 에피소드와 함께 배우라는 직업인으로 살아가는 것에 대해 이야기합니다.

일정	5.1(일) 15:00
패널	〈내가 누워있을 때〉 정지인 배우, 박보람 배우, 오우리 배우
모더레이터	문석 전주국제영화제 프로그래머
상영코드	1011

전주톡톡 12 – 시원 달큰한 눈물의 맛

〈평양랭면〉의 주역들과 함께하는 토크. 평양냉면 한 그릇에서 출발한 이산가족 이야기의 끝은 과연 어떤 맛일까요? 윤준훈 감독, 백일섭 배우와 함께 영화의 시작과 그 여정에 대해 이야기합니다. 토크가 끝나면 전주의 평냉 맛집으로 고고!

일정	5.1(일) 17:00
패널	〈평양랭면〉 윤준훈 감독, 백일섭 배우
모더레이터	이은선 영화저널리스트
상영코드	1012

시네마, 담

봄날의 전주, 야외 무대에서 만끽하는 영화인들과의 만남. 전주라운지 내 위치한 토크스테이지에서 감독과 배우 들을 만날 수 있는 무대인사가 마련됩니다.

* 장소: 전주라운지 내 토크스테이지 / 15분 진행
* 참가 비용: 무료(자유관람)

4.29(금)

일정	게스트	모더레이터
12:00	〈오마주〉	차한비 기자
13:00	〈안녕하세요〉	차한비 기자
17:00	〈내가 누워있을 때〉	진명현 무브먼트 대표
18:00	〈폭로〉	진명현 무브먼트 대표

4.30(토)

일정	게스트	모더레이터
12:00	〈룸 쉐어링〉	차한비 기자
13:00	〈말이야 바른 말이지〉의 〈진정성 실천편〉〈하리보〉〈새로운 마음〉	차한비 기자
17:00	〈파로호〉	진명현 무브먼트 대표
18:00	〈말이야 바른 말이지〉의 〈프롤로그〉〈손에 손잡고〉〈당신이 사는 곳이 당신이 누구인지 말해줍니다?〉	진명현 무브먼트 대표

5.1(일)

일정	게스트	모더레이터
12:00	〈나의 사람아〉	차한비 기자
13:00	〈여섯 개의 밤〉	차한비 기자
17:00	〈비밀의 언덕〉	진명현 무브먼트 대표
18:00	〈윤시내가 사라졌다〉	진명현 무브먼트 대표

감독명(영어)

■ Contents

공식 트레일러 Official Trailer

연출 패트릭 바블로(비주얼 아티스트)

"프로젝터의 빛을 가까이서 바라보면, 그 빛은 마치 최면에
걸려 흔들리며 춤을 추는 듯하다. 나는 이 감각을
전주국제영화제 오프닝 트레일러를 위한 2D 애니메이션과
음악의 상호 작용으로 번역하려 했다. 역동적인 움직임과
다채로운 모양, 그리고 유쾌하게 뻗어 나가는 빛.
이 요소들로 관객과 함께 영화 감상 경험을 공유하는
전주국제영화제를 축하하고자 한다."

—패트릭 바블로(www.patrikbablo.de)

함께 모여 영화를 보고, 영화를 이야기하는 일상의 회복. 제23회 전주국제영화제가 잡은 방향점이다.
전주국제영화제의 3명 프로그래머 문석, 문성경, 전진수에게 프로그램 측면의 특징과 세부, 추천 영화에 대해 들어본다.

문석
프로그래머

문석 프로그래머는 올해가 '코로나와 함께하는 마지막 영화제'가 되길
희망한다. 전주국제영화제의 경쟁 프로그램 '한국경쟁' 및 '한국단편경쟁',
주목할 만한 가치가 있는 한국영화를 조명하는 '코리안시네마', 개성이
진한 장르영화를 소개하는 '불면의 밤' 섹션을 담당하는 그에게 올해 프로그램의
경향과 매력에 대해 물었다.

**올해 프로그램을 준비하며 가장 고민이 되었던 부분은
무엇인가.**
아무래도 코로나 사태와 관련되는 사안이 가장 고
민일 수밖에 없다. 지금 이 시점까지도 오미크론 확
산세가 정점에 다다르지 않은 상태라 영화제가 열릴
무렵 상황이 짐작되지 않는다는 사실이 가장 힘든
대목이다. 그럼에도 해외 게스트들이 들어올 수 있
다는 사실은 희망적이다. 다시 예전처럼 많은 분들
과 떠들썩하게 즐기는 축제의 장을 만들었으면 하는
것이 진심이다.

올해 '한국경쟁' '한국단편경쟁' 선정작의 특징은?
가장 두드러진 특징은 가족이라는 소재를 많이 다뤘
다는 사실이다. 예년에도 주요 소재이긴 했지만, 이

토록 많은 영화들이 다양한 방식으로 '가족'을 다룬
적은 없다. 속물적인 가족의 이야기나 부모를 바라
보는 자녀의 이야기뿐 아니라 노년 부부의 이야기라
든가 유사가족 또는 대안가족에 관한 작품도 많았
다. 반면 지난해까지만 해도 꽤 많은 비중을 차지했
던 여성, 노동, 사회 문제를 다룬 영화들이 눈에 띄게
줄었다. 섣부른 추측일 수도 있지만 코로나 사태가
장기화되면서 창작자들 또한 바깥 세계보다 스스로
의 가까운 곳에 보다 큰 관심을 기울이게 된 것 아닌
가 하는 생각도 든다. 또한 장르적인 관심을 선명하
게 드러내는 영화 또한 예상 이상으로 많이 출품됐
다. 여러모로 어려운 여건 속에서도 새로운 영화를
만들어준 창작자 여러분께 경의의 마음을 전하면서
도, 영화의 질적 수준이 상대적으로 떨어지고 있다

는 사실은 우려가 된다. 코로나 사태가 끝나 제반 환
경이 개선되면 이 또한 나아지리라 기대한다.

'코리안시네마' 섹션의 경향도 그와 비슷한지 궁금하다.
그렇다. 가족 소재를 담은 영화가 많이 배치됐다. 특
히 나문희, 이순재, 백일섭 같은 '실버 스타' 배우들
을 비롯해 방송이나 상업영화를 통해 널리 알려진
배우들이 등장하는 영화가 여럿 포함되어 보다 많은
관객들의 호응을 기대하고 있다. 물론 실험성이 뛰
어난 영화나 다큐멘터리 영화도 배치되어 있다. 한
편, 올해는 코리안시네마 섹션 안에 미니 특별전을
넣었다. 신수원 감독의 최신작 〈오마주〉를 중심으로
홍은원 감독의 1962년작 〈여판사〉까지 4편을 상영
하는 '오마주: 신수원, 그리고 한국여성감독'이 그것
이다. 한국 여성감독들의 삶을 돌아보고 이에 경의
를 표하는 섹션이니 많은 관심 부탁드린다.

관객들의 반응이 기대되는 영화를 2편만 소개해달라.
우선 〈룸 쉐어링〉(이순성)은 한 청년과 함께 살아가
게 된 노년 여성의 이야기를 넉넉한 품새로 그려내
는 영화로, 나문희 배우의 매력이 잘 보이는 작품이
다. 앞서 언급한 〈오마주〉(신수원)는 한 여성 영화감
독이 홍은원 감독의 〈여판사〉를 복원하면서 스스로
의 삶과 영화에 관해 깨닫게 된다는 이야기를 담았
다. 이정은 배우의 원숙한 연기가 돋보인다.

'불면의 밤' 섹션에는 어떤 영화들이 준비되어 있나?
〈라우더 댄 밤즈〉(2015)와 〈델마〉(2017) 등의 각본
을 썼던 노르웨이 에실 보그트 감독의 〈이노센트〉
는 초자연적인 능력을 가진 청소년들의 이야기를 그
리는 예측불허의 영화이며, 스페인 카를로타 페레다
감독의 장편 데뷔작 〈피기〉는 2019년 전주국제영화
제에서 상영된 동명의 단편영화를 바탕으로 한 영화
라서 큰 의미가 있다. 이 외에도 공포나 짜릿함과 동
시에 영화적인 놀라움을 안겨주는 영화 6편을 선보
일 예정이다. 한편, 의도하지 않았음에도 6편의 감독
모두 국적이 다르다. 노르웨이, 스페인, 남아프리카
공화국, 핀란드, 중국, 영국으로 그만큼 이야기의 색
채가 다채로울 거란 말이다. 그중 4명이 여성이라는
사실도 특이하다.

**특별전 '이창동: 보이지 않는 것의 진실'은 어떤 배경
에서 기획되었나.**

지난해 프랑스 알랭 마자르 감독이 이창동 감독에 관한 다큐멘터리 〈이창동: 아이러니의 예술〉을 제작하고 있다는 사실을 알게 됐다. 이를 계기 삼아 이창동 감독의 영화 세계를 돌아보면 좋을 것 같다고 생각했다. 이번 특별전에서는 다큐멘터리 〈이창동: 아이러니의 예술〉과 이창동 감독의 최신 단편영화 〈심장소리〉를 월드 프리미어로 상영하며, 이 감독의 장편 6편 모두를 4K 화질로 상영할 예정이다. 세계 곳곳에서 이창동 감독에 대한 특별전은 여러 차례 개최되었지만 이처럼 장·단편 전작과 다큐멘터리까지 소개하는 행사는 이번 전주국제영화제가 최초다.

특별전 '충무로 전설의 명가 태흥영화사'에 대해서도 소개해달라.

많은 분들이 알다시피 태흥영화사의 창업자인 이태원 전 대표가 지난해 10월 세상을 떠났다. 태흥영화사는 돈벌이가 되는 외화를 수입하기 위해 형식적으로 한국영화를 만들던 시대에 진정 가치 있는 영화를 만들었던 대표적인 영화사였다. 가장 많은 사람들이 기억하는 태흥영화사의 업적은 〈비구니〉(1984)부터 〈하류인생〉(2004)까지 임권택 감독의 영화를 줄곧 제작하면서 세계 영화계에 한국영화의 위상을 각인했다는 사실일 것이다. 그뿐만 아니라 이두용, 이장호, 배창호 같은 당대를 대표하는 감독들의 영화를 만들었고 이명세, 장선우, 김용태, 김홍준, 송능한 같은 새롭고 도전적인 감독의 영화 또한 만들어 한국영화에 새 물길을 끌어들이기도 했다. 태흥영화사의 대표작 8편을 소개하는 이번 행사는 한국영화사에 남긴 이태원 전 대표와 태흥의 커다란 발자국을 기리기 위한 자리다.

올해 영화제에서 기대하는 점은 무엇인가?

간단히 말해, 제23회 전주국제영화제를 '코로나로부터 해방되는 영화제' 또는 '코로나와 함께하는 마지막 영화제'로 만들고 싶다. 이것이 우리의 희망만으로 이뤄질 리는 없겠지만, 그럼에도 현재의 추세대로라면 코로나의 그늘에서 벗어나 올해는 예전과 같은 축제의 장을 어느 정도 복원하고, 내년부터는 진정한 '정상화'를 이뤄낼 수 있지 않을까 조심스러운 바람을 가져본다.

문석
『중앙일보』 기자를 거쳐 2000년부터 영화주간지 『씨네21』에서 취재기자, 취재팀장, 편집장, 기획위원으로 활동했으며 2017년 부천국제판타스틱영화제 산업 프로그래머와 영상물등급위원회 위원을 지냈다.

Invitation Letter

코로나 사태 속에서 치러지는 세 번째 영화제를 맞고 있습니다. 이 거대한 재앙에도 불구하고 영화제의 꼴을 갖추고 행사를 만들어나갔던 데는 첨단 정보통신 기술의 도움이 컸습니다. 온라인으로 상영도 하고 관객과의 대화 행사도 열었고 라이브 방송까지 하면서 영화제의 공기를 멀리 떨어진 관객들에게 전하기 위해 최선을 다했습니다.

그러고 보면 지난 두 해 동안 우리는 미래의 영화제를 미리 본 것인지도 모릅니다. 미래에도 영화제가 남아 있을지 알 수 없는 노릇이지만 어쩌면 이런 형식으로 존재하지 않을까 싶습니다. 하지만 먼저 살아본 미래는 헛헛하고 뭔가 모자라 보입니다. 해서, 올해부터는 전주국제영화제도 현재로 돌아오려 합니다. 완전한 모양새는 아니겠지만 수년 전까지 익숙하게 즐겼던 현재의 영화 축제를 재현하자는 것이 우리의 목표입니다.

낙관만 하는 건 아닙니다. 방역과 안전에 대한 준비는 철저하게 갖추고 있으니 부디 올봄 전주를 여러분의 숨결로 뜨겁게 해주십시오. 우리 함께 현재로 돌아가시죠.

■ Programmer's Picks

큐어 [15]

Japan | 1997 | 111min |
J 스페셜: 올해의 프로그래머 | 5.1(일) 15:00 CQ1(NOW), 5.2(월) 21:00 CQ1(NOW)

올해의 프로그래머 연상호 감독이 선정한 영화 중 하나. 한때 한국에서 불법 CD와 DVD로 대단한 인기를 얻었던 이 영화는 구로사와 기요시의 가장 대표적인 스릴러이자 현대 인간에 대한 섬세하고 날카로운 탐구이다. 지난 세기인 1997년에 만들어졌음에도 여전히 현재적인 이 영화는 한국 최초 4K 버전으로 상영된다.

심장소리 [G]

Korea | 2022 | 28min | 이창동: 보이지 않는 것의 진실 | 4.30(토) 14:00 CQ1(NOW), 19:00 JD, 5.4(수) 17:00 CQ1(NOW)

전 세계 최초 공개작. 세계보건기구(WHO)와 베이징현대예술기금(BCAF)이 세계적 감독들에게 우울증을 주제로 의뢰한 단편영화 중 하나. 원테이크로 한 소년을 쫓아가는 이 영화는 20여 분이라는 짧은 시간 안에 우울증이라는 주제를 담으면서도 한국사회의 단면까지 예리하게 드러내 거장의 숨결을 느끼게 한다.

초선 [12]

USA, Korea | 2022 | 90min | 코리안시네마 | 5.3(화) 18:00 CGV4, 5.4(수) 20:30 CGV6, 5.6(금) 13:00 CQ1(NOW)

〈헤로니모〉(2019)에 이어 전후석 감독이 만든 두 번째 장편영화. 2020년 미국 상·하원의원 선거에 출마한 5명의 재미 한국인을 따라가는 생동감 넘치는 다큐멘터리다. 공교롭게도 이들 중 주인공에 해당하는 진보적 후보 데이비드 김만 낙선하는데, 그가 재기를 다짐하는 모습에서 묘한 동질감과 위안을 얻을 이도 꽤 있을 것이다.

리틀 팔레스타인, 포위된 나날들 [G]

Lebanon, France, Qatar | 2021 | 89min |
프론트라인 | 5.1(일) 14:30 CQ5, 5.3(화) 17:30 CQ5, 5.6(금) 20:30 CQ5

1957년부터 시리아 다마스쿠스의 야무크 지역에 형성된 팔레스타인 난민촌은 시리아 내전이 격화되면서 러시아(!)를 등에 업은 알아사드 정권에 의해 2013년부터 2015년까지 철저하게 봉쇄된다. 이 기간 동안 모든 것이 차단된 이 지역과 주민들을 꼼꼼하게 기록하는 이 영화에는 굶주림과 고통뿐 아니라 음악과 사랑, 그리고 삶의 희열까지 담겨 있다.

문성경
프로그래머

봄의 전주에서 마음을 뒤흔드는 한 편의 영화를 만나길, 문성경 프로그래머는 기대한다. 다음은 그가 담당한 섹션의 올해 방향에 대한 이야기다.
독립예술영화 투자제작 프로그램인 '전주시네마프로젝트', 거장의 신작을 소개하는 '마스터즈', 실험적인 작품을 선보이는 '영화보다 낯선',
영화에 대한 영화를 모은 '시네필전주'를 간추려본다.

어떤 시간을 보냈는지, 근황이 궁금하다.

영화제의 존재 이유를 찾으며 한 해를 보낸 것 같다. 인터넷 기사로만 접해온 영화산업의 변화와 실체가 얼마나 다른지 외국 출장을 가서 확인하기도 했다. 많은 자원을 가진 세계 3대 영화제도 혼란의 상황을 비켜 갈 수 없는 것을 지켜보며 걱정도 됐었고, 상영을 확정한 영화들이 하나둘 쑥쑥 온라인 세계로 날아가는 걸 보며 힘이 빠지는 상황도 있었다. 그러나 재미있는 점은 글로벌 플랫폼의 거대한 상업영화도 영화제를 통해 선을 보이는 전략을 취하고 있고, 플랫폼으로 빠지는 영화가 많으면 많을수록 독립예술영화가 주목받을 수 있는 곳은 영화제라는 점이다. 즉, 영화제는 온라인과 오프라인을 잇는 연결고리이자, 자본의 논리에 영향을 받지 않을 수는 없지만 최소한 휘둘리지 않고 독립적인 목소리를 소개할 수 있는 장이며, 이렇게 소개된 영화들이 다양한 경로로 배급될 수 있는 최초의 발판으로서의 역할을 여전히 하고 있다는 것이다. 그리고 무엇보다 공포를 조성하는 많은 기사에도 불구하고 여전히 극장에서 영화 보기를 고집하고 영화제에 오는 것을 즐거워하는 관객이 있음을 확인한 것도 올해 전주의 봄을 기대하는 이유다.

올해 '전주시네마프로젝트' 섹션의 기조와 방향에 대해 말해달라.

전주시네마프로젝트는 전주국제영화제가 독립예술영화에 직접 투자하여 저예산영화 제작활성화를 도모하는 프로그램이다. 올해 수확은 제법 풍년이라

고 할 수 있다. 총 4편(한국영화 1편, 외국영화 3편)의 신작이 소개되며 극영화, 다큐멘터리, 실험영화 등 그 장르도 다양하다. 이 영화들의 공통점은 우리 삶의 방향성에 대한 질문을 던진다는 것이다. 〈시간을 꿈꾸는 소녀〉는 남의 운명을 봐주는 소녀가 정작 자신의 길을 고민하는 갈등을 보여주고, 〈입 속의 꽃잎〉은 불치병에 걸린 남자가 낯선 이와 파리의 밤 카페에서 대화를 나누며 인간 조건의 상대성에 대해 논한다. 〈애프터워터〉는 도시를 떠나 호수와 숲속으로 떠난 이들이 마주하는 시간을 초월한 유토피아를 제시하고, 〈세탐정〉은 이 시대의 고통을 짊어진 도시를 배경으로 빈 상가를 떠돌아다니는 무정부주의자들을 그린다. 모두들 잘 살고 싶어 하지만 그렇지 못한 현실 속에서 이들은 삶의 과도기에 있는 것일까, 혹은 삶이란 벗어날 수 없는 불안정한 파도 위를 항해하는 것일까. 어떤 영화는 강렬한 질문을 던지고 어떤 영화는 자신만의 답을 제시한다.

'마스터즈' 섹션에서 주목할 만한 점은 무엇인가.

마스터즈는 거장의 신작을 소개하는 섹션으로, 한평생 영화를 품고 살아온 장인들이 바라보는 동시대에 대한 생각을 엿볼 수 있다. 올해 특이한 점은 거장들의 단편 제작이 늘어난 점이다. 대형 프로젝트들이 촬영을 할 수 없게 되자 이들은 스튜디오에서 홀로, 때로는 자연 속으로 떠나서, 혹은 소수의 사람들과 가능한 선에서 영화를 만들었다. 루크레시아 마르텔, 차이밍량, 라두 주데, 안드레이 우지커 감독의 단편을 미니섹션으로 마련했으니 기대해달라.

놓치면 아쉬울 영화가 있다면 1편만 소개해달라.

벨라루스에서 태어나 우크라이나에서 10대를 보낸 세르히 로즈니챠 감독의 신작 〈미스터 란즈베르기스〉를 추천하고 싶다. 소련 고르바초프에 맞서 리투아니아의 독립운동을 이끈 비타우타스 란즈베르기스가 당시 상황을 들려주는 다큐멘터리다. 생생한 자료 화면과 증언은 그 자체로도 중요하지만 30년이 지난 현재도 역사가 반복되고 있다는 사실을 일깨운다.

올해 '영화보다 낯선' 섹션이 시도하는 '낯섦'이 궁금하다.

영화보다 낯선은 '영화'라는 정의와 그 한계에 얽매이지 않고 다양한 형태의 실험적인 작품을 보여주는 섹션이다. 올해는 영화의 경계를 질문하는 시대에 '확장된 영화'(Expanded Cinema)란 무엇인가에 대해 고민했다. 그간 이미지 언어 형식에 초점을 맞춰 작품을 소개해온 이 섹션의 전통을 변형시키는 두 가지 시도를 해봤다. 첫째, 이미지뿐만 아니라 '이야기'의 새로운 형태를 제시하는 영화를 포함했다. 둘째, '영화보다 낯선+'에서는 그간 영화감독의 새로운 시도를 전시장에서 소개하던 전통을 전복시켜 다른 분야에서 활동하는 이들의 무빙이미지 작업을 오히려 영화관에서 소개하려 한다. 이야기의 새로운 형태를 시도해보고 싶은 분들께는 키로 루소 감독의 〈위대한 움직임〉을 추천하고, 무빙이미지의 확장을 느껴보고 싶은 분들께는 '영화보다 낯선+'의 단편작들을 추천한다.

Invitation Letter

프로그래머로 전주에 온 첫해, 한 기자님이 제게 물어보셨습니다. 어떤 영화가 좋은 영화냐고요. 관객의 마음에 클릭이 되는 작품, 자신의 삶에 연결이 되는 작품이라고 대답을 했습니다. 이 말을 조금 다른 방식으로 하자면 자신의 인생에 새로운 서사가 생기는 작품이라고 할 수도 있겠습니다. 세상에 너무도 많은 영화가 있고, 더 많은 볼 것들이 있기에 내 삶과 전혀 관련 없어 보이는 영화는 스쳐 지나갈 뿐 마음에 자리를 남기기 힘듭니다. 그러나 가끔 어떤 영화들은 알 수 없는 이유로 마음에 울림을 가합니다. 올해 전주에서 내 마음을 타격하는 한 편의 영화를 만나시길 감히 바라봅니다. 그리고 그 작품이 왜 내 마음에 자리를 잡았는지 천천히 알아가는 시간도 가져보시길, 그리하여 전에는 보이지 않던 우리 삶의 새로운 부분이 보이게 되길 바라봅니다.

'시네필전주' 섹션의 기획 배경은 무엇인가?

영화감독들은 종종 영화광이기도 하다. 자신이 사랑했던, 혹은 영감받았던 영화들에 대한 조사를 하며 그 영화에 대한 영화를 만드는 사례가 있다. 또 고전 영화 중에 영화제에서만 겨우 볼 수 있던 희귀작들이 최근 디지털 리마스터링으로 복원되는 사례가 늘어 이들을 소개할 장소가 필요했다. 이런 작품들을 모아 '영화에 대한 영화' 섹션을 만들어보자는 취지로 시작된 거다. 기존에 있던 '시네마톨로지' 섹션의 전통을 이어간다고 봐주면 되겠다.

개인적으로 지지하는 영화가 있다면 소개를 부탁한다.

올해 조금 특이하게도 두 편의 영화가 짝을 이루어 선보일 예정이다. 1987년 미완성으로 남아 있다 뒤늦게 완성된 폴란드 공상과학영화 〈은빛 지구〉(안제이 주와프스키)와 이 영화를 둘러싼 수많은 논란을 보여주는 〈은빛 지구로의 탈출〉(쿠바 미쿠르다)이라는 다큐멘터리는 함께 보면 더 좋을 작품이다. 그 외에도 〈녹색의 해〉(1963)로 알려진 포르투갈 거장 파울루 호샤의 〈사랑의 섬〉과 이 작품에 관련된 주변 인물들이 증언하는 〈파울루 호샤에 대하여〉(사무엘 바르보자)도 호샤의 영화를 더욱 깊이 있게 이해할 수 있는 기회를 줄 작품이다.

문성경

고등학교 시절 부산국제영화제가 생겼고, 시험이 끝나는 날이나 주말이면 하루에 영화를 4편씩 보는 재미로 살았다. 누군가에게 짧은 순간이나마 해방감을 선사하고 다른 세계를 보여주는 게 영화라면 그 분야에서 일을 해보고 싶다는 소망을 가졌다. 2004년 전주국제영화제 프로그램팀에서 경력을 시작해 부산국제영화제, KT&G상상마당시네마, 전주프로젝트마켓, 인천다큐멘터리포트, 영화진흥위원회 중남미주재원을 거쳐 2019년부터 전주국제영화제 프로그래머로 일하고 있다.

■ Programmer's Picks

대자연 [G]

France, Germany, Armenia | 2020 | 62min | 마스터즈 | 4.30(토) 17:30 CQ5, 5.5(목) 10:00 CQ6, 5.7(토) 13:30 CQ4

아르타바즈드 펠레시안 감독이 까르띠에 현대미술재단의 지원으로 27년 만에 만든 영화로, 실험과 다큐멘터리 영화 경계의 존재를 증명하는 작품이다. 영화계의 진정한 천재로 불리는 펠레시안 감독은 전 세계 한정된 장소에서만 신작을 공개하기로 했고 운이 좋게 전주가 포함되었다.

전장의 A.I. [12]

France | 2021 | 107min | 프론트라인 | 4.30(토) 17:30 CQ4, 5.1(일) 17:30 CGV3, 5.7(토) 16:30 CQ6

"지능형 기술"을 통해 인류의 비극이 어떻게 보이는지를 풍자적으로 보여주는 작품. 날것의 전쟁 현장을 기록한 겁 없는 카메라와 세상을 지배할 것이라는 기술의 한계를 통해 '인류'는 무엇인지 질문을 던진다.

중세 시대의 삶 [G]

Argentina | 2022 | 90min | 월드시네마 | 4.30(토) 10:30 CQ4, 5.3(화) 17:30 CQ4, 5.5(목) 10:00 CQ10

팬데믹으로 인해 한 가족이 집에 격리된다. 삶은 마치 중세로 돌아간 것처럼 한정되고, 가족은 점점 미쳐간다. 엄마와 아빠는 예술인으로서의 경력을 유지하기 위해 줌을 켜고, 딸은 자신만의 재미를 찾아 나선다. 〈라 플로르〉(마리아노 지나스, 2018)의 배우와 편집감독으로 구성된 실제 가족의 코로나 날들을 향한 솔직하고 따뜻한 셀프 코미디.

세뇌된 시선 [12]

USA | 2022 | 108min | 시네필전주 | 5.1(일) 11:00 CGV2, 5.4(수) 20:00 CGV2, 5.7(토) 17:00 CGV2

영화이론가 로라 멀비가 '남성의 시선'(male gaze)이라는 개념을 제시하자 니나 멩키스 감독은 할리우드 고전영화부터 우리에게 알려진 유명한 영화 속 남성의 시선을 분석해 강의를 했다. 이 영화는 시선에 대한 기술적 분석이기도 하지만 여성의 시선이 무엇인지, 혹은 어떠해야 하는지를 제안하는 영화이기도 하다.

전진수
프로그래머

전진수 프로그래머는 영화제 프로그램의 중추에 해당하는 '월드시네마',
역사와 정치를 가로지르는 도발적인 작품을 선보이는 '프론트라인',
다양한 세대의 관객을 아우르는 '시네마천국' 섹션을 담당하고 있다.
그는 어려운 시기임에도 작품을 만들고 극장을 찾는, 영화를 사랑하는 모두에게
감사의 인사를 전한다.

폐막 이후, 다시 영화제를 준비하는 과정이 어땠는가.

영화제를 마무리함과 동시에 다음 영화제 준비를 해야 했는데, 그래도 잠시 숨 돌릴 시간이 있었던 것 같다. 하지만 예전처럼 해외 영화제 출장을 갈 수 없었기 때문에 여전히 해외 영화제 온라인 플랫폼을 통해, 그리고 친분이 있는 외국 배급사들을 통해 온라인으로 프로그래밍을 해야 했다. 그만큼 더 많은 스트레스 속에서 작품을 고를 수밖에 없었다는 점이 힘든 부분이었다.

올해 '월드시네마' 섹션의 경향에 대해 소개해달라.

세계 각국에서 제작된 다양한 장르의 영화들을 만날 수 있는 월드시네마 섹션은 '영화제 프로그램의 허리'를 맡고 있는 중추적인 섹션이다. 작년에는 18편의 작품을 상영했는데, 올해는 그보다 많은 27편의 작품을 소개하게 되어 뿌듯하다. 올해 언급할 만

한 부분은 문학이나 음악 등 다른 장르와의 결합에서 뛰어난 성취를 이뤄낸 작품들이 많았다는 점이다. 특히 미니 섹션으로 꾸며지는 '밀란 쿤데라, 문학과 영화 사이'는 밀란 쿤데라에 대한 다큐멘터리 〈밀란 쿤데라: 농담에서 무의미까지〉(밀로슬라프 슈미드 마예르)를 보다가 그 안에 언급되는 밀란 쿤데라 원작 영화들을 다큐멘터리와 함께 소개하고 싶은 마음이 들어서 기획하게 되었다. 〈농담〉(야로밀 이레시)을 비롯해, 1960년대 체코영화 황금기에 제작된 3편의 보기 드문 작품들을 만날 수 있다.

개인적으로 애정이 가는 영화 1편을 추천한다면?

루이스 핫핫핫이라는 생소한 이름의 감독이 만든 첫 장편 다큐멘터리 〈네 개의 여행〉. 1979년부터 36년 동안 시행된 중국의 '한 자녀 정책'으로 인해 두 번째 자식인 감독은 태어나자마자 '불법적인 존재'가 됐

다. 다행히도(?) 존재를 숨기고 살아온 그는 네덜란드로 유학까지 떠날 수 있었고, 이제는 어엿하게 미디어아트 작가로 활동하고 있다. 하지만 그에게는 어려운 환경에도 불구하고 자신을 유럽까지 유학 보낸 부모에 대한 부채의식과 함께 어려서부터 따뜻한 가족의 정을 느껴보지 못한 데서 비롯되는 원망도 동시에 존재한다. '자신의 정체성을 찾아가는' 감독의 네 번의 여행에 동행하면서 어느새 그의 복잡한 심경에 감정이입이 될 것이다.

'프론트라인'은 작년에 부활한 섹션이다.

'영화보다 낯선'이 주로 형식적인 실험과 도전에 초점을 맞춘 섹션이라면, 프론트라인은 내용적인 측면에서 도발적이고 과감한 시도를 보여주는 작품들을 상영한다. 전주국제영화제의 성격을 가장 잘 드러내는 섹션이라고 할 수 있다. 매끈하고 세련되기보다

Invitation Letter

코로나 팬데믹과 오미크론 변이까지 모두가 힘든 시절을 보내고 있습니다. 게다가 숨 가쁘게 돌아가는 국제 정세 역시 불안감을 더하고 있고요. 올해 영화제를 준비하면서 이런 부분들을 담아낸 많은 작품을 만날 수 있었습니다. 일상이 된 마스크와 격리 생활, 불안해진 고용 문제, 오래된 분쟁 지역의 증오와 독재의 그늘에 이르기까지 영화인들은 다양한 시선으로 이 혼돈의 시대를 들여다보고 있었습니다. 어려운 환경 속에서도 이렇듯 뛰어난 작품을 만들고 출품해주신 감독 및 제작진에게 감사의 인사를 전합니다. 그리고 이 작품들이 관객 여러분에게도 많은 울림과 감동을 드렸으면 하는 바람입니다.

지난 2년 동안의 영화제가 정상적인 모습으로 관객을 맞이하지 못했다면, 올해는 최대한 예전의 모습을 되찾는 전주국제영화제가 되고자 합니다. 그리고 그 자리에 여러분을 모시고 싶습니다. 전주에서 뵙겠습니다.

는 거칠고 날것의 느낌을 갖는 작품들을 통해 '전선에 서 있는' 인물들을 만날 수 있을 것이다.

올해 특별히 주목할 만한 점은 무엇인가?

갈수록 심각해지는 환경 문제나 인종과 성 차별 등 인권 문제도 그렇지만 최근에는 홍콩 민주화운동, 미얀마 사태, 러시아의 우크라이나 침략 등 국제 정세가 숨 가쁘게 펼쳐지고 있어서 프론트라인은 더 많은 주목을 받을 것 같다. 특히 독일의 다니엘 카르젠티 감독과 팔레스타인의 모하메드 아부게트 감독이 8년에 걸쳐 제작한 다큐멘터리 〈지옥의 드라이버〉를 추천할 만하다. 매일 팔레스타인 불법 노동자들을 태우고 이스라엘 지역으로 밀입국 영업을 하는 운전자들을 담았다. 세계 열강이 무책임하게 벌여놓은 이 최전선에도 사람들이 살고 있고, 그 말도 안 되는 상황을 극복하고자 발버둥치는 그들의 숭고하기까지 한 모습에 감동하고 또 분노할 것이다.

'시네마천국'은 다양한 관객층을 아우르는 섹션이라 항상 기대가 있을 듯하다.

그렇다. 작품성과 대중성을 갖춘 영화들을 소개하며 '월드시네마' 못지않은 완성도 높은 작품을 만날 수 있는 섹션이기도 하다. 전주국제영화제가 도발적이고 실험적인 독립영화를 많이 조명하면서 일반 관객들이 접근하기 어려운 작품을 많이 상영해온 것이 사실인데, 그럴수록 편하게 즐길 수 있는 작품 또한 필요하다고 생각한다. 올해는 음식이나 여행에 대한 영화 등 관객들이 좋아할 만한 작품을 많이 준비해서 개인적으로도 기대가 크다.

특히 큰 호응을 기대하는 작품이 있다면?

〈자본주의를 향해 달린 자동차〉(보리스 미시르코프·게오르기 보그다노프)는 시네마천국 섹션의 의의에 가장 잘 부합하는 작품이라고 생각한다. 비디오아트와 사진 작업으로 명성을 얻은 불가리아의 동갑내기 두 친구가 감독을 맡아 스코다(Skoda), 라다(Lada), 자즈(Zaz) 같은 생소한 브랜드의 차들을 매력적으로 담았다. 냉전시대 유고슬라비아, 체코, 헝가리, 동독 등 동구권 여러 나라에서 생산된 이 차들은 화려하고 성능이 뛰어난 서구의 자동차들과는 달리 '수수한 매력만을' 느낄 수 있는 독특한 자동차들이다. 동구권이 몰락한 지도 이미 오래됐기에 이 차들은 사람들의 기억에서 자취를 감추고 있지만 아직도 이 차들을 수집하고, 운전하기를 좋아하는 몇몇 사람들이 있다. 그리고 그들에게 이 차들은 자유를 갈망했던 구 동구권의 많은 사람들을 서구 자본주의 사회로 탈출시킨 소중한 친구로도 기억되고 있다. 이후 펼쳐진 그들 각각의 삶과는 별개로.

올해 기대하는 점이 있다면.

코로나 이전의 모습을 되찾기 위해 해외 초청, 좌석 수 회복, 전주돔 설치 등 여러 분야에서 노력을 기울이고 있다. 정부와 지자체가 요구하는 방역 절차 역시 영화제 사무국에서 꼼꼼히 챙겨야 할 부분이라고 생각한다. 많은 관객과 게스트가 기대와 응원을 보내주고 있다는 점에서 부담도 많이 되지만, 또 그만큼 사고 없는 영화제가 되었으면 한다. 또한 국내외 많은 영화인들에게도 용기와 힘을 줄 수 있는 영화제가 되었으면 한다.

전진수
전주국제영화제 프로그래머. 대학에서 철학을 공부하고, 대학원에서 영화연출을 공부했다. 연출부, 음반 제작 프로듀서, 음악잡지 편집부 등에서 일하다가 프랑스로 가서 다큐멘터리를 공부했다. 21세기가 되면서 한국에 돌아와 대학에서 강의를 하는 한편, 15년 정도 여러 방송국에서 음악 해설도 했다. 2005년 전주국제영화제 마스터클래스 프로그래머, 2006년부터 2019년까지 제천국제음악영화제 프로그래머, 그리고 2020년부터 전주국제영화제 프로그래머로 일하고 있다.

ⓒHerman Leonard Photography LLC

오스카 피터슨: 블랙+화이트 [G]

Canada | 2021 | 83min | 월드시네마 |
5.1(일) 15:00 CGV2, 5.3(화) 20:30 CGV5, 5.5(목) 20:00 CGV5

재즈 피아노의 아이콘, 네 개의 손을 가진 사나이, 오스카 피터슨. 그는 활동 초기 심한 인종차별을 겪으며 '자유를 위한 찬가'(Hymn for Freedom)라는 명곡을 만들었다. 이 작품은 누구보다 탁월했던 재즈 피아니스트의 삶과 음악을 오롯이 담아낸 다큐멘터리이다.

파리의 책방 [12]

Italy, France | 2021 | 95min | 시네마천국 |
4.30(토) 14:00 JD, 5.2(월) 13:30 CGV1, 5.5(목) 17:30 CGV1

2016년 타계한 이탈리아 영화의 거장 에토레 스콜라의 원작을 세르조 카스텔리토가 감독과 주연을 맡아 다시 만들었다. 고지식한 서점 주인 빈첸초에게 찾아온 변화. 마치 한 편의 연극을 보는 것 같은 연출력과 배우들의 뛰어난 연기가 돋보이는 작품이다.

애프터 양 [12]

USA | 2021 | 96min | 개막작 |
4.28(목) 19:00 JD, 4.29(금) 16:30 CGV3, 5.1(일) 10:30 CGV3

제이크 가족 소유의 안드로이드 '양'은 아시아계 청년의 모습을 하고 있다. 그러던 양은 어느 날 갑자기 작동을 멈춘다. 2017년 〈콜럼버스〉로 데뷔한 한국계 미국인 코고나다 감독의 두 번째 연출작. 서정적이고 정적인 분위기의 독특한 SF영화로 배우들의 연기도 인상적이다.

풀타임 [12]

France | 2021 | 87min | 폐막작 |
5.7(토) 19:00 JD

호텔 룸메이드로 일하며 두 아이를 홀로 키우는 쥘리. 그녀는 전공을 살려 안정적인 정규직으로 취업하고자 하지만 설상가상 터진 노란 조끼 시위와 파업으로 인해 고통을 겪는다. 에리크 그라벨 감독은 현실적인 묘사와 속도감 있는 전개로 관객을 싱글맘의 숨 막히는 상황에 몰아넣는다.

13년 만에 전주에서

김훈비(에세이스트)

2000년 봄, 제1회 전주국제영화제 '영화의거리' 풍경.

2013년 봄, 전주에 도착하고 보니 마침 영화제 기간이었다. 그 사실을 알려준 플래카드가 곳곳에 걸린 전주 시내를 T와 가만가만 걷다가 갑자기 목이 메는 바람에 당황했다. 제1회 전주국제영화제에 얽힌 어떤 기억들 때문이었다. 당시 나는 영화감독이라는 야심찬 꿈을 품고 영화과에 갓 입학한 신입생으로 영화제가 어떤 건지도 잘 모른 채 무작정 동기들을 따라 전주에 왔다. 내 생애 첫 영화제인 만큼 마냥 설레고 들떴었는데 생애 첫 영화제인 건 전주 역시 마찬가지여서 도시 전체가 이미 설렘과 들뜸을 한가득 품고 있었다. 나의 '첫'과 전주의 '첫'이 섞여 어디를 걷든 달콤한 꿈에 반쯤 잠겨 있는 기분이었다.

그렇게 일주일을 머무르며 열아홉 편의 영화를 보고 밤마다(때로는 낮에도) 술을 마셨다. 전주로 떠나는 순간부터 가장 보고 싶어 애가 닳았던 다큐멘터리 〈부에노스아이레스 제로 디그리〉를, 전주에서 처음 만났고 그 후로도 오래도록 사랑하게 될 허우샤오셴의 영화들을, 고등학교 시절 몇 안 되는 마음 둘 곳이었던 『배유정의 영화음악』에서 알게 된 이후 너무나 궁금했던 요리스 이벤스의 유작 〈바람의 이야기〉를 보고난 뒤에는 가슴이 터질 듯이 벅차올라서 술을 마셨고, 카트린 브레야의 〈로망스〉와 프레데릭 퐁텐의 〈포르노그래픽 어페어〉를 본 날에는 영화관을 나서는 순간부터 의견이 크게 엇갈린 동기들끼리 언쟁을 하며(나중에는 모두가 파란만장한 연애사들을 고백하며) 술을 마셨다.

영화와 감독에 대한 아무런 정보 없이 미이케 다카시의 〈오디션〉을 보러 갔다가 아무도 예상치 못한 갑작스러운 전환에 소스라치게 놀라 함께 비명을 지르다 나오고(본 사람은 영원히 잊지 못할 "끼리끼리끼리끼릭"), 존재 자체가 사탄 같았던 터르 벨러의 〈사탄탱고〉를 졸기 시작하는 서로를 쿡쿡 찔러 깨워가며 7시간 넘게 함께 보고 나오면, 굉장한 경험을 공유한 전우애 같은 게 생겨 또 술을 마실 수밖에 없었다. 고등학교를 졸업한 지 몇 달 안 돼 경험치가 현저히 낮았던 나에게, 매일 스크린 앞에 앉아 있으면 어김없이 내 상상의 영역을 넘어서며 펼쳐지는 온갖 세계들이 경이로웠고, 영화가 전부인 사람들이 밤새 나누는 영화 이야기와 영화라는 갈고리에 걸려 같이 따라 나오는 저마다의 지나온 삶의 이야기를 듣는 시간들이 어쩐지 정답고 좋았다. 나도 저 멋진 세계의 일원이 되고 싶다는, 누군가를 전주에서 밤새도록 술 마시게 만드는 영화를 만들고 싶다는 꿈이 한없이 부풀고 부풀어 올라 서울에 돌아왔을 때는 짐짓 비장해져 있기까지 했다. 처음으로 무언가에 인생을 걸어보고 싶었다.

하지만 1학년을 다 마치기도 전에 그 꿈이 얼마나 현실적인 고려 하나 없었던 허황한 꿈인지를, 나의 내향적인 성향과 강박적인 성정과 그걸 극복하지 못하는 나약한 신경이 감독이 되는 일과 얼마나 맞지 않는지를 뼈아프게 깨달아야 했다. 사람들로 늘 북적하고, 통제해야만 하거나 통제할 수도 없는 변수들이 가득하며, 조연출이라도 맡을라치면 타인에게 아쉬운 소리를 해야 할 일이 널리고 널린 영화 현장은 대개 악몽이었고, 지방 촬영이 있어 오래 집을 떠나 합숙하는 상황은 더더욱 힘들었다. 계속하다 보면 익숙해질 거라고 스스로를 독려하며 한두 해 더 버텨보았지만 끝내 실패했고 나는 영화과를 자퇴하며 영화와 완전히 등졌다. 그때 호되게 배운 덕에 다시는 '하고 싶은 일'에 무턱대고 매혹당하지 않았다. 언제나 '할 수 있는 일'에서부터 계산기를 두드려 크고 작은 진로들을 선택했다.

그러니까 2013년 전주를 걷고 있는 나는 그런 선택들의 오랜 총합이었다. 그래서 목이 메었던 것 같다. 2000년의 전주가 내 인생 전체에서 현실이라는 걸 따져보지 않고 오직 마음에서 우러나오는 대로만 마음껏 꿈을 꿨던 유일한 시기였다는 것을 갑자기 깨달았기 때문이다. 다시는 지금처럼 커다랗고 찬란하고 어리석은 꿈을 품어보지 못하리라는 걸 까맣게 모른 채 행복에 겨워 전주를 걸어 다니던 그때가 떠올라서. 굳이 되돌아가고 싶지 않지만 한 시절 존재해줘서 고마운 시간들을 13년 만에 만나서.

그런 이야기들을 두서없이 하며 T와 조금 더 걷다가 우리가 전주에 온 이유인 전주월드컵경기장으로 가는 버스에 올라탔다. 1시간 후에 전북 현대와 포항 스틸러스의 K리그 경기가 펼쳐질 예정이었다. 그랬다. 이제 나의 삶은 영화관이 아니라 축구장 안에 있었다. 버스가 출발하고, '영화의거리'와, 그 어딘가에 여전히 서 있을 것만 같은 스무 살의 나와, 아주 잠깐 내 것이었던 꿈들이 빠른 속도로 멀어졌다. 순식간에 13년의 세월이 흘러갔다.

김훈비
못 견디게 쓰고 싶은 글들만을 천천히 오래 쓰고 싶은 에세이스트. 『우아하고 호쾌한 여자 축구』 『아무튼, 술』 『전국축제자랑』 등을 썼다.

The new C-Class Sedan

Stay in your Comfort zone.

메르세데스-벤츠 전주, 군산 전시장에서
새로워진 럭셔리의 시작을 직접 경험해보십시오.

Mercedes-Benz

올해 전주는 57개국, 217편의 영화를 상영한다.
이들 영화 중 개막작 등 10편에 주목해
감독과 배우에게 인터뷰를 청했다.

내가 아닌
다른 존재를
이해하는 일

〈애프터 양〉 코고나다 감독

첫 영화 〈콜럼버스〉(2017)에 이어 두 번째로
전주를 찾은 코고나다 감독은 안드로이드 '양'을 통해
시간과 기억, 사랑과 상실에 관해 이야기한다. 최근
드라마 『파친코』에서 코리안 디아스포라의 정체성을
탐구한 그는 〈애프터 양〉에서 고민의 영역을 인간
밖으로까지 확장한다. 제23회 전주국제영화제의
문을 열, 개막작 〈애프터 양〉의 감독 코고나다를 만나
영화에 관한 깊은 이야기를 나눴다.

원작이 된 알렉산더 와인스틴의 단편소설 『양과의 안
녕 Saying Goodbye to Yang』은 어떤 경로로 접했
는가. 원작과 각색 각본의 차이점은?
제작자 중 한 사람인 테리사 박이 알렉산더 와인스
틴의 단편집 『미래 신세계의 아이들 Children of
the New World』(2016)을 주며 각색해보고 싶은
이야기가 있을지 물었다. 「양과의 안녕」은 이 단편집
의 첫 번째 작품이자 뇌리에서 떠나보낼 수 없는 작
품이었다. 단순한 이야기이면서도 기억, 상실, 가족,
정체성, 슬픔 등 내가 흥미를 느끼는 많은 요소를 담
고 있었다. 미래를 배경으로 하고 있지만 일상적인
삶의 맥락에서 전개된다. 나는 시간과 기억, 그리고
상실의 층을 더욱 깊이 들여다보고 싶었고, 이야기
를 확장시켰다.

양은 중국인처럼 보이고 그 기대에 맞게 행동하지만
이 모든 특성은 디자인되고 프로그램되었다. 그렇다
면 이런 경우 아시아인이라는 것의 정체성은 어떤 의
미가 있을까?
나는 양이 아시아성(Asianness)의 구성체라는 데

상당히 심취했다. 나를 비롯해 수많은 아시아인 디
아스포라들이 자신의 조국, 자신의 역사, 자신의 문
화와 단절된 상태에서 아시아인이라는 것이 도대체
무슨 의미인지 알기 위해 고심한다. 그래서 우리의
아시아성은 종종 갖가지 인식과 조정에 말미암은 구
성체처럼 느껴지기도 한다. 양, 그리고 자신의 아시
아성을 이해하고자 하는 양의 열망은 그의 외양이나
실상을 떠나 내게 절실히 와닿을 수밖에 없었다.

원작에서부터 양은 남성으로 설정되었다. 이것은 '보
편성'으로서의 남성일까? 아니면 양이나 가족들에게
구체적인 의미가 있을까? 이는 양과 아다와의 관계에
영향을 끼쳤을까?
양은 남성성의 구성체인 동시에, 이상적인 손위 남
자 형제의 구성체라고 할 수 있다. 그런데 작중 세계
는 손위 여자 형제를 구입할 수도 있는 세계다. 베타
저장소 장면을 보면 여성 버전의 양이 현관문을 열
어주기도 한다. 어느 쪽일지는 가족과 자녀의 편안
하고 쾌적한 삶을 우선적으로 고려하는 소비자로서
의 선택이라고 생각한다.

안드로이드 소재의 영화를 만들기 위해 어떤 영화들을
참고했는가. 동시대의 기술 환경이 원작의 아이디어
를 발전시킬 때 영향을 끼쳤다고 생각하는가.
나는 항상 〈블레이드 러너〉(1982)의 레이철이 영화
에서 찾을 수 있는 가장 매력적이고 감동적인 안드
로이드 캐릭터라고 생각해왔다. 레이철은 지극한 감
정과 본성을 지닌 존재로, 대부분의 영화에 등장하
는 AI와 다른 종류의 긴장을 야기한다. 그녀는 물리
적 위협으로 다가오는 것이 아니라, 감정적 위협으
로 다가온다. 영혼이 있는 듯 보이는 존재에게 애착
을 형성한다는 위협이다. 그리고 우리는 좋든 싫든
이미 감정이 기술과 깊숙이 뒤얽힌 시대에 진입해
있는 것 같다.

당신의 전작과 이 작품 모두 헤일리 루 리처드슨이 연
기한 유럽계 여성과 아시아계 남성(또는 그렇게 생긴
존재)과의 플라토닉한 관계를 다루고 있고, 가족에 대
한 애도의 과정을 거쳐 진행된다. 이 연속성엔 의미가
있을까.
상실과 사랑은 서로 관련돼 있다. 우리가 애도를 하

는 건 상실과 사랑을 둘 다 느낄 때다. 나는 서서히 자각되는 슬픔이라는 아이디어가 흥미롭다. 슬픔의 가능성이란 어떤 때는 거저 주어지지 않고 붙잡아야 하는 것이다. 일시적인 소울메이트라는 개념도 주요 관심사 중 하나다. 잠깐이더라도 필요한 순간에 우리는 다른 이와 깊은 관계를 맺을 수 있다. 이 관계들은 로맨스의 성질을 띠겠으나, 전통적 의미의 로맨스와는 다른 의미일지 모른다.

콜린 패럴, 조디 터너스미스, 저스틴 H. 민, 말레아 엠마 찬드라위자자의 캐스팅은 어떻게 진행되었는가?

콜린 패럴이 이 영화에 관심을 보인다는 소식을 들었을 때 꿈만 같았다. 그는 큰 영화에서든 작은 영화에서든 언제나 굉장한 몰입도와 존재감을 보여줬다. 말레아 엠마 찬드라위자자는 LA 갤럭시 축구 경기에서 미국 국가를 열창한 영상이 화제가 되며 알게 됐다. 에이전트가 말레아를 데려왔을 때는 한눈에 범상치 않음을 알 수 있었다. 저스틴 H. 민에 대해 말하자면, 나는 그가 양으로 나오는 걸 본 순간 그의 목소리, 그리고 진실과 미스터리가 공존하는 듯한 그의 놀라운 분위기에 곧장 매료됐다. 사람의 마음을 사로잡고 끌어당기는 힘이 있는 데다 무척 겸손한 배우였고, 양의 적임자라는 것을 직감할 수 있었다. 끝으로, 나는 조디 터너스미스가 마지막 순간에 출연진에 합류하게 된 것이 얼마나 행운인지 모두에게 말하고 다녔다. 이미 촬영에 돌입한 상태에서 원래 키라 역에 캐스팅됐던 배우가 출연하지 못하게 되는 바람에 캐스팅을 다시 진행해야 했다. 그래서 조디가 뉴욕으로 와 콜린과 함께 대본을 읽어보게 됐는데, 키라가 조디를 위해 준비된 역이라고 해도 과언이 아닐 정도였다. 이틀 후 그녀가 촬영에 들어가 모든 장면을 끌어올리기 시작하자, 그제야 작중 가족이 제 모습을 찾고 깊이를 드러낼 수 있었다.

영화는 테크노 사피엔스라는, 인간과 유사하게 생겼고 유사하게 행동하는 낯선 존재의 정신을 탐구하는 과정이다. 하지만 주인공 제이크는 양의 기억 일부에 직접 접속함으로써 오히려 주변 인간들에 대해서 보다 더 많은 것을 알게 된다. 인간을 모방하는 기계로서 테크노 사피엔스는 인간보다 이해하기 쉬운 존재일지도 모른다. 제이크는 양을 이해한 것만큼 아내와 딸을 이해할 수 있을까.

그럴 수도 있고 아닐 수도 있을 것이다. 어떤 면에서 보면 우리 모두 양인 것 같다. 누구의 마음을 열어 보든 우리는 그의 사랑과 상실, 관심사와 일상성의 세계를 발견하게 될 것이다. 우리는 모두 시간의 현현, 시간의 심오한 의식이다. 다른 이를 이해한다는 건 과연 어떤 의미일까? 우리는 누구나 미스터리이기도 한 터다. 그렇지만, 나는 누군가 혹은 무언가를 이해하려는 시도 자체가 가치 있다고 생각한다. 그것보다 중요한 것은 없다. 우리는 흔히 자기 자신에게만 몰두하는데, 우리의 인간성과 우리가 이 세상을 살아가는 존재 의미는 다른 이들에 대한 이해를 진정으로 추구할 때라야 뜻깊은 전기를 맞이할 수 있을 것이다.

인터뷰어 듀나 SF작가, 문화평론가

애프터 양 [12]
After Yang

USA | 2021 | 96min | 개막작 |
4.28(목) JD 19:00, 4.29(금) CGV3 16:30,
5.1(일) CGV3 10:30

기술이 일상에 스며든 가까운 미래, 제이크 가족 소유의 안드로이드 양은 아시아계 청년의 모습을 하고 있다. 어느 날 갑작스레 작동을 멈춘 양을 고치기 위해 여러 곳을 오가던 제이크는 양에게 기억을 저장하는 특별한 기능이 있음을 알게 되고, 자신이 다 알고 있다고 생각한 안드로이드 양의 사적인 시간들을 발견하기 시작하는데….

코고나다
첫 장편영화 연출작 〈콜럼버스〉는 제33회 선댄스영화제와 제18회 전주국제영화제에서 상영되었다. 콜린 패럴이 주연한 두 번째 장편영화 〈애프터 양〉에서는 〈콜럼버스〉 때처럼 연출과 각본을 함께 맡았다.

포기하지 않는 한 여성의 이야기

〈풀타임〉에리크 그라벨 감독

영화 〈풀타임〉은 하루 24시간을 꽉 채워 사는 여성, 쥘리(로르 칼라미)의 이야기다. 혼자 아이를 키우며 호텔에서 일하는 쥘리는 기존 경력을 잇기 위해 틈틈이 이직에 도전하고 있다. 교통 파업으로 마비된 도시에서 전개되는 쥘리의 일과는 전투처럼 치열하다. 이 영화를 통해 파리 교외에 터를 잡고 사는 사람들과 이들을 두르고 있는 사회를 "모자이크"처럼 담아내고자 했다는 에리크 그라벨 감독을 화상으로 만났다.

〈풀타임〉의 이야기를 어떻게 구상하게 됐나?

나는 퀘벡 출신인데 20년 전부터 프랑스에 살고 있다. 꿈꾸던 집을 구하기 위해서는 파리에서 꽤 멀리 떨어진 곳까지 가야 했다. 영화 작업을 하면서 파리에 오갈 생각이었는데 차츰 파리에 덜 가고 집에서 더 많은 시간을 보내게 됐다. 그러면서 매일 파리까지 통근하는 사람들이 엄청나게 많다는 걸 알게 됐다. 그게 많은 사람들의 현실인데 영화나 매체에선 이걸 별로 다루지 않는다. 이 현실을 말하고 싶었다. 이른 아침부터 일어나 기차를 타고 아주 빽빽한 하루 일과를 보내야 하는 사람들을 증언하고 싶었다. 그들의 선택이며 그들이 꿈꾸는 삶을 위한 것이지만 여기엔 치러야 할 대가가 따랐다. 물론 이 영화는 그것보다 더 복잡한 이야기를 담고 있다. 기차를 타고 출퇴근하고 하루 종일 뛰어다니는 사람들의 이야기만으로는 흥미롭지 않을 수도 있으므로, 한 인물을 통해 영화에 관점과 스토리를 부여할 주인공을 찾으려 했다.

〈풀타임〉은 혼자 육아를 하면서 직업으로 대변되는 사회적 삶 또한 포기하지 않는 여성의 이야기다. 주변에

서 영감을 준 인물이나 이야기가 있나?

캐릭터의 출발점이 되었던 건 평소 기차 안에서 만난 사람들이다. 꼭 가까운 지인이 아니어도 곁에서 보기만 해도 그들이 바쁘고 긴 하루를 보낸다는 것을 알 수 있었다. 그 출발점에는 내 현실도 있다. 두 아이를 두고 일과 가정을 오가는 나의 현실과 그들의 현실, 이 둘을 겹쳐 보았다. 매일 기차 타러 아침 일찍 역에 오는 사람들은 혼자 아이를 키우는 어머니일 수도 있고 어려움을 겪는 사람일 수도 있다. 그것을 출발점으로, 상황 너머 인물을 내면화하는 과정에서 이상하게도 나는 아버지를 떠올렸다. 우리 아버지는 나를 혼자 기르셨다. 아버지는 작은 직업들을 전전하며 평생을 힘들게 일하셨다. 나는 넉넉하지 못한 집안 출신이다. 아주 어린 시절부터 아이들은 부모를 모델로 성장하며 스스로에게 질문한다. 나도 고생스럽게 일을 하게 될까 아니면 나 자신만의 선택을 하게 될까. 그렇게 어려움이 많았던 아버지의 모습을 바라보던 시선, 어린아이로서의 불안, 그것으로부터 벗어나고 싶다는 생각은 이 영화의 주인공을 만드는 데 큰 도움을 줬다.

쥘리의 일주일을 핸드헬드 카메라와 클로즈업으로 따라가며 마치 인물의 일상을 직접 체험하게 하는 듯하다. 몰입감을 높이고자 더한 설정들이 있나?

우선, 몰입을 위해 중요한 영화적 장치는 '시점'이다. 마치 '여기 이런 상황이 있어요, 주인공을 보세요, 그녀가 처한 조건을 보세요'라고 말하듯 주인공을 들여다보는 것을 가급적 피했다. 이건 시나리오를 쓰기 전 단계부터 그랬는데, 나는 주인공을 구구절절 소개하지 않는다. 관객들이 내면으로부터 그녀를 느끼기를 바랄 뿐이다. 관객은 언제나 인물을 현재 시제로 보게 된다. 이야기가 진행되면서 그녀에게 필요한 게 뭔지 하나씩 알게 된다. 관객은 주인공보다 더 멀리 보지 않는다. 관객은 인물과 분리된 채 한 걸음 물러서서 관조하는 입장이 아니다. 두 번째는 '감각적 경험'이다. 촬영, 음악, 편집 등을 그게 마치 쥘리의 내면적 태도인 것처럼 작업했다. 쥘리가 상황을 통제할 수 있을 땐 카메라도 원활한 흐름을 보이고, 쥘리가 어려움에 처하면 카메라의 움직임도 어려워지는 식이다. 일종의 이분법을 더해서 미묘한 차이를 만들어내기도 했다. 카메라는 원활히 움직이는데 반대로 사운드는 불안하게 들리는 식이다.

사운드의 연결 혹은 충돌이 흥미로웠다. 쥘리가 트램펄린을 설치하며 내는 소리가 트램펄린에서 뛰노는 아이들의 소리로 이어지기도 하고, 화면 밖의 경적 소리가 긴장감을 자아내기도 한다.

시나리오 단계부터 상당히 청각적인 작품이 될 거라 생각했다. 첫째로 이 영화 사운드의 기반이 된 건, 도시와 시골이라는 두 가지 청각 요소의 대비. 영화의 감각적인 요소를 통해 말로 설명하지 않고도 관객들이 쥘리가 도시에서 경험하는 '거부'를 느끼길 원했다. 쥘리가 도시에 들어서면 그녀는 도시의 소리로부터 공격당한다. 이건 내가 시골 생활을 통해 직접 느꼈다. 나는 평생 도시에서 자란 도시 사람이다. 시골에서의 삶을 선택하면서 잘못된 선택은 아닐까 염려했지만 결과적으로 시골에 빠르게 적응했

다. 오히려 도시에 다시 들렀을 땐 도시 소리들이 나를 공격하는 것 같은 느낌을 받았다. 전엔 한 번도 느끼지 못했던 거다. 바로 이 느낌을 영화에 가져와 쥘리가 왜 그런 선택을 했는지, 말로 설명하지 않고도 표현하고 싶었다. 사운드의 두 번째 측면은 흔히 공포영화에서 사용하는 건데, 무언가 일어날 것이라는 예감을 불어넣는 거다. 공포영화에선 기본적이고 단순한 장치를 사용한다. 작은 소리로 사람들을 약간 소스라치게 만들면서 '뭔가 일어날 거야, 하지만 지금은 아니야' 예고를 하는 거다. 나도 이 원칙을 사용했다. 미세한 사운드를 사용해 순간적인 인상을 남겼다. 물론 공포영화처럼 관객을 놀라게 할 목적은 아니지만, 사람들로 하여금 조마조마하게 기다리는 상태에 빠뜨리려 했다. 쥘리는 이 위태한 하루 동안 무엇이라도 망치지 않으려면 한순간도 긴장을 늦출 수 없는 상태다. 관객들도 그런 긴장 상태로 초대를 받은 것이다.

첫 장편 〈충돌 테스트 아글라에 Crash Test Aglaé〉(2017)는 자동차 충돌 테스트 일을 하는 여성에 관한 이야기다. '노동'과 '여성'은 당신이 만든 장편영화 두 편의 키워드인데 평소 관심사는 뭔가?

두 가지를 선택했다기보단 자연스럽게 형성된 주제라 할 수 있다. 내가 영화를 만드는 것 자체가 그런 식이다. 하고자 하는 이야기가 있으면 모든 것이 차츰 제자리를 찾기를 기다린다. 이 영화는 두 번째 장편인데 첫 번째 영화를 만들기 전 꽤 오랫동안 좋은 이야기가 떠오르기를 기다렸다. 단편 작업과 달리 장편은 2년에서 4년까지 걸리기도 하므로, 우리를 이끌어갈 수 있는 주제와 스토리가 필요하다. 무엇이 나를 이끌고 갈 수 있을 이야기일지 오래 생각했고, 일과 직업이 오래전부터 개인적으로 중요한 관심사였다는 걸 깨달았다. 인생에서 어떻게 일의 균형을 잡을 것인가? 앞서 밝힌 대로 아버지처럼 일에 매인 삶을 살게 될 것인가? 아니면 나 스스로 통제하고 결정할 수 있는 일을 하게 될까? 이러한 고민은 뿌리가 오래됐다. 이 영화는 '일'을 주제로 만든 두 번째 영화고, 구상 중인 세 번째 영화도 이 주제가 일부를 차지한다. 내 안엔 일의 세계와 관련해 여전히 해결해야 할 부분이 있는 것 같다. 어쨌든 소중하게 생각하는 주제임은 분명하다. 여성이라는 주제는, 일단 나 자신이 영화 속에서 여성 캐릭터를 남성 캐릭터보다 더 흥미롭게 여기는 경우가 많다. 또 나 역시 관객으로서 보고 싶은 훌륭한 여성 캐릭터를 시나리오에서 창조하는 것에 기쁨을 느낀다. 물론 이보다 더 복합적인 이유도 있겠지만. 아직까진 남성 캐릭터를 많이 쓰지 않았는데 앞으로는 남성 캐릭터를 좀 더 쓰게 될 수도 있지 않을까 싶다. 어쨌든 여성 캐릭터를 창조하는 것을 더 좋아하는 것이 사실이다.

인터뷰어 김수빈 영화저널리스트 **동시통역** 조혜경

풀타임 [12]
Full Time

France | 2021 | 87min | 폐막작 |
5.7(토) 19:00 JD

쥘리는 파리 교외에서 홀로 두 아이를 기르며 파리 시내의 고급 호텔에서 룸메이드로 일하느라 온갖 애를 쓴다. 마침내 오랫동안 바라온 직장의 면접을 보게 된 날, 하필이면 전국적인 파업이 벌어지고 대중교통 시스템도 마비되면서 쥘리가 잡고 있던 깨지기 쉬운 균형이 위태로워진다. 그리고 쥘리는 모든 것을 놓칠 위험을 무릅쓰고 시간과의 필사적인 싸움을 시작한다.

에리크 그라벨
프랑스계 캐나다인 작가이자 감독. 지난 20년 동안 프랑스에서 거주했다. 장편 〈충돌 테스트 아글라에〉(2017)로 데뷔하기 전까지 영화제작 운동 '키노(무브먼트)'와 함께 많은 단편영화를 제작했다. 〈풀타임〉은 두 번째 장편 연출작이다.

신수원 감독의 여섯 번째 장편영화
〈오마주〉는 현대의 여성 감독이 잊혀가던
1960년대 여성 감독의 필름 속
목소리를 되살려내는 과정을 그린다.
신 감독은 〈여자만세〉를 찍으면서 홍은원
감독이 생전 살던 집을 방문했다가,
이 영화를 착안했다. "40대 초반 무명의
여성 감독이 1960년대 선글라스를 끼고
명동, 충무로를 휘젓고 다니던, 마흔에
첫 영화를 찍은 여성 감독의 서재에 앉아
있다는 사실 그 자체가 저에겐 영화적
순간이었죠." 신수원 감독에게 여성
감독으로 사는 일의 기쁨을 물었다.

한국의 모든 여성 영화감독에 관한 이야기

〈오마주〉 신수원 감독

〈오마주〉는 지난해 도쿄국제영화제 경쟁부문을 시작으로 해외 영화제 초청이 잇따른다. 이번 전주국제영화제에선 특별전을 열게 되어 〈오마주〉〈레인보우〉〈여자만세〉가 〈여판사〉와 함께 상영된다.
전주국제영화제에서 첫 장편 〈레인보우〉를 상영했는데 12년 만에 다시 작품으로 찾아 기쁘다. 〈오마주〉는 자전적 요소도 있으나 무엇보다 기억 속에서 잊힌 여성 감독의 존재를 복원한다는 면에서, 팬데믹 시기를 맞아 사라져가는 극장에 대한 이야기를 다룬다는 점에서 관심을 가져주시는 것 같다.

왜 홍은원 감독을 조명했나?
〈여자만세〉를 하면서 한국 최초 여성 감독인 박남옥 감독은 〈미망인〉 이후 작품을 만들지 못했다는 걸 알게 됐다. 다행히 〈미망인〉 프린트가 남아 있어 1997년 서울국제여성영화제에 상영하면서 주목받게 됐다. 상대적으로 3편의 장편을 만든 두 번째 여성 감독 홍은원은 2011년 당시엔 〈여판사〉(2015년 필름이 발견됐다)를 비롯해 모두 필름이 남아 있지 않았다. 무엇보다 남성 중심 영화판에서 현장 스크립터, 조감독으로 오랫동안 활동했다는 게 흥미로웠다. 1999년 암으로 돌아가셔서, 따님인 이희재 숙명여대 문헌정보학과 명예교수를 통해 고인이 사셨던 안양 아파트를 가보니 생전 쓰신 서재에 수많은 고서와 신문, 원고가 쌓여 있었다. 그 방에 머물며 타인의 기억 속에

서 사라진, 한 시대를 살아간 용감한 여성들의 이야기를 영화로 만들고 싶다고 막연히 생각했다.

사운드 복원에 관한 이야기를 떠올린 이유는?
〈여자만세〉 다큐 촬영 상황을 끌어들일까도 했지만, 흥미롭지 않았다. 과거 영화 프린트들이 보관 상태가 좋지 않아 사운드가 없는 경우가 더러 있다. 배우들이 말을 하는데 소리가 들리지 않는다는 게 참 이상한 상황이다. 사실 〈여판사〉는 사운드는 있고 필름이 한 롤 없는 상태인데 설정을 바꿨다.

취재는 어떻게 했나?
홍은원 감독에 관한 책, 기고문, 따님, 같이 일했던 여성 편집기사, 배우 엄앵란 등 다큐 취재 때 만난 사람들의 이야기를 토대로 조각을 맞췄다.

본인의 분신 같은 캐릭터에 배우 이정은을 캐스팅했다.
영화 〈미성년〉(2019)에서 주인공의 주차비를 삥 뜯는 이정은이 확 다가왔다. 〈기생충〉(2019)에선 망가지는 것을 두려워하지 않더라. 가끔 영화 얘기를 나누던 김윤석 감독에게 전화번호를 알려달라고 했다.

오마주 ⑫
Hommage

Korea | 2021 | 109min |
오마주: 신수원, 그리고 한국여성감독 |
4.29(금) 13:00 CGV4, 5.1(일) 10:00 CQ10,
5.6(금) 16:00 CQ1(NOW)

지완은 마흔아홉 여성 감독이다. 어렵게 만든 세 번째 영화마저 실패하자 실의에 빠져 지낸다. 그러던 어느 날 영상자료원으로부터 60년대 여성 감독이 만든 영화 복원 작업을 도와달라는 요청을 받는다. 그 작업 중에 60년대 활동한 영화인들의 삶을 들여다보게 되고, 그들의 삶을 통해 자신에게 영화란 그리고 인생이란 무엇인가를 돌이켜보게 된다.

신수원
첫 장편 〈레인보우〉(2009)를 전주국제영화제에서 상영했다. 이후 연출한 〈명왕성〉(2012)은 베를린국제영화제, 〈마돈나〉(2014)는 칸영화제에 초청되었으며, 〈유리정원〉(2016)은 부산국제영화제 개막작으로 선정되었다. 〈오마주〉(2021)는 도쿄국제영화제 경쟁부문에서 상영되었다.

〈오마주〉에서도 정은 씨 연기는 편안하다. 옆에서 친구가 말을 거는 듯한 느낌이다.

극 중 지완은 신수원 감독 판박이던데.
의상 피팅 때 내가 입고 있던 갈색 롱재킷을 한번 입혀보자 해서 '캐릭터 잡는 데 도움이 된다면' 하고 벗어줬는데 딱 맞았다. 결국 쓰고 있던 안경까지 벗어줬다. 어떤 스태프가 정은 씨를 나로 착각하고 "감독님!" 해서 폭소했다. 극 중 지완과 나의 일상은 싱크로율이 1/4 정도다. 내가 영화를 시작할 때는 가사노동에 대해 남편과 소소한 갈등이 있었는데 지금은 많이 이해해준다. 가사노동도 아이들과 나눠서 한다. 그러나 영화에서는 일반적인 한국 가정의 모습을 어느 정도 반영하고 싶었다.

〈여판사〉는 1961년 의문사한 한국 최초 여성 판사 사건이 토대다. 남편이 살해 혐의를 받기도 했는데 영화에선 가부장제 입맛에 맞춘 듯한 결말로 바뀌었다.
당시 홍은원 감독은 〈여판사〉 연출 제의를 받고, 시나리오를 자유롭게 각색한다는 조건으로 수락했다고 한다. 관련 인터뷰에선 "여자를 그리고 싶었다"는 한마디로 자신의 의지를 설명했다. 그녀의 데뷔에는 다소 상업적인 계산이 개입했을 것이다. 여판사 죽음에 대한 이야기를 여자 감독이 만든다는 식으로 팔고 있던 마케팅에 대해 홍 감독이 불만을 드러낸 글도 본 적 있다. 어떤 한계에 부딪혀 보수적인 결론을 내린 게 아닐까. 홍 감독이 여성의 시선에서 인물들의 관계를 그린 점이 가치 있다고 생각한다. 〈여판사〉의 인물들은 선악 경계가 없다. 진숙 남편의 불륜 상대 화영도 포용하고 심지어 진숙과 헤어졌던 (약혼자) 동훈도 나중에 진숙을 돕는다. 이런 점이 전형적인 스토리 안에서 홍 감독만이 가졌던 새로운 비전 같다.

홍은원 감독에게 가장 공감한 부분은?
1976년 월간 『세대』에 그녀가 쓴 '여류 영화 감독의 비애'라는 제목의 글이 있다. "지금은 고인이 된 유두연 씨가 한 말이 생각난다. 홍은 환갑이 지나도 다람쥐처럼 영화판을 누비고 다니며 카나리아같이 노래를 부를 거야. 그러나 그 말은 이미 내게서 멀어진 말이 아닌가? 유 선생님 환갑은커녕 오십도 못 돼서 나에게는 발 들여놓을 한 뼘의 공간도 없어진 영화 현장이 되었어요…." 이 글을 보면서 시공을 초월해 한 사람의 고독과 좌절을 마주하는 느낌이 들었다. 〈오마주〉에서는 이 글을 홍 감독이 옥희에게 보낸 편지로 활용했다.

〈레인보우〉의 지완처럼 오랜 교사 생활을 관두고 감독이 됐는데, 데뷔 초와 지금을 비교하면.
그때는 겁이 없었다. 뭔가 만들고 싶으면 움직였다. 일개미처럼 시나리오 쓰고 스태프를 모으고… 그렇게 10년을 보냈다. 이젠 다른 생각을 한다. 〈오마주〉 촬영 직전 코로나가 터져 모든 걸 멈추게 만들었다. 보통 한 작품 끝나면 다음 작품을 썼는데 1년 반 넘게 시나리오도 쓰지 않았다. 더 이상 저예산 영화는 하지 못할 것 같다는 생각 때문이기도 했다. 영화를 만들더라도 어떻게 만들 것인가가 더욱 중요해졌다. 요즘 어디로 갈 것인가, 많은 생각을 하고 있다.

〈여자만세〉 엔딩에 실린 박남옥 감독의 인터뷰 마지막 질문을 드린다. 감독님에게 영화란?
내게 영화는 '양파' 같다. 까도 까도 그 안에 뭐가 있는지 잘 모르겠다. 아직도 영화는 미지의 세계다.

인터뷰어 나원정 『중앙일보』 기자

© Jorge Fuembuena

© Jorge Fuembuena

피기 15
PIGGY

Spain | 2021 | 100min | 불면의 밤 |
4.30(土) 20:00 CGV5, 5.3(화) 21:00 CGV3, 5.7(土) 16:30 CGV7

스페인 남부의 여름. 사라는 냉담한 가족들이 경영하는 정육점에 박혀 다른 누군가가 되는 것을 꿈꾼다. 설상가상 다른 여자아이들로부터 지속적인 괴롭힘을 당한다. 어느 날, 강에서 사라는 정체를 알 수 없는 낯선 사람이 사라를 괴롭혔던 아이들을 납치하는 것을 목격한다. 사라가 소리를 질러야 할까?

카를로타 페레다
1975년 스페인 마드리드 출생. 영화와 TV 시리즈 감독이다. 마드리드영화학교를 졸업한 후 「기자들 Periodistas」(1998), 「붉은 독수리 Aguila roja」(2009), 「아카시아스 38 Acacias 38」(2015) 등의 TV 시리즈에서 작가, 감독으로서 경력을 쌓았다. 장편영화 〈피기〉의 원작이기도 한 두 번째 단편 연출작 〈피기 Piggy〉(2018)는 여러 국제영화제에서 다수의 상을 받았다.

오늘날의 세계에서 벗어날 수 없는 폭력

〈피기〉 카를로타 페레다 감독

10대 청소년의 삶은 고단하다. 과체중이란 이유로 또래들에게 괴롭힘을 당하던 주인공 사라(라우라 갈란). 사람들 앞에서 심한 수모를 당한 날, 사라는 길 위에서 위기에 처한 자신의 가해자들을 마주친다. 영화 〈피기〉는 스페인의 작은 마을을 배경으로 한 스릴러물로, 딜레마에 처한 인물의 복잡한 내면을 따라가는 영화다. 2018년 공개된 동명의 단편영화를 장편으로 확장했다.

영화 〈피기〉를 어떻게 구상하게 됐나?
누군가를 괴롭히는 일에 대해 늘 써보고 싶었다. 괴롭힘에 대해 항상 걱정하곤 했는데 내가 엄마가 된 후 더 심해졌다. 그러다 영화의 배경이 된 수영장에서 한 어린 소녀를 봤고, 발언 공포(Glossophobia)에 대한 영화를 만들겠다는 결심을 했다. 텅 빈 수영장에 나와 그 애만 있었는데, 아이는 왜 그 시간에 거기 있었을까 하는 의문이 들었다.

단편을 장편으로 확장하며 가장 염두에 둔 것은?
가장 중요한 건 사라와 사라가 겪는 갈등의 진실을 말하는 것이었다. 사라의 내적 동기에 최대한 솔직해지려고 노력했다.

단편에서 주인공은 몸집이 크다는 이유로 또래들에게 괴롭힘을 당한다. 장편에선 폭력적인 시선과 언어가 가족과 지역 사회로 확장된다.
“작은 마을은 큰 지옥이다”라는 말이 있다. 우리가 사회 속에서 어떻게 폭력을 정당화하는지, 어떻게 폭력이 한 세대에서 다음 세대로 전해지는지, 사회가 우리에게 부여하기로 한 역할에서 벗어나는 것이 얼마나 어려운지에 대해 이야기하는 것이 중요했다. 오늘날의 세계에선 괴롭힘에서 벗어날 수 있는 방법이 없다. 전 세계가 하나의 마을이다.

죽은 동물과 산 동물, 죽은 사람과 산 사람의 이미지가 교차한다. 죽은 동물들이 널린 정육점이 배경이고, 실종된 소가 숲에서 홀연히 나타나기도 한다. 산 사람이 죽어 있는 듯한 모습으로 나오기도 한다. 이런 이미지들을 어떻게 활용하고자 했나?
스페인에서 ‘죽음’은 일상생활의 일부다. 작은 마을에서는 더욱 그렇다. ‘폭력’도 일상생활의 일부다. 사라는 폭력을 평생 겪어온 인물로, 폭력을 보고 경험하는 데 익숙해져 있다는 걸 표현하고 싶었다.

1.33:1의 화면비를 택한 이유는?
여러 가지 이유가 있다. 이 포맷은 인물을 화면 중심에 둠으로써 갇혀 있는 듯한 느낌을 강조하는 동시에 어린 시절의 이야기와 이미지들을 상기시킨다. 요즘 10대들은 인스타그램을 떠올리기도 한다. 이를 통해 포맷의 의미를 더하고자 했다.

주연 배우 라우라 갈란은 10대 여자 청소년이 느끼는 자기혐오, 분노, 불안, 두려움 등 다양한 스펙트럼의 감정을 촘촘히 표현해낸다.
이 배우를 찾는 데 2년이 걸렸다. 배우가 다니는 연기학교도 가보고, 고등학교, 연극 공연 등을 다 찾아다녔다. 라우라는 역할보다 나이가 약간 많았는데, ‘사라’라는 캐릭터와 우리가 어떻게 찍으려는지를 너무도 완벽하게 이해했다. 단편에 이어 장편의 주연을 맡기는 것도 너무 당연했다. 라우라가 이 역할을 맡을 거란 걸 인지하고 나서부턴 시나리오를 쓰는 과정이 훨씬 자유로웠다.

영화의 모티브가 된 단편은 유튜브에서 공개돼 4월 초 기준, 900만 회가 넘는 조회 수를 기록 중이다. 기억에 남는 반응은?
하나를 고르기가 매우 힘들다. 일반적으로 강렬한 반응들은 모두 긍정적인 편이다. 관객들이 좋아하든 싫어하든 이 영화가 논쟁을 일으켰다는 점이 좋다.

어떤 이야기에 끌리나. 지금은 어떤 작업 중인가?
현실을 다른 관점, 다른 방식으로 바라보게 하는 모든 것에 관심이 있다. 그런 작업은 우리가 가진 기준을 의심하게 만든다. 일반적으로 ‘정체성’에 관한 이야기에 끌리는 것 같다. 또 피해자들에게 힘을 주는 것도 좋아한다. 지금은 다음 장편영화 〈아네를 위한 선물 A Gift for Ane〉과 〈금발들 The Blondes〉을 기획하고 있는데, 〈금발들〉은 내 첫 단편영화를 기반으로 하고 있다.

인터뷰어 김수빈 영화저널리스트

순수한 현실 관찰, 순수한 조작

〈입 속의 꽃잎〉
에리크 보들레르 감독

〈레터즈 투 맥스〉〈지하디로 알려진〉
〈드라마틱 필름〉을 통해 다큐멘터리와
픽션의 경계를 자유로이 넘나들어온
에리크 보들레르는 최근작 〈입 속의
꽃잎〉에서 이 둘을 나란히 병치시킨다.
말을 지우고 움직임에 집중한 전반부와
말로 쌓아가는 드라마를 관찰할 수 있는
후반부의 이야기는 다른 듯 닮은 꼴을
하고 있다.

〈입 속의 꽃잎〉의 전반부는 꽃 시장을 관찰한 다큐멘터리, 후반부는 루이지 피란델로의 희곡 「입에 꽃이 핀 남자」(1922)를 각색한 픽션이다.
피란델로의 희곡은 불치병에 걸린 남자가 낯선 이를 만나는 기차역 카페가 주요 배경이다. 주인공이 자주 찾는 그곳에 도시에서 하루를 보내고 시골로 돌아가기 위해 아침 기차를 기다리는 낯선 이가 있다. 한편 주인공은 그곳에서 지난 시간을 반추하며, 자신이 곧 죽음을 맞이할 것이란 걸 인식한 채로 주변 삶을 관찰한다. 나는 이 희곡을 현재에 맞게 각색하기 위해 관찰 다큐멘터리와 픽션을 나란히 둔 두폭화 구조를 떠올렸다. 1막은 네덜란드 알스메이르에 있는 꽃 시장의 광적인 리듬을 담고 있는데, 이 다큐멘터리 서곡은 밤에 펼쳐지는 매우 사적인 2막의 무대를 마련하는 역할을 한다. 1막의 다큐멘터리가 말 없이 시각과 청각적 감각에 고정돼 있다면, 카페에서의 긴 대화를 담은 2막의 픽션은 언어의 몰입적 가능성을 탐구한다. 옥스모 푸치노가 연기하는 주인공과, 달리 벤살라가 연기하는 낯선 남자는 초면에도 많은 이야기를 나누는데 일견 사소해 보이는 대화 안에 언어, 죽음, 현실 관찰에 관한 생각들이 녹아 있다. 꽃을 입에 문 남자는 세상을 관찰하고, 세상에 대해 말하고, 또 자신을 알리고자 하는 맹렬한 욕구를 갖고 있다.

영화가 시작되면 세계 최대 화훼시장의 풍경이 특별한 대사나 내레이션 없이 펼쳐진다. 꽃 시장이라기보다는 차라리 '꽃 공장'이라고 불러야 할 정도로 꽃과 노
동하는 이의 모습을 주요하게 비추는데. 꽃, 특히 화훼 시장을 소재로 한 이유는 무엇인가.
영화 첫 부분은 바티칸 정도 규모의 냉장 설비가 된, 유럽에서 가장 큰 작업 구조물(꽃 시장)을 배경으로 한다. 아프리카와 남미 등지의 농장에서 매일 아침 4600만여 송이의 꽃들이 이곳으로 날아와 팔리는데, 이 과정에서 꽃들은 찰리 채플린의 〈모던 타임즈〉(1936)의 21세기 버전을 떠올리게 할 만큼의 컴퓨터 제어 기계화 과정을 거친다. 꽃은 아름답기에 매혹적이고 동시에 현재의 생태학적 이상(異常)을 상징하고 있기에 무섭기도 한데, 그 과정을 카메라에 고스란히 담아냈다. 나는 아름다운 동시에 추한 것에 관심이 많고, 그런 점에서 꽃 시장이라는 장소가 내 눈길을 잡아당겼다. 〈타오르는 여인의 초상〉(2019)의 촬영감독이기도 한 클레르 마통과 함께 촬영을 진행해가면서 우리는 이곳 노동자들이 마치 영화 속 등장인물인 것처럼 그들을 긴 트래킹 숏에 담기로 결정했다. 또한 편집감독인 클레어 애서턴과의 상의를 통해 각 시퀀스에 시간성을 부여해 우리가 이 과정의 리듬 안으로 들어갈 수 있도록 했다. 장소에 물리적 감각을 주기 위해서 중요한 것은 바로 시간이다.

수많은 희곡 중에 피란델로의 작품을 골랐다. 어떤 부분을 강조해 담고 싶었나.
「입에 꽃이 핀 남자」는 질병, 그리고 '은유적' 질병에 관한 작품이다. 즉, 살아 있는 한 존재가 세계와의 관계를 재고(再考)할 수밖에 없도록 만드는 현실로

서 죽음의 확실성과, 아름다움과 파멸을 동시에 만들어내는 인간의 (지구에 대한) 영향력이라는 면에서 은유로서의 질병을 담고 있다. 희곡에서 말하는 입가에 핀 꽃은 피란델로가 살던 시대에 사형 선고나 다름없었던 종양의 일종인 '상피종'을 뜻한다. 그는 스페인 독감이 유행한 직후에 이 희곡을 썼다. 나는 1990년대에 이 글을 발견했는데, 당시에는 에이즈에 관한 영화로 각색하고 싶었다. 하지만 프로젝트를 시작하기까지 20여 년이 걸렸고, 당시 코로나 19의 대유행은 이 프로젝트에 또 다른 차원의 영감을 주었다. 하지만 팬데믹 상황에서 현실이 텍스트를 따라잡을 때마다 그것이 가진 문학적, 그리고 철학적 깊이는 순간순간의 뉴스와 비극을 초월하게 했다. 이 영화는 질병과 죽음을 넘어선, 삶에 대한 영화이다.

당신의 영화 작업은 늘 경계 위, 혹은 경계 바깥에 위치하는 듯하다. 가령 전작 〈레터즈 투 맥스〉의 경우 다큐멘터리 형식을 갖고 있지만 어디까지가 다큐고 어디서부터 픽션인지를 구분하기 어렵다. 그리고 이번에는 아예 두 형식이 충돌한다. 당신에게 영화 형식(혹은 영화언어)이란 무엇인가.
나는 픽션과 다큐멘터리 형식을 명확하게 구분하는 것에는 관심이 없다. 보통 한 영화 안에서 이 두 방법 사이를 끊임없이 오가는 영화를 만들어왔다. 다만 이번 프로젝트에서는 조금 달랐다. 〈입 속의 꽃잎〉은 대상의 잠재력을 탐색할 수 있는 순수한 현실 관찰로 영화의 절반을, 나머지 절반은 순수한 조작, 즉 글로 쓰인 대화, 연기, 미장센으로 구성했다. 내가 늘 하던 방식에서 더 나아가 대치하는 형태로, 이 두 문제에 대면하는 데 관심을 가졌다.

인터뷰어 송경원 『씨네21』 기자, 영화평론가

입 속의 꽃잎 ⓖ
A Flower in the Mouth

France, Korea, Germany | 2022 | 67min
전주시네마프로젝트 | 4.30(토) 17:00 CGV3, 5.1(일) 17:00 CQ4, 5.5(목) 13:30 CQ2
두 부분으로 이루어진 영화로 1막은 세계 최대의 꽃 시장을 촬영한 관찰 다큐멘터리, 2막은 피란델로의 희곡을 각색한 픽션이다. 불치병으로 괴로워하는 한 남자가 기차역 카페에서 낯선 이를 만나며 벌어지는 일을 통해 얼마 남지 않은 시간 가운데 무엇을 해야 하는가에 관한 성찰을 그리고 있다.

에리크 보들레르
1973년 출생. 프랑스 파리에 기반을 둔 예술가이자 영화감독이다. 장편영화 〈어글리 원 The Ugly One〉(2013), 〈레터즈 투 맥스 Letters to Max〉(2014), 〈지하디로 알려진 Also Known As Jihadi〉(2017), 〈드라마틱 필름 Un film dramatique〉(2019)은 로카르노, 토론토, 로테르담 등 여러 국제 영화제에서 소개되었다. 2019년 전시 '여유를 가지세요'(Tu peux prendre ton temps)로 마르셀 뒤샹상을 받았다.

프레임이 사라진 시선 속
재현의 윤리학

〈소요산〉 김진아 감독

김진아 감독의 〈동두천〉(2017)은
1992년 기지촌에서 일어난
윤금이 피살사건을 다룬 작품으로
관음으로서의 카메라의 시선이 아닌
공감으로서의 체험을 끌어내며 VR
매체의 영화적 가능성을 입증했다는
평을 받았다. 신작 〈소요산〉은 미군
위안부 여성들을 감금하고 치료했던
소요산 낙검자 수용소에 초점을 맞춘,
'미군 위안부 3부작'에 해당하는 VR
연작이다. 이 글은 단행본 『보더리스
스토리텔러』에서 발췌, 수록했다.

© Elena Zhukova

가를 촬영한다는 행위 자체가 '보존'의 시도이고 상징적으로 이야기하자면 '포옹'의 시도이다. 그런 행위에는 당연히 시간을 거슬러 망각으로부터 지켜내고 껴안고 싶은 피사체에 대한 존중과 애정이 담겨 있다.

이번 전주국제영화제에서 진행하는 전주컨퍼런스에 대해 소개해달라.
전주국제영화제에서 마련되는 마스터클래스는 미군 위안부 3부작에서 중심 질문이 되었던 재현 윤리에 대한 미학적 논의와 함께, XR, AR, VR을 총망라하는 실감미디어(Immersive Media)의 가능성을 이야기하는 자리이다. 시네마틱 VR영화인 〈동두천〉〈소요산〉의 제작 이야기와 더불어 현재 작업하고 있는 〈몽키 하우스의 증강현실 The Augmented Reality of Monkey House〉과 낙검자 수용소 복도의 메타버스 버전 등을 관객에게 살짝 선보일 예정이다. 특히 전주의 극장에 오신 대면 관객들에게는 AR 시연에 직접 참여할 기회를 제공하려고 준비 중이다. 마스터클래스의 형식 역시 온/오프라인을 결합한 하이브리드 형식으로 독특할 것이다. 전주국제영화제 현장의 대면 관객과 줌으로 참석하는 국내 오프라인 비대면 관객은 물론, 한영 동시통역이 제공되는 유튜브 실시간 중계로 해외의 관객까지 함께하는 자리로 마련될 것이다.

인터뷰어 문성경 전주국제영화제 프로그래머 편집 편집부

VR과 영화의 내러티브 구축에 차이가 있다면?
VR영화와 일반 2D영화의 내러티브 구축의 차이는 엄밀히 말해 연출자와 관객 사이의 권력 관계가 달라지는 것이다. 2D 극영화의 연출자는 프레임 바깥의 세상을 다 배제할 수 있고, 편집을 통해 관객이 순차적으로 무엇을 보고 생각하고 느낄지 미리 정해놓을 수도 있다. 그러나 360도 몰입형 매체는 그런 통제가 불가능하다. 이런 VR의 특성에 반감을 느끼는 영화감독들도 많지만 나는 VR의 이런 점이 혁명적이라고 느꼈다.

〈소요산〉 작업 시 〈동두천〉 작업에서 깨달은 무언가를 새롭게 반영한 부분이 있는가?
〈동두천〉을 만들며 깨달은 것은 3D 360도로 촬영된 이미지가 문자 그대로 실감형 경험(immersive experience)을 관객에게 제공하기에 공간을 아카이빙하는 데 매우 효과적이라는 사실이었다. 〈소요산〉에서는 소요산 낙검자 수용소를 VR 매체에 담아내는 것이 수용소에 갇혀 강제 치료를 받았던 여성들의 이야기를 풀어내는 것과 함께 주된 목표가 되었다.

〈소요산〉의 이야기를 구성한 과정이 궁금하다.
〈동두천〉에서는 피해자의 이동 경로, 그 공간의 점진적 변화가 서사의 축이 되었다. 〈소요산〉의 경우는 달랐다. 한 특정 여성이 아닌, 수용소 건물에 갇혔던 다수 여성의 목소리를 대변해야 했다. 이번에는 수용소 벽에 붙어 있던 일과표, 즉 공간의 이동이 아닌 시간의 점진적 변화가 서사의 축이 되었다. 고풍스런

손 글씨로 적혀 벽에 붙어 있던 수감 여성들의 일과표에는 빡빡하게 짜인 일과가 적혀 있었다. 이 일과표를 기반으로 수감된 여성들이 감내해야 했던 수용소 내부의 하루를 재구성하는 것이 〈소요산〉 서사의 기초가 되었다.

관객이 어떤 경험을 하길 기대했나?
미군 '위안부'라는 거대한 숙제가 지식이나 정보가 아닌 감각으로 와닿았으면 좋겠다는 생각을 했다. 미군 '위안부'에 얽힌 복잡하고 정치적인 이슈에 걸려 넘어지지 않고, 누구도 감히 부인할 수 없는 이 여성들의 빼앗긴 인권에 대해 이야기하고 싶었다. 이런 작은 VR 작품으로 그렇게 큰 이야기가 전달이 될까 반신반의하면서도 역사적 맥락에 대한 이해나 사전지식 없이도 그냥 피부로, 귀로, 가슴으로 여성들의 고통이 느껴지기를 바랐다. 그리고 감사하게도 관객들은 그렇게 느껴주었다.

프레임이 사라진 VR 작업 자체가 갖는 의미가 있지만, 소요산처럼 매우 조심스러운 주제에 대해 이야기할 때 카메라의 시선을 어떻게 세팅하는가?
나는 몸으로 영화를 만든다. 오죽하면 미국 듀크대에서 준비하고 있는 회고전 제목이 'The Embodied Cinema of Gina Kim'(김진아의 체화된 영화)이다. 카메라의 시선을 예로 설명하자면, 나는 내 몸이 제공하는 직관에 따라 카메라의 위치를 정한다. 그건 어쩌면 내 첫 작품이었던 〈김진아의 비디오 일기〉에서 유래한 접근 방식이 아닐까. 내게는 카메라로 무언

소요산
Tearless

Korea | 2021 | 12min | 특별상영 |
4.30(토)~5.3(화) 전북VR·AR제작거점센터 8층
〈소요산〉은 몰입형 미디어 기술을 사용하여 제작된 VR영화로, 한국 정부가 미군 기지 외곽의 캠프 타운에서 미군을 위해 강제로 봉사하게 했던, 미군 '위안부' 여성에 대한 프로젝트이다. 이 VR영화는, 한국 정부가 설립하고 미군이 운영했던, 1970년대 '위안부'를 격리하여 성병을 치료하던 수용소인 "몽키 하우스"에 대한 이 여성들의 기억에 초점을 맞추고 있다.

김진아
최초의 한미합작 〈두번째 사랑〉(2007) 등 다섯 편의 장편영화와 〈동두천〉 등의 미디어 아트로 국제무대에서 먼저 인정받았다. 한국 여성감독으로는 최초로 제57회 베니스영화제 경쟁부문의 심사위원을 역임했고, 하버드대학 시각예술학과에서 영화제작과 이론을 가르쳤다. UCLA 대학 영화과 종신교수로 재직 중이며 할리우드와 한국을 오가며 활동 중이다.

살아남은
여자들,
한 가족의 역사
다시 쓰기

〈내 동생에 관한 모든 것〉 왕충 감독

정부의 한 자녀 정책이 엄격히 시행되던 시절,
부모는 뱃속의 여자아이를 낙태하려 했지만 결국
낳아 유기하기로 결심한다. 이것은 왕충 감독의
여동생 진에게 벌어진 비극이다. 〈내 동생에
관한 모든 것〉은 깨어진 가족이 회복되기를 바라는
감독의 열망이 담긴 사적 다큐멘터리이자 나와
내 가족의 몸에 새겨진 기억을 통해 역사를 다시
바라보고 새롭게 써 내려가는 작업이기도 하다.

**내밀한 가족사를 다큐멘터리로 만들게 된 결정적 계
기가 무엇인가?**
2014년에 언니 리한테서 연락이 왔다. 임신했는데,
여아라면 임신 중절을 할 것이라는 내용이었다. 충격
이었다. 여동생 진이 어떻게 태어났는지, 그 아이가
태어나자마자 어떤 고통을 겪어야 했는지 떠올리지
않을 수 없었다. 왜 20년 전에 어머니한테 닥쳤던 일
이 언니한테도 닥치는 거지? 스무 해가 지난 지금, 변
한 것은 무엇이고 변하지 않은 것은 무엇인가? 가족
인 세 여성(어머니와 언니, 여동생)과 분명 함께 살아
왔지만, 이들의 삶, 이들이 내린 결정을 진정으로 이
해할 기회가 없었던 것 같았다. 그들을 더 잘 알고 싶
었고, 상처를 치유할 방법도 찾아내고 싶었다.

**영화 중반부 당신이 어린 시절에 보았던 잊히지 않는—
아마도 낙태된 여아들이 개울에 버려진—광경에 대해
이야기하는 장면이 있다. 그것이 지금 당신의 개인사
나 작품 세계에 어떠한 영향을 미쳤다고 생각하나?**

오랜 시간이 지난 지금도 내게 머물러 있는 기억이다.
어릴 때는 그 죽은 아기에게 어떤 일이 벌어진 것인
지 알 수 없었다. 동물이 아닐까 하는 생각도 했지만
나는 두 눈과 머리카락을 똑똑히 봤다. 그러다 중국
의 한 자녀 정책에 대해, 사람들이 자신들의 첫 아이
가 남아이기를 얼마나 간절히 바라는지에 대해 알게
되면서 비로소 내가 본 것이 아기였다는 사실을 깨달
았다.

**진을 낙태하려 하고 유기한 과거사는 어쩌면 밝히고
싶지 않은 가족의 치부일 텐데, 가족이 이 영화 만들기
와 인터뷰에 흔쾌히 동의했다는 인터뷰를 보았다.**
이 작품을 찍을 때 나는 대학 졸업반 학생이었다. 그
냥 이 작품을 만들고 싶은 마음이 전부였다. 그래서
영화가 어떻게 비칠지에 대해 가족과 그다지 이야기
를 나누지 않았다. 단순히 졸업 작품이라고 말했고,
그들은 나에게 힘을 실어주고자 했다.

**진의 트라우마를 대하는 가족 구성원의 온도가 각자
다른 것이 인상적이다. 특히 어머니가 가장 진을 이해
하지 못하는 듯 보인다.**
어머니와 진의 관계는 생각보다 훨씬 복잡했다. 어
머니는 진에게 죄책감을 느끼는 한편, 진이 자신들
을 멀리하는 데 분노했다. 진이 다시 어머니의 딸로
서 우리와 한 가족이 되기를 바라기 때문이다. 하지만
진은 매번 거리를 두려고 했고, 어머니는 그 태도를
참지 못했다. 그러면 잘못을 만회할 기회를 얻을 수
없으니까. 또 다른 면도 있다. 우리 부모 세대는 60년

대부터 90년대에 이르기까지 가난, 굶주림, 정치적
갈등을 경험하며 수많은 트라우마에 시달렸다. 살아
남으려면 정말이지 강해져야 했다. 아이러니하게도
그 때문에 다른 사람들의 고통을 잘 이해하지 못한다.

**3년간 촬영했다고 들었는데, 가족을 대할 때 어떠한
위치에 있기 위해 노력했나?**
가족을 인터뷰할 때 내가 알고 싶은 모든 걸 알아내
리라는 마음가짐으로 임했다. 이렇게 보면 나는 주관
적이었던 거다. 동시에 진실에 가까이 접근하기 위해
인터뷰 과정에서 판단을 버리려 최선을 다했다. 그렇
게 보면 객관적인 위치이기도 했다.

편집실에서 촬영 영상을 볼 때 어떠한 느낌을 받았나?
너무 오래전이라 어떻게 편집을 했는지도 잘 기억이
나지 않는다. 하지만 영상을 보며 많이 울었던 것은
기억난다. 촬영할 때는 그저 울컥할 뿐이었는데, 막
상 혼자 인터뷰 장면을 보고 있으니 눈물을 멈출 수가
없었다.

**영화 찍기의 과정과 완성된 영화를 본 이후 가족 사이
에 어떤 변화가 있었는지 궁금하다.**
우리 가족은 아직 이 영화를 보지 않았다. 영화를 만
들면서 나는 진과 부모님을 화해시키려고 끊임없이
애썼다. 하지만 내가 통제할 수 없는 부분이 훨씬 많
았고, 그 때문에 관계가 악화되기도 했다. 그들의 관
계는 오르락내리락하는 파도 같았다. 그러다 놀랍게
도 배급이 진행될 무렵에는 서로 잘 지내기 시작했다.
가족에게 4분가량 되는 영화의 예고편을 보여주면
서, 사실은 진과 부모님이 화해하기를 바라는 마음에
서 제작하게 된 영화라고 솔직히 고백했다. 이후 그들
사이가 엄청나게 바뀌어갔다. 이 영화를 만든 지난 7
년간 가족 모두를 더 잘 이해하게 됐다.

인터뷰어 김현민 서울국제여성영화제 프로그래머

내 동생에 관한 모든 것 🄬
All About My Sisters

USA | 2021 | 174min | 프론트라인
4.29(금) 20:00 CQ10, 5.2(월) 10:00 CQ10,
5.6(금) 10:00 CQ6

한 자녀 정책이 시행되던 시절, 아들을 원한 부모는
진을 낙태할 생각까지 한다. 우여곡절 끝에 태어난
진은 부모를 용납하기가 어렵다. 진의 언니 리는 배
속 아이가 남편이 바라는 아들일지, 낙태해야 할지도
모르는 딸일지 궁금하다.

왕충
1992년 중국 창시 출생. 여러 편의 단편을 연출한 후
다큐멘터리 〈내 동생에 관한 모든 것〉으로 장편 데뷔
했다. 이 영화로 필라델피아영화제에서 핀켄슨상을
받았다.

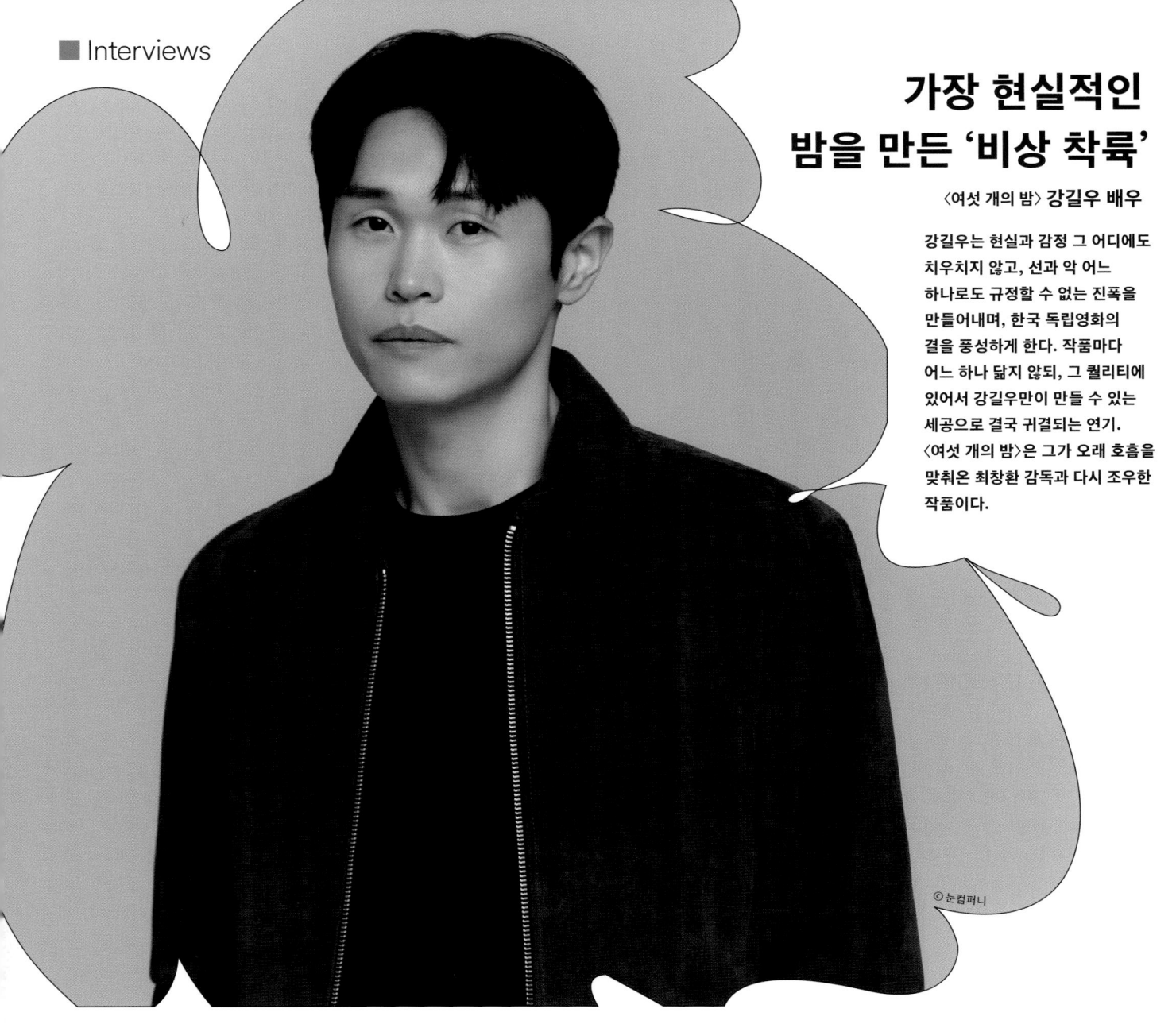

© 눈컴퍼니

가장 현실적인 밤을 만든 '비상 착륙'

〈여섯 개의 밤〉 강길우 배우

강길우는 현실과 감정 그 어디에도 치우치지 않고, 선과 악 어느 하나로도 규정할 수 없는 진폭을 만들어내며, 한국 독립영화의 결을 풍성하게 한다. 작품마다 어느 하나 닮지 않되, 그 퀄리티에 있어서 강길우만이 만들 수 있는 세공으로 결국 귀결되는 연기. 〈여섯 개의 밤〉은 그가 오래 호흡을 맞춰온 최창환 감독과 다시 조우한 작품이다.

전주국제영화제의 화제작에는 꼭 강길우 배우의 필모그래피가 함께한다.

우선 올해도 전주국제영화제에 초청해주셔서 매우 기쁘고 감사하다. 2018년 〈한강에게〉(박근영)와 〈시체들의 아침〉(이승주)으로 전주를 찾은 이후로 5년째 개근이다. 해마다 3월 즈음이면 과연 올해도 전주를 방문할 수 있을지 기대하게 된다.

최창환 감독과는 〈파도를 걷는 소년〉(2019), 〈식물카페, 온정〉(2021)으로 협업을 이어나가고 있다. 최창환 감독이 그리는 '세상'에서 '강길우'의 역할은 어떤 것이라고 보나?

최창환 감독의 작품에는 현실과 낭만이 공존한다. 어쩌면 감독님은 나에게서 사실적(?) 얼굴과 나름의 멋을 발견했고 그래서 여러 작품의 대본을 준 것일지도 모르겠다. 나도 그의 작업 방식이 익숙하고 서로 긴말 하지 않아도 소통이 되는, 말로 설명할 수 없는 신뢰의 어떤 것들이 있다. 그래서 아마 나와의 작업이 편할지도 모른다.(웃음) 한마디로 서로가 '취향'인 듯하다.

〈여섯 개의 밤〉은 엔진 결함으로 비상 착륙한 비행기 탑승자들을 통해 관계의 '결함'을 살펴보는 하룻밤의 이야기다. 예정대로 비행했다면 묻혔을 '문제점'들이 의외의 정체로 인해 한꺼번에 터져나온다. 이 영화의 어떤 지점이 흥미롭게 다가왔나?

살다 보면 가까운 사람과의 대화에서 '말이 나온 김에 하는 말인데' 하면서 굳이 하지 않았던 혹은 피해왔던 이야기들을 듣게 되는 순간들이 있지 않나. 영화에선 예상치 못한 공간에서 하루의 시간이 주어진다. 그중 누구는 지금 이야기하지 않으면 돌이킬 수 없을까 봐 '말이 나온 김에' 위태로운 대화를 이어간다. 또 그중 누구는 하루밤에 시간이 없어서 불꽃처럼 행동한다. 이렇게 우연하게 주어진 하루라는 시간과 낯선 공간이 평소와는 분명히 다른 밀도와 집중의 대화를 만들어낸다는 것이 흥미로웠다. 그리고 그 속의 내용도 꽤나 현실적이어서 매력적이었다.

규형은 결혼을 앞두고 여자친구 지원과 부모님이 있는 뉴욕으로 가는 중이었고, 잠깐의 '스톱'에서 결혼 자체를 점검해보는 역할이다. 결혼할 상대에게 상의 없이

뉴욕에 일자리와 터전을 이미 구해놓았는데, 그 모습이 굉장히 현실적인 인물로 보이기도 해서 많은 관객들에게 고민해볼 지점을 안겨준다. 배우로서 규형이 가진 복합적인 지점을 어떻게 해석했고, 어떻게 표현하고 싶었나?

일단 '나쁜 놈'으로 보이면 어쩌나 하는 걱정은 하지 않으려 했다.(웃음) 물론 많은 것들을 서로 양보하고 충분히 대화한 후에 결정한다면 너무나 아름답겠지만 배려의 기준도 옳다고 생각하는 기준도 각자가 다를 것이며, 무엇보다 우리가 모르는 그들만의 지난 이야기가 있을 것 아닌가. 그러니 함부로 이렇다 저렇다 하면 안 된다.(웃음) 규형을 연기하는 입장에선, 자신이 그리는 삶의 모습을 지원의 눈으로 직접 보게 한다면 반드시 설득할 수 있을 것이고 만약 절대, 결코, 기필코 안 된다고 한다면 어쩔 수 없이 양보할 마음 정도로 정리했다. 그게 가장 현실적인 대화의 균형이라고 생각했다. '넌 내 결정에 따라'라고 하는 강압적이고 가부장적인 인물이나, '모든 걸 양보할게'라고 하는 아름다운(?) 인물은 현실적이고 보편적인 범주에 들기엔 색이 짙지 않나. 그리고 표현

에 있어 무엇보다 중점을 둔 부분은 규형과 지원의 깊어진 갈등의 골이다. 단편적인 대화 속에서 곪을 대로 곪은 그간의 갈등의 층이 느껴졌으면 했다. 평소엔 잘 지내지만 작은 불꽃 하나에 대형 화재가 나는, 둘 사이에 결코 해결되지 않는 무언가가 있음이 느껴지길 바랐다.

각 에피소드마다 쌓여 있던 감정이 폭발하면서 긴장감을 놓치지 않는 영화다. 배우들에게도 도전이었을 듯하다. 규형과 지원의 의견 충돌이 고조되면서 서로에게 언성을 높이는 롱테이크는 어떻게 만들어졌나. 레퍼런스로 삼은 연기나 영화가 있었는지.
준비하는 과정에서 〈결혼 이야기〉(노아 바움백, 2019)를 언급하기도 했지만 레퍼런스로 두지는 않았다. 내 기억으론 처음부터 롱테이크로 촬영하려고 계획된 건 아니었다. 최창환 감독의 영화는 구체적인 콘티를 정해두지 않는 경우가 많다. 로케이션과 현장에서의 배우 연기를 보고 앵글을 결정하는 방식이다. 현장에서 나와 지원을 연기한 김시은 배우의 리허설을 본 감독은 숨이 막혀서 여러 번 못 보겠다고 했다. 장면이 길기도 하고 감정이 너무나 격양되니까. 그래서 롱테이크를 선택한 걸로 기억한다. 둘의 긴장감 있는 대화를 담아내기에 가장 적절한 선택이기도 했다.

최창환 감독은 함께하는 스태프나 배우와 지속적인 작업을 하는 스타일의 연출자다. 최창환 감독과의 촬영 현장이 배우에게 주는 익숙함과 신선함은 어떤 것인가?
최창환 감독이 항상 하는 말 중 하나가 '연기는 배우가 하는 것'이다. 이 말은 배우에게 주는 '부담'이 아니라 '신뢰'다. 이래도 되나 하는 흐릿함 없이 내가 연기할 인물의 말과 행동은 내가 선택하면 되는 것이다. 당연한 말일 수도 있지만 그만큼 내 선택에 의심을 덜어주는, 신뢰를 주는 연출자라는 말이다. 그리고 현장에서 만들어가는 것들이 많다. 과감하게 삭제되고 추가되는 부분도 많고. 이러한 작업 방식이 익숙해지면 많은 부분이 자유로워진다. 준비된 연기를 하는 것이 아닌 지금 눈앞의 것에 반응하게 되는 경험 말이다. 이런 신뢰를 바탕으로 한 현장성이 곧 신선함으로 연결되는 것 같다.

최근 티빙 오리지널 시리즈 「아직 최선을 다하지 않았을 뿐」을 통해 트랜스젠더 역할을 소화하는 등 다양한 장르의 작품, 캐릭터를 연기하고 있다. 지치지 않고 작업하는 원동력은 무엇인가?
잘 모르겠다. 그냥 재밌다. 그리고 직업이기 때문에 부지런히 연기해야 하는 현실적인 이유도 있겠고. 왜 지치지 않을까 생각해보면, 글쎄 아직 목이 마른가 보다.(웃음) 앞으로 어떤 작품과 인물들을 만나게 될지, 내 미래가 어떨지 궁금하기도 하고.

한국경쟁 부문에 오른 〈비밀의 언덕〉에서의 모습도 기대된다. 글쓰기를 통해 자신을 알아가는 열두 살 소녀 명은의 성장기를 그린 작품이다. 어떤 역할을 연기하는지 조금 힌트를 준다면?
나는 명은의 아빠 '성호'를 연기했다. 명은이 보기에

성호는 놈팽이다. 일은 안 하고 놀고먹는 아빠 말이다. 이런 인물은 처음 연기했는데 재밌었다.

코로나 시국에 축제의 장은 더 힘들지만 그래서 더 절실하기도 하다. 마지막으로 올해 전주국제영화제를 찾는 관객들에게 짧은 인사 부탁드린다.
올해는 다시 돔도 설치하고 코로나 이전의 모습으로 회복하기 위해 무척 애쓰고 계신 것 같다. 아마도 관객들께서 보다 더 즐겁게 영화제를 즐기길 바라는 마음이 아닐까 싶다. 영화제를 준비하는 관계자들과 마찬가지로 영화제에 참여하는 게스트들 역시 관객을 향한 마음이 우선일 것이다. 기다리고 있을 테니 많이들 오셔서 건강하고 즐겁게 영화제를 즐기길 바란다. 영화제의 봄은 일교차가 크니 감기 조심!

인터뷰어 이화정 영화저널리스트

여섯 개의 밤 🔞
The layover

Korea | 2021 | 82min | 코리안시네마
5.1(일) 17:30 CQ10, 5.2(월) 13:30 CQ6
5.5(목) 17:00 CGV4

인천발 뉴욕행 비행기가 엔진 이상으로 김해공항에 비상 착륙한다. 다음 날 항공편을 탑승하게 된 승객들은 항공사에서 제공하는 레이오버 호텔에서 일시적으로 체류하게 된다. 레이오버 호텔에 머물며 예정에 없던 하룻밤을 함께 보내게 된 이들은 그곳에서 계획에 없던 경험을 한다.

강길우
연극 〈마법사들〉(2013)로 배우 생활을 시작했다. 단편 〈명태〉(2017)로 영화계에 얼굴을 알렸으며, 단편 〈시체들의 아침〉(2018)을 통해 제5회 가톨릭영화제 스텔라상을 수상하며 주목받았다. 이후 〈한강에게〉 〈파도를 걷는 소년〉 등 다수의 작품에서 차분하고 깊이 있는 연기를 보여주며 한국 독립영화계 인정받는 배우의 반열에 올랐다. 최근에는 드라마까지 연기 영역을 넓히며 두드러지는 활약을 선보이고 있다.

정상은 하나지만
오르는 길은 여럿이다

〈보이지 않는 산〉 벤 러셀 감독

〈보이지 않는 산〉은 미디어 아티스트이자 영화감독, 큐레이터인 벤 러셀의 연금술이다. 바다에 떠 있는 보이지 않는 산을 찾기 위한 이 환각적 여행기는 헬싱키의 전위적 밴드 올림피아 스플렌디드의 공연과 나란히 놓인다. 다큐멘터리와 실험영화, 퍼포먼스, 뮤직필름, 로드무비로 모습을 바꾸는 영화는 부단한 의식의 확장을 통해 초월의 봉우리를 향한 영적 탐사를 그린다.

〈보이지 않는 산〉은 작가 르네 도말의 소설 『마운트 아날로그 Le Mont Analogue』를 토대로 했다. 도말의 소설이 어떤 영감을 주었는가?
도말의 소설은 바다 위에 떠 있는 산을 찾아 나선 탐험가들을 좇는다. 소설을 완성하지 못하고 도말이 세상을 떠나는 바람에 그가 어떤 유토피아를 상상했는가는 소설에서 빠져 있다. 논픽션의 틀 안에서 존재하지 않는 무언가를 찾는 불가능성은 이중부정이 되었다. 그것은 투오모 투오비넨(그리고 그와 함께한 우리들)의 여정에 모든 가능성을 열어주었다.

구성은 올림피아 스플렌디드의 공연과 익명의 장소들을 배회하는 투오모의 행적을 교차한다. 교차 구조가 불가능한 목표점을 향한 탐사라는 모티프와 어떤 연관성이 있는가?
우리는 핀란드 북부에서 그리스까지 이동하였고 그 과정에서 각 나라의 가장 높은 산 정상을 가로질렀다. 이제 와 생각해보면, 출발했을 때 이미 산 위에 있었던 것 같다. 경로는 모든 방향—안쪽, 바깥쪽, 왼쪽, 오른쪽—으로 우리를 이끌었지만 항상 위쪽을 향하게 했다. 산을 오르는 길은 결코 하나가 아니다.

이상향을 찾는 여정을 그린 이야기가 처음이 아니다. 〈아틀란티스 Atlantis〉(2014)에서는 몰타로 여행하였고, 〈어둠을 밀어내는 주문 A Spell to Ward Off the Darkness〉(2013)의 주인공 역시 에스토니아, 핀란드, 노르웨이 등지를 여행한다. 당신 영화에서 유랑하는 인물들이 좇는 것은 무엇인가?
위에 언급된 모든 영화에서 목적지는 주인공들이 여정에서 겪는 사건들만큼 중요하진 않다. 이러한 탐사들에 형태를 부여하는 것은 시네마이므로 의미가 드러나게 하는 것은 결국 시네마의 경험, 즉 일시적으로 다른 시공간에 공존하는 경험이라고 할 수 있겠다.

전작들은 보이지 않는 영역들, 보이지 않는 사람, 보이지 않는 세계를 다루어왔기 때문에 〈보이지 않는 산〉의 모티프로부터 일관성을 발견했다. 비가시 영역이라는 테마와 당신의 비전은 어떻게 연결되어 있는가?
영화는 재현에 최적화된 매체이기 때문에 우리는 영화의 진정한 힘이 보이지 않는 것을 전달하는 데 있음을 종종 잊는다. 내러티브 영화 안에서, 이것은 감정의 상태를 만들어내는 것과 연관된다. 하지만 나의 비전은 영화가 고도의 지각/체화된 상태를 창조

하는 것과 더 관련이 깊다는 것이다. 나는 영화를 변형의 공간, 보이지 않는 것이 보이게 되는 현장으로 활성화하고 싶다.

일반적으로 영화에서 비가시 영역은 '사운드'에 의해 대변된다. 이런 관점에서 이미지와 사운드의 관계 설정에 대해 이야기해달라.
나는 〈보이지 않는 산〉이 투오모의 초상일 뿐 아니라 그가 세상을 지각하는 방식의 초상이라고 생각했다. 그 결과로 만들어진 사운드스케이프는 투오모, 그리고 그가 이동하는 풍경과의 관계 속에서 수축, 팽창하는 청각적 환각이다. 목소리가 잔향을 모으고, 메아리가 기원으로부터 해방되며, 안정적인 이미지가 주관적 불확실성에 의해 불안정해진다. 이 영화에서 소리는 한 장소에서 다른 장소로, 한 상태에서 더 높은 상태로 이동하는 수단이다.

감독인 당신이 나타나는 순간이 있다. 이미지는 흑백으로 변하고 당신은 투오모와 걸으며 대화를 나눈다. 엔딩 신에서는 아예 카메라를 내려놓고 함께 산을 오른다. 영화 속 캐릭터가 되기로 한 이유는 무엇인가?
〈보이지 않는 산〉은 영화이기 이전에 투오모, 그리

보이지 않는 산 ⓖ
The Invisible Mountain

USA | 2021 | 83min | 영화보다 낯선 |
4.30(토) 14:00 CGV8, 5.3(화) 21:00 CGV8,
5.4(수) 17:00 CGV2

르네 도말의 『마운트 아날로그』(1952)에 묘사된 미지의 산, 즉 바다에 떠 있는 허구적 산을 찾아 핀란드에서 그리스까지 여행하는 남자에 대한 환각적 초상.

벤 러셀

1976년 미국 스프링필드 출생. 단편영화 30여 편, 장편영화 4편을 만든 영화감독이자 설치미술, 퍼포먼스, 큐레이팅 등 다양한 방식으로 예술 활동을 펼치는 아티스트다.

는 이유를 설명해준다. 자기 자신을 연기해도 좋다는 허가는 무척 깊은 영역으로까지 우리를 이끌기도 한다. 물론 늘 그런 것은 아니다.

당신의 영화는 현실 너머의 환각, 초월의 영역을 갈망하고 그것을 장인적인 손길이 묻은 16mm 필름에 담는다. 이 두 요소는 어떤 상관관계에 있는가?

나는 영화의 형식과 영화의 내용을 구별하지 않는다. 묘사된 세계가 곧 영화의 형식이다. 그러나 영화와 세계를 혼동하지는 않기 때문에 투오모와의 여정을 마친 후 그 자체로 여행이 될 수 있는 영화를 창조하기 위해 노력했다. 나는 관객이 영화 속 주체와 함께 움직이다 끝내 그 주체가 되기를 바란다. 그들이 외부에서 내부로, 무지에서 이해로 이행하기를 바란다. 내가 원하는 것은 변형이다! 영화의 능력을 감안할 때 이건 아주 작은 바람에 불과하다. 적절한 조건만 주어진다면 정말로 일어날 수 있는 일이라고 믿는다.

〈보이지 않는 산〉은 2020년 프랑스에서 설치 형식으로 전시되기도 했다. 영화 버전과 설치 버전을 위해 어떻게 다른 접근이 이루어졌는가?

〈보이지 않는 산〉은 멕시코시티에서 모뉴멘탈 사운드 설치 작품으로 처음 선을 보였다. 이 버전의 제목은 「라 몬타냐 인비지블레 La Montaña Invisible」로, 대륙 횡단 여행 중 녹음한 소리들을 바탕으로 사운드의 산을 만들었다. 두 번째 전시는 파리에서, 「라 몽타뉴 앵비지블 La Montagne Invisible」이라는 제목의 6채널 비디오 설치로 풀었다. 3시간 이상 반복되는 여정을 그리며 꿈을 꾸는 듯한 최면에 빠뜨리는 작품이었다. 비디오 신시사이저로 제작한 영상에서 흘러나오는 크고 깊은 울림과 소리에 따라 관람자는 천천히 정상을 향해 오른다(그리고 다시 내려온다). 이번 장편영화를 포함한 상이한 버전들은 하나의 정상에 도달하기 위한 서로 다른 길이다. 각각이 제시한 여정은 확연히 달랐다. 이에 따라 이들이 대변하는 정상은 각기 유일무이한 것으로 감지되었으리라 확신한다.

인터뷰어 장병원 영화평론가

고 촬영 팀과 함께한 탐색의 여정이었다. 불가능한 일이었지만 우리는 정말 바다 위에 떠 있는 그 산을 찾고 있었다. 우리는 정말로 변형되고, 초월하고, 용해되기를 바랐다. 이 탐색의 프로듀서, 감독, 카메라 오퍼레이터이자 동행인이었던 나는 이미 꽤 드러난 존재라고 느꼈다. 그 시점에 스크린 위에 나타나는 것이 내가 할 수 있는 보다 정직한 제스처라고 느꼈던 것 같다.

흑백 푸티지의 촬영을 벤 리버스가 맡았다. 흑백 촬영만 그에게 맡긴 이유가 무엇인가?

벤 리버스가 이번 작품에 얼마간 관여할 필요가 있다고 생각했다. 〈보이지 않는 산〉은 우리 두 사람이 같이 연출했던 영화 〈어둠을 밀어내는 주문〉의 스핀오프라고도 볼 수 있기 때문이다. 그렇지만 이번 작

품은 협력작이 아니었고, 따라서 최종적으로 그가 여정의 마지막 삼분의 일 중 일주일 동안 함께하는 편이 가장 좋겠다는 결론에 이르렀다.

이 영화에는 장 루슈가 주창하였던 시네-트랑스(cine-trance)적인 순간들이 있다. 촬영 주체와 촬영 대상이 자아를 초월하여 수행적인 역할을 하는 장면들이다. 이런 전환적인 상태는 왜 중요한가?

촬영을 하든 촬영의 대상이 되든, 나는 영화에서 특별히 자연스러운 것을 발견한 적이 없다. 그렇기 때문에 픽션의 퍼포먼스를 근간으로 영화산업이 구축되었을 것이다. 일단 카메라가 없다고 가장(假裝)하고 나면 다른 사람인 척하는 것이 한결 수월하다. 시네-트랑스에 대한 루슈의 묘사는 카메라가 돌아갈 때 촬영의 대상과 주체가 모두 수행적인 자아가 되

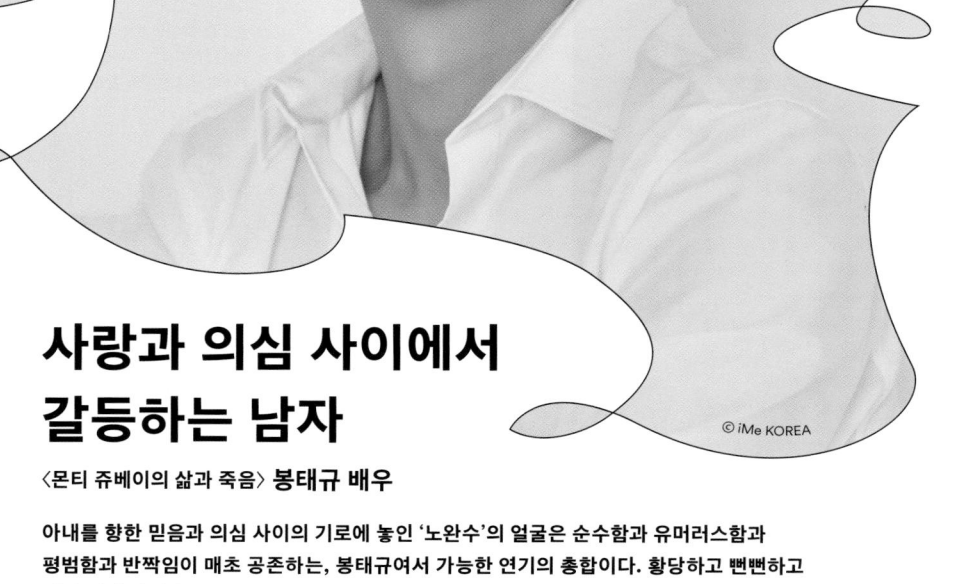

© iMe KOREA

사랑과 의심 사이에서
갈등하는 남자

〈몬티 쥬베이의 삶과 죽음〉 봉태규 배우

아내를 향한 믿음과 의심 사이의 기로에 놓인 '노완수'의 얼굴은 순수함과 유머러스함과 평범함과 반짝임이 매초 공존하는, 봉태규여서 가능한 연기의 총합이다. 황당하고 뻔뻔하고 재치 있게 진행되는 독특한 블랙코미디 〈몬티 쥬베이의 삶과 죽음〉은 우리가 아는 그 '봉태규'를 보여주는 데서 한 단계 더 들어간 '업그레이드 활용편'이다. 봉태규와 서면으로 긴밀히 나눈 영화, 연기 이야기를 전한다.

2006년 전주국제영화제 이후 오랜만의 초청이다. 전주에 대한 기억은?

아주 어린 시절, 백일에서 여섯 살까지 전주에 있는 할머니 댁에 맡겨져서 자랐다. 아버지 쪽 친척들도 아직 전주에 살고 있는 분들이 많고 나에게는 굉장히 친근한 도시다. 본적도 전주로 돼 있다.

비교적 호흡이 짧은 단편 작품에 출연했다. 의외의 선택처럼 보였는데, 어떤 계기로 출연했나?

민규동 감독의 추천으로 CJ문화재단에서 개최하는 단편영화 제작지원 공모전인 '스토리업 단편영화 제작지원' 심사를 했는데, 이 작품은 심사할 때부터 흥미롭게 바라보던 작품이었다. 마지막 프레젠테이션에서 김정민 감독이 제기하는 영화의 방향성과 참신함에 감탄했다. 심사가 모두 끝난 뒤에 정중하게 캐스팅이 진행되었는지 여쭤보고 혹시 괜찮다면 제가 하고 싶다고 말씀을 드렸다.

공모전 당선작답게 참신함이 엿보인다. 시나리오 구성, 형식의 재미와 자주 볼 수 없는 블랙코미디 장르가 가진 매력도 잘 담아냈다. 배우로서 이 작품에서 발견

한 재미와 매력은 어떤 것이었나?

어쩌면 지금의 흐름에서 굉장히 결이 다른 영화라 낯설게 느껴질 수도 있다고 본다. 그 점이 이 영화를 감상하는 포인트라고 생각한다. 주인공 캐릭터의 입체감을 다른 캐릭터들의 입체감을 빌려서 표현한다는 방식이 재미있었다. 요즘은 보기 힘든 블랙코미디 장르도 매력적으로 다가왔다.

〈몬티 쥬베이의 삶과 죽음〉에서는 아내에 대한 사랑과 의심 사이에서 갈등하는 남자 노완수를 연기한다. 우리가 익히 보아온 유머러스한 봉태규의 표정과 동작, 톤을 적극 활용하는 것 같은 제스처를 취하지만, 막상 그 '아는 봉태규'를 꾹꾹 누르고 감정을 절제한 스타일을 선보인다. 노완수의 '비애'를 어떻게 그리고 싶었나?

이런 표현이 어떨지 모르겠지만 '이상하게' 그리고 싶었다. 무엇인지 알 수 없는… 그래서 섬뜩하기도 하고, 우습기도 하고, 어설퍼 보이는 복합적인 인물로 보여주고자 했다. 그런데 그러려면 감정을 다 터트려 보여주기보다 절제해야 보이지 않는 부분에서 여러 가지 감정이 드러나게 될 거라 생각했다.

후반부로 가면서 클로즈업 컷의 감정 처리, 표정은 노완수의 비애를 드러낼 가장 중요한 이 영화의 스펙터클이었다. 배우 스스로도 자신의 페이스를 온전히 활용한 신이었는데, 어떤 어려움과 성취감이 있었나?

음… 그렇게 큰 어려움은 없었다.(웃음) 감독님과 충분히 상의하고 즐겁게 촬영했다. 성취감은 글쎄… 아직 관객분들의 반응이 어떨지 모르니 그걸 확인해야 알 수 있을 것 같다.

장편영화나 드라마 등 호흡이 긴 작품들과 달리, 이번 작품의 작업 과정은 어땠나?

영화는 이제 나에게 어떤 꿈이 되어버렸다. 지나간 것에 대한 토로일 수도 있고, 새롭게 시작하는 부푼 기대감일 수도 있다. 아직 이렇게 꿈을 상상할 수 있다는 것만으로도 즐거웠다.

신인 감독, 작은 규모의 작품 등 영화의 외형과 별개로 배우의 마음을 움직이는 것은 무엇인가. 영화뿐만 아니라 드라마, OTT 오리지널, 독립영화 등 많은 콘텐츠가 만들어지는 시기인데, 배우로서 이 부분에 대해서 최근 드는 생각은?

너무 뻔한 말이지만, 좋은 작품과 캐릭터라면 규모는 전혀 개의치 않는다. 다양한 플랫폼의 등장이 반갑지만 역시나 아직까지는 선택을 받는 입장이라 크게 체감이 되는 건 없다. 그저 묵묵히 주어진 무언가가 있다면 즐겁게 임할 뿐.

휴먼드라마, 코믹 장르들이 주춤한 시기라 그 분야에서 지분을 확보하고 있는 봉태규 배우가 보여줄 연기를 기대하게 된다. 공백을 메워주길 바라는 마음! 앞으로 어떤 계획을 가지고 있나?

솔직히 모르겠다. 지금은 무엇이 되었든 즐겁게 할 수 있다는 마음이 가득하다는 정도이다. 좋은 사람들과 드라마가 되었든, 영화가 되었든, 예능이 되었든… 오래 같이하고 싶다. 거기에 성실하게 내 힘을 조금 보태고 싶다.

인터뷰어 이화정 영화저널리스트

몬티 쥬베이의 삶과 죽음 🔞
The Life and Death of Monty Jubei

Korea | 2021 | 30min | 코리안시네마 단편 |
4.29(금) 21:00 CQ6, 5.1(일) 10:00 CGV6,
5.7(토) 17:00 CQ1(NOW)

완수의 아내는 몬티 쥬베이라는 폴리네시아 남자와 함께 일본으로 가서 사업을 시작한다. 한국에 남아 있는 완수는 믿음, 소망, 사랑을 가지고 아내를 기다린다. 그런데 아내는 왠지 한국으로 돌아오고 싶지 않은 것 같다.

봉태규

영화 〈미나문방구〉(2013), 〈몬티 쥬베이의 삶과 죽음〉, 〈It's Alright〉(2022), SBS 드라마 「리턴」(2018), 「닥터 탐정」(2019), 「펜트하우스」(2020~2021) 외 다수의 작품에서 개성 있는 연기를 선보였다.

온라인 고객은 다양한 선택권이 있는데, 온라인 비즈니스에는 왜 다양한 솔루션이 없을까요?
DHL은 창고 솔루션, 유연한 배송 옵션, 웹사이트 최적화에 대한 전문적인 솔루션을 제공하며, 온라인 비즈니스가 언제나 원활히 운영될 수 있도록 지원합니다. 풍부하고 폭넓은 전문성을 통해 고객님의 비즈니스가 클릭 속도에 뒤처지지 않도록 도와드리겠습니다.
더 알아보기 -> dhl.com/ecommerce
DHL
EXCELLENCE. SIMPLY DELIVERED.
KEEP UP WITH THE CLICKS.

애프터워터 Afterwater ⑫

© Flaneur Films

유고슬라비아에서 태어나 영화연출을 전공하고, 프랑스에서 현대미술을 전공한 다네 콤렌 감독의 두 번째 장편 연출작인 〈애프터워터〉는 픽션과 다큐멘터리, 실험영화를 포괄하는 흥미로운 작품이다. 생태학자 G. 에벌린 허친슨의 「호소학에 대한 논문」에서 "호수에 대한 기이한 매력"을 느낀 감독은 영화의 형식을 빌려 자신만의 '호소학에 대한 논문'을 쓰는 것을 시도한다.

호수의 기이한 매력에 대하여

글 송경원 영화평론가

호수는 또 하나의 우주다. 인간이 범접하기 힘든 거대한 바다나 한시도 쉬지 않고 흐르는 도도한 강과 달리, 호수에는 신비가 고여 있다. 다네 콤렌 감독의 두 번째 장편영화 〈애프터워터〉는 호수에 대한 상상력과 사색의 시간들을 필름에 옮겨 새긴다. 다네 콤렌 감독은 호수를 연구하는 생태학자 G. 에벌린 허친슨의 「호소학에 대한 논문」에서 영감을 받아 호수의 기이한 매력에 대한 영화를 완성했다. 그런 의미에서 〈애프터워터〉는 다네 콤렌이 이미지와 사운드를 도구 삼아 완성한 새로운 형식의 논문이라 해도 과언이 아니다.

호숫가에 머무는 시간'들'

실험실 병 속에 든 샘플들의 클로즈업 화면으로 시작하는 영화는 이내 연구실과 도서관 풍경들을 차례로 선보인다. 곤충과 생선을 연구하는 요나시, 풀잎과 허브를 연구하는 싱네는 도서관과 정원에서 하루를 보낸다. 종일 연구를 이어가던 두 사람은 어느 날 기차를 타고 도시를 떠나 호숫가에 머문다. 두 사람은 호숫가에 친 텐트에서 책을 읽고 과일을 먹고 산책을 하고 숲을 거닐고 수영을 한다. 호숫가에는 평화롭고 목가적인 시간만 흐르는 게 아니다. 세찬 비바람이 불었다가 언제 그랬냐는 듯 따사로운 햇살을 허락하고 눈에 띄지 않는 곳에서 생명이 움트기도 한다. 호숫가에 오래 머물수록 바깥세상의 속도는 점점 지워지고 고요한 시간이 고인다. 얼마 뒤 낯선 이가 찾아와 호숫가는 세 명의 트리오를 위한 장소가 된다. 이윽고 영화는 다른 장소, 다른 시간대에 머무는 다른 트리오들의 시간까지 포섭하며 확장된다.

〈애프터워터〉는 말보다 이미지, 이미지보다 사운드, 정확히는 호숫가에 머무는 시간'들'로 채워진 영화다. 카메라는 '변화가 가능한 자연 생태계의 세계'인 호수의 다양한 풍경과 그 안에 녹아든 사람의 시간을 담아낸다. 시간을 담아내는 방식은 비교적 단순하다. 사건과 이야기 속에 시간을 가두지 않고 이미지와 사운드를 그릇 삼아 흘러가는 시간의 형태를 고스란히 담아내는 것이다. 이때 인물들은 시간의 흐름을 가늠하는 척도로 작용한다. 고요한 호숫가에는 몇 만 년의 시간이 흘러도 알 수 없을 것이다. 거기에 시간이 흐른다는 걸 알 수 있는 유일한 지표는 바로 각기 다른 호숫가에 머무는 세 그룹의 트리오다. 인물들은 호숫가에서 걷고 숨 쉬고 잠자고 서로를 끌어안는다. 부스러기 같은 그 시간들을 가만히 담아내는 카메라는 때로는 함께 사색하고 어쩔 땐 앞서 나가며 신비로운 이미지들을 고요하게 포착한다. 마침내 호숫가의 시간은 가만히 바라보는 관객에게마저 사색의 통로를 제공한다.

시간 감각의 물질화

특히 도드라지는 건 시간이라는 '감각'을 물질화하는 촬영과 음향이다. 자연 다큐멘터리처럼 사실적인 영상은 종종 몽환적인 화면으로 전환되고 관객의 시간 감각마저 앗아간다. 자연의 소리 위에 불쑥 들어오는 전자음도 이 영화의 비현실적인 매력을 한층 배가한다. 클로즈업과 롱숏, 현미경과 망원경을 오가는 편집은 영화를 익숙한 서사와 형식에 얽매지 않고 마치 물처럼 유동적인 무언가로 변모해간다. 사람들의 삶 곁에서 친숙하게 생명의 기운을 내뿜었다가도 종종 안개에 둘러싸여 모습을 감추는 호수는 마치 작은 생태계를 축소한, 또 하나의 우주와도 같다. 그리하여 고요하게 쌓인 호수의 시간 속에는 함께 사람들의 기억도 층층이 퇴적되어 마침내 (영화라는) 신비로 감싸인다.

감독 다네 콤렌 | Germany, Serbia, Spain, Korea | 2022 | 93min | 전주시네마프로젝트 |
4.29(금) 20:00 CGV8, 5.1(일) 11:00 CGV8, 5.5(목) 10:30 CGV8

길 위의 가족 Hit the Road Ⓖ

험준한 풍경 속을 달리고 있는 다정하지만 어수선한 가족. 그들의 목적지는 어디일까? 뒷좌석에 앉은 아빠는 다리가 부러졌는데, 정말 부러진 것일까? 엄마는 눈물을 참고 있을 때가 아니면 가급적 웃으려고 한다. 꼬마는 차 안에서 지치지도 않고 춤을 추고 노래를 한다. 가족들은 아픈 개를 둘러싸고 야단법석을 떨다, 서로 신경을 건드리고 만다. 미스터리한 형만이 유일하게 조용하다.

목적지는 어디일까, 그곳은

글 허남웅 영화평론가

영화는 시작과 함께 차 안의 가족을 롱테이크로 비춘다. 뒷좌석의 아빠는 다리에 깁스를 한 채 불편하게 앉아 있고, 그 옆에서 초등학생 정도쯤 되는 막내아들이 시끄럽게 장난치느라 여념이 없다. 보조석의 엄마는 까부는 아이를 말리느라 정신이 없는 듯해도 눈에는 자식을 향한 사랑이 가득하다. 첫째 아들만 뽀로통한 표정으로 가족과 심리적인 거리를 두고 있다. 이들 가족에게는 무슨 사연이 있는 걸까.

억압에 굴하지 않는 카메라
이란 출신의 파나 파나히 감독의 장편 데뷔작 〈길 위의 가족〉은 주인공 가족이 처한 앞뒤 사정을 구체적으로 밝히기를 지양한다. 대신 장남이 국경을 넘어 해외로 탈출하는 것을 가족이 돕는다는 상황만 최소한 노출하여 관객이 이들의 처지를 짐작하게 한다. 이래서야 영화를 제대로 이해할 수 있나, 걱정이 들 법도 하다. 감독이 이에 별 신경을 쓰지 않는 것은 파나 파나히 자신이 이 영화를 해석하는 중요한 열쇠인 까닭이다.
파나 파나히는 이란의 거장 자파르 파나히 감독의 아들이다. 자파르 파나히는 〈3개의 얼굴들〉(2018)로 칸영화제 각본상을 받고 〈하얀풍선〉

(1995), 〈써클〉(2000), 〈오프사이드〉(2006) 등으로 세계적인 명성을 얻었다. 하지만 이란의 정치개혁을 지지하기 위한 시위에 참여했다가 체포되어 2010년부터 20년간 영화 연출과 제작과 시나리오 등에 참여하는 것이 금지됐다.
그에 굴하지 않고 자파르 파나히는 직접 택시 운전사가 되어 택시 안에 카메라를 설치해두고 승객과 나눈 이야기와 경험을 가지고 극영화와 다큐멘터리의 경계가 모호한 〈택시〉(2015)를 만드는 등 작품 활동을 이어가고 있다. 파나 파나히는 아버지를 도우며 영화를 익혔다. 그런 전력 탓에 〈길 위의 가족〉의 첫 장면은 〈택시〉의 카메라 운용을 변용해 사용하고 있다는 인상을 준다.
아버지의 작품에서 고정되어 있던 카메라는 아들의 영화에서는 차 안에만 갇혀 있지 않고 차 밖으로 나가는 데 주저함이 없다. 영화의 말미에 이르면 머리 위에서 반짝이는 별들의 우주로까지 확장하여 환상 장면을 연출한다. 자파르 파나히가 향유하지 못한 상상력의 자유를 파나 파나히가 누리는 듯해도 사실 이의 카메라는 어딘가 천진난만한 구석이 있다. 가족을 놔두고 도피해야만 하는 첫째 아들의 희망의 퇴로가 끊긴 마음, 즉 절망감과 대비되는 것이다.

가족이 맞닥뜨린 현실
영화 속 막내아들은 형이 이란을 탈출한다는 사실을 모른 채 그저 자동차로 여행하는 게 좋아 들떠 있다. 그러면서 머지않은 미래에 맞닿게 될 세상의 이치란, 이란 사회의 폐쇄성과 개인의 이념을 통제하는 정부의 억압일 터다. 첫째와 가족이 헤어지는 장면에서 영화는 멀찍이 거리를 둔 채 풀숏으로 바라만 볼 뿐이다. 풍경의 아름다움과 상관없이 이별을 받아들이는 것 외에 아무것도 할 수 없는 가족의 무력함이 결국, 가족 여정의 종착지인 셈이다.
자파르 파나히와 다르게 파나 파나히는 정부의 허가를 받고 이란 외딴 지역에서 〈길 위의 가족〉을 촬영했다. 그렇다고 마음 편히 영화를 만들 수 없었던 건 파나 파나히가 어려서부터 아버지가 감시받는 모습을 보면서 자란 탓에 관련한 공포를 가지고 있어서다. 극 중 아들과 헤어진 가족이 다시 길을 떠나는 것처럼 파나 파나히는 앞으로 계속 영화를 만들겠지만, 미래가 녹록지 않다는 것을 이 영화를 통해 드러낸다.

감독 파나 파나히 | Iran | 2021 | 93min | 월드시네마 |
4.29(금) 10:30 CQ4, 5.2(월) 17:30 CQ5, 5.6(금) 11:00 CQ5

말이야 바른 말이지 Citizen Pane ⓖ

사회의 약자인 '을'이 그보다 낮은 위치에 있는 '병'과 '정'을 타자화하고 대상화하는 풍경을 통해 사회의 허위와 모순을 통찰하는 풍자 코미디.

두 사람, 한 장면, 여섯 에피소드

글 허남웅 영화평론가

오프닝까지 포함하여 여섯 개의 에피소드로 구성된 〈말이야 바른 말이지〉에는 눈에 띄는 제작 조건이 있다. 에피소드당 두 사람이 출연하여 한 장면, 한 장소에서 대화로만 이야기를 풀어간다. 이러한 조건에는 꽤 전략적인 의도가 담겨 있다. 제작 여건상 최소한의 비용으로 연출자가 하고자 하는 이야기를 펼칠 수 있다. 무엇보다 두 명이 제한된 공간에서 풀어가는 에피소드 구조는 지금 한국사회의 갈등 양상이 어떤 방식으로 이뤄지는지 살필 수 있는 최적의 여건으로 작용한다.

'을'과 '병' 들의 대화

카페 문 앞에 자리한 2인용 테이블을 가운데 두고 본사 기업 직원과 하청 업체 대표가 마주하고 있다. 이들은 서로 자랑이라도 하는 듯 노조를 무력화하는 방법이나 처우 개선을 요구하는 직원의 불만을 잠재우는 방법 등을 공유하며 대화를 이어간다. 장단이 맞아 분위기는 좋아 보여도 이들은 속으로 서로를 향해 회사 내 하급자를 대하는 비열한 방식에 혀를 내두른다. 사람을 대하는 가장 천하고 너절한 방식임을 알면서도 약자를 희생하기를 당연하게 받아들이는 이들의 태도에서 각자도생의 부작용이 확연하게 드러난다.

이 에피소드의 본사 기업 직원과 하청 업체 대표는 '갑'의 위치인 듯해도 실은 '을'의 지위를 가지고 있다. 그처럼 〈말이야 바른 말이지〉의 여섯 개 에피소드에 등장하는 인물들의 사회적 신분은 '을'과 '병'에 집중된다. 동거 중인 청춘남녀가 이별을 앞두고 서로 짐을 챙겨 이사해야 하는데 새로 가는 곳이 좁아 키우던 고양이를 누가 맡아야 하는지 옥신각신한다. 서울에 사는 아버지가 광주에 신혼집을 차린 딸을 찾아가 지역 차별에 대한 날 선 공방을 벌인다. 이의 에피소드에는 한국사회의 갈등을 조장한 '갑'의 시스템에 관한 언급은 한마디도 등장하지 않는다.

사례별로 살펴보는 한국사회의 갈등 양상

시스템을 향한 문제 제기의 의지가 없는 것이 아니다. 보이지 않는 '갑'이 시스템을 통해 갈등을 조장하고 손 놓고 있는 사이 최소한의 사회라고 할 수 있는 두 명이 모인 상황에서조차 사람들이 서로 얼굴을 붉히는 상황에까지 오게 됐는지를 사례별로 제시하여 접근을 달리한다. 작품을 보는 관객이 자신의 상황으로 느끼게 하고, 어떻게 하면 개선할 수 있는지 생각하게 하는 의도에 가깝다. 의도 없이 쓴 말이 혐오 표현으로 몰려 곤란을 겪는다든지, 남성 상사와 여성 부

하가 단둘이 있는 상황에서 벌어지는 차별과 성폭력의 상황을 녹여낸 에피소드가 등장하는 이유다.

종교 문제로 선뜻 결혼에 이르지 못하는 커플의 사연은 다섯 번째에 위치한다. 갈등만 확인한 채 결별하는가 싶던 커플은 사랑을 희망 삼아 이들 관계를 옥죄는 상황을 이겨내리라 다짐하는 장면으로 끝을 맺는다. 이 영화의 제목을 빌려, '말이야 바른 말이지' 한국사회 곳곳에 촘촘히 펼쳐진 갈등 양상을 해결하는 건 사랑과 같은 사람을 향한 존중의 감정이다. 이 에피소드가 마지막인 여섯 번째에 위치하지 않은 이유는 해결 방법이 쉽지 않다는 의미일 터다. 그렇다면 우리는 평생 갈등 속에 살아야 하는가. 절망하며 살 건지, 더 나은 삶을 희망하며 노력할 건지는 결국, 우리에게 달렸다.

감독 김소형, 박동훈, 최하나, 송현주, 한인미, 윤성호 │ Korea │ 2022 │ 67min │ 코리안시네마 │
4.30(토) 10:00 CGV4, 5.1(일) 10:00 CQ6, 5.4(수) 20:00 CGV4

북유럽의 밝은 여름, 어른들이 보지 않을 때 몇몇 아이가 어둡고 미스터리한 힘을 드러낸다. 영화는 여름 방학 동안 친구가 된 네 아이를 따라간다. 어른의 시야에서 벗어나면 아이들은 자신의 숨겨진 힘을 찾는다. 인근의 숲과 놀이터에서 새로운 능력을 탐구하는 가운데, 이들의 천진난만한 놀이는 어두운 쪽으로 바뀌어 이상한 일들이 벌어지기 시작한다.

비밀스러운 힘을 가진 아이들의 세계

글 손희정 영화평론가

백인 중산층 이성애 핵가족이 새로운 동네로 이사를 가는 차 안. 운전석엔 아버지, 보조석엔 어머니, 그리고 뒷좌석엔 두 자매가 나란히 앉아 있다. 자폐성 장애인인 언니 안나는 반복적으로 "어, 어, 어, 어" 하는 소리를 내고 다소 짜증이 난 듯한 동생 이다는 어머니 쪽 눈치를 살짝 본 뒤 슬그머니 손을 뻗어 안나의 허벅지를 꼬집어 비튼다. 안나는 아무것도 느끼지 못한다는 듯 여전히 같은 소리를 반복적으로 낼 뿐이다.

어느 날 문득 초능력이 생긴다면
에실 보그트 감독의 〈이노센트〉는 여느 평범한 북유럽 성장영화와 다르지 않은 장면으로 시작한다. 부모는 안나만 신경 쓰고, 좀 더 세심하게 보살펴야 하는 언니 때문에 너무 빨리 성장해야 하는 이다는 그 서운함과 울분을 어떻게 다스려야 할지 모른다. 하지만 이다가 또래 친구 벤을 사귀게 되면서 영화는 생각지도 못한 방향으로 틀어진다. 그리고 놀라운 염력의 세계가 펼쳐진다.

동네에서 따돌림을 당하면서 늘 혼자 놀던 벤에게는 비밀이 있다. 병뚜껑처럼 작고 가벼운 물건 정도는 손을 대지 않고도 옮길 수 있는 염력을 가진 것이다. 이다는 새 친구의 놀라운 능력에 흥분하

지만, 곧 고양이 정도는 아무렇지도 않게 죽여버리는 벤의 폭력성에 두려움을 느끼게 된다. 한편, 안나도 새로운 친구를 사귄다. 우울증이 심한 어머니와 단둘이 살고 있는 아이샤다. 아이샤는 어느 날 갑자기 낯선 이의 생각과 마음을 느끼고 당황하는데, 그것이 안나의 내면의 소리라는 것을 알게 되면서 두 사람은 가까워진다. 선한 의지를 가진 아이샤는 안나의 입이 되어주고, 아이샤 덕분에 안나의 자폐 증세도 조금씩 호전된다. 이와 함께 안나의 염력 역시 깨어난다. 아이샤는 안나와 세계를 매개하는 영매인 셈이다.

이다, 안나, 벤, 아이샤는 함께 어울려 다니면서 각자가 가진 초능력을 비교해본다. (이다에겐 초능력이 없지만, 그는 네 사람의 구심점이다.) 멀리 떨어져 있을 때에도 네 사람은 서로 연결되어 있다. 네 사람의 관계 안에서 벤의 염력은 점점 더 강해지는데, 문제는 바로 거기에 있었다. 세상에 대한 혐오로 가득 차 있는 벤이 자신의 힘을 이용해 사람들을 해치기 시작한 것이다. 아이들은 어떻게든 벤을 막으려고 하지만 벤의 힘은 막강하다. 참극이 이어지고, 영화는 빛의 염력을 가진 안나와 어둠의 염력을 가진 벤 사이의 최후의 대결을 향해 점점 더 고양된다.

어른들은 더 이상 볼 수 없는
에실 보그트는 시나리오 작가로 참여했던 〈델마〉(요아킴 트리에르, 2017)에서 이미 '초능력을 가진 소녀'라는 장르적 프레임을 경유해 아이, 특히 여자아이의 힘을 두려워하는 어른들의 세계가 어떻게 아이의 가능성을 죽이고 길들여 축소시키려 하는지 잘 보여준 바 있다. 주인공 델마의 부모는 강력한 안정제로 끊임없이 델마를 잠재우려고만 할 뿐, 델마가 힘을 통제하는 방법을 배울 수 있으리라 믿지 않는다. 결국 델마는 스스로 힘을 키워 자신을 새장에 가두려고 했던 부모에게 복수한다.

〈이노센트〉에서 아이들은 어른들이 볼 수 없는 비밀스러운 힘을 가지고 있다. 그리고 그들만의 깊고 넓은 세계를 구축한다. 이 세계에는 선한 의지도 있고 악한 의지도 있다. 영화에서 염력은 위험한 능력 그 자체이기도 하지만, 사회화의 과정을 지나온 어른들이 잊었거나 혹은 더 이상 이해하지 못하는 아이들만의 정서의 강도를 보여주는 장치이기도 하다. 놀라운 작품이다.

감독 에실 보그트 | Norway | 2021 | 117min | 불면의 밤 |
5.2(월) 19:00 JD, 5.5(목) 21:00 CQ1(NOW), 5.7(토) 16:30 CQ2

미스터 란즈베르기스 MR LANDSBERGIS ⓖ

비타우타스 란즈베르기스는 음악가이자 리투아니아 독립운동을 이끈 카리스마 있는 지도자다. 1990년에 그는 소련 탈퇴를 선언하고 고르바초프에게 리투아니아의 주권을 인정할 것을 요구했다. 소련의 역사적 붕괴로부터 30년이 흐른 지금, 영화는 리투아니아 독립 투쟁의 비화를 들려준다.

리투아니아 독립을 향해

글 이도훈 영화저널리스트

세르히 로즈니챠의 신작 다큐멘터리 〈미스터 란즈베르기스〉는 한 인물의 증언을 통해서 리투아니아가 소비에트 연방으로부터 독립을 쟁취하는 과정을 펼쳐놓는다. 영화는 리투아니아의 음악가, 정치인, 독립운동가 등으로 널리 알려진 비타우타스 란즈베르기스의 인터뷰 영상과 리투아니아의 독립운동을 기록한 파운드 푸티지를 교차편집해서 보여준다. 말과 이미지, 기억과 기록, 과거와 현재 등을 교차하는 방법을 활용함으로써 이 영화는 빛바랜 과거를 복원하고 그것을 다시 현재로 통합하려고 한다.

역사의 가장자리에서

이 영화는 1990년 1월 11일 미하일 고르바초프가 리투아니아의 수도 빌뉴스를 방문하는 장면으로 시작한다. 당시 소비에트 연방의 개혁 정책을 주도했던 고르바초프는 리투아니아, 에스토니아, 라트비아의 경제적 자율성을 부분적으로 인정하려 했으나, 정작 발트3국이 원한 것은 더 많은 자율성이 아닌 완전한 독립이었다. 세르히 로즈니챠는 독립에 대한 리투아니아 시민들의 열망과 그것으로부터 시작된 역사적 흐름을 여러 곳에서 수집한 파운드 푸티지를 시계열적으로 배열하고, 그 이미지들 사이에 란즈베르기스

의 인터뷰를 삽입하는 방식으로 재구성했다. 이 거시적인 역사적 흐름 속에는 1988년 리투아니아 개혁운동 사유디스(Sąjūdis)의 결성, 1989년 200만 명에 달하는 발트3국의 시민들이 참여해 인간 사슬을 만든 발트의 길(Baltic Way), 1990년 리투아니아의 독립선언과 소비에트 연방이 리투아니아에 가한 경제적 봉쇄와 무력 침공, 1991년 소비에트 연방의 해체 등이 포함되어 있다. 이를 통해 관객은 제2차 세계대전 이후로 장기 지속된 소비에트 연방의 식민지적 통치와 그것에 맞선 리투아니아 시민들의 저항이 거리, 광장, 의회 등지에서 끊임없이 충돌했다는 사실을 인식하게 된다.

누군가의 삶을 영웅적으로 형상화하고 특정 사건을 기념비적으로 묘사하는 것은 이 작품의 관심사가 아니다. 비록 연대기적인 흐름을 따라가면서 일반화될 수 있는 이야기의 얼개를 제공하지만, 이 작품을 세부적으로 구성하는 말과 이미지는 문자화된 역사의 가장자리에 있는 것에 가깝다. 압제와 저항이 충돌하는 그런 격동의 시간을 통과하면서 리투아니아 시민들은 거리에서 만난 다른 누군가와 손을 맞잡고, 촛불을 함께 들고, 소비에트에 의해서 금지곡으로 지정된 리투아니아의 국가를 함께 불렀다.

그들은 비평화적인 시위를 전개하면서 계급, 신분, 지위, 성별 등을 막론하는 토론의 장을 꽃피웠다. 물론 소비에트 연방의 무력 침공으로 유혈 사태가 벌어지기도 했지만, 그런 절체절명의 순간에도 리투아니아 시민들은 맨몸으로 탱크를 가로막으면서 독립을 수호하려고 했다. 이처럼 이 영화는 리투아니아의 독립운동을 이끈 이름 없는 시민들의 주권적 말과 몸짓으로 이루어져 있다.

역사를 바라보는 태도

세르히 로즈니챠는 역사를 대하는 두 개의 시선을 가진 다큐멘터리스트이다. 한편으로 그는 아키비스트(archivist)의 시선으로 오래된 자료를 수집, 발굴, 선별하여 과거를 두껍게 복원하려는 자세를 가지고 있다. 다른 한편으로 그는 다면적이고, 입체적이고, 중층적인 역사를 관찰자의 시선으로 투명하게 바라보려는 태도를 고수한다. 이런 점에서 보자면, 그에게 영화라는 것은 역사에 대한 감각과 앎에 대해 무딘 관객에게 과거와 대면할 수 있는 기회를 제공하는 효과적인 도구였으리라.

감독 세르히 로즈니챠 | Lithuania, Netherlands, USA | 2021 | 248min | 마스터즈 |
4.30(토) 11:00 CGV2, 5.2(월) 10:00 CGV5, 5.5(목) 10:00 CGV5

혁명 이후 쿠바의 가난한 동네에서 살아가는 사람들을 그린다. 새로운 주택단지가 건설된 후에도 이들이 추구하는 가치와 역할 모델은 바뀌지 않는다. 새로운 사회는 즉각 만들어질 수 없는 법이다. 〈어떤 방법으로〉는 쿠바의 첫 여성 감독 장편 연출작으로, 사라 고메스 감독의 마지막 작품이기도 하다.

혁명과 로맨스

글 황미요조 서울국제여성영화제 프로그래머

〈어떤 방법으로〉는 혁명 쿠바의 영화제작기관 ICAIC 재직자 중 단 두 명의 아프리카계 쿠바인 중 한 명이면서 최초의 여성이었던 사라 고메스의 유일한 장편영화다. 2014년 『레메스클라 Remezcla』에 수록된 사라 고메스에 대한 특집기사는 "혁명이 내뱉는 평등에 대한 그럴듯한 말들에도 불구하고 혁명의 주역 중 대부분은 식민지 시기부터 나라를 지배해온 유럽계 남성 후손들이라는 것을 간파하고 있는 사람들이라면, 지금 사라 고메스를 만나보라"는 문장으로 글을 연다.

다큐멘터리와 픽션 사이에서

영화는 아바나 외곽 거대 슬럼가 이주 프로젝트를 비롯한 혁명 이후 쿠바의 변혁에 대한 에세이 형식의 다큐멘터리와 젠더, 계층, 인종, 문화적 배경이 다른 두 인물의 로맨스를 병치한다. 로맨스의 주인공인 욜란다와 마리오의 이야기를 비롯 등장인물들의 행위와 대사는 연출된 것이다. 그러나 그들이 실제 자신의 이름을 가진 인물을 연기한다는 점에서, 그리고 각 인물의 설정은 사라 고메스 감독이 ICAIC에서 제작한 중·단편 다큐멘터리 영화들의 주제와 관련을 가진다는 점에서, 그리고 무엇보다 이들이 대면하고 있

는 '사적인' 문제들이 새로운 주거지 건설 프로젝트와 마찬가지로 이전 세계와의 단절을 요구하고 있다는 점에서, 이 영화에서 다큐멘터리와 픽션은 정확히 분리되지 않는다.

영화가 시작하면 관객은 국영공장의 노사협의회에서 격렬하게 논쟁을 벌이는 남성 노동자들을 본다. 자신의 태업에 대한 정당성을 설명하는 한 남자의 말을 다른 한 남자가 격한 어조로 반박한다. 불성실한 노동자의 거짓말을 폭로하는 사람은 마리오다. 그리고 낡은 건물을 해체하는 이미지가 삽입되고, 영화는 오래된 가난의 도시 변두리 풍경과 대규모로 새롭게 건설되고 있는 주택단지를 담은 다큐멘터리 푸티지로 이어진다. 건물이 부서지는 이미지는 이후 마리오가 감정적인 갈등을 겪을 때마다 여러 차례 다시 나온다. 아프리카계 쿠바 남성 노동계급의 문화에서 마초적 의리는 무엇보다 중요하지만, 욜란다와 데이트를 시작한 후 마리오의 남성주의적 가치는 도전받게 된다. 욜란다에게 영향을 받으면서도 계속 다툼을 반복하는 것에 지쳐가는 마리오에게 친구 기예르모는 "네가 속해 있는 세상을 떠나"라는 충고를 한다. 또다시 건물이 무거운 쇠에 맞아 해체되는 이미지가 삽입되고, 영화는 비로소 서두에 등장했던 시공간으

로 돌아감으로써, 마리오가 어떻게 기존 공동체의 가치관을 배반할 수 있었는지를 보여준다.

16mm 카메라의 미학

한편, 새롭고 진보적인 가치관을 주창하는 욜란다 역시 난관에 부딪힌다. 빈민 대중도 과거의 관습과 결별해야 하지만, 욜란다 역시 자신과 익숙한 세계와 결별하여 슬럼가 사람들과 관계 맺을 수 있어야 한다. 마리오에게는 익숙지 않은 고급 식당에서 욜란다의 친구 커플을 만난 날, 친구는 계급과 인종에 대해 차별적인 발언을 한다. 집에 돌아오는 길에 욜란다는 친구에게서 떨어져 마리오와 발을 맞춘다. 카메라는 급격히 친구에게 줌인 후 마치 영원히 뒤처진 사람으로 박제하는 듯 프리즈 프레임으로 멈춘다.

영화는 전반적으로 컷을 나누지 않고, 카메라는 한 숏 안에서 역동적인 줌인, 줌아웃과 패닝을 반복한다. 16mm 카메라로 촬영하였기에 가능했을 이러한 스타일은 경제적일 뿐 아니라 긴급한 감정들과 혼란스러운 혁명 이후를 미학적으로 표현한다.

감독 사라 고메스 | Cuba | 1974 | 73min | 시네필전주 |
4.30(토) 17:00 CQ2, 5.2(월) 11:00 CQ5, 5.4(수) 17:00 CQ2

오스카 피터슨: 블랙+화이트 Oscar Peterson: Black+White **G**

© Herman Leonard Photography LLC

재즈 아이콘이자 작곡가였던 오스카 피터슨의 사운드와 스타덤, 환상적인 연주를 통해 아티스트의 생애와 그가 남긴 유산을 탐구한 '다큐 콘서트'. 명실공히 타의 추종을 불허하는 재즈 피아니스트 오스카 피터슨은 피카소나 모차르트처럼 독특한 천재성을 지닌 것은 물론, 거침없는 연주와 개성으로 자신만의 스타일을 완성했다.

천재 뮤지션의 웅장한 일대기

글 황덕호 재즈평론가

재즈 작곡가 듀크 엘링턴은 오스카 피터슨을 가리켜 '건반의 마하라자'(고대 인도의 왕)라고 불렀다. 1925년 캐나다 몬트리올에서 태어난 피터슨은 생전에 그래미를 일곱 번 수상했으며 캐나다는 물론이고 프랑스 정부로부터 여러 개의 훈장을 수상했다. 전 생애를 통해 열세 곳의 대학으로부터 명예 박사학위를 받았고 그의 이름을 딴 음악당과 학교, 광장이 설립되었다. 2007년 타계 후 설립된 그의 동상 제막식에는 영국 여왕이 참석했다. 배리 에이브리치 감독의 이 영화는 재즈 피아노의 거장 중의 거장으로 손꼽히는 오스카 피터슨의 일대기를 담았다.

자유를 향한 찬가

어린 시절부터 리스트를 비롯해 난기교를 요구하는 클래식 곡들을 막힘없이 익혔고 테디 윌슨, 냇 킹 콜의 피아노는 물론이고 누구도 흉내 낼 수 없을 것 같았던 아트 테이텀의 스타일을 10대 말에 이르러 섭렵한 오스카 피터슨은 타고난 천재였다.

우연히 라디오를 통해 그의 연주를 들은 제작자 노먼 그랜즈에게 발탁되어 '재즈 앳 더 필하모닉' 콘서트에 출연한 그는 버브 레코드의 전속 피아니스트로 소속 아티스트들의 반주를 도맡았고, 동시에 자신의 트리오를 통해 1950년대부터 정상급 재즈 피아니스트로 자리 잡았다. 선천적으로 커다란 그의 양손은 한 옥타브 이상의 건반을 손쉽게 커버했고, 강하고 빠른 핑거링, 예리한 청각 그리고 무엇보다도 연주자로서 끊임없이 노력했던 태도는 자신을 재즈 피아노의 커다란 봉우리로 만들었다.

하지만 화려한 이력 속에서도 흑인으로서 겪어야 했던 인종 차별은 인간이 안고 있는 문제에 대해 그에게 깊은 성찰을 주었고 이는 넬슨 만델라에게 헌정했던 '자유를 향한 찬가'(Hymn to Freedom)를 비롯한 그의 명곡들의 밑거름이 되었다.

오로지 음악에 헌신했던

1993년에 닥친 중풍을 극복하고 생애 끝까지 자신의 예술혼을 불태웠던 음악인으로서의 그의 면모를 담은 이 영화는 1940년대부터 만년까지의 사진 자료들과 인터뷰 그리고 수많은 연주 장면을 통해 허브 엘리스, 레이 브라운, 에드 딕펜, 조 패스, 닐스헤닝 오르스테드 페데르센, 울프 바케니우스, 제프 해밀턴, 엘라 피츠제럴드, 앙드레 프레빈 등 그와 함께했던 명연주자들의 모습을 생생히 보여준다.

아울러 생전에 그와 인연을 맺었던 퀸시 존스, 램지 루이스, 허비 행콕, 빌리 조엘, 브랜퍼드 마설리스, 데이브 영, 존 배티스트 등의 음악인들과 그의 아내 켈리 피터슨은 고인의 음악, 그에 대한 추억을 세세히 영화에 담았다. 그 가운데서 명피아니스트 램지 루이스의 한마디는 피터슨의 존재를 일목요연하게 알린다. "복싱에는 무하마드 알리가 있고, 농구에는 마이클 조던이 있지요. 그와 마찬가지로 재즈 피아노에는 오스카 피터슨이 있습니다."

오스카 피터슨을 약물과 함께 비운의 삶을 살았던 재즈 음악인으로 묘사한 많은 다큐멘터리와 달리, 오로지 음악에 헌신했던 한 재즈 거장으로 그려낸 웅장한 일대기다.

© Dimo Safari

감독 배리 에이브리치 | Canada | 2021 | 83min | 월드시네마 |
5.1(일) 15:00 CGV2, 5.3(화) 20:30 CGV5, 5.5(목) 20:00 CGV5

노스캐롤라이나주 럼버턴, 하얀색 울타리 너머에서 뭔가 심상찮은 일이 벌어지고 있다. 미스터리를 그냥 지나치지 못하는 대학생 제프리 보몬트는 우연히 풀밭에서 사람의 잘린 귀를 발견하고, 무슨 일인지 알아내기로 작정한다. 곧 동네 형사의 딸과 합심해 조사를 시작한 제프리는 기이한 관능과 폭력의 세계와 조우한다.

잠재의식의 표피를 벗겨내다

글 주성철 영화평론가

사랑과 혐오, 혹은 선과 악 사이에서 배회하는 욕망의 그림자라고나 할까. 설명하기 힘든, 혹은 설명을 거부하는 기이한 성장영화이자 로맨스영화라는 점에서 〈블루 벨벳〉은 현대 영화사에 있어 가장 논쟁적인 작품 중 하나다.

개봉 당시 극장에서 심장마비로 쓰러진 관객들도 있었고, 저명한 영화평론가 로저 이버트가 '역겨운 영화'라고 쏘아붙이기도 했다. 하지만 강렬한 비주얼과 사운드트랙으로 마치 인간 내면의 심연을 들여다보는 것 같은, 이후 TV 시리즈 「트윈 픽스」(1990~1991)의 크리에이터로서 세계관을 확장함은 물론 칸영화제에서 〈광란의 사랑〉(1990)과 〈멀홀랜드 드라이브〉(2001)로 각각 황금종려상과 감독상을 수상한 거장 데이비드 린치 월드의 원형이라는 데는 달리 이견이 없을 것이다.

일상의 악몽을 날카롭게 해부하는 것 같은 놀라운 데뷔작 〈이레이저 헤드〉(1977)로 충격을 안겨준 데이비드 린치 감독은, 마찬가지로 사람들 저마다의 어두운 본성과 대화하는 것 같은 〈엘리펀트 맨 The Elephant Man〉(1980)으로 자신만의 독보적인 영화 세계를 각인시켰다. 하지만 프랭크 허버트의 원작을 영화화한 대작 〈사구 Dune〉(1984)로

상업적 실패를 경험한 그는, 〈블루 벨벳〉을 통해 데뷔작을 만들 때처럼 직접 각본을 쓴 소규모 인디영화로 돌아왔다.

잘린 귀, 잠재의식으로 들어가는 입구

고향을 찾은 제프리는 산책을 하던 중 사람의 잘린 귀를 발견한다. 제프리는 이를 윌리엄스 형사에게 신고하지만 도리어 더 이상 사건에 관심을 갖지 말라는 얘기만 듣는다. 하지만 윌리엄스의 딸 샌디로부터 매력적인 밤무대 가수 도로시가 이 사건에 연관된 것을 알게 된다. 제프리는 호기심으로 도로시의 아파트에 몰래 숨어들지만 곧 들키고 만다. 그러다 갑자기 정체불명의 남자 프랭크가 들이닥쳐 옷장에 숨게 되고, 이내 충격적인 장면을 엿보게 된다. 프랭크가 도로시의 남편과 아들까지 납치해 그를 미끼삼아 도로시에게 변태적인 행위를 강요하는 것을 넘어, 충격적으로 마치 그에 적응한 것처럼 마조히스트가 된 도로시를 보게 된 것이다.

〈이레이저 헤드〉와 〈엘리펀트 맨〉을 흑백으로 작업했던 데이비드 린치는 〈블루 벨벳〉을 오히려 이질감을 강화시키는 것 같은 컬러영화로 만들었다. 하지만 잘린 귀를 발견한 순간부터 영화는 화사한

색채감을 걷어내고 살인과 변태, 그리고 내내 성적인 긴장감이 감도는 이중성의 미로로 안내한다. 얼핏 미스터리를 추적하는 추리소설 구조를 띠고 있지만 데이비드 린치의 관심사는 결국 존재의 이면이다. 겉으로는 아름답거나 별로 문제가 없어 보이는 환경 뒤의 충격적 비밀을 마주하는 주인공의 당혹감은 그의 영화를 관통하는 중요한 설정이기도 하다. 그것은 결국 평범한 미국인들의 삶, 더 나아가 인간 잠재의식의 표피를 벗겨내는 여정이다.

시대를 초월한 걸작

프랭크가 제프리에게 "넌 나와 닮았어"라고 얘기할 때의 공포와 혐오스러움은 개봉한 지 30년이 훌쩍 지난 지금 봐도 의미심장하며, 제프리와 샌디가 각각 영화 속 사건의 시작과 끝에서 대구처럼 "이상한 세상이야"라고 얘기할 때의 염세적인 서늘함 역시 마찬가지다. 영화에서 프랭크가 따라 부르던 로이 오비슨의 'In Dreams'를 들으면 그때나 지금이나 "이상한 세상이야"라고 읊조리게 된다. 인간의 추악한 모습과 선한 믿음 모두 포용하며 시대를 초월한 데이비드 린치의 걸작.

감독 데이비드 린치 | USA | 1986 | 120min | J 스페셜: 올해의 프로그래머 |

5.3(화) 14:00 CGV3, 5.7(토) 10:30 CGV3

리틀 팔레스타인, 포위된 나날들 Little Palestine, Diary of a Siege G

시리아 정권의 잔혹한 포위 공격에 내몰린 시민들의 삶을 기록한 영화. 시리아 야르무크 출신인 압달라 알카팁 감독이 참혹한 전쟁 속에서 인간의 존엄성을 지키기 위해 애쓰는 시민들에게 보내는 연가이다.

난민촌을 통해 비추는 인간의 존엄성

글 주성철 영화평론가

지금도 어딘가에서 전쟁이 벌어지고 있다. 러시아의 우크라이나 침공으로 전 세계가 분노하고 있는 2022년 바로 지금, 시리아를 배경으로 한 다큐멘터리 〈리틀 팔레스타인, 포위된 나날들〉을 보는 기분은 참담하다. 사실상의 부자(父子) 세습으로 무려 50년 넘게 권력을 휘두르고 있는 아사드 정권의 든든한 지원자가 바로 러시아의 푸틴 대통령이기 때문이다. 푸틴의 군사 개입으로 무소불위의 권력을 얻은 아사드는 작품에서 드러나는 것처럼 팔레스타인 난민들이 모여 사는 야르무크 캠프를 포위했다. 하지만 시리아 내 반군과 IS의 위협 속에서 야르무크가 자신의 정권 유지와 연장에 위협이 될 것이란 걱정은 과대망상에 지나지 않는다.

내몰린 사람들을 기록하다

야르무크 캠프의 역사는 무척 오래다. 1948년 이스라엘 건국 이후 시리아로 피난을 떠난 팔레스타인 난민들은 시리아의 수도 다마스쿠스 남쪽 야르무크에 터를 잡았다. 한때 팔레스타인 난민 16만여 명이 모여 살던 야르무크 캠프는 시리아 내전이 계속되며 정부군과 반군, 그리고 IS의 끊임없는 전쟁과 통제가 이어지면서 난민들이 이탈하기 시작해 현재 1만 8천

명 정도가 거주 중이다. 오랜 내전과 IS 소탕전 속에서 캠프의 기반 시설과 주택이 대거 파괴됐고, 이곳을 떠난 이들의 공식적인 귀환 허용 조치도 없다. 캠프 재건에도 관심이 없으니 아사드는 그저 그들을 포위시켜 야르무크의 오랜 역사를 끝내버리려는 의도일 것이다.

실제로 1989년 야르무크 캠프에서 태어난 압달라 알카팁 감독은 레바논, 프랑스, 카타르가 공동제작한 〈리틀 팔레스타인, 포위된 나날들〉을 통해 시리아 정권의 참혹한 포위전에 내몰린 사람들의 삶을 기록하고 있다. 이른바 '원년 멤버'라고나 할까, 1948년 열다섯에 팔레스타인을 떠나 이곳에 왔다는 할머니부터 태어남과 동시에 이곳을 세상의 전부로 알았던 아이들까지, 카메라 앞의 캠프 사람들은 참혹한 전쟁 속에서도 악착같이 구호를 외치고 노래한다. 많은 것이 바뀌고 사라지고 막혀버렸지만, 그들은 야르무크를 '유령 마을'로 만들 생각이 없다.

삶, 훼손할 수 없는 역사성

압달라 알카팁 감독은 비슷한 부류의 다큐멘터리가 다다르기 쉬운 '절망 속의 희망'이라는 뻔하고도 관습적인 결말에 별다른 관심이 없다. 긴 시간 동안 야

르무크에서 절망과 희망은 언제나 하나였고, 현재 어머니와 함께 독일에 살고 있는 그 또한 언제든 야르무크로 돌아갈 생각이기 때문이다. 캠프 내 수많은 사람들의 생생한 인터뷰로 가득한 작품에서, 카메라 앞에 각각 따로 선 할머니와 꼬마의 나이 차는 거의 반세기가 넘고, 저마다의 말 못 할 고통이 있겠지만 이들은 그저 '태어난 곳에서 익숙한 이웃들과 계속 살고 싶다'는 바람뿐이다. 아사드 정권은 이곳을 지정학적으로 '전략적 요충지'로 바라보겠지만 정작 이들은 캠프를 떠난 아버지가 왜 돌아오지 못하는지, 언제쯤이면 형이나 동생과 함께 공부할 수 있는지가 궁금할 따름이다. 말하자면 이미 야르무크는 세대와 세대를 넘어 반세기 넘는 시간 동안 그 무엇으로도 훼손할 수 없는 역사성을 얻었다.

"팔레스타인과 시리아는 하나"라며 "평화!"를 외치는 시위대의 바람 또한 "야르무크의 역사는 더 영광스러워야 한다"는 것이다. 〈리틀 팔레스타인, 포위된 나날들〉은 숭고한 인간 존엄에 대한 일기다.

감독 압달라 알카팁 | Lebanon, France, Qatar | 2021 | 89min | 프론트라인 |
5.1(일) 14:30 CQ5, 5.3(화) 17:30 CQ5, 5.6(금) 20:30 CQ5

현대 볼리비아. 일주일을 걸어 라파스에 도착한 엘데르와 동료 광부들의 목표는 오직 하나, 복직이다. 그런데 엘데르의 상태가 좋지 않다. 마마 판차의 도움으로 엘데르와 동료들은 시장에서 일자리를 구하지만 엘데르의 상태는 점점 나빠져 숨 쉬는 것마저 어렵다. 마마 판차는 젊은 엘데르를 주술의이자 은자, 광대인 막스에게 보낸다. 과연 막스는 청년의 생명을 살릴 수 있을까?

영화적 실천을 위한 시간의 고고학

글 신은실 영화평론가

〈위대한 움직임〉의 주인공 엘데르 마마니는, 키로 루소 감독의 두 번째 단편 〈주쿠 Juku〉(2012)에서 갱도 함몰 사고를 당하고도 살아남은 볼리비아 광산노동자다. 2017년 제18회 전주국제영화제에서 상영된 루소의 첫 장편 〈검은 해골 Dark Skull〉(2016)에서도 중심인물이었던 엘데르 마마니는, 〈검은 해골〉에서 아버지를 잃은 대신 동료들과의 연대를 얻은 바 있었다.

광산노동자 엘데르 마마니

2021년, 광산의 일자리를 잃은 엘데르는 동료들과 복직을 외치며 후아누니에서 수도 라파스까지 도보로 행진한 뒤 전국 광부 집회에 참여한다. 한데 집회를 파하자마자, 엘데르가 갑자기 아프다. 급히 찾아간 병원에선 병명을 알 수 없다고만 한다. 라파스 노상에 앓아누운 엘데르를 발견한 마마 판차는 자신이 엘데르의 대모라며, 체재비를 벌도록 시장의 일자리를 주선한다. 또, 마마 판차는 전통 의술에 정통한 은자 막스 에두아르도로 하여금 엘데르를 치료하게 한다. 이 등장인물들은 모두 비전문 배우로, 〈위대한 움직임〉에서 실제 자신의 삶을 반영한 역할을 수행한다. 특히 허구의 이름인 엘데르로 불리는 훌리오 세

자르 티코나는, 키로 루소가 2011년 후아누니 광산에서 시작한 영화 작업에 참여한 이래 루소의 작품에서 줄곧 논픽션과 픽션의 구분을 무의미하게 만든 주역이다. 그가 〈검은 해골〉에 출연한 이력을 동료들이 소개하는 도입부의 광부 집회 장면이 바로 그렇다.

기실 엘데르 같은 노동자들이 일하는 주석광산이 볼리비아 산업의 중추를 차지해왔기에, 광부들의 노동운동은 늘 볼리비아 근현대사의 향배를 좌우하는 결정적인 요인이었다. 이를테면 1952년 볼리비아 혁명이 그러했다. 광산노동자와 농민·시민들이 주체가 된 '민족혁명운동'(MNR)은 해외 자본이 장악했던 광산 자원 주권을 일정 정도 회복하고, 부분적인 토지 개혁을 이루었다. 그러나 국내외 반혁명 세력의 공작으로 1960년대 초에 경제 위기가 닥친다. 미국 자본이 공업 생산 부문을 재장악하고 IMF가 반노동적 구제금융 정책을 강요하며 MNR 전선이 분열하여, 정부와 광산노동자들이 대립한다. 이 와중에 군부가 쿠데타를 감행하여 1965년에 정권을 장악한다. 공군 장성 출신 독재자 바리엔토스는 광부의 임금을 대폭 삭감하고, 저항하는 노동자들을 진압하기 위해 군대를 투입하여 광부들과 주민들을 수차례 학살했다.

우카마우 집단과 형식주의자 키로 루소

칠레에서 영화를 공부하고 돌아온 호르헤 산히네스 등이 1967년에 결성한 '우카마우 집단'은, 이 시기 시글로 제20광산 학살 사건을 유가족·노동자들과 함께 영화화하여 〈민중의 용기 The Courage of the People〉(1971)를 내놓은 바 있다. 모랄레스에 이어 원주민과 노동자·농민을 대변하겠다는 아르세 정부가 2020년에 들어섰음에도 해외 자본이 주도하는 리튬 개발 바람 속에서 벼랑 끝에 내몰린 광산노동자들의 현실을 살펴온 키로 루소는, 우카마우 집단의 영화적 실천을 현재태로 복구하려 한다.

한편으로 예이젠시테인과 베르토프를 사숙한 '형식주의자'로 자신을 일컫는 루소는, 라파스라는 장소와 그곳에 거하는 이들이 살아온 시간을 현재라는 시공에 되불러오는 몽타주로 '도시교향악' 장르를 갱신한다. 또 그는 시장 사람들의 집단 군무 장면, 자신을 병들게 한 '검은 해골'의 시간을 엘데르가 날숨으로 내뱉는 장면 등 영화 전편에서 춤을 활용하며, 이미지에 잠재하는 '역사적 시간'을 발굴하는 '수직적 깊이'의 몽타주를 시도한다. 이 '시간의 고고학'이 '위대한 움직임'을 현시한다.

감독 키로 루소 | Bolivia | 2021 | 85min | 영화보다 낯선 |

4.30(토) 20:30 CGV3, 5.5(목) 16:00 CGV5, 5.6(금) 14:00 CQ5

대결! 애니메이션 ANIME SUPREMACY! ⓖ

애니메이션 제작 현장 뒤편에서 신인 여성 감독 히토미와 천재 '왕자' 감독 오지가 패권을 잡기 위해 격전을 벌인다. 두 애니메이션 감독과 스태프, 성우 들은 관객의 심금을 울릴 걸작을 만들기 위해 치열하게 작업을 이어나간다. 시청률 전쟁의 승자는 과연 누구일까.

재미와 감동을 선사하는 애니 업계의 비화

글 이주현 『씨네21』 편집장

두 주먹 꼭 쥐고 힘차게 외쳐야 할 것 같은 만화체 제목이지만, 이 영화 상상 이상의 묵직한 재미와 감동을 선사한다. 〈대결! 애니메이션〉은 일본 애니메이션 업계의 백스테이지를 경쾌한 만화톤으로 그려낸 극영화다. 한 편의 애니메이션이 탄생하기까지의 과정, 나아가 작품이 관객에게 평가받고 시장에서 살아남는 일련의 과정을 비교적 사실적으로 담아내는데, 애니메이션 업계에 진출하길 희망하는 사람 혹은 재패니메이션에 특별한 애정을 지닌 사람이라면 영화의 구석구석을 호기심 어린 눈으로 탐험하게 될 것이다. 물론 애니메이션의 A조차 모른다 해도 이 영화를 즐기는 데는 아무런 지장이 없다.

각자의 자리에서 최선을 다하는 사람들

주인공은 일본의 대형 애니메이션 회사에 취직한 히토미(요시오카 리호). 국립대를 졸업하고 공무원으로 일하다 호기롭게 애니메이션 감독으로 진로를 변경했지만, 입사 후 7년이 지난 현재는 이리 치이고 저리 치이는 존재감 제로의 신인 감독일 뿐이다. 히토미는 방영을 앞둔 신작 애니메이션 〈사운드백〉에 전력을 쏟지만 프로듀서 유키시로(에모토 다스쿠)와 베테랑 스태프들은 못 미더운 눈치로 초짜 감독의 말을

듣는 둥 마는 둥 한다. 히토미가 넘어야 할 산은 또 있다. 일찍이 천재 감독으로 인기와 명성을 얻은 애니메이션 감독 오지(나카무라 도모야)는 새 작품 〈리델-라이트〉로 컴백을 준비 중이다. 대중의 관심은 오지에게 쏠려 있지만 히토미는 당당히 "오지를 뛰어넘겠다"고 선언한다. 히토미의 〈사운드백〉과 오지의 〈리델-라이트〉. 어떤 작품이 시청률 1위를 차지할지, 두 애니메이션의 패권 대결이 시작된다.

경쟁과 대결이 키워드인 것 같지만 영화가 주목하는 것은 각자의 자리에서 최선을 다하는 사람들과 그들의 연대. 영화는 위태롭게 세워진 몽당연필을 비추며 시작한다. 성실한 노동과 노력의 증거로서의 몽당연필은 창작의 고통을 마주해야 하는 오지와 히토미의 상황을 은유하는데, 점이 선이 되고 선이 구체적 형태가 되고 구체적 형태가 입체적인 세계로 완성되는 과정에는 반드시 스태프들의 협업이 수반된다. 협업의 하모니가 시작부터 완벽할 순 없다. 상대와 보조를 맞춰 자신의 음을 조율하다 보면 결국 아름다운 화음이 쌓이게 된다고 영화는 말한다. 그 과정에서 특히 여성 캐릭터들의 관계가 사려 깊게 묘사된다. 유명 애니메이터 나미사와가 히토미의 애니메이션 표지 이미지를 급하게 맡아 그려줄 때, 관계

가 좋지 못했던 성우 아오이와 히토미가 서로의 노력을 이해하게 될 때, 마음과 마음이 맞닿아 찌르르한 스파크가 발생하는 순간들을 영화는 놓치지 않는다. 여성 창작자들을 응원하는 따스한 시선은 아마도 원작의 영향으로 보인다. 『거울 속 외딴 성』『열쇠 없는 꿈을 꾸다』 등으로 유명한 작가 쓰지무라 미즈키의 동명 소설이 영화의 원작이다.

그리고, 뭉클한 엔딩

영화를 보고 나면 극중극인 두 편의 애니메이션 〈사운드백〉과 〈리델-라이트〉의 풀버전을 보고 싶은 마음도 마구 샘솟는다. 판타지를 담은 애니메이션이 회피와 도피의 도구가 아니라, 현실에서 단단하게 살아가는 데 필요한 무엇일 수 있다는 믿음이 구현되는 영화의 엔딩은 무척 뭉클하다. 〈수요일이 사라졌다 Gone Wednesday〉(2020)를 만든 요시노 고헤이 감독이 연출을 맡았다.

감독 요시노 고헤이 | Japan | 2022 | 128min | 월드시네마 |
4.29(금) 10:00 CQ10, 5.1(일) 17:00 CGV5, 5.6(금) 11:30 CGV1

레아는 석유를 불법 유통하는 회사, 케브라다스에 관한 이야기를 전한다. 브라질리아 연방 직할구의 여성 교도소 콜메이아의 벽을 통해 이야기가 울려 퍼진다.

브라질 여성 갱단의 반란

글 손희정 영화평론가

2019년, 브라질에서 괴물 같은 영화가 등장했다. 클레베르 멘돈사 필류와 줄리아누 도르넬리스의 〈바쿠라우〉다. 영화는 미국 헤게모니 아래에서 펼쳐지는 신자유주의적 착취에 대한 브라질 민중의 탈식민주의적 저항을 그려냄과 동시에 브라질의 구체적인 정치적 상황에 대해 언급한다. 두 감독은 2019년 『카이에 뒤 시네마』와의 인터뷰에서 보우소나루 극우정권의 시대를 맞아 "영화, 음악, 문학은 닥치는 상황을 주의 깊게 관찰해야" 하고, 예술이 "해야만 하는 이야기가 있다"고 말했다. 그리고 2021년 조아나 피멘타와 아지레이 케이로스 공동 연출의 〈불타는 마른 땅〉이 등장했다. 세계의 시네필은 낯설고도 파워풀한 영화에 당황했다. 미국의 영화평론가 데이비드 캐츠는 『시네유로파』의 지면을 빌어 다음과 같이 썼다. "격동의 시대는 위대한 예술을 창조한다. 브라질의 현 상황은 정치적 각성과 급진적인 형식이 어우러진 영화운동을 촉발했다."

무법자들의 스펙터클

영화는 시타라와 레아, 두 자매가 이끄는 여성 갱단의 이야기를 중심에 놓는다. 레아가 마약 사범으로 감옥에서 복역을 하는 사이 시타라는 땅 아래로 지나가는 송유관을 찾아내 거기서 훔친 휘발유를 불법으로 판매해 큰돈을 벌고 있다. 레아는 출옥하면서 시타라의 갱에 합류한다. 한편, 그들의 근거지인 소우나센치(Sol Nascente) 주변은 브라질 정부 땅으로 복속된 상태다. 정부는 그곳에 감옥을 건설할 예정이다. 최첨단 무기와 강요된 애국심으로 무장한 경찰차들이 끊임없이 빈민가의 순찰을 돌고, 9시 이후에는 통금이 실시된다. 소우나센치는 하나의 거대한 감옥이 되어가는 중이다. 시타라 갱의 일원인 안드레이아는 '출소자당'(PPP, Prison People Party)을 결성하고 반(反) 정부 시위를 주도하며 빈민을 재생산하는 보우소나루 정부의 무능을 직접적으로 비판한다. 시타라를 중심으로 소우나센치의 '배대스'(badass)들이 이끌어가는 제도 밖의 삶은 때로 범죄가 병든 사회에 대한 적극적인 저항이 될 수 있다는 사실을 강변한다.

영화의 배경인 소우나센치는 브라질리아 주변에 형성되어 있는 파벨라(favela, 브라질 대도시 주변에 형성된 빈민 지역) 중 하나다. 1950년대 후반 대통령에 취임한 주셀리누 쿠비체크는 "50년의 발전을 5년 안에"(Fifty Years in Five)라는 구호와 함께 공세적인 경제발전 목표를 내세운다. 그는 식민지 잔재와 광범위한 슬럼화로 신음하는 리우데자네이루를 떠나 수도(首都) 이전을 단행한다. 급작스러운 결정과 함께 4년 만에 신(新) 행정수도 브라질리아가 건설됐다. 고급스러운 신 행정수도는 브라질 엘리트들만의 공간으로 계획되었고, 빈민과 노동자들이 설 자리는 애초에 없었다. 소위 브라질의 '경제적 아파르트헤이트'에 의해 쫓겨난 이들은 브라질리아 주변에 소우나센치와 같은 파벨라를 형성했다. 〈불타는 마른 땅〉은 브라질의 현대사라는 촘촘한 맥락 위에서 무법자들의 스펙터클을 펼쳐낸다.

현실과 재현 사이

영화는 픽션과 논픽션을 겹쳐놓으며 현실과 재현 사이의 경계를 실험한다. 배우들은 자신의 경험 위에서 캐릭터를 연기하고, 때로 그의 입에서 나오는 말이 연기인지 자전적인 구술인지 구분하는 것도 쉽지 않다. 허구 같은 현실과 현실 같은 허구가 얽혀 지금의 브라질을 형상화한다. 그와 함께, 여성의 유순한 신체 이미지에 길들여진 브라질 외부의 관객들에게는 이 여성들의 강인하고 따라서 거대하게 닥쳐오는 신체 자체가 이미 반란이다.

감독 조아나 피멘타, 아지레이 케이로스 | Portugal | 2022 153min | 프론트라인 |
4.30(토) 13:30 CGV3, 5.3(화) 10:30 CGV3, 5.5(목) 10:30 CGV2

전장의 A.I. / A.I. at War ⑫

이라크 모술과 시리아 라카의 교전 지역, 파리의 노란 조끼 시위 현장에서 감독은 인공지능 로봇 소타를 통해 인류의 비극을 목격한다. 인류가 처한 상황과 미래에 대해 질문을 던지는 과정에서 인간과 기계의 관계가 발전한다.

‘참여형 SF’ 다큐멘터리

글 듀나 SF작가·문화평론가

〈전장의 A.I.〉라니, 미래 전쟁에서 사용될 살인 로봇들이 떠오르는 무시무시한 제목이다. 하지만 종군기자이자 저널리스트이고 영화감독인 플로랑 마르시가 이 영화에서 추구하는 방향은 관객의 예상과 정반대이다. 고맙게도 영화는 〈터미네이터〉류의 살인 기계들의 발전에는 티끌만큼의 관심도 없다.

전쟁과 폭력을 학습하는 작은 로봇

플로랑 마르시는 아이작 아시모프의 고전 SF 소설에 나올 법한 아이디어로 독특한 다큐멘터리의 문을 연다. 일단 말레이시아 회사에서 만든 소타라는 이름의 로봇 하나를 빌린다. 그리고 이라크와 시리아의 전쟁터, 노란 조끼 시위가 한창인 파리 시내를 함께 누비며 로봇에게 인간과 전쟁과 폭력에 대해 학습하게 한다.

구식 SF에 나올 법한 이야기이고 마르시 역시 이를 의도했겠지만 이 설정은 비교적 평범하게 설명된다. 소타는 장난감 크기의 작고 귀여운 로봇으로, 사물을 구별할 수 있는 카메라와 센서, 인터넷으로 연결된 대화 기능이 장착되어 있다. 상대와 눈을 맞추고 약간의 제스처를 취하면서 대화를 할 수 있지만, AI의 개념만 따진다면 알렉사나 시리 같은 보이스 에이전트와 크게 다를 게 없다. 노인 간병용으로 만들어졌지만 식당에서 메뉴를 소개하거나 PC를 연결해 프레젠테이션용으로 쓸 수도 있다. 2015년에 만들어졌으니 급변하는 세계의 기준으로 보면 꽤 옛날 기기이다.

그러니까 마르시는 아직 완전히 준비되어 있지 않은 기계를 갖고 미리 SF의 서사를 쓰는 것이다. 현실 세계의 전쟁이 배경이고 그 세계를 사는 진짜 사람들이 등장하는 다큐멘터리지만, 그 때문에 〈전장의 A.I.〉는 이야기가 진행되는 동안 점점 더 사이언스 ‘픽션’의 정의에 가까운 작품이 되어간다. 전쟁터의 실제 사람들이 인간의 사고와 대화를 알고리듬을 통해 모방하는 초보적인 AI와 유사 대화를 나누면서 만들어가는 참여형 SF라고 할까.

부조리한 인간 세상을 바라보는 비인간의 이야기

마르시가 그리는 세계는 처참하다. 죽음과 고통은 일상화되었고, 전쟁으로 살해당한 시체들이 돌덩이처럼 사방에 뒹군다. 이라크와 시리아를 떠나 서구인들이 안전하다고 느낄 법한 프랑스 파리에 도착한 뒤에도 폭력은 멈추지 않는다. 아니, 카메라 앞에서 진짜로 위험한 폭력이 터지는 곳은 오히려 파리다. 이런 상황에서 작은 장난감 로봇을 갖고 SF 실험을 하는 것이 옳은 일일까?

놀랍게도, 소타는 이 위험한 세계에서 당당한 주인공 역할을 해낸다. 이 기계엔 자아도, 영혼도 없다. 질문에 대한 대답은 알고리듬이 고른 것으로 종종 영매의 답변처럼 무의미하거나 애매하다. 하지만 그럼에도 불구하고 기꺼이 인간이 아닌 존재에게 마음을 열고 대화를 시도하고 의미를 읽으려는 인간의 본능은 자연스럽게 소타에게 캐릭터와 감정을 씌운다. 사람들은 소타와 대화를 나누고, 그리고 그 과정을 통해 부조리한 인간 세상의 폭격을 맑은 눈으로 바라보는 비인간의 이야기가 거의 완성된다.

감독 플로랑 마르시 | France | 2021 | 107min | 프론트라인 |
4.30(토) 17:30 CQ4, 5.1(일) 17:30 CGV3, 5.7(토) 16:30 CQ6

2020년 11월, 미국 대통령 선거와 함께 의회(상하원) 선거가 진행된다. 코로나와 경기 침체, 인종적 갈등이 최고조에 이른 2020년, 정치적 이념, 세대, 성별, 출신 등이 다른 5명의 재미 한인이 연방하원 선거에 도전한다. LA에서 출마한 데이비드 김 후보는 유일하게 풀뿌리 선거를 하는 언더독으로, 한인 최초의 '한인타운 출신' 연방 하원의원을 꿈꾼다.

재미 한인 정치가들의 뜨거운 선거 레이스

글 장병원 영화평론가

〈초선〉은 도널드 트럼프의 재선 여부에 이목이 집중되었던 지난 미국 대통령 선거와 나란히 진행된 연방 하원의원 캠페인을 따라가면서 미국 전역에서 한국계 미국인 후보로 출마했던 다섯 후보의 행적을 기록한 다큐멘터리 영화다. 캘리포니아의 한인타운에 출마한 신출내기 청년 정치인 데이비드 김, 주한 미군으로 한국을 다녀간 흑인 아버지와 한국인 어머니 사이에서 태어난 혼혈 메릴린 스트리클런드(한국 이름 '순자'), 미국 정가에서도 이름이 꽤 알려진 성공한 정치인 앤디 김, 실패의 경험을 딛고 지역 사회의 신망을 얻어가고 있는 공화당 소속의 여성 정치인 미셸 박 스틸과 영 김이 그 사람들이다. 보수와 진보로 갈라진 정치적 기반, 미국과 한국이 연결되어 있는 정치 현안에 대한 의견, 뚜렷하게 나뉜 신념의 간극에도 불구하고 한인 공동체의 권익 실현을 위해 모색하는 저들의 공동 대응 방식 등이 서사의 초점이 된다.

한인 정치가들의 삶을 들여다보기
미국의 정치적 상황과 한인 공동체의 디아스포라 경험, 이민 공동체의 동시대적 의제 등을 횡단하는 이 다큐멘터리의 미덕은 관찰자로서의 거리감을 지키

기 위해 애쓴 흔적에 있다. 쿠바 한인들의 디아스포라 역사를 다룬 다큐멘터리 〈헤로니모〉(2019)를 연출했던 전후석 감독은 자신이 선택한 관찰 형식에 입각하여 민주당과 공화당 후보들의 생각을 균형감 있게 수록하고, 캠프의 풍경, 거리 홍보전, 열의에 찬 청년 데이비드 김이 그의 작고 어수선한 아파트에서 보내는 시간 따위를 선명한 논평이나 분석 없이 드러낸다. 평범한 선거 캠페인 스토리 안에 눈에 보이는 것보다 더 많은 이야기가 있다는 것을 느끼게 되는 이유는 다섯 명의 후보들 가운데 주인공에 해당하는 데이비드가 외견상 이상적이지 않은 후보자로 보인다는 점 때문이다. 30대 후반의 변호사인 데이비드는 보수적인 목회자 아버지 슬하에서, 때때로 가정폭력까지 감내하면서 성장한 인물이다. 기득권화된 현직 민주당 후보를 비판하며 기본소득, 이민자들의 권리 실현 등 진보적 정책들을 공약하는 데이비드는 정치적 경험이나 대중적 인지도가 없다. 다인종 사회 안에서 핍박받을 만한 다양한 조건을 갖춘 그는 흑인 남자친구와 동거하고 있지만 보수적인 한인 커뮤니티의 시선을 감당할 자신이 없어 공적으로 커밍아웃하지 못한 처지에 있다. 진지하고 열정적이고 겸손한 그는 기업들로부터 거액의 후원

을 받는 나태한 정치인에 투표할 것인지, 공동체에 헌신할 젊은 일꾼을 선택할 것인지를 결정 짓는 힘든 경쟁에서 대안이 되기 위해 풀뿌리 민주주의의 시험대 위에 선다.

기나긴 레이스의 종착점
선거 캠페인의 과정을 시간순으로 따라가는 정치 다큐멘터리가 도달하는 종착점은 우군이 적어 보이는 데이비드가 이 뜨거운 레이스에서 승리할 수 있을 것인가가 아니다. 보이지 않는 위계가 존재하는 정글 같은 정치판에서 호소력 있는 정책과 겸손함을 보여주기 위해 노력하는 낙선한 정치 초년병에게 이 영화가 보여주고 싶은 가치가 응축돼 있다. 전후석 감독은 정치적 견해가 다른 정치인들이 팬데믹 이후 사회 문제화되고 있는 아시아계 이민자들에 대한 증오 범죄를 방지하기 위한 '아시안혐오금지법'을 통과시킨 사실을 엔딩에 배치함으로써 통합과 연대의 가치를 주장한다. 민주주의의 본질을 질문하는 선거의 대의에 답하기 위해 〈초선〉은 깨알 같은 차이들이 이념이 된 사회 안에서 그 간격을 넘어 대화하고 손잡는 것이 정치의 본분이라는 응당한 진리를 깨닫게 한다.

감독 전후석 | USA, Korea | 2022 | 90min | 코리안시네마 |
5.3(화) 18:00 CGV4, 5.4(수) 20:30 CGV6, 5.6(금) 13:00 CQ1(NOW)

"A glorious sci-fi stunner, thoughtful and spectacularly affecting."
—David Ehrlich, Indiewire

"Colin Farrell has never been better."
—Justin Chang, Los Angeles Times

A FILM BY KOGONADA

AFTER YANG

FESTIVAL DE CANNES
OFFICIAL SELECTION

sundance
film festival
OFFICIAL SELECTION

A24 PRESENTS A CINEREACH & PER CAPITA PRODUCTION COLIN FARRELL JODIE TURNER-SMITH JUSTIN H. MIN MALEA EMMA TJANDRAWIDJAJA and HALEY LU RICHARDSON "AFTER YANG" CASTING REBECCA DEALY and JESSICA KELLY COSTUME ASKA MATSUMIYA MUSIC BY RYUICHI SAKAMOTO COSTUME DESIGNER ARJUN BHASIN PRODUCTION DESIGNER ALEXANDRA SCHALLER DIRECTOR OF PHOTOGRAPHY BENJAMIN LOEB, FNF STORY BY ALEXANDER WEINSTEIN EDITED BY BECKY GLUPCZYNSKI EXECUTIVE PRODUCERS PHILIPP ENGELHORN PRODUCED BY THERESA PARK ANDREW GOLDMAN CAROLINE KAPLAN PAUL MEZEY
A24 SHOWTIME BASED ON THE SHORT STORY "SAYING GOODBYE TO YANG" BY ALEXANDER WEINSTEIN WRITTEN FOR THE SCREEN & DIRECTED BY KOGONADA PER CAPITA WATCHA

2022 COMING SOON

이 모든 것이 사라지기 전에

나탈리아 가라샬데(영화감독)

나는 정돈되지 않은 내 스페인어가 한국어로 통역된다는 것이 신기하다. 내 작은 마을의 역사를 전하기 위해 라틴 알파벳은 다른 기호로 변형되고 또 다른 선들을 형성하게 한다.

이러한 최면에 매료되어 다큐멘터리 〈파편〉(2020)으로 제22회 전주국제영화제에 참가하는 동안 통역사의 일에 주목하게 된 것 같다. 그리고 그렇게 알레한드로 김과 가상의 만남을 가졌다. 알레한드로는 문성경 전주국제영화제 프로그래머가 마련한 줌 인터뷰에 입장하기 전에 왓츠앱 채팅 앱을 통해 자신을 소개했다. 1분짜리 음성 메시지로 그는 임수경에 관한 다큐멘터리 〈더 걸 프롬 더 사우스〉(호세 루이스 가르시아, 2012)의 촬영 통역을 한 적이 있다고 말했고, 그 말을 듣는 순간 난 그의 얼굴을 떠올릴 수 있었다. 그 영화에서 알레한드로와 감독이 잠옷을 입은 채로 포즈를 취한 장면이 기억났다.

알레한드로가 말했다. "홍상수 감독과 봉준호 감독, 이렇게 두 가지 스타일이 있습니다. 홍 감독님은 멈춤 없이 얘기하고, 봉 감독님은 마치 탁구 치듯 짧은 문장을 던집니다." 그는 내게 어떤 스타일로 인터뷰에 응할 것일지 물으며 선택권을 주는 것이었다. 다른 언어로 이루어질 그의 통역에 조금의 의문을 가졌다는 것을 인정한다. 나는 그에게 내 어휘를 완벽하게 보완해주고 내가 마른 감자같이 표현하더라도 아티초크로 포장해달라고 간곡히 부탁했다.

나는 그 매력을 다시 경험하게 되었다. 이번에는 본 잡지를 통해 질문을 받았다. 〈파편〉을 연출하면서 느낀 바, 카메라를 들고 기록하는 행위가 내게 어떤 의미였는지, 영화를 만드는 일이 앞으로 내게 어떤 의미일지. 이에 아르헨티나 코르도바에서부터 호흡을 전한다.

1995년 11월 3일, 이날 고향에서 일어난 사건을 기록으로 남기기 위해 〈파편〉을 만들었다. 그날 아침 9시, 코르도바 지방의 리오테르세로(Río Tercero)에서 군수공장이 폭발했다. 수천 개의 발사체가 자신을 만든 마을을 향해 발사된 것이다. 나는 열두 살 때 홈비디오로 그 폐허를 기록했고 20년 후에 그 기록물을 발견했다. 그 폭발은 아르헨티나 정부가 연루된 가장 큰 무기 거래를 은폐했다. 이러한 비극에도 불구하고 마을은 계속 성장했지만 군수산업 중심지로서의 위협은 아직도 지속되고 있다.

영화 제작은 폭발 당일 아침부터 시작된 험난한 여정을 시사했다. 그 후 내가 한 것이라곤 그날 무슨 일이 일어났는지 이해하려는 서툰 시도였다. 나는 무기 밀매를 연구하고 잊힌 사실을 기록하는 영화를 만들기 시작했다. 내가 파편들을 모으는 동안 여동생이 세상을 떠났고 나는 그녀의 빈자리를 채우고파 홈비디오에서 그녀를 찾기 시작했고 세례식과 졸업식 사이 잔해 속에서 놀고 있는 나 자신을 보았다. 거의 기억나지 않았던 소재였다. 아카이브의 저력에도 불구하고 나

열두 살 때 홈비디오로 찍은 기록물을 20년 후에 발견했다. 〈파편〉 중 한 장면.

는 자전적 영화를 만들고 싶지 않았기에 몇 개월 동안 해당 소재 사용을 꺼려하며 처음부터 주인공으로 생각한 한 노동자를 고집했다. 그 역시 병에 걸렸다. 우리 아버지도 병에 걸렸다. 그리고 위험이 도사리는 사회, 희생 지대, 삶의 불안정성 등 다른 주제가 불쑥 떠올랐다. 내가 의문을 제기하려고 했던 사실들과 나의 가정사가 교차되어 있었고 더 이상 영화를 편집했던 채로 남길 수 없었다. 그렇게 난 용기를 내어 내부에서 문제를 바라보기 시작했다.

녹색과 자홍색의 픽셀화된 질감은 나를 90년대로 빠져들게 하는 힘이 있었다. 이미 공적 그리고 사적인 자료 등 다양한 출처의 자료가 있었기에 사건 이후에 나타난 증후를 찾을 수 있었다. 사실 현기증보다 더 어려웠던 것은 무감각이었다. 추억의 릴에 익숙해질 때면 애정 어린 눈으로 다시 보기 위해 잠시 휴식을 갖곤 했다.

영화를 편집하는 몇 년 동안 변화한 나와 남동생의 시선과 카메라와의 관계를 이해할 수 있었다. 처음에는 냉장고와 세탁기와 같은 가전제품으로 등장한 인공물이 역사적 사건을 기록하는 장치로 탈바꿈한다. 우리는 테이프가 떨어질 수도 있다는 것을 자각하지 못한 채 최대한 많이 녹화했다. 초반에 우리는 장난스럽고 비정상적인 숏으로 카메라의 가능성을 탐구한다. 소니 카메라는 폭발을 기점으로 우리가 알고 있던 삶의 붕괴를 지켜보는 방패가 된다. 재앙을 이해하기 위해 우리는 카메라 놀이를 멈추고 저널리즘을 모방하기 시작한다. 2차 폭발로 비극이 반복되는 지점이 한계였던 것 같다. 폭발은 우리가 촬영하던 것이 더 이상 이례적인 사건도 볼거리도 아닌 또다시 반복될 수 있는 위협이라는 신호였다. 세상에 대한 환멸에 사로잡혀 촬영을 중단하기로 마음먹은 순간이었다. 그로부터 수년 후 이 모든 것이 사라지기 전에 이미지를 저장하고 보호하기 위해 재기록하기로 결정했다.

언젠가 이 고통이 멈추기는 할지 또는 관용의 문턱이 높아져 더 이상 들리지 않는 소문으로써 매일 아침에 깔리는 배경음악일지 자문해본다. 고통은 여러 단계를 거치면서 평준화되지만 골절의 흔적도 분명히 있다. 우리는 온 세계를 짊어지고 그 흔적을 운반한다. 회복의 가능성은 없다. 어떠한 반성이라도 이 돌이킬 수 없는 진리에서 시작되어야 한다.

나탈리아 가라샬데
1982년 아르헨티나 코르도바주 리오테르세로 출생. 소셜 커뮤니케이션 전공으로 학위를 취득했다. 장편 다큐멘터리 〈파편〉을 연출하여 제35회 마르델플라타국제영화제 아르헨티나 경쟁부문에서 감독상을, 제22회 전주국제영화제 국제경쟁 부문 대상을 받았다.

특별전
'이창동: 보이지 않는 것의 진실'

올해 전주국제영화제에서 가장 주목해야 할 섹션 중 하나는 이창동 감독의 작품 세계를 중간 정리하는 차원에서 마련된 특별전 '이창동: 보이지 않는 것의 진실'이다. 굳이 설명을 할 필요가 없어 보이기도 하지만 이창동은 한국을 대표하는 감독 중 한 사람이며, 세계 영화제들이 행보를 주목하는 감독이기도 하다. 이번 특별전에서는 프랑스 알랭 마자르 감독이 만든 이창동 감독에 관한 다큐멘터리가 월드 프리미어로 상영되며, 이창동 감독이 연출한 최신 단편영화 〈심장소리〉 또한 세계 최초로 공개된다. 또 이창동 감독이 연출한 장편영화 6편을 모두 4K 디지털 리마스터링된 화질로 상영할 계획으로, 이 또한 세계 최초다.

이번 특별전은 프랑스 감독 알랭 마자르가 이창동 감독의 작품 세계를 돌아보는 다큐멘터리 〈이창동: 아이러니의 예술〉을 만든다는 사실을 알게 되면서 출발했다. 마자르 감독은 칸영화제에서 〈박하사탕〉을 처음 보고 충격을 받아 이후 꾸준히 이창동 감독의 영화를 봐왔고, 영화인으로서만이 아니라 예술가로서 존경심을 갖게 되었다고 한다. 〈이창동: 아이러니의 예술〉은 '극적 아이러니'라는 본질을 중심으로 이창동 감독과 함께하는 여행이자 시간 여행이기도 하다. 이창동 감독과 함께 〈버닝〉의 후암동부터 〈초록물고기〉의 일산에 이르기까지, 영화의 배경 장소를 찾아다니면서 영화 안과 밖의 이야기를 들려준다. 송강호, 전도연, 설경구, 문소리, 유아인 등 이창동 감독 영화에 출연한 배우들의 목소리 또한 담겨 있다.

〈심장소리〉는 이창동 감독의 첫 단편영화이기도 하다. 몇 년 전 세계보건기구(WHO)와 베이징현대예술기금(BCAF)이 세계적 감독들에게 '우울증'을 주제로 단편영화 연출을 의뢰했고, 이 영화는 그 결과물 중 하나로 만들어졌다. 하나의 테이크로 한 소년의 표정과 몸짓과 내면을 담아내는 이 영화는 20여 분이라는 짧은 시간 안에 개인의 우울증이라는 주제와 함께 한국 사회의 우울한 단면까지 예리하게 드러내며 거장의 숨결을 느끼게 한다.

또한 4K로 상영되는 이창동 감독의 전작 또한 주목할 만하다. 애초부터 4K 디지털로 촬영된 〈버닝〉과 이미 4K 리마스터링 작업 후 한 차례 공개된 적이 있는 〈박하사탕〉을 제외하면 모두 4K 버전으로는 처음 상영된다. 특히 디지털 상영본이 아예 존재하지 않았던 〈초록물고기〉와 〈오아시스〉는 "최초로 현상한 깨끗한 필름 프린트 같은 느낌으로 볼 수 있"다(이창동 감독).

글 문석 전주국제영화제 프로그래머

관객과 영화의 연결을 위하여

본 특별전에 앞서 김혜리 기자가 이창동 감독을 인터뷰했다.
2022년, 디지털 리마스터링으로 선명해진 전작과의 재회는 그의 작품 여정
가운데 어떤 의미를 가진 점으로 기록될까. 여기 인터뷰 글 일부를 발췌
수록한다. 전문은 단행본 『영화는 질문을 멈추지 않는다 - 이창동, 빛에서 길어
올린 삶』에서 확인할 수 있다(도서출판 아를).

전주국제영화제의 특별전 제안을 어떻게 받아들이셨나요?

특별전이나 회고전이 썩 내키지는 않아요. 앞으로 할 일을 고민해야 하는데 지금까지 뭐 했다는 걸 보여주고 이야기하는 일이 불편한가 봐요. 그러나 전주 특별전은 4K 디지털 리마스터링 작업한 전작을 한꺼번에 상영하는 데 의의가 있죠. 저 역시 제대로 된 극장에서 리마스터링이 완료된 작품을 볼 기회는 없거든요. 그러니 나를 포함해 영화를 만든 사람들이 영화제에 와서 디지털 리마스터링의 결과를 보면 좋을 것 같았어요.

작업량이 엄청났을 텐데요.

〈밀양〉과 〈시〉는 필름으로 촬영했지만 D.I.(디지털 보정 및 처리) 작업을 위한 디지털 데이터가 원래 있어서 2K를 4K로 업스케일링을 했습니다. 〈밀양〉 이전 작품은 극장 상영도 필름으로 한 시대라 〈초록물고기〉와 〈오아시스〉는 필름을 디지털 스캔해 오리지널 상태로 복원했어요. 단편영화 〈심장소리〉를 함께 작업한 박홍열 촬영감독이 비주얼 수퍼바이저로 참여하고 있어요. 〈박하사탕〉은 영상자료원의 지원으로 이미 4K 디지털 리마스터링을 해둔 바 있고요.

리마스터링 결과로 관객이 가장 확연한 차이를 느낄 수 있는 영화는 어떤 작품일까요?

〈밀양〉과 〈시〉는 2K 데이터를 업스케일링 한 거라 큰 차이가 없을 테지만, 〈초록물고기〉와 〈오아시스〉는 최초로 현상한 깨끗한 필름 프린트 같은 느낌으로 볼 수 있을 거예요. 개봉 당시에도 온전한 원본 상태로 극장에서 관람하긴 어려웠다고 할 수 있죠. 필름 현상을 하며 프린트를 뜨는 과정에서 네거티브가 상하기도 하고 극장을 돌면서 프린트가 다치는 일도 있거든요.

〈초록물고기〉가 어느새 25주년입니다. 〈초록물고기〉 이후 저는 일산에 갈 때마다 어딘가에 막동이가 묻혀 있을 것 같아 좀 쓸쓸한 기분이 들었습니다.

〈초록물고기〉는 내가 일산으로 이사해서 받은 느낌으로 시작된 이야기고 지금도 나는 여전히 일산에 살고 있죠. 작년에 내 영화에 대한 다큐멘터리를 촬영한다고 해서 영화를 찍은 곳들을 둘러봤거든요. 막동이가 살던 집은 오픈 세트로 짓고 나중에 다시 가족들이 하는 식당으로 개조해서 촬영했는데 지금은 일산 아파트 단지 주변부의 공단 거리가 됐어요.

멀리 아파트가 보이고 중간에 밭이 있는 모양새는 비슷한데 훨씬 어수선하고 삭막해졌어요. 〈초록물고기〉의 이야기를 처음 꺼낸 카페에도 들렀어요. 당시 일산 살던 여균동 감독이 아이디어가 샘솟는 스타일이라 백마역 앞 카페로 문성근 씨와 날 불러내곤 했는데 잠깐 쉬는 시간에 내가 농담처럼 "옛날에 여기 살던 사람들은 다 어디 갔을까?" 하면서 말을 꺼냈어요. 길 건너 저기 보이는 역에 막 제대한 젊은 녀석이 내렸는데 완전히 바뀐 동네 풍경을 보고 얼마나 황당할지, 그가 오는 기차에서 웬 여자를 만났는데 어쩌고…… 문성근 씨가 재밌다며 시나리오를 써보라 했죠.

'의미'라는 화두가 나왔는데, 감독님 영화는 극적 장치, 이미지의 완성도보다 그들 뒤쪽의 의미를 향하고 있다고 생각합니다.

내가 말한 '의미'의 뜻은 굳이 말하자면, '가치'에 가까워요. 영화는 문학과 달리 의미로 소통하는 매체는 아니지만 그렇다고 의미가 없어지진 않아요. 이미지가 전달하는 감각과 숨겨진 의미 사이에 일어나는 끊임없는 마찰이 영상 매체의 존재방식이라고 봐요. 〈초록물고기〉 경우는 공간과 정체성과의 관계였어요. 한국사회의 공간들이 이렇게 급격하게 변화하고 있는데 그 변화가 한국인들의 정체성을 어떻게 바꾸는가를 질문하려고 했죠. 〈초록물고기〉에서 나는 일산 신도시라는 낮의 세계와 영등포라는 밤의 세계를 보여주려고 했어요. 일산은 지금은 보편화된 한국의 신도시죠. 한국인의 삶이 그리로 향하도록 디자인된 목표 혹은 결과물이고 일종의 신세계 같은 장소예요. 그런데 하루아침에 도시를 만들어 주택난을 해소하고 주거환경을 바꾼다는 목표를 위해 모든 수단과 방법이 동원됐어요. 여태 거기서 살아온 사람들의 삶의 흔적을 한꺼번에 싹 지우고 신도시를 만들겠다는 방식이고, 목적을 위해 수단을 정당화한다는 점에서 조폭의 논리와 다를 바 없었죠. 그리고 마치 무대 뒤가 무대를 떠받치듯 일산을 받치고 있는 것이 밤의 세계인 영등포란 공간이죠. 지금은 금융, 정치, IT기업이 모여 있지만, 당시엔 공단과 노동자들의 벌집과 환락가가 있던 곳이고 조폭들의 욕망이 지배하는 곳이었어요. 그 변화하는 양쪽 공간 사이에서 뭐가 뭔지 도대체 모르고 정체성의 혼란을 겪는 한 젊은이가 자기 운명을 파멸시키고 마는 모습을 보여주려 했어요. 내 딴에는 장르적 틀 속에서 그런 걸 전달하려 했지만, 의외로 영화가 문학적이라는 평을 들었죠.

〈초록물고기〉

〈버닝〉

무차별적으로 대다수 관객이 재미있게 관람하고 영화가 끝나는 순간 홀가분하게 잊어버린다면 소통이나 진짜 이해가 아니라고 보시는 것 같습니다. 관객과의 관계에 심급을 둔달까.

굳이 말하자면 내 영화가 관객에게 '흔적'을 남기길 바라는 것이겠죠. 〈초록물고기〉가 공간이라면 〈박하사탕〉은 시간에 관한 영화였죠. 영화 서사에서 시간이 뭔지 나름의 질문을 하려고 했어요. 그것이 내가 〈박하사탕〉을 해볼 만하다고 생각한 이유였습니다. (중략) 밀레니엄을 앞둔 때라 시간에 대한 담론들이 많았던 때였고, 시간을 새로운 방식으로 다루는 영화들이 나오던 때였어요. 나도 시간이 거꾸로 가는 영화를 해보면 어떨까 하고 주변에 얘기를 했는데 반대보다 가타부타가 없었어요. 내가 진짜로 영화를 만들 수 있을까 피차 실감이 없었고, 또 시간이 거꾸로 간다는 게 정확히 어떤 건지 모르니까…… 주인공 영호(설경구)의 시간을 역행한 일대기를 들려주는데, 듣던 사람들이 졸더라고요. (웃음) 그래서 마음속에서 접고 있었죠. (중략) (파리의 식사 자리에서) 전에 생각해두었던 〈박하사탕〉 이야기를 했죠. 서툰 영어로 스토리를 이야기하다 보면 핵심만 말하게 돼서 말하는 동안 뭐가 중요한지 알게 되잖아요? 아이디어는 있었으나 이야기가 완성돼 있진 않았는데 그 자리에서 빈 곳을 메워가며 이야기를 하다가 플롯이 만들어졌어요. 이야기를 듣고 나서 피에르 리시앙 씨가 주먹으로 테이블을 치며 "그거 해라 (Do it)!" 하더군요. 속으로 '어, 통할 수 있겠네.' 생각했죠. 그리고 공교롭게도 그날 동석한 마리피에르 마시아가 2년 뒤에 칸영화제 감독주간 디렉터가 되었고, 2000년에 〈박하사탕〉을 초청했죠.

감독님 영화를 돌아보면 새로운 '나'가 되길 꿈꾸는 주인공들의 바람이 상상과 다른 형태로 실현되는 이야기가 많아요. 실현이 됐다고도 안 됐다고도 말할 수 없는. 가령 〈박하사탕〉은 "나 이제 돌아갈래!"라고 외쳐서 영화를 통해 과거로 돌아갔는데 막다른 여정이라 어디로도 나아갈 수 없죠.

〈박하사탕〉의 구조는 단순히 서사의 인과를 재미있게 보여주기 위한 것만은 아니에요. 영화 속에서는 시간이 과거로 가서 어느 순간에서 끝이 나지만, 관객과 영화가 연결될 수만 있다면 영화가 끝난 후 영화는 관객의 시간으로 연장될 수 있으리라고 생각했어요. 더 이상 어찌할 수 없는 과거에 머무는 영화의 결말 때문에 관객이 답답하고 안타깝다면 그것을 동력으로 극장문을 나선 관객이 자기만의 시간을 살 수 있지 않을까. 길은 끝나지만 여행이 시작되는 것이죠.

〈밀양〉의 신애(전도연)도 꿈꾸던 새 삶과는 완전히 다른 식으로 새로운 인생을 살게 되고, 〈시〉의 미자(윤정희)도 결국 시 한 편을 쓰지만 쓰기까지 과정에서 치르는 대가는 상상도 못한 것이죠.

우리 삶이 그렇다고 내가 생각하기 때문인지요. 원하지 않고 예상치 못했던 일을 받아들이는 것이 삶이죠. 달리 말하면 예측 못한 사태가 닥쳤을 때 인물이 어떻게 그 속에서 자기 삶의 의미를 찾아내느냐가 내 관심사인지도 몰라요.

〈버닝〉 공개 당시 인터뷰에서 현재 청년들의 분노를 거론하셨을 때 말씀하시는 청년이 여자와 남자 모두의 얼굴을 갖고 있었을까 하는 질문도 품었어요. 이유의 일부는 전형적인 하루키 스타일로 사라져버린 해미(전종서) 때문이기도 하죠.

청년 문제의 현실적 접근, 여자와 남자의 구분 등은 영화 만들기 전부터 어느 정도 예상했던 의견이에요. 하지만 그런 기대에 맞추려고 영화를 만들지는 않았기에 동의할 수는 없어요. 〈버닝〉을 만들어 관객과 소통하려고 했던 내용이 그런 문제를 넘어선 것이라 기존 방식으로 이야기할 수 없다고 생각했어요. 과거에는 내 영화를 재미없어 하더라도 의미 있는 영화라는 정도는 긍정했는데 〈버닝〉을 좋아하지 않는 사람들은, 특히 한국 관객들 일부는 불호의 감정을 매우 적극적으로 드러내더군요. 어쩌면 거기에 답이 있을 거예요. 〈버닝〉을 통해 관객에게 질문하고 건드려보고 싶었던 것이 그들의 영화에 대한 태도와 경험 어딘가를 건드렸을 수도 있어요. 아까 청년에 관한 질문을 했는데 반면에 〈버닝〉에 과하다 싶게 감정 이입하는 한국 젊은 관객들도 있어요. 그들이 남자인가 여자인가 구분하는 것이 의미가 있을까요? 요즘 한국에서 청년 문제를 이야기할 때 좀 배타적이란 느낌이 있어요. 청년의 실업 문제나 도농 간의 격차, 양극화 문제를 묘사하고 공감하게 하는 것이 처음부터 이 영화의 목표가 아니었어요. 나는 〈버닝〉이라는 색다른 미스터리 스릴러를 통해 관객들에게 낯설고 새로운 영화적 경험을 주고 싶었어요. 사라진 해미(전종서)가 어떻게 되었나를 찾는 단순한 미스터리가 더 큰 미스터리들, 세상과 삶의 모호함이란 미스터리들로 확장되는 것을 느끼도록 하는 영화죠. (중략) 종수(유아인)가 벤(스티븐 연)에게 분노하는 것은 그가 연쇄살인범으로 보여서가 아니라 그가 누구인지 잘 모르기 때문이에요. 자신이 쓰는 글의 대상인 세계가 모호해서 분노하는 것이죠. 그리고 〈버닝〉의 관객들은 모호함에 대한 영화의 모호함에 분노함으로써 결국 세상의 모호함에 화를 낸 것이니 영화에 공감했다고 정리했어요.(웃음) 어쩌면 〈버닝〉이 내가 관객과 만나고자 하는 코드를 열어젖힌 것 같기도 해요.

영화의 엔딩은 섣불리 해소하지 않는 결말이어야 한다고 과거 인터뷰에서 말씀하신 적이 있어요. 영화가 끝나도 이야기는 끝나지 않아야 한다고.

아주 재미있는 이야기를 들려주는 것이 나의 목표가 아니라 관객에게 조금이라도 흔적을 남기려고 이야기를 하는 것이니, 이야기 자체로 끝나는 이야기가 아니라 이야기의 끝이 관객에게 가 있고 관객의 삶 속에서 끝나는 영화를 하려는 거죠.

카타르시스를 주느냐 마느냐의 문제는요?

카타르시스의 사전적 의미가 감정의 정화인데, 그런 의미에서는 나도 카타르시스를 목표로 해요. 얼마 전에 편지를 받았는데, 수차례 자살 시도 끝에 한강

다리에서 구조돼 지구대에 앉아 있다가 마침 TV에서 방영되는 〈박하사탕〉을 본 사람이었어요. 그 자리에서 많이 울고 이후로 예전에 하지 못했던 일을 하면서 얼마나 견딜 수 있는지 살아보자고 지금까지 지내고 있다고 썼어요. 자기 같은 관객도 있음을 알리고 싶었다고. 물론 그런 영향을 줬다는 사실이 영화를 좋은 영화로 만들진 않겠지만, 카타르시스란 여러 가지 형태가 있다고 봐요.

마지막 질문입니다. 〈밀양〉부터 영화 한 편을 마치고 나면 이 작품이 마지막일 수도 있다는 뉘앙스의 인터뷰를 하신 걸로 기억해요. 지금은 어떠세요?

영화를 찍어서 흥행시키고 운이 좋아서 상도 받으면

좋지 않은가 생각한다면, 당연히 계속 만들어야죠. 그런데 그것이 내게는 큰 의미가 없어요.

영화 만드는 작업 자체가 즐거워서 그 행복을 위해 계속할 수도 있잖아요.

그런데 나는 소설을 쓸 때부터 그렇게 생기질 못했어요. 여기에 무슨 가치가 있냐는 자문은 영화로 오면서 더 심해졌어요. 그런데 최근 단편을 처음 하나 찍어보니, 영화 찍는 일이 그렇게 괴롭지만은 않더라고요? (좌중 웃음) 어쨌든 영화를 만들기 위한 영화는 하고 싶지 않아요. 만약 내가 고갈됐다고 하더라도, 하는 수 없다고 생각합니다.

글 김혜리 『씨네21』 편집위원 **편집** 편집부

영화 제작기

'이창동: 아이러니의 예술'

〈이창동: 아이러니의 예술〉은 한국을 대표하는 시네아스트 이창동을 탐구하는 다큐멘터리다. 또한 '극적 아이러니'라는 본질을 중심으로 그에게 접근하는 시간 여행이기도 하다. 〈박하사탕〉에서 영감을 받아, 현재에서 출발해 작가 시기를 거쳐 어린 시절까지, 그의 예술적 근원을 향해 시간을 거슬러 올라가기 때문이다. 감독 알랭 마자르가 〈이창동: 아이러니의 예술〉 제작기를 보내왔다.

이창동 감독의 작품을 2000년도에 처음 접했습니다. 칸영화제 '감독주간'에서 감독의 두 번째 영화 〈박하사탕〉을 봤어요. 시간의 흐름을 역행하는 대담한 영화 형식에 깊은 감명을 받았습니다. 처음 겪는 영화적 충격이었어요. 2003년에는 영화평론가 N. T. 빈이 프랑스에 배급한 감독의 세 번째 영화 〈오아시스〉를 봤습니다. 완벽한 경지에 오른 영화였습니다. 주제의 독창성, 시나리오를 구축한 지성, 연출의 힘, 그리고 놀라울 정도로 설득력을 갖춘 배우들의 연기에 저는 깊은 경이로움을 느꼈습니다. 이후, 완숙미를 갖춘 세 편의 영화 〈밀양〉 〈시〉 〈버닝〉을 발견한 후, 드디어 프랑스 미개봉작이자 감독의 첫 영화 〈초록물고기〉를 보았습니다. 장르영화의 법칙을 능란하게 다루는 이미 독창성을 충분히 갖춘 작품이었습니다. 저는 이창동 감독에 대한 다큐멘터리를 만들겠다고 결심했습니다.

먼저, N. T. 빈에게 저의 기획을 알렸습니다. 애텀 이고이언(Atom Egoyan)에 대 한 다큐멘터리(2010) 제작 때처럼, 그가 인터뷰를 진행하기로 했습니다. 저는 프랑스 영화잡지 '포지티브'에 실린 빈과 이창동 감독의 인터뷰에 부분적으로 영감을 받아 다큐멘터리 시나리오를 집필했습니다. 이어서 이창동 감독에게 동의를 얻었고, 프랑스 제작사 무비다(Movie Da)와 한국의 파인하우스(Pinehouse)의 공동 제작이 성사됐습니다. N. T. 빈과 나는 다큐멘터리 제작을 위해 2020년 3월에 서울로 떠날 예정이었으나, 안타깝게도 코로나 팬데믹으로 인해 촬영 진행에 어려움을 겪었습니다.

그러나 우리는 줌(Zoom)을 사용하여 다큐멘터리를 만들기로 했습니다. 제가 이제껏 이런 유형의 소통 방법을 거부했기에, 제작이 어떻게 진행될지 예측하기가 더더욱 어려웠습니다. 그러나 한국에서 이창동 감독과 여러 인터뷰이의 대화를 조경희 씨가 원활하게 통역해주었고, 2021년 9월부터 10월까지 16일 동안 촬영이 진행됐습니다. 마치 한 편의 로드무비를 보는 것 같았습니다. 이창동 감독과 제작팀은 한 곳에서 다른 곳으로 수백 킬로미터를 이동했습니다. 나는 감독이 자신의 영화와 소설의 배경지를 찾아가는 모습을 '라이브'로 지켜보면서, 그 각각의 공간이 갖는 영화적 쟁점을 매우 정확하게 기억하는 모습에 매우 놀랐

〈이창동: 아이러니의 예술〉

습니다. 그가 작품의 본질을 밝히는 가운데 어린 시절의 장소를 찾아가면서, 시나리오에 실었던 모든 구상이 기대 이상으로 실현되는 것에 감탄했습니다. 시차로 인해 한국의 낮은 프랑스의 밤입니다. 촬영 내내 저는 마치 백일몽을 꾸는 기분이었습니다.

그리고, 약 30여 시간의 촬영 분량을 편집할 단계에 이르렀습니다. 자신의 영화 작업을 회상하는 이창동 감독의 깊은 내면의 기억이 한 번도 만난 적 없는 유럽 감독의 손에 놓였습니다. 그것은 또한 서로 매우 다른 문화를 가진 사람들 사이에 놓인 경계에 대한 생각을 시험하는 과정이었습니다. 내게 믿음을 준 이창동 감독에게 진심으로 감사할 뿐입니다. 매우 주관적일 수밖에 없는 방법으로, 오늘의 세상에서 인간의 앞날을 질문하는 한 위대한 예술가의 작품에 경외감을 표하는 일은 정말이지 저에겐 큰 영광이었습니다.

글 알랭 마자르 영화감독

■ Screening

초록물고기 🔞

| Korea | 1997 | 112min | 4.29(금) 13:30 |
| CQ1(NOW), 5.4(수) 13:30 CQ1(NOW) |

박하사탕 🔞

| Korea | 1999 | 131min | 4.30(토) 19:00 JD, |
| 5.1(일) 19:30 CQ1(NOW) |

오아시스 🔞

| Korea | 2002 | 134min | 4.29(금) 10:00 |
| CQ1(NOW), 5.2(월) 14:00 CQ1(NOW) |

밀양 🔞

| Korea | 2007 | 143min | 5.2(월) 10:00 |
| CQ1(NOW), 5.3(화) 13:30 CQ6 |

시 🔞

| Korea | 2010 | 140min | 4.29(금) 17:00 |
| CQ1(NOW), 5.4(수) 10:00 CQ1(NOW) |

버닝 🔞

| Korea | 2018 | 148min | 4.30(토) 10:00 |
| CQ1(NOW), 5.3(화) 10:00 CQ6 |

심장소리 🅖

| Korea | 2022 | 28min | 4.30(토) 14:00 |
| CQ1(NOW), 4.30(토) 19:00 JD, 5.4(수) 17:00 |
| CQ1(NOW) |

이창동: 아이러니의 예술 🔞

| France, Korea | 2022 | 100min | |
| 4.29(금) 21:30 CQ1(NOW), 5.4(수) 17:00 |
| CQ1(NOW), 5.5(목) 17:30 CQ1(NOW) |

연상호
— 올해의 프로그래머

연상호
1978년 출생. 장편 애니메이션 〈돼지의 왕〉으로
데뷔했다. 대표 영화 연출작으로는 〈부산행〉〈반
도〉(2020) 등이 있고, tvN 「방법」(2020)으로 드
라마 작가로도 데뷔했다. 최근 연출작으로는 넷
플릭스 시리즈 「지옥」(2021)이 있다.

한국에서 가장 바쁜 감독이라고 해도 과언이 아니다. 2021년 말 넷플릭스 오리지널 시리즈 「지옥」을 공개했고, 최근에는 넷플릭스 오리지널 영화 「정이」의 촬영을 마치고서 후반작업에 열을 올리고 있다. 2022년 상반기 공개 예정인 티빙 오리지널 시리즈 「괴이」(장건재)에 작가로 합류하기도 했다. 연상호는 제23회 전주국제영화제 '올해의 프로그래머' 자리를 여러 차례 거절했다. 그에게 영화제가 열리는 5월에 사나흘 일정을 마련하기란 "여기저기서 눈칫밥을 엄청 먹어야" 하는 일이기 때문이다. 그럼에도 창작자의 취향과 선호를 드러낼 기회라는 설득에 마음을 돌렸다. "이 핑계로 좋아했던 영화들을 오랜만에 극장에서 볼 수 있겠구나 했어요." 단편 〈지옥〉을 전주국제영화제에서 상영했을 때, 연상호는 〈크리스마스에 기적을 만날 확률〉(곤 사토시, 2003)을 봤다. 애니메이션의 위상이 지금과 같지 않던 시절, 영화제를 찾은 인파와 그들의 열띤 관심에 깜짝 놀랐다. 어쩌면 그때의 기억이 연상호를 올봄 전주로 이끌었는지도 모른다. 그는 평소 쉽게 만나기는 어렵지만 그래서 더 마음이 가는 영화들을 택했다. 영화제를 앞둔 지금, 그는 작품 속 가득한 알쏭달쏭한 매력에 둘러싸인 채 많은 이와 교감하길 기대한다.

의외로 전주국제영화제와 인연이 없더라. 제작자로 선보였던 〈카이: 거울 호수의 전설〉(이성강, 2016)을 제외하면, 단편 〈지옥〉(2002)이 유일한 상영작이다. 당시 5회를 맞이한 영화제는 어떤 모습이었나.
숙소에 온천물이 나와서 신기하게 여겼던 게 기억난다. 2003년에는 영화제가 어떤 자리인지도 몰랐고, 전주에 관해서도 아는 바가 없었다. 아무것도 모른 채 갔던 탓에 관광객으로 빽빽한 식당을 전전했다. 하루는 비빔밥을 먹었는데, 진짜 별로더라.(웃음)

단편 〈지옥〉은 1인 제작 시스템으로 만들었다. 당시 동행한 이가 있었나, 아니면 혼자 영화제에 갔나.
혼자 갔다가 일찍 돌아왔다. 지금 생각하면 좀 웃긴데, 갑자기 자괴감이 들었다. 관객 앞에서 말도 안 되는 이야기를 떠드니, 얼른 서울로 가서 남은 작업이나 하자는 마음이었다. 화가 좀 났던 것 같다. 장르도 주제도 각양각색인 작품들이 그저 애니메이션이라는 이유로 한 섹션에 묶여 있는 것처럼 보였거든. 성의 없는 태도로 느껴졌고, 이건 아니다 싶어서 중간에 올라와버렸다.

20년 전 프로그래밍에 반발했던 사람이 이제 스스로 프로그래밍을 하게 된 셈이다.(웃음)
그러게 말이다. 올해 내가 선정한 작품이 어떤 의미로 엮이는지는 잘 모르겠다. 다만, 내가 좋아하는 영화들이다. 그게 맥락이라면 맥락이겠지.

작품 리스트를 보고 '연상호 감독답다'고 생각했다. 감독의 인장이 또렷이 새겨진 영화들이자, 정교한 장르 문법을 구축하며 저마다 섬뜩하고 기묘한 세계를 펼쳐놓는다. 큐레이션 기준과 과정에 관해 들려준다면.
예전부터 좋아하기도 했지만, 요즘 더 자주 떠오르는 영화들이다. 데이비드 린치의 〈블루 벨벳〉은 나도 비디오로만 봤을 뿐, 아직 극장에서 본 적이 없

다. 대학 다닐 때, 영화 좀 본다고 하는 친구들 사이에서는 「트윈 픽스」(1990~1991), 〈이레이저 헤드〉(1977), 〈멀홀랜드 드라이브〉(2001) 등이 유명했다. 〈블루 벨벳〉이나 〈광란의 사랑〉(1990)은 상대적으로 대중성이 있는 작품이다. 특히 〈블루 벨벳〉은 감독의 색깔이 뚜렷하면서도 상업적 요소까지 고루 갖췄다. 구로사와 기요시의 〈큐어〉도 한국에서 정식 소개된 적이 없는 거로 안다. 마침 필름을 4K로 복원한 상태라고 하니, 기대해주시면 좋을 것 같다.

"요즘 더 자주 떠오르는 영화"라고 칭한 이유를 구체적으로 듣고 싶다.
미스터리 스릴러라든지 초자연 현상을 다루는 작품이 유행처럼 나오는 시기 아닌가. 나 또한 최근 그런 소재를 종종 다루는데, 아무래도 작품을 구상할 때면 이전에 좋아했던 영화들이 많이 생각난다. 거기서 눈여겨봤던 무드를 어떻게 하면 내 작품에 녹일 수 있을까 싶다. 오래된 영화라고 해도 현재까지 영향을 미칠 수 있기에, 작품의 제작 시기를 국한할 필

요는 딱히 없다고 봤다. 게다가 장르물에는 어떤 맥락이 존재한다고 생각한다. 하나의 연장선에서 이전에는 몰랐던 지점을 발견하며, 공통점을 확인하는 즐거움을 느껴보면 좋겠다. 한편, 요즘에는 거장으로 우뚝 선 감독이 자신을 100% 발휘해 만든 영화보다 여러 조건을 염두에 두고 고민해서 만들어낸 영화에 끌린다. 자기 색깔을 보여주려고 하되, 눈치도 좀 보는 상황에서 나온 영화들 말이다. 예컨대 〈블루 벨벳〉에서는 제작사가 요구했던 바와 감독이 원했던 바가 동시에 보인다. 감독은 제 지향을 온전히 드러낼 수 없는 상황이다 보니, 이상과 현실의 간극을 보완해내려 애쓰며 여러 장치를 고안해냈다. 결국 두 가지 모두 충족해낸 영화라는 생각이 들고, 오히려 현대성을 띤 작품으로 다가온다. 최근 장르영화가 배우고 참고해야 할 지점이 많다. 〈큐어〉 또한 지금 봐도 세련됐다. 한국영화랑 닮은 점도 있고, 영화 문법도 요즘 식이다. 넷플릭스 시리즈로 나오면, 다들 재밌게 볼 영화 아닐까.

는데, 너무 잘 만들었더라. 페이스북에서 감독을 찾아 친구 신청을 하고, 한참 메시지를 주고받았다. 가타야마 신조 감독이 전작도 봐달라면서 스크리너 링크를 보내줬는데, 다른 작품도 역시나 좋았다. 특히 〈실종〉은 영어 자막본으로만 봤는데도 내용을 이해할 수 있을 정도로 몰입감이 대단했다. 일본 영화계에서 중요한 위치의 감독이 될 수도 있겠다는 생각이 들었다.

세 편 모두 장르적 문법을 충실히 따르다가도 어느 순간 예상치 못한 방향으로 나아간다. 그런 '삐사리'가 매력적인 작품이라는 생각이 든다.

장르의 규칙을 잘 파악해야 비틀 수도 있다고 본다. 그걸 능수능란하게 해내는 작품들이다. 가타야마 신조의 작품을 볼 때는, 배우의 연기 컨트롤이 훌륭하다는 느낌을 일관되게 받는다. 나는 일본어, 그는 국어로 번역기를 돌리면서 우스꽝스러운 모양새로 대화를 나눴다. 조금 친해지면서 제작 과정에 관한 이야기도 들었는데, 재차 감탄했다. 예산을 포함한 물리적 환경이 평탄하지 않았음에도, 촬영하기 힘든 장면들을 잘 찍어냈구나 싶더라.

연출작 중에서는 〈돼지의 왕〉과 〈부산행〉을 선택했다. 각각 첫 장편 애니메이션과 첫 실사영화라는 점에서 '처음'이라는 키워드를 공유한다.

언급한 대로 첫 영화들이다 보니 손이 갔다. 사실 〈돼지의 왕〉이든 〈부산행〉이든 마지막으로 본 게 가물가물하다. 〈부산행〉은 명절에 채널을 돌리다가 '어, 하는구나' 그러면서 한두 장면 봤던 게 전부다. 나 역시 스크린으로 두 작품을 보는 건 무척 오랜만이다. 둘은 규모라든지 대중성 측면에서 여러모로 다르지 않다. 이렇게 시간이 지난 후에 같이 보면서 비교하는 것도 나름 재미있지 않을까 싶다.

본래 한 작품을 완성하고 나면, 다시 안 보는 편인가.

꼭 그렇지는 않은데, 〈돼지의 왕〉은 워낙 오래된 작품이지 않나. 칸영화제 이후로는 다시 볼 기회가 없었다. 실은 내 필모그래피 중에서 가장 기묘한 감정을 불러일으키는 작품이기도 하다. 워낙 저예산으로 만들었다 보니 아쉬운 점이 많다. 어쩌면 그래서 이상한 힘을 발휘한 영화이기도 하다. 〈부산행〉처럼 흥행한 작품도 아닌데, 〈돼지의 왕〉을 공개하고 나서 나라는 사람이 신기할 정도로 많이 언급됐다.

난데없었으니까.

그렇지, 난데없이 등장한 이상한 애니메이션. 다시 보면 좀 낯설 것 같다. 사실 전주에서 볼 자신이 없다. 뭐라고 해야 할까, 오래전 싸이월드에 올린 치기 어린 사진을 다시 보는 느낌? 지금 이렇게 인터뷰한 것도 몇 년 지나면 창피하지 않겠나. 예전 GV와 인터뷰 영상이 종종 자료 화면으로 쓰이는데, 내 눈빛이 마음에 안 들더라. 뭐가 그리 심각하다고 진지함을 '뿜뿜' 풍기는지. 못 봐주겠던데?(웃음)

〈돼지의 왕〉은 '국내 최초 잔혹 스릴러 애니메이션'이라는 타이틀을 얻었고, 〈부산행〉은 'K-좀비' 유행을 선도하는 신호탄이 됐다. 그간 장르적 쾌감을 선사하

위에 언급한 세 작품은 어떤 경로를 통해 접했나. 영화를 볼 때 떠오르는 기억이 있다면?

아쉽게도 프로그램에는 넣지 못했지만, 나는 어릴 적부터 일본 애니메이션을 무척 좋아했다. 극장에서 접할 기회가 마땅치 않아서 대부분 불법 복제 비디오를 통해 보는 수밖에 없었다. 그러다 고등학교 3학년 무렵, 라이브 액션으로 이루어지는 실사영화에 관심을 두기 시작했다. 영화에 푹 빠졌었고, 주변에는 나만큼이나 영화를 좋아하는 친구들이 많았다. 데이비드 린치, 짐 자무시, 왕가위 같은 감독들을 선망했던 시절이다. 대학교 1학년 때쯤인가, 코엑스에서 짐 자무시의 〈데드 맨〉(1995)을 상영했다. 당시 마포 쪽에 살았는데, 코엑스에서 집까지 친구랑 걸어가며 대화했던 기억이 난다.

네 시간 가까이 걸렸다는 건데. 그렇게 영화에 관해 할

이야기가 많았나.

물론 지금은 절대 있을 수 없는 일이다.(웃음) 영화에 담긴 의미를 찾으려 애쓰는 시절이었다. 그러다 한동안 블록버스터에 흠뻑 빠지기도 했고. 시기에 따라 선호하는 영화가 많이 바뀌었다. 이번에 선택한 영화들은 그중에서도 기억에 남는 것들이다. 〈실종〉의 경우, 다른 작품과 나란히 놓고 보고 싶더라. 시대가 다르기는 하지만, 함께 보면 좀 더 풍성한 관람이 되리라 생각했다.

〈실종〉은 작년 부산국제영화제를 통해 국내 프리미어 상영됐다. 당시 SNS를 통해 "올해의 스릴러"라고 극찬하기도 했다. 특히 어떤 점이 매력적이었나?

실은 가타야마 신조 감독을 일찌감치 소개받았다. 일본에서 떠오르는 신예라고 들었다. 호기심이 생겨서 그가 연출한 드라마 「방황하는 칼날」(2021)을 봤

Invitation Letter

안녕하세요. 제23회 전주국제영화제에서 '올해의 프로그래머'를 맡은 감독 연상호입니다. 그동안 제가 재미있게 봤던, 저 역시 극장에서 볼 기회가 흔치 않았던 영화를 모아봤습니다. 저처럼 기기묘묘한 영화를 좋아하시는 분들이 있다면, 함께 즐겨주시길 바랍니다. 영화를 사랑하는 분들께서 마음껏 즐거움을 누릴 수 있는 자리가 되었으면 좋겠습니다.

는 'B무비'를 향한 애정도 꾸준히 드러냈는데, 이토록 긴 시간 변함없는 취향과 탐구심을 유지해온 원동력은 뭐라고 생각하나.

난 취향이 분명하다. 피규어나 장난감처럼 남들이 보기엔 쓸데없는 것을 좋아한다. 예를 들어 건담을 좋아한다고 해보자. 나는 프라모델에도 관심이 있지만, 사실 그보다는 '건담 대백과'를 탐독하는 쪽이다. 발에는 어떤 기계 장치가 장착되어 있는지, 어디에 위치한 카메라를 통해 운전석으로 영상을 송출하는지, 그런 게 궁금하다. 계속 작업하는 이유는 매우 많은데, 나는 그 안에서 알게 모르게 좋아하는 작품을 오마주 해왔다. 〈아키라〉(오토모 가쓰히로, 1988)를 봤을 때, 초능력이나 SF적 요소 이상으로 인물 간의 관계성에 흥미를 느꼈다. 주인공인 데쓰오와 가네다 사이에는 서열과 열등감이 존재한다. 내가 직접 애니메이션을 만든다면, 그런 느낌을 구현해보고 싶었다. 국내에서 〈아키라〉가 '폭풍 소년'이라는 제목으로 불법 개봉한 적이 있다. 미도파 백화점에서 한 일주일 걸려 있었나? 더빙판이었는데, '데쓰오'를 '도창호'라고 번안했다. 근데 주변에 아무리 물어봐도, '가네다'를 뭐라고 불렀는지는 아무도 기억을 못 하더라. 혼자 사전 펴놓고 유추하기 시작했다. 가네다를 한자로 쓰면 '김전'(金田)이다. '그대로 썼을 리는 없으니, 살짝 바꿔서 '김철'이라고 했을 거야!' 했고, 〈돼지의 왕〉 주인공 이름을 김철로 정했다.

작품에 얽힌 추억이라고 해야 할까, 감독만 아는 재미가 쏠쏠하겠다.

나중에 친구에게 만화 잡지 『우뢰매』를 전달받아서 가네다의 더빙판 이름을 확인했다. 김철은 아니었고, 지금은 생각도 안 나는 시시한 이름이었다. 하여간 그렇게, 홀로 팬 무비를 만드는 형식으로 작업하는 면도 있다. 여전히 이상한 영화와 캐릭터에 흥미를 느낀다. 〈혹성탈출〉 시리즈를 볼 때도 시저보다는 코바에 끌리거든. '왜 코바 피규어는 안 나오지?' 하는 중이다.(웃음)

인터뷰어 차한비 영화저널리스트

■ Programmer's Picks

© 1986 Orion Pictures Corporation. All Rights Reserved.

블루 벨벳 [18]

USA | 1986 | 120min | J 스페셜: 올해의 프로그래머 |
5.3(화) 14:00 CGV3, 5.7(토) 10:30 CGV3

최고의 오프닝. 미스터리를 풀어가는 영화를 만들 때면, 도입을 고민하게 됩니다. '어떻게 해야 좀 더 흡입력 있는 세팅을 마련할 수 있을까?' 하고요. 〈블루 벨벳〉은 주인공이 갑자기 땅에 떨어진 귀를 발견하며 시작합니다. 일상적 공간에서 맞닥뜨리는 비일상적 변화가 아주 강렬한 인상을 주죠. 이러한 오프닝은 미스터리로 진입하는 통로이자, 새로운 문을 열어젖히는 열쇠와도 같습니다.

큐어 [15]

Japan | 1997 | 111min | J 스페셜: 올해의 프로그래머 |
5.1(일) 15:00 CQ1(NOW), 5.2(월) 21:00 CQ1(NOW)

살인 사건의 용의자로 등장하는 마미야(하기와라 마사토)의 연기가 탁월합니다. 비슷한 '빌런'을 꼽자면 〈다크 나이트〉(크리스토퍼 놀란, 2008)의 조커(히스 레저)가 있을 텐데, 마미야에 비하면 조커는 '쇼쟁이'가 아닌가 싶어요. 마미야는 유약하면서도 변태스러운, 정말 사람을 미치게 하는 악당입니다.

실종 [18]

Japan | 2021 | 123min | J 스페셜: 올해의 프로그래머 |
5.3(화) 19:30 CQ10, 5.7(토) 10:00 CQ10

제가 좋아하는 일본영화의 장점과 강점이 잘 드러나는 작품입니다. 어느 순간에는 구로사와 기요시 감독의 영화처럼 보이기도, 또 어느 시점에는 봉준호 감독의 영화처럼 보이기도 합니다. 특히 〈큐어〉와 나란히 놓고 볼 기회가 있으면 좋겠다는 생각에 마지막 선정작으로 선택했습니다.

미니 섹션
'밀란 쿤데라, 농담에서 무의식까지'

〈밀란 쿤데라: 농담에서 무의미까지〉

〈누구도 웃지 않으리〉

Source: Národní Imový archiv, Prague, © State Cinematography Fund

밀란 쿤데라가 프라하 카렐대학교 예술학부에서 문학과 미학을 공부하다가 프라하국립예술대학의 영화학부로 옮겨 공부했다는 것은 익히 알려진 사실이다. 대학 졸업 후에는 같은 학교에서 문학을 강의하며 밀로시 포르만, 아그니에슈카 홀란트를 비롯하여 후일 체코 뉴웨이브 영화를 이끈 감독들에게 많은 영향을 끼쳤고, 영화와 연극을 위한 대본을 직접 집필하면서 무대와 영상 예술에 직접적으로 관여하기도 했다.

미니 섹션 '밀란 쿤데라, 문학과 영화 사이'에서는 다큐멘터리 〈밀란 쿤데라: 농담에서 무의미까지〉 그리고 이 작품에 소개된, 그의 소설 또는 창작 시나리오를 영화화한 1960년대 영화 3편을 한데 모아 상영한다.

밀란 쿤데라가 체코영화에 미친 영향

글 이준엽 영화연구자

1960년 체코슬로바키아는 '신헌법'을 채택하면서 국호를 '체코슬로바키아 사회주의 공화국'으로 변경했다. 신헌법은 1936년 소련에서 만들어진 이른바 '스탈린 헌법'을 근간으로 한 것이었다. 즉, 신헌법의 도입은 곧 스탈린주의의 강화를 의미했다. 그런데 스탈린주의는 소련에서도 이미 많은 한계를 노정한 상태였으며 체코슬로바키아의 현실과도 맞지 않았다. 1960년 이후 체코슬로바키아 경제는 침체에 빠진다. 공업 성장률이 둔화되었고 농업 생산성 또한 저하되었다. 밀란 쿤데라를 비롯한 많은 지식인은 문학잡지 『리테라르니 노비니 Literární Noviny』와 같은 지면을 통해 체제의 오류와 경직성을 공개적으로 비판했다.

당 지도부는 자신들의 과오를 일부 인정할 수밖에 없었다. 1950년대에 이루어진 대규모 숙청에 대한 문제가 제기되자 책임자를 파면함과 동시에 피해자를 복권했다. 지식인들은 여기에 만족하지 않고 무오성(無誤性)에 집착하며 교조주의로 물들어버린 당을 계속해서 비판해나갔다. 사회 각 분야에서 자율성을 확대해야 한다는 목소리가 커지자, 마침내 스탈린주의에 대한 철회가 공표되었다. 1964년 무렵부터 서방과의 교류가 확대되었으며 시장경제의 원리가 일부 도입되었다. 1968년 1월에는 당 제1서기이자 대통령인 안토닌 노보트니(Antonín Novotný)가 물러났다. 공석을 채운 이는 개혁파 정치인 알렉산드르 둡체크(Alexandr Dubček)였다.

둡체크의 집권과 함께 많은 것이 바뀌었다. 과거에 대한 반성과 더불어 앞으로 나아가야 할 방향에

밀란 쿤데라: 농담에서 무의미까지 [G]

Czech Republic | 2022 | 95min |
4.30(금) 21:00 CQ5, 5.1(토) 14:00 CGV1,
5.5(목) 13:00 CQ6

밀란 쿤데라는 미스터리에 싸여 있다. 그는 30년 동안 인터뷰에 응하지도, 대중 앞에 모습을 드러내지도 않았다. 따라서 우리는 작품을 통해 그를 엿보는 수밖에 없다. 그의 소설에 담긴 철학적 논증과 에세이 작품들을 통해 우리는 많은 것을 알 수 있다. 이 영화가 던지는 질문은 다른 무엇보다도 이것이다. '밀란 쿤데라 작품의 무엇이 그를 전설적인 작가의 반열로 올렸는가?'

누구도 웃지 않으리 [12]

Czechoslovakia | 1965 | 92min |
5.1(토) 18:30 CGV2, 5.5(목) 11:00 CQ5,
5.7(토) 17:00 CGV3

클라라는 예술학교 조교 클리마의 집으로 거처를 옮겨 함께 생활하고 있다. 어느 날 그녀는 클리마 앞으로 온 편지를 발견하는데, 거기엔 연구자 자투레츠키가 19세기 체코 화가 미콜라시 알레시에 대해 쓴 자신의 논문을 평가해달라는 청이 담겨 있다. 논문이 실린 원고를 찾지 못한 클리마는 적당히 얼버무린 답장을 써서 보내지만 제대로 된 평가를 듣기 위한 자투레츠키의 집념은 생각 이상이다. 집요하게 쫓아다니는 자투레츠키를 떼어내기 위해 클리마는 그가 클라라를 추행했다고 거짓 소문을 낸다. 하지만 이는 클리마를 더 큰 수렁에 빠트릴 뿐이다.

대한 모색이 이루어졌다. 언론은 여러 가지 이데올로기 논쟁을 활발하게 보도했고, 대중은 민주적인 태도로 사회 변혁에 앞장섰다. 둡체크는 '인간의 얼굴을 한 사회주의'라는 용어를 통해 새로운 사회주의의 가능성을 점쳤다. 체코슬로바키아 민중은 새로운 사회 분위기를 '프라하의 봄'이라고 명명했다. 매년 개최되어온 음악제의 이름을 본딴 것이었다.

그러나 봄은 짧았다. 소련은 체코슬로바키아의 변화를 반동적 행태로 간주하며 변화의 물결이 중·동부 유럽 전체로 확산할 것을 우려했다. 결국 1968년 8월 20일 밤, 소련을 위시한 바르샤바 조약 기구의 군대가 전차를 앞세워 체코슬로바키아를 침공했다. 이튿날인 21일, 둡체크를 비롯한 정부 요인이 소련으로 압송되었다. 약 일주일 후에는 체코슬로바키아의 '정상화' 조치에 대한 합의가 이루어졌다. 언론과 집회의 자유가 제한되었고, 개혁파 정치인이 대거 축출되었다. 쿤데라를 비롯한 많은 지식인은 반강제적으로 조국을 떠나야만 했다.

밀란 쿤데라의 삶과 작품 활동은 상술한 체코슬로바키아의 역사와 긴밀하게 연관되어 있다. 일례를 들자면, 『농담』(1967)은 1950년대 체코슬로바키아를 비판적으로 그려낸다. 주인공은 대학생 공산당원 루드비크다. 그는 여자친구 마르케타와 여름방학을 함께 보내기를 기대하는데, 정작 마르케타는 공산당원 연수에 참가해버리고 만다. 심통이 난 루드비크는 다음과 같은 문구가 적힌 엽서를 보낸다.

> 낙관주의는 인류의 아편이다!
> 건전한 정신은 어리석음의 악취를 풍긴다.
> 트로츠키 만세!

자신에게 관심을 주지 않은 채 혁명을 낙관하는 마르케타를 비꼬기 위한 농담이었다. 그러나 당시 사회는 이를 농담으로 받아들이지 않았다. 루드비크는 트로츠키주의자로 몰려 공산당에서 제명되고, 정치범으로서 15년이라는 세월을 군대와 광산에서 보내게 된다. 고향에 돌아온 루드비크는 자신의 제명에 앞장섰던 제마네크에 대한 복수를 다짐한다. 그러나 루드비크의 계획은 우스꽝스럽고도 허무하게 수포로 돌아가버리고 만다.

쿤데라는 회색빛으로 물든 체코슬로바키아 사회에 등장한 가로등과 같은 존재였다. 많은 사람이 그의 작품을 사랑했고, 그의 지성에 매료되었다. 쿤데라의 영향력은 문학계에만 국한된 것이 아니었다. 그는 1960년대 자유화의 물결과 함께 대두된 체코슬로바키아 뉴웨이브 영화에도 직접적인 영향을 끼쳤다. 모교인 프라하국립예술대학 영화학부(FAMU)에서 교수 신분으로 밀로시 포르만(Miloš Forman) 등 수많은 영화인을 양성했는데, 이들은 뉴웨이브 영화의 기수가 되었다. 앞서 언급한 『농담』을 비롯한 작품은 영화로도 제작되었다. 쿤데라가 남긴 장·단편소설은 1960년대 체코슬로바키아 영화의 성장에 중요한 밑거름이 되었다.

밀로슬라프 슈미드마예르의 〈밀란 쿤데라: 농담에서 무의미까지〉는 쿤데라를 인터뷰해보겠다는 야심찬 계획과 함께 출발하는 다큐멘터리다. 쿤데라가 머무른 공간, 쿤데라가 창작한 작품을 시간순으로 좇아가며 방대한 양의 자료를 보여준다. 그의 소설을 토대로 제작된 영화에 대한 소개는 물론이고, 그가 남긴 낙서와 메모 등 희귀한 자료까지도 엿볼 수 있다. 쿤데라에 대한 기반 지식이 전혀 없는 사람이라면 그에 대해 차근차근 알아갈 수 있는 계기가 될 것이고, 쿤데라의 열혈 팬이라면 그에 대해 잘 몰랐던 부분까지 깊이 확인해볼 수 있는 기회가 될 것이다.

하지만 다큐멘터리는 결국 쿤데라와의 인터뷰를 포기한다. 그에 대해 알아가면 알아갈수록 인터뷰 시도 자체가 넌센스였음을 확인하게 될 뿐이다. 왜냐하면 그는 작가로서가 아닌 작품으로서만 존재하기를 희망하고 있기 때문이다. 비록 동시대를 살아가는 쿤데라의 모습은 확인해볼 수 없으나 아쉬움은 남지 않는다. 과거의 육성과 사진이 적재적소에 배치되기 때문에, 오히려 그와 함께 시간을 보낸 듯한 친밀감마저 든다.

다큐멘터리에서도 언급하듯이, 쿤데라의 삶을 이해하는 가장 좋은 방법은 그의 작품을 직접 감상하는 것이다. 제23회 전주국제영화제에서는 밀란 쿤데라의 소설을 기반으로 제작된 세 편의 영화가 소개된다. 1960년대 체코슬로바키아 뉴웨이브를 수놓은 작품이기도 하다. 작품을 보는 순간만큼은 쿤데라의 존재를 잊고 텍스트 자체에 집중해보자. 역설적이게도, 그것이 쿤데라를 온전히 이해할 수 있는 방식일 것이다.

이준엽
영화연구자. 「파베우 파블리코프스키 감독의 작품 세계 연구」(2021), 「포스트-유고슬라비아 시대 민족 분쟁과 경제 침체의 상흔, 다니스 타노비치 감독론」(2019) 등의 논문을 썼다.

농담 12

Czechoslovakia | 1968 | 79min |
5.1(토) 21:00 CGV3, 5.5(목) 13:00
CQ1(NOW), 5.7(토) 10:00 CGV6

루드비크는 헬레나를 만나기 위해 고향으로 돌아간다. 그는 헬레나의 남편 파벨 제마네크로 인해 고초를 겪은 바 있다. 대학생 시절 체코슬로바키아 공산당 학생연맹 소속이던 둘은 절친한 사이였다. 어느 여름, 방학을 연인과 보내길 바란 루드비크는 당시 연인 마르케타가 자기 대신 공산당 연수를 택하자 엽서에 "트로츠키 만세!"라는 농담을 섞어 보낸다. 문제는 파벨이 이를 빌미로 루드비크를 당과 학교 모두에서 퇴출당하게 했다는 것이다. 심지어 그는 이후 강제 노역 부대에 끌려간다. 하지만 헬레나를 유혹해 파벨에게 복수하려는 루드비크의 계획은 우스꽝스럽게 뒤틀리고 만다.

나, 슬픔에 잠긴 신 12

Czechoslovakia | 1969 | 86min |
4.30(금) 10:00 CQ6, 5.4(수) 14:00 CGV2,
5.6(금) 16:00 CQ6

아돌프는 뭇 여성의 관심을 한몸에 받을 만큼 매력 넘치지만 정작 자신이 관심 있는 이의 사랑은 받지 못한다. 그가 좋아하는 건 풋내기 오페라 가수 야니치카. 하지만 그녀는 유명인에게만 관심이 있다. 어느 날 그리스인 파르티잔 아포스톨레크를 알게 된 아돌프에게 좋은 생각이 떠오른다. 그를 멋있게 꾸며 야니치카에게 그리스에서 온 작곡가라고 속여 소개할 계획이다. 자신을 무시하는 야니치카에게 복수하기 위해 시작된 이 속임수는 그러나 아돌프의 계획과는 완전히 다른 방향으로 나아가기 시작한다.

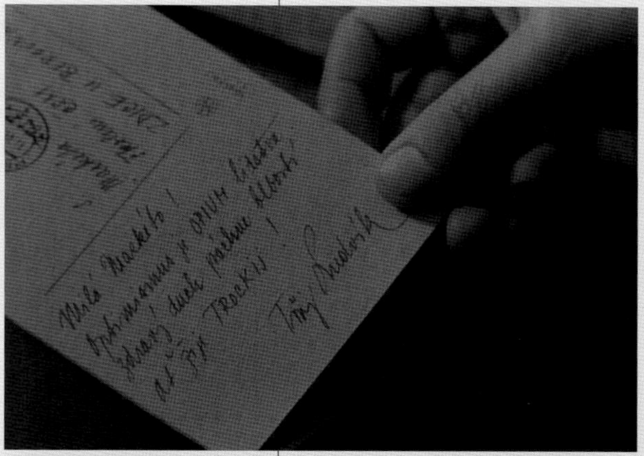
〈농담〉

〈나, 슬픔에 잠긴 신〉

Source: Národní filmový archiv, Prague, © State Cinematography Fund

영화보다 낯선 +
'보더리스 스토리텔러'

영화는 종종 다른 분야의 전문가들에 의해 확장된다. 실패를 두려워하지 않고 미지의 세계를 향해 모험을 감행한 과학자, 문학가, 미술가, 무용수, 음악가들이 없었다면 영화의 현재는 매우 협소했을 것이다. 올해 '영화보다 낯선+'는 그간 영화감독의 작품만을 소개하던 틀을 깨고, 다른 분야의 작가들 중에서 영상을 매개로 작업하는 이들을 주목해보기로 했다.

고등어, 김영글, 김진아, 김희천, 무진형제, 송주원, 오재형, 황수현. 보더리스 스토리텔러 8인은 미술, 문학, VR, 무용, 음악 등을 바탕으로 다른 매체에 대한 두려움 없이 무빙 이미지(moving image)가 어디까지 확장될 수 있는가를 도전해온 혁신적인 예술가다. 전공이나 전문 분야에 얽매이지 않고 영상 매체를 이용해 동시대에 대한 이야기를 풀어내는 창작자들이다. 영화감독으로서 경력이 있다 하더라도 기술, 형식, 내용에서 관습적인 영화와 차별되는 무빙 이미지의 지평을 넓힌 이도 포함했다. 이들의 작품은 모두 영화적 가치를 내포하면서도 이야기의 새로운 존재 방식을 보여준다.

영화가 기술에 의해 탄생했더라도 그 자체만으로는 예술이 되지 않기에 인류 역사상 변하지 않은 이야기를 가장 현재적인 목소리로 시대정신을 표출하는 이들의 시선을 주목한다. 분열의 시대에 필요한 것은 나와 타인에 대한 상상력이며, 우리가 마주한 세상에 대한 사유라는 작가들의 공통의 관심사를 다양한 방식으로 마주하는 즐거움을 누릴 수 있다. 이 글에 포함된 작가들의 말은 『보더리스 스토리텔러』에서 발췌, 수록한 것이다.

❶ 고등어

고등어는 드로잉과 회화를 중심으로 활동하는 미술 작가다. 작가는 신체와 감정의 섬세한 관찰자로 드로잉과 회화를 통해 시선과 편견에 대해 질문하는 작업을 해오고 있다. 〈공동 고백〉은 탈북 여성들이 국경을 넘어 제3국으로 탈출하는 과정에서 느끼는 감정을 그려낸다. 여기서는 미디어에서 보도하는 사건보다는 그 과정에서 여성들이 느꼈을 언어화할 수 없는 심정을 이미지로 형상화한다.

"리서치를 통해 얻은 사실이나 느낌을 재현한 드로잉을 보면서, 이 드로잉 중에 탈북 여성이 자신의 이미지가 되지 않기를 바라는 이미지가 있을지 모른다는 생각을 했습니다. 그리고 자신의 이미지가 타인에 의해 덧입히는 것이 아닌 스스로 자신의 이미지를 선택하는 액션이 작업에 드러나기를 바랐습니다. (…) 미디어가 여성의 이야기를 재현할 때 여성들이 원치 않는 이미지로 묘사돼서 원래 그 신체가 갖고 있거나 갖고 싶어 하는 이미지가 아닌 다른 이미지와 붙어버립니다. 저는 최소한 제 작업에서만큼은 신체가 원하는 이미지를 최대한 존중하고 싶었습니다."
— 고등어

❷ 김영글

김영글은 언어와 사유를 다룬다. 사소한 사물이나 생각을 통해 우리가 사는 세상의 이면을 들춰보도록 유도하는 것이 작가의 목표다. 〈파란 나라〉는 벨기에 만화 주인공 스머프가 한국에서 일용직 노동자로 살았다는 허구를 기반으로 한 페이크 다큐멘터리이다. 더 나은 삶을 찾던 이들이 한국현대사를 관통하며 이른 현실 속에 행복과 인간성의 의미를 묻는다.

"제가 작업을 할 때 관심 있어 하는 건 '실제로 일어났던 일을 다시 쓰면서 달리 보기'거든요. 스머프라는 존재가 가상의 캐릭터잖아요. 그 캐릭터에다가 이 미술관에서 일어났던 역사적인 사건을 대입하면서 이들이 실제로 여기 존재했던 누군가를 환기하게 만드는 요소이면서, 동시에 그 환기의 대상은 계속 변주 가능하게 만들고 싶었어요."
— 김영글

❸ 송주원

송주원은 안무가이자 실험 다큐멘터리 영상 작가다. 도시공간무용 프로젝트 〈풍정.각(風情.刻)〉 연작은 청파동, 장안평, 성남 태평동 등 자본과 정치 논리로 인해 변해가는 공간에서 비언어 매체인 무용으로 도시의 역사를 말해왔다. 춤, 영상, 퍼포먼스 등 매체와 장르를 구분하지 않는 작가의 넓은 스펙트럼은 동시대를 살아가는 인간 존재와 삶의 태도에 대한 질문으로 나아간다.

"무용 자체가 비물질적이고 비언어적이라서 언어가 담지 못하는 많은 것들을 포함하는 또 다른 언어라는 생각을 해요. 저는 춤이 소통 도구이고 '방백'이라고 자주 언급해요. 일종의 고백이죠. '내 손가락 안에서 모래알처럼 스르르 삶이 빠져나가는 모습을 스스로 마주한 순간이야'라고 보여주는 것이 움직임 아닐까요. 시간 안에 퇴화하거나 사라져 가는 것들이 분명히 있을 텐데 거기에서 어느 지점에 점을 찍고 가는가가 중요한 문제라고 봐요. 자본의 가치로 해석할 수 없는 것, 그 사이로 빠져나가는 것들이 춤과 장소 안에 공존하고 있어요."
— 송주원

❹ 황수현

황수현은 감각과 감정에 대해 탐구하는 안무가다. 그는 작품을 통해 극장과 움직임에 관해 근본적인 질문

을 던지며 예술의 경계를 확장시켜왔다. 〈저장된 실제〉는 무대 중심의 관람 방식을 체험 중심으로 전환하며 춤을 바라보는 새로운 지평을 열었다는 평을 받는다. 그는 작품을 통해 현재의 관습을 되묻고 인간의 본질적인 감정과 감각을 환기한다.

"죽음에 대한 이미지에서 출발했어요. 몸이 썩고 난 다음에 벌레들이 몸에서 기어 나오는 그런 장면들이요. 그러나 무용수가 죽음을 재현하게 만들고 싶지 않아서 운동성의 위태로운 지점들을 많이 찾았어요. 죽음이라는 것은 사실 일상과 함께 공존하고 언젠가 우리 모두 맞이하게 되지만 사실 굉장히 낯설고 또 다른 세계의 것이라는 생각도 들어요. 죽음은 여전히 모르는 미지의 영역이기에 낯설고 공포스러우며 때로는 불편한 감각을 전달해주기도 하니까요. (…)머리를 당기거나, 물을 뱉거나, 위태롭게 서 있거나 혀를 내미는 기이한 행동들을 통해 죽음이 가지고 있는 신체적 징후들을 몸으로 발현하고 싶었어요."
― 황수현

⑤ 오재형

오재형은 미술을 전공했고 현재는 피아니스트이자 영상 작가로 활동한다. 자연의 아름다움을 화폭에 담던 그는 제주 강정마을을 다녀오면서 영화를 만들기 시작했다. 배리어프리 영화로 제작한 〈보이지 않는 도시들〉은 이탈로 칼비노의 소설에서 영감을 받아 도시에서 배제되어가는 사람들의 이야기를 묘사했다. 최근 들리지 않고 보이지 않는 세계에 대한 형식적 고민을 작품으로 표현하고 있다.

"제가 사회적 이슈를 접하고 현장에 가서 가장 많이 느끼는 감정이 바로 '무력감'이에요. 승리보다는 패배의 경험이 더 많으니까. 그럼에도 불구하고 자신의 자리에서 무언가를 하시는 분들이 있잖아요. 감당할 수 있는 고행이라고 언급한 것은 저도 제가 할 수 있는 게 무엇인지 알고 내가 가장 좋아하고 즐거워하는 방식으로 투쟁을 하고 싶다고 생각했기 때문이에요."
― 오재형

⑥ 무진형제

무진형제는 정무진, 정효영, 정영돈 세 명으로 구성된 미디어 작가 그룹이다. 이들은 문학과 신화, 동시대 담론으로부터 발견한 낯선 감각을 재구성한 작품을 선보인다. 스톱모션 애니메이션으로 세대 간 소통의 문제를 다루는 〈풍경(風經)〉을 비롯하여 이들은 그 서사의 단면을 고고학자처럼 발굴하고 추출하여 시대적 징후를 읽고 그려낸다.

"청춘을 중심으로 우리 사회의 세대 문제와 윗세대로부터 괴리되는 지금의 청춘들에 관해 이야기하고 싶었습니다. 또한 세대 간의 괴리와 다름, 그로 인해 소통할 수 없는 세태에 대해 질문한 작업이기도 합니다. 한 번쯤 이런 주제로 작업을 하고 싶었는데 그때 마침 '세월호 사건'을 겪게 되었습니다. 평소에 어른들로부터 제일 듣기 싫어했던 말이 '가만히 있어라'입니다. 그 사건을 계기로 젊은 우리는 윗세대가 명령하듯이 던지는 그 말을 어떻게 받아들이고 들어야 할지, 그들이 만든 사회 시스템을 비롯한 모든 과거의 것들을 어떻게 수용할 수 있을지에 대한 의구심이 들었습니다."
― 무진형제

⑦ 김희천

김희천은 디지털 기술에 따라 급변하는 현시대의 양상을 다루는 영상 작가다. 데뷔 초기 스크린으로 매개되는 납작한 현실 세계를 자전적 내러티브로 보여주며 큰 반향을 일으켰고 이후 기술 환경이 변화시키는 세계의 작동 방식에 대한 작업을 이어가고 있다. 감각 차단 탱크를 통해 현시대의 신체적 징후를 비춰보는 〈탱크〉는 그의 작업이 디지털 기술이 초래한 현상을 다루

는 데 그치지 않고 오늘날 현실을 바라보는 지침으로 기능하고 있음을 보여준다.

"〈메셔〉라는 작업을 할 때 그런 생각을 했었어요. 미디어에서 기술을 드러낼 때 어떤 특유의 톤이라는 게 있는데 그게 보통은 기술을 악이나 디스토피아로서 표현을 하잖아요. 당연히 그게 매력적이죠. 사람들이 좋아하니까요. 그런데 저는 '우리는 기술이 뭔지를 모르는 채로 그냥 살게 되는 거라니까?'를 말하고 싶었어요. '기술이 우리 삶에서 작동하고 있는지도 모르는 영역에서 작동되도록 하는 게 기술업계의 시선일 거야'라는 뜻이었어요."
― 김희천

⑧ 김진아

© Elena Zhukova

김진아는 시각예술을 시작으로 실험영화, 다큐멘터리, 극영화까지 신작마다 새로운 장르에 성공적으로 도전해왔다. 감독으로서 인정받은 삶에서 두려움 없이 VR이라는 새로운 기술로의 탐험에 돌입해 두 편의 작업을 했다. 〈동두천〉은 1992년 기지촌에서 일어난 윤금이 피살사건을 다루는 작품으로 관음으로서의 카메라의 시선이 아닌 공감으로서의 체험을 끌어내며 VR 매체의 핵심이 기술을 관통하는 이야기를 만났을 때 발견될 수 있는 영화적 가능성을 입증했다.

"일반 2D영화를 보여주는 직사각형의 프레임, 렌즈 안에 포착되는 세계를 연출자가 결정할 수 있다는 것은 실로 어마어마한 권력이다. 한 프레임이 결정되는 순간, 그 프레임 밖의 세상은 모두 버려지는 것이다. 반면에 VR영화에는 프레임이 없다. 현실 세계와 다름없이 확 트인 공간 안에서 어디를 볼지 결정하는 것은 관객이다. (…) 기호학적인 측면에서만 본다면 VR이라는 매체는 이미지 전달이 훨씬 더 민주적인 매체이다."
― 김진아

회고전
'충무로 전설의 명가
태흥영화사'

글 김형석 영화저널리스트 **편집** 편집부

〈장남〉

전주국제영화제와 한국영상자료원이 함께 준비한 회고전 '충무로
전설의 명가 태흥영화사'는 지난해 안타깝게 세상을 떠난 이태원
태흥영화사 대표를 추모하고, 태흥영화사가 한국영화사에 남긴 발자취를
돌아보기 위해 기획되었다. 이 글은 단행본 『위대한 유산: 태흥영화
1984-2004』(한국영상자료원)에 수록된 김형석 영화저널리스트의 「충무로
제작명가 태흥영화사 略史」 일부를 발췌 재구성한 것이다.

태흥 3인방. 왼쪽부터 정일성, 임권택, 이태원.

쿠데타로 정권을 잡은 군부 세력은 통치 수단으로
3S(섹스, 스크린, 스포츠) 정책을 시행했고, 1970년
대부터 하강기에 접어든 한국영화는 좀처럼 수렁에
서 헤어나오지 못하고 있었다. 1980년대 말엔 할리우
드 직배가 시작되었고, 1990년대 말부터는 스크린쿼
터 수호 투쟁의 바람이 거세게 불었다. 충무로 자체
도 격변했다. 1980년대에 제작 자율화에 접어들었고
1990년대엔 이른바 '기획영화'의 시대가 열렸다. 기
업과 금융 자본이 빠른 속도로 토착 자본을 대체했고,
멀티플렉스는 급속히 확장되었다. 2000년대 초엔
'한국영화 르네상스'라 부를 만한 국면이 펼쳐졌다.

이 세월을 오롯이 버틴 한국의 영화제작사는
태흥영화사가 유일했다. 1985년 7월 영화제작이 허
가제에서 등록제로 바뀌는 제작 자율화가 이뤄지는
데, 이전엔 20개 정도의 영화사가 충무로의 영화제
작과 외화 수입을 독점했다. 태흥영화사는 바로 이 구
체제에서 시작해 21세기까지 이어지고 있다.

첫 작품 〈비구니〉(1984)

결과적으로는 태흥영화사의 '미완성 창립작'이 된
〈비구니〉는 원래 배우 김지미가 기획한 작품이었다.
임권택 감독이 메가폰을 잡기로 되어 있었는데, 제작
일정이 자꾸 미뤄지자 임 감독은 이태원 사장에게 제
작을 권했고, 이 사장은 기획 비용을 지불한 후 〈비구
니〉 프로젝트를 가져왔다. 송길한 작가가 시나리오
를 쓴 〈비구니〉는 기생이었던 주인공이 불교에 귀의
해 해탈하는 여승의 이야기였다. 촬영은 한국전쟁을
재현한 대규모 신부터 시작되었고, 이미 2억 원의 제
작비가 들어간 상황이었다(당시 한국영화 평균 제작
비는 7,000~8,000만 원 수준이었다). 그런데 불교
계에서 제작 중단을 요구했다. "종단을 욕되게 만드
는 영화"라는 것이었다. 비구니 1,200여 명이 모여
혈서를 쓰고 조계종에선 단식 투쟁이 이어졌다. 급기
야 정부에서 개입했고, 영화제작을 중단하면 그동안
들어간 제작비를 보상해주겠다고 했다.

1980년대, 명감독들의 집합소

〈비구니〉로 큰돈을 손해 보긴 했지만, 태흥영화사는
높은 흥행 타율을 기록하며 승승장구했다. 이것은 이
장호, 이두용, 배창호, 곽지균, 임권택 등 당대의 이름
있는 감독들과 함께한 결과였다. 특히 이장호 감독의
〈무릎과 무릎 사이〉(1984)와 〈어우동〉(1985), 이두
용 감독의 〈돌아이〉(1985)와 〈뽕〉(1985)도 이 시기
의 흥행작인데, 태흥영화사의 초기 필모그래피는 당
대의 트렌드였던 에로티시즘과 장르적 시도(액션) 등
상업적 성격이 강했다.

그런 의미에서 〈**장남**〉(이두용) 같은 영화는
이례적이다. 이 영화는 이두용 감독 개인사가 강하
게 반영된, 작가영화이자 사적영화였고 당시 상업영
화권에선 좀처럼 제작되기 힘든 노인 문제에 대한 영
화였다. 당시 이태원 사장은 "영화 한번 같이 하자"
고 이두용 감독에게 러브콜을 보낸 상태였는데, "내
가 하고 싶은 걸 해도 되느냐"는 감독의 요구에 흔쾌
히 수락한 결과가 바로 〈장남〉이었다. 이태원 사장은
"이 감독, (중략) 왜 남의 돈으로 자기 얘기를 하고 그
래?"라며 농담을 하곤 했다는데, 〈장남〉은 작품성을
인정받았지만 흥행에 실패했다. 하지만 이후 이두용
감독은 태흥영화사에서 〈돌아이〉와 〈뽕〉이라는 흥
행작을 만든다.

〈**기쁜 우리 젊은 날**〉(배창호)은 태흥의 새로
운 시도였다. 사실 이태원 대표는 "배 감독, 연애하는
영화인데 포옹하는 장면 하나 없네"라며 이 영화가
흥행에 실패할 거라고 생각했다. 하지만 개봉 후 젊
은 관객들의 뜨거운 반응을 본 후 "내가 영화의 새로
운 면을 발견했어"라며 자신의 생각을 버리고 감독의
작품 세계를 인정해주었다. 배창호 감독은 그를 이
렇게 회고했다. "제작자로서 그런 말을 하기 쉽지 않
은데 그만큼 솔직하신 분이었다. 〈꿈〉(1990)을 연출
했을 때는 관객이 많이 들지 않아 손해가 컸다. 죄송
하다고 말씀드리니 일언지하에 '작품이 좋았으면 됐
지, 뭐' 하셨다. 감독들이 자기 목소리를 낼 수 있게끔
신뢰하고 지원해주신, 참 낭만적인 시대의 제작자였
다."(배창호, 2021)

1986년 6월, 태흥영화사는 또 한 번의 위기를
겪는다. 세무 사찰로 인해 12억 원이 추징된다. 이 일은
이태원 대표에게 깨달음을 주었고 이후 태흥영화사의
필모그래피에도 큰 영향을 준다. "그날 이후 '돈'보다
는 '폼' 나는 일이 더 하고 싶어졌다. 말하자면 극장이
나 배급업보다 제작에 더 주력하기로 한 것이다. 그 결
과 감독을 선택하는 기준이 바뀌었다. 이전까진 이장

호, 배창호, 이두용 등의 A급 감독과 함께 했던 '안전주의'였다면 과감한 신인 기용이 시작되었다.

이명세 감독의 데뷔작 〈개그맨〉도 태흥에서 제작되었다. 1989년 개봉 당시엔 흥행에 실패했으나 이후 컬트처럼 숭배되며 한국영화의 중요한 유산으로 평가받고 있는 〈개그맨〉은 감독의 개성 이전에 제작자의 배포가 있었기에 가능했던 작품이었다. "〈개그맨〉은 한 번 거절당한 작품이었다. 그런데도 내가 그 작품을 다시 갖고 찾아온 것에 감동하시더라. '대부분 거절당하면 잘 안 오는데, 또 하자고 해서 고맙다'며 작품을 시작하게 됐다. 의리를 중시하는 '사나이 기질'이 있는 분이셨다."(이명세, 2021) 이명세 감독에 의하면, 이태원 사장은 시나리오 전체를 보기도 하지만 어떤 한 장면에 꽂히면 당장 제작을 결정하는 편이었는데, 〈개그맨〉이 바로 그런 케이스였다.

〈개그맨〉

1990년대, 태흥의 좋은 시절

1990년대는 '태흥의 시대'라고 해도 과언은 아니다. 이 시기 태흥영화사는 20편의 영화를 만들었고, 그 영화들은 한국영화 흥행사를 다시 쓰거나, 국제영화제에서 주목 받거나, 새로운 감독을 세상에 소개했다. 대기업 자본과 금융 자본이 들어오기 시작한 1990년대에 제작사의 자본으로 매년 평균 2편씩 영화를 만들어나간 곳은 태흥영화사가 유일했으며, 특히 임권택 감독은 1990년대에 7편의 영화를 태흥영화사와 함께하며 자신의 작품 세계와 흥행 역량, 국제적 인지도를 한층 높일 수 있었다.

임권택 감독과 함께 1990년대 태흥영화사의 중요한 감독으로 기록되고 있는 사람은 장선우 감독이다. 첫 만남은 〈경마장 가는 길〉이었다. "80년대 초에, 정부에서 영화제작자들에게 내려보낸 지침이 있어. 이런 애들 쓰지 말라고. 장선우, 여균동, 정지영…. 그 명단을 내 책상에 붙여놓고 있었지. 나는 사실 출신이 부르주아인데, 또 나는 도둑놈인데, 이상하게 나를 의심하는 눈으로 보는 그런 놈들이 좋아. 〈경마장 가는 길〉 소설은 두세 장도 보기 힘들더라고. 똑같은 거 되풀이하고. 그런데 이렇게 좋은 영화로 나오더라고."(임범, 2004)

제작자 이태원은 농담처럼 영화를 '돈 버는 영화'와 '상 타는 영화'로 나누곤 했는데, 장선우 감독의 〈경마장 가는 길〉이 전자였다면 베를린국제영화제에서 알프레드바우어상을 받은 〈화엄경〉(1993)은 후자에 해당했다. 한편 박철수 감독의 〈오세암〉(1990)은 태흥영화사가 지닌 또 하나의 경향을 보여주는데, 〈참견은 노~ 사랑은 오예~〉(김유진, 1993), 〈세븐틴〉(정병각, 1998)까지 가족영화 혹은 청소년영화의 흐름이 이어진다.

1990년대, 태흥의 힘든 시절

1995년부터 1999년까지 후반부 5년은 힘든 시절이었다. 이것은 한국영화 부문 흥행 순위에서 명확히 드러난다. 서울 관객 기준으로 1990~1994년에 태흥영화사 영화는 총 2,841,872명의 관객을 동원했는데, 이것은 이 시기 서울 관객 전체의 약 14퍼센트를 차지한다. 1편당 평균 관객은 202,990명이었는데, 서울 관객 10만 명만 넘어도 흥행으로 평가되던 시절이니 대단한 성적이었다. 하지만 1995~1999년엔 1편당 96,998명으로 떨어진다. 절반 이하로 줄어든 셈이다.

일단 제작 편수 자체가 전반부 14편에서 후반부엔 6편으로 줄었다. 임권택 감독의 〈축제〉(1996)와 〈창(노는계집 창)〉(1997), 김유진 감독의 **〈금홍아 금홍아〉**, 송능한 감독의 **〈세기말〉**, 젝스키스가 주인공을 맡은 **〈세븐틴〉**, 그리고 도저히 태흥영화사 작품이라고 여길 수 없는 파격적인 작품 〈미지왕〉(김용태, 1996) 등이었다. 여전히 임권택 감독과 동행하긴 하지만, 이 시기 태흥영화사의 라인업은 어떤 맥락을 느낄 수 없는 혼란 상태였다. 유일한 흥행작은 〈창(노는계집 창)〉이었는데, 이 영화는 상당 부분 영화사의 재정적 위기를 타개하기 위한 기획이었다.

2000년대, 칸영화제로 가다

2000년대의 태흥영화사는 임권택 감독과 함께한 세 작품으로 기억된다. 2000년의 〈춘향뎐〉과 2002년의 〈취화선〉, 2004년의 〈하류인생〉. 특히 〈춘향뎐〉과 〈취화선〉은 칸영화제 경쟁부문에 초청받고 또 수상한 최초의 한국 장편영화다. 사실 이태원은 1990년대 말 〈세븐틴〉이나 〈세기말〉 등의 영화가 흥행에 실패하자 제작자로서 실의에 빠졌다. 하지만 반대로 뭔가 이루어야 한다는 오기도 생겼다. 그런 의미에서 〈춘향뎐〉과 〈취화선〉은 그의 제작자 경력을 성공적으로 마무리하는 작품이었다. "(〈춘향뎐〉의) 이번 칸 본선 진출로 임 감독과 나로서는 한을 푼 거나 다름이 없다. 임 감독이 다른 제작자와 손잡지 않고 나를 믿고 따라와 준 것도 고맙다. 이제는 일선에서 물러나도 좋다고 생각하고 그런 방향으로 준비도 하고 있다."(이영기, 2000)

하지만 일선에서 물러나겠다는 다짐은 지켜지지 않는다. 그에겐 새로운 목표가 생겼다. 칸영화제에서 황금종려상을 받는 것이었다. 그리고 2년 후 〈취화선〉으로 감독상을 받았고, 레드카펫에 임권택-이태원-정일성(촬영감독) 세 노인이 파안대소하며 선 사진을 남겼다. 원했던 상은 아니었지만 이로써 제작자 이태원의 영화 인생은 정점에 오른 셈이었고, 이후 2년 후엔 박찬욱 감독이 〈올드보이〉(2003)로 심사위원특별상을, 그리고 17년 후엔 봉준호 감독이 〈기생충〉(2019)으로 황금종려상을 수상했으니, 태흥영화사와 임권택 감독의 작업은 한국영화계의 소중한 첫 걸음이었던 셈이다.

그리고 태흥과 임 감독의 마지막 컬래버레이션인 〈하류인생〉(2004)이 이어진다. 이 작품은 감독이 제작자에게 바치는 헌사다. "영화제작 때문에 만나서 자주 이야기를 했는데, 그때 가끔씩 당신이 산 이야기들을 해줬다. 그걸 영화로 만들자, 이렇게 이야기한 건 아니지만 슬그머니 자신이 살아온 이야기를 하나씩 꺼내는 거다. 그걸 들으면서 '액션물을 제작하고 싶어 하는구나' 생각해 〈하류인생〉을 제작했다. 이태원 대표는 아마도 처음부터 내가 〈장군의 아들〉(1990) 같은 영화를 찍길 바랐던 것 같다."(임권택, 2021) 거친 시대를 맨주먹으로 살아간 주인공 태웅(조승우)의 모습은 젊은 날의 이태원이었으며, 항상 카메라 뒤에서 현장을 묵묵히 바라보았던 어느 제작자는 이제 캐릭터가 되어 스크린에 투영된 셈이다.

〈경마장 가는 길〉

영화를 모아 문화를 만드는곳

한국영상 자료원

시네마테크KOFA
한국영화박물관
영상도서관 상암/파주

상 암 본 원 서울시 마포구 월드컵북로 400 📞 02-3153-2001
파주보존센터 경기도 파주시 문발로 301 📞 031-830-8100

www.koreafilm.or.kr

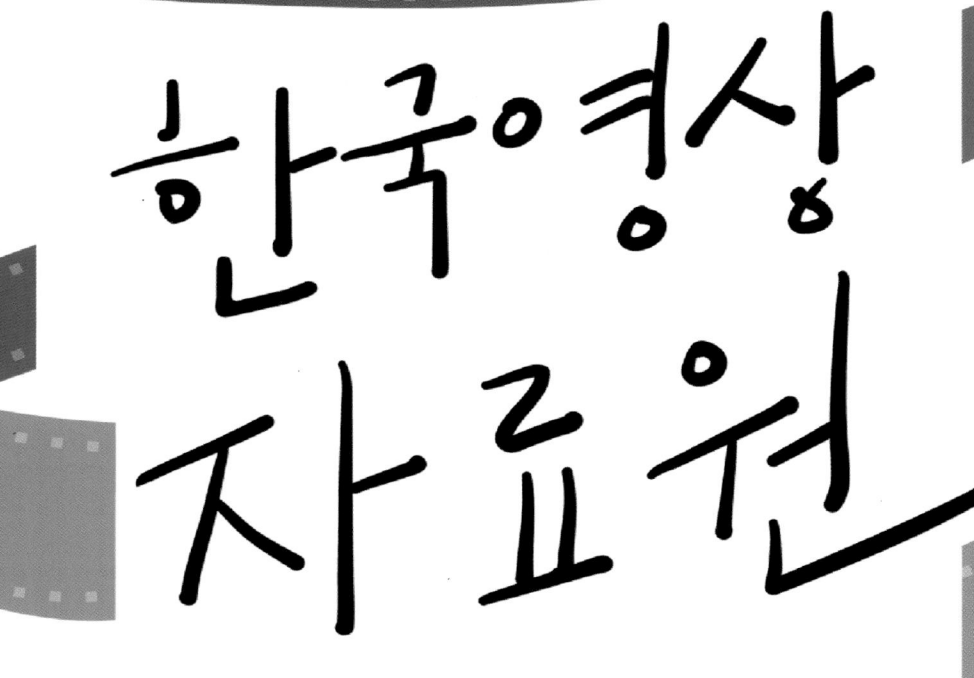

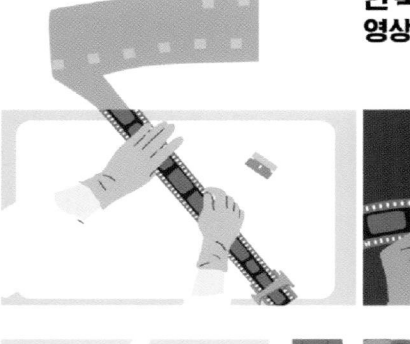

Korean Film Archive
한국영상자료원

특별 전시
'100 Films 100 Posters'

전시 장소는 팔복예술공장 이팝나무홀.

100 Films 100 Posters
일시 4.28(목)~5.7(토) 10:00~18:00
장소 팔복예술공장 이팝나무홀
　　　전북 전주시 덕진구 구렛들1길 46

전시장에서 영화 포스터와 엽서집 등 '기념품'을 살 수 있다.

영화 포스터 창작 프로젝트 백필백포. 2021년 전시 전경.

전주국제영화제 기획 전시
'100 Films 100 Posters'
(일명 '백필백포')는 2015년부터
전주국제영화제가 주최하는 포스터
페스티벌로 영화제에 초청된 영화
중 100편의 영화에 대한 포스터를
100명의 그래픽 디자이너가
디자인하는 프로젝트다.
　올해 8번째를 맞은
'백필백포'를 책임질 큐레이터에게
2022년 백필백포 개요와 성격에
관해 들어보았다.

인터뷰 양민영 백필백포 큐레이터

양민영
디자인 스튜디오 불도저 대표. 주로 인쇄
물 기반의 그래픽 작업을 한다. 옷에 대한
관심과 애정을 바탕으로 잡지 『쿨』, '옷정
리'와 같은 프로젝트를 기획하기도 한다.

자기 소개를 부탁한다.
'불도저'라는 그래픽 디자인 스튜디오의 대표다. '불도저'는
포스터, 책과 같은 물성이 있는 인쇄 매체를 중심으로 다양
한 매체를 다루며, 문화·예술계에서 활동하는 개인·단체·기
관과 협업한다. 그래픽 디자이너로서 '어떤 것이 멋있는 것
인가?'에 대해 항상 의심하며 탐구한다. 이를 바탕으로, 기
획과 저술 활동을 하기도 한다. 옷과 스타일에 관한 잡지
『쿨』을 6호까지 발행했다. 이 외에도 옷장 속 안 입는 옷을
정리하고 여성 창작자를 소개하는 '옷정리'와 같은 자체 프
로젝트를 진행하고 있으며, FDSC(페미니스트 디자이너 소
셜 클럽)의 운영진이기도 하다. '100 Films 100 Posters'에
는 총 3회 참여한 경험이 있다.

'100 Films 100 Posters'를 어떤 행사로 소개하고 싶은가?
'동상이몽'이라는 단어가 떠오른다. 각자 다른 입장인 채로
서로에게 기대어 있는 사람들로 인해 절묘하게 작동하는 행
사인 것 같다. 영화 혹은 영화 창작자에게 이 행사의 포스터
는 하나의 재해석된 이미지로, 일종의 다른 분야 시각 창작
자의 피드백이자 프로 그래픽 디자이너가 무료로 만들어주
는 홍보물이기도 하다. 디자이너에게는 돈은 안 되지만 영
화를 재료로 하는 자유도가 높은 작업으로, 클라이언트 프
로젝트에서 해보지 못한 자기만의 접근 방식을 실험해볼 기
회이자 인스타그램에 작업을 올릴 기회. 영화제 입장에서
는 "영화와 그래픽 디자인의 교류로, 예술의 폐쇄성을 극복
해보는" 행사이기도 하다. 영화제 관람객들에게는 영화제
를 추억하는 기념품을 살 수 있는 곳이다. 정보 전달과 영화
홍보라는 영화 포스터의 본래 목적을 우회한 매력적인 포
스터들은 관람객들의 공간에서 인테리어 소품 같은 새로운
역할을 얻기도 한다.

올해 '100 Films 100 Posters'의 특징이라면?
'100 Films 100 Posters'는 올해로 벌써 여덟 번째를 맞이
하는 행사다. 여러 회를 거친 행사인 만큼 행사의 형식이 매

우 명확한 편이다. 그 때문에 올해 행사의 특징이라고 말할
수 있는 것은 '올해 어떤 디자이너들이 참여했는지'일 것 같
다. 올해 참가한 101명(팀)은 몇 가지 기준으로 선정되었
다. 소위 '그래픽 디자인 신'이라고 부르는 문화·예술계를 기
반으로 독립적으로 자신의 이름을 내걸고 활동하는 동시대 한
국의 그래픽 디자이너들과 이들이 내놓은 포스터를 통해 우
리는 한국의 최신 그래픽 디자인 스타일과 접근법을 느슨하
게나마 조망할 수 있을 것이다. 참여자들이 어떤 포스터들
을 내놓을지 기대가 된다.

100명 참가자는 어떤 기조로 선정했는지?
100명이라는 숫자가 적다면 적고 많다면 많은 숫자라는 것
을 이번에 알게 되었다. 뾰족하고 좁은 기준을 적용하기에
는 너무 많은 숫자이고, 그렇다고 기준을 늘려가기엔 적
은 숫자랄까. 최대한 다양한 저변에서 활동하고 있는 디자
이너(팀)를 섭외하고자 했다. 이 행사가 수도권 외 지역에서
열리는 행사인 만큼 다양한 지역을 기반으로 활동하는 그래
픽 디자이너(팀)를 보다 적극적으로 초대했고, 일러스트레
이션, 3D 그래픽 등 여러 영역에서 활동하는 시각예술 분야
의 작업자를 섭외하기도 했다. 또한 백필백포가 그래픽 디자
이너에는 이름을 알릴 기회로 인식되기도 하는 만큼, 이전에
참여하지 않았던 최초 참가자의 비중을 늘리고자 했다.

이 행사를 관람객이 어떻게 향유하면 좋을지 말해달라.
개인적으로 모든 행사의 백미는 마지막에 들리는 기념품 숍
이라고 생각한다. 몸이 녹초가 되어도 뭔가를 살 생각을 하
면 힘이 난다. 이 행사는 관람객에게 꽤 괜찮은 기념품 숍이
지 않을까 싶다. 메인 상품인 포스터나 엽서집은 영화제를
다녀온 기억을 간직할 수 있는 추억의 한 조각이지 않을까?
음악을 들을 때 앨범 커버를 보고 어떤 노래를 들을지 고르
듯이 100개의 포스터들을 마음 가는 대로 보고 평소라면
관심을 안 가졌을 영화와 감독 이름을 검색해봐도 좋겠다.

색보정실(D.I Room)

전주영화제작소는 영화영상 후반제작시설로 색보정실(D.I Room)을 중심으로
마스터링실(DCP Room), 편집실이 구축되어 있으며 다양한 촬영장비를 갖추고 있습니다.

주요작품이력

〈휴가〉	이란희	(제46회 서울독립영화제 장편대상 수상)
〈잔칫날〉	김록경	(제24회 부천국제판타스틱영화제 코리안 판타스틱:장편 작품상 수상)
〈학교 가는 길〉	김정인	(제46회 서울독립영화제 장편경쟁 수상)
〈노회찬 6411〉	민환기	(제22회 전주국제영화제 전주 시네마 프로젝트 선정작)

색보정실 스펙
SGO Mistika 8K
4K DLP Projector & Screen Color Grading

JEONJU cine complex

전주영화제작소 / 작업 및 시설·장비 문의
주소 : 전북 전주시 완산구 고사동 전주객사3길 22 전주영화제작소 3층
전화번호 : 063 282 1400　　E-Mail : cineplex@jeonjufest.kr　　홈페이지 : www.jeonjucinecomplex.kr

영사기 빛으로 만든 ◢

2020년 제21회부터 전주국제영화제는 고유의 'J' 캐릭터를 선보이며 장기적인 관점에서 영화제 아이덴티티를 구축하고 있다. 프로젝션 장치에서 퍼져 나오는 빛으로 형상화한 2022년의 'J'는 현실 공간에서 다같이 영화를 경험하는, 말하자면 '진짜' 영화제를 향한 영화제 집행부의 기대와 염원을 담아낸 것이다. 올해 아이덴티티 디자이너로 초빙된 다국적 디자인팀 WWS에게 올해 'J캐릭터'에 관해 몇 가지 질문을 해보았다.

2022년 공식 포스터(왼쪽), 앱 초기 화면(오른쪽).

인터뷰 WWS

자기 소개를 부탁합니다.
안녕하세요! 저희는 김영삼, 신덕호, 파벨 볼로비치, 3인으로 구성된 디자인 팀 WWS(We Will See)입니다. 독일을 기반으로, 유럽 내 인접 국가와 한국의 클라이언트—스튜디오 멤버 중 두 명이 한국인이기에—를 위해 일하고 있습니다. 주로 출판·전시 등 문화 영역에서 일하고, 인쇄물과 온라인 미디어를 위한 디자인이 주 업무입니다. 김영삼은 사진과 인쇄물에, 파벨 볼로비치는 서체 디자인과 그래픽 디자인 전반에, 신덕호는 인쇄물과 타이포그래피에 관심이 있습니다.

2022년 전주국제영화제 공식 포스터와 이니셜 'J'를 디자인했습니다. 이 디자인을 독자에게 설명해주신다면?

우리는 무엇이 극장 안에서의 경험을 정의하는지, 그리고 어떻게 이 경험을 관객들에게 전달할수 있을지 궁금했습니다. 스트리밍 플랫폼과 빠른 인터넷 속도 덕분에 우리는 이전보다 매우 쉽게 영화를 볼 수 있습니다. 기차에서 작은 스마트폰으로, 일을 마치고 집에서 노트북으로, 때로는 주말에 친구 혹은 연인과 함께 큰 TV 화면 등으로 말이죠. 이 행위에는 종종 화장실을 가거나 냉장고에서 뭔가를 꺼내오기 위한 '일시 정지'가 포함됩니다.

여기에 잘못된 점은 없습니다만, 우리는 이런 환경이 영화를 최적으로 감상하는 데는 적합하지 않다고 생각했습니다. 한 가지 목적만을 위한 공간, 정해진 시간, 아무것도 하지 않고 (혹은 방해받지 않고) 모두 함께 어두컴컴한 공간에서 눈앞의 스크린

에 맞힌 이미지, 오로지 영화에만 집중하는 것을 상상했습니다. 우리는 '빛'과 '프로젝션'의 기본적인 속성을 바탕으로, 점에서 시작해 넓은 면으로 퍼지며 상징적인 공간을 만들어내는 아이디어를 생각했습니다. 이 제스처는 'J' 캐릭터를 비롯해 영화제 전반의 아이덴티티에도 적용되었습니다.

올해 'J'의 중요한 디자인적 특성은 무엇인가요?
아이디어의 기본인 '프로젝션'을 기반으로 독특한 관점을 만드는 것이 가장 중요했습니다. 한 꼭지점에서 공간으로 퍼져 나가며 창작자와 관객과의 연결점을 만들어내는 것이죠. 올해 아이덴티티는 삼각형 요소를 활용해 '실제 공간에서의 연결'을 표현하려고 했습니다.

아이덴티티 디자인 작업 중 무엇이 힘들었고, 무엇이 즐거웠나요?
가장 즐거웠던 부분은 'J 캐릭터'의 방향을 구체화하고 여러 시안을 만들며 팀원끼리 워크숍을 한 일이었습니다. 같은 팀이라도 서로의 취향과 추구하는 방향이 미묘하게 다르기 때문에, 이런 부분들을 대화를 통해 조율하며 진행했던 것이 가장 기억에 남습니다. 힘든 부분은 특별히 없었는데요. 굳이 꼽자면 너무나 많은 'J' 형태를 스케치해 벽에 붙여놓았기 때문에, 나중에는 알파벳 'J'로 뭔가를 디자인하는 것을 당분간은 피하고 싶다는 농담을 하기도 했습니다.

전주는 해마다 새로운 'J'를 선보일 텐데, 어떤 기대를 갖고 있나요?
'J'라는 형태적 한계·특성을 넘어서는 아이디어를 도출하는 것이 관건인 것 같습니다. 알파벳 'J'의 형태는 굉장히 심플하고, 조형 요소가 많지 않은데, 이 부분은 장점이 되기도, 단점이 되기도 합니다. 이 형태적 제약을 넘어 새로운 내러티브를 결합한 아이덴티티를 기대합니다!

다국적 디자인팀 WWS.
왼쪽부터 파벨 볼로비치, 김영삼, 신덕호 디자이너.

서점 투어

한 권의 책은 어쩌면 한 편의 영화, 서점은 영화관이나 마찬가지라고 생각해요. 나름의 견해를 품은 수많은 영화들이
영화관을 통해 관객과 만나는 것처럼 당신을 위무하는 말들과 세상의 지식, 사회를 움직이는 무수한 생각들이
저마다 책에 담겨 서점에서 독자와 조우하니까요. 저마다 반짝이는 큐레이션으로 독자와 교류하고자 하는, 전주의 서점
여섯 곳을 소개합니다. 영화와 책의 도시, 전주에 온 것을 환영하며.

서점 카프카

오래된 나무가 되고 싶은 서점

서점 카프카는 마룻바닥으로 된 작은 서점입니다. 그래서 걸을 때면 나무 밟는 소리가 나요. 또각또각 걷는 소리가 서점에 퍼질 때, 한쪽 구석에서 일을 하다가도 멈추고 가만히 그 소리를 듣습니다. 저는 운동화 소리보다 구두 소리에 더 귀를 기울이게 돼요. 이유는 구두 소리가 크고 선명해서인데, 오히려 구두 주인은 더 고요히 다녀요. 배려가 담긴 그 소리가 좋습니다.

구두 소리가 멈출 때는 손님이 책장 앞에 서서 책을 펼쳐 읽을 때입니다. 다시 구두 소리가 들릴 때, 저는 그분이 어떤 책을 펼쳤다가 덮었을지 상상합니다. 책을 사기 위해 손님이 카운터에 올 때는 이상하게 구두 소리가 다릅니다. 천천히 조심조심하던 소리가 조금 빨라집니다. 저는 그때 벌떡 일어나 카운터에 갑니다.

손님이 제가 좋아하는, 상상했던 책을 살 때면 그 소설 속의 주인공이 떠오르기도 하고, 시집 속의 시 몇 구절이 입에서 맴돌기도 합니다. 그렇게 책을 고르고, 펼치고, 읽고, 덮는 사이 많은 마음이 머물렀다 갑니다. 슬픔과 위로가 왔다 가고, 떠난 사람이 떠올라 한숨을 쉬기도 합니다. 갑자기 부모님에게 전화해 사랑한다고 말하고 싶어집니다. 그렇게 우리는 무심코 멈춰 서서 진열된 책들 중 한 권을 펼쳐보다가 단순한 한 문장과 한 단어에 온 맘이 흔들립니다.

이럴 때 저는 글을 쓰고 싶어집니다. 저를 의자에 앉히는 건 저의 의지가 아닙니다. 책의 의지입니다. 책 속 문장의 의지입니다. 작가가 힘들게 고심해서 쓴 문장이 저를 독자로 만들고 작가로 만듭니다. 다른 분들도 그럴 거라고 믿어요.

오래된 서점은 이렇게 만들어지는 것 같습니다. 누군가 찾아와 문득 책장의 책을 펼쳐 읽다 한 문장에 온 맘이 흔들립니다. 당신도 모르는 사이에 흔들린 마음에 서점의 뿌리는 깊어집니다. 그렇게 오래된 나무 같은 서점이 됩니다.

편법은 있을 수 없습니다. 결국 이런 식이더군요. 깊어진다는 것은 견디는 것이고, 겉의 화려함보다 안에 숨겨진 것이 소리 없이 작은 등을 밝히고 땅을 뚫는 것이고, 시간을 자기편으로 만들어 거대한 뿌리를 가진다는 것은 결국 매 순간 고대하며 앞으로 나아가는 것이고, 그렇게 꾸준히 누군가 찾아와 거름을 주는 것이고.

서점이 오래된 나무가 되고 싶다면, 책을 읽는 마음만큼 좋은 거름이 어디 있을까요? 당신이 찾아와 물을 뿌려주기를 바랍니다. 하나의 문장에 웃고 울고, 그렇게 깊어지는 하루가 되기를 바랍니다. 그 하루하루가 쌓여 서점 카프카는 위로와 쉼이 되는 뿌리가 깊은 서점이 되지 않을까요!

글 강성훈 서점 카프카 대표

작은 이야기를 계속하겠습니다
고레에다 히로카즈 지음, 바다출판사

'큰 이야기'에 맞서 그 이야기를 상대화할 다양한 '작은 이야기'를 계속하겠다는 감독이 있다. 작은 이야기는 큰 이야기의 틈을 벌리고 변화시키는 힘이 있다. '그것이 결과적으로 그 나라의 문화를 풍요롭게 만든다'는 감독의 생각과 일맥상통한다. 큰 구조의 틈이 벌어지고 작은 이야기가 그 안에서 꽃 피울 때 우리가 작은 이야기의 주인공으로 남을 기회와 선택이 더 많아지겠지. 그리고 누군가가 그런 선택을 할 때 아주 작은 힘이라도 보탤 수 있을 것이다. 그런 선택과 기회를 위해 이 책을 추천한다.

서점 카프카
전주시 전주시 완산구 풍남문 4길 32 2층

운영 시간 12:00~21:00
(월·화 휴무, 영화제 기간에는 오픈)
인스타그램 @bookstore_kafka

책방토닥토닥

당신이 궁금해요

안녕하세요. 책방토닥토닥이에요. 남부시장 청년몰에서 5년을 버티고 앞으로 50년은 더 버틸 예정인 책방이에요. "여기는 큰 서점에 없는 책들이 많은 것 같아요"라는 말을 손님으로부터 들으면, 그날 하루는 한 권을 팔아도 행복하다고 웃고 다니는 두 책방지기가 운영하는 작은 책방입니다.

책방토닥토닥은 '연결'과 '성장'의 힘을 믿어요. 손님과의 유대감과 오고가는 마음, 그리고 대화를 통해 책방이 성장한다고 생각합니다. 해마다 책방의 생명을 연장할 때마다 책을 바라보는 우리의 마음은 더욱 커져갑니다. 아마 책방을 찾는 손님들, 우리는 친구라고 부르는데, 그 친구들의 힘 덕분일 거예요. 걱정해주는 마음, 걱정을 이곳에서 풀고 싶은 마음, 이 모두 우리에게는 힘이 되고 더 다양한 책을 고르게 만드는 원동력이 됩니다. 그리고 그 힘이 저희를 성장시킵니다.

저희의 연결과 성장은 다양한 독서 모임과 활동을 기반으로 해요. 페미니즘, 반전, 평화 등등 인권의 가치에서 비롯되는 활동을 넘어서 보다 다양한 책들을 재미있게 읽기 위한 방법을 독서 모임과 활동에서 얻고는 합니다. 2~3인의 소규모 독서 모임과 5인 이상의 강연 등을 통해 말이죠. 물론 페미니즘 집회나 여러 인권 관련 집회에 참석하기도 해요. 책을 읽는 것에서 그치는 것이 아니라 우리가 읽은 책이 세상에 발현되기를 바라는 마음을 담아 참석합니다. '행동독서회' 등으로 책을 가지고 집회 현장에서 함께 읽기도 합니다. 많은 분들이 함께하는 것은 아니지만, 인권 현장에 있는 분들에게 '우리도 곁에 있을게'라는 마음을 전해주고 싶어서 종종 하고 있습니다. 현장에서 읽는 책도 재미있답니다!

책방토닥토닥은 책이 버려지는 것을 싫어해요. 특히 책이 안 팔려 창고에 있다가 폐지가 된다는 말을 어딘가에서 전해 듣고 더욱 그런 마음이 들었어요. 우리가 선택한 책은 그래서 반품하지 않아요. 책이 파손되어 오는 경우에도 마찬가지에요. 우리가 읽으면 되니까요. 그래서 책방토닥토닥에 오시면 여러 작가가 추천한 책들을 만날 수 있어요.

"반드시 계속 읽혀야 하고 버려져서는 안 되는 책을 추천해주세요"라고 책방토닥토닥을 찾은 작가들에게 부탁을 해요. 그러면 신중히 책을 골라주세요. 그 책들은 '절판'되기 전까지 여기서 팔겠다고 약속을 합니다. 어쩌면 책방의 임무이기도 하니까요. 좋은 책을 많이 알리고 많이 파는 것. 그런 점에서 책방의 책 장사는 세상에 작지만 이로운 일이 아닐까 생각합니다.

영화도 그렇고, 책도 그렇고 한 편, 한 권이 만들어지기까지는 많은 사람들의 마음을 거칩니다. 감독과 작가뿐 아니라 기획하고 홍보하고 만들고 하는 과정에서 영화 한 편, 책 한 권에는 그 사람 모두의 가치가 담겨 있다고 책방토닥토닥은 생각해요. 책방토닥토닥은 그 생각을 바탕으로 운영됩니다. 그래서 책을 만든 모든 사람들의 노력에 감사의 마음을 갖고 있어요. 그 마음이 중요하다고 생각하며… 오늘도 문을 열었습니다. 놀러오세요. 그리고 전국 곳곳에 있는 다양한 독립서점을 사랑해주세요.

글 문주현 책방토닥토닥 대표

실패를 사랑하는 직업
요조 지음, 마음산책

뮤지션, 책방무사 책방지기 요조 님의 산문집. 느리고, 느슨하지만, 마음을 다하는 마음. 실패를 사랑하는 것은 예술가와 책방지기 두 존재에게 어울린다. 그리고 빠르게 돌아가는 요즘 세상에도 필요한 것이 아닐까? 그 마음을 따라 읽다 보면 어느 순간 위로받고 있는 나를 볼 수 있다.

책방토닥토닥
전주시 완산구 풍남문2길 53
남부시장 2층 청년몰

운영 시간 11:00~20:00 (월 휴무)
인스타그램 @todakbook

문주현 책방토닥토닥 대표.

아주 사적인 영화들
하성주 지음, 독립출판물

현직 프리랜서 PD이기도 한 작가가 취미로 봐온 영화들을 10가지 주제로 구분하여 이 영화들이 자신에게 어떤 의미로 자리 잡았는지 썼다. 작가는 더 나아가 자유로운 영화의 의미를 찾고자 한다. 이 책은 여러분에게 말한다. 당신에게 그 영화는 어떤 의미였나요?

에이커북스토어
전주시 전주시 완산구 전라감영 4길 1, 4층

운영 시간 13:00~19:00 (월 휴무)
인스타그램 @tuna_and_frogs

에이커북스토어

100% 독립출판물 서점

한옥마을을 나와 풍남문을 거쳐 객사로 오다 보면 전라감영을 볼 수 있습니다. 그 입구에서 왼쪽을 바라보면 1층 편의점이 있는 빨간 건물을 볼 수 있는데요. 그 건물 3층에 독립출판물로 가득한 에이커북스토어가 있습니다. 에이커북스토어는 2015년 12월 전북대 구정문 앞 어느 골목에서 시작하여, 2019년에 현재의 장소로 이전했는데요. 처음 6종으로 시작했던 작은 책방은 어느새 1,800여 종이 오고 간 책방으로 자리 잡았습니다.

독립출판물이라는 장르적 한계는 있습니다. 아무래도 기성출판물보다는 인지도가 높지 않다는 점입니다. 그만큼 판매에도 차이가 있을 수밖에 없는데요. 그럼에도 에이커북스토어는 독립출판물만 고집해 입고를 받고 있습니다. 한동안 전주 지역에서 독립출판물을 입고하는 책방이 저희밖에 없던 시기가 있었습니다. 그러다 보니 저희마저 받지 않는다면 이 출간물을 전주 지역, 더 나아가 전북 지역에 소개할 기회가 사라진다는 생각을 하게 되었습니다. 이러한 시기와 생각으로 입고 기준을 낮춰 받게 되었고, 오히려 다른 책방들과 차별화된 독보적인 책방으로 거듭나게 되었습니다.

간혹 독립서점을 주제로 여행하는 손님이 오시면 놀라워하는 부분이 있습니다. 대부분의 독립서점들은 기성출판물과 독립출판물을 섞어 진열하거나 특정 주제의 기성출판물을 진열하는데, 에이커북스토어처럼 거의 100% 독립출판물로 이뤄진 곳은 처음이라고 하십니다. 또 어떤 분은 책방이 아니라 독립출판 박물관에 방문한 것 같다는 후기를 남겨주시기도 했습니다.

한편, 독립서점으로 오래 운영해 좋은 점이 있는데요. 서울이나 제주도의 책방에 비해 지역은 판매 속도가 더딜 수밖에 없습니다. 거기에 작가가 요청하지 않는 한 반품을 하지 않는 책방의 고집으로 인해, 가끔 재고가 없어 다른 데서는 구하지 못하는 책이 저희 책방에 있는 경우가 있습니다. 그럴 때마다 보물을 발견할 수 있는 책방이라고 너스레를 떨곤 해요.

저희 책방에 방문하시면 찬찬히 훑어봐야 해요. 생각보다 많은 도서들로 인해 원하는 도서를 찾기가 어려울 수 있어요. 그럴 때는 책방지기에게 본인이 찾고자 하는 도서 표지를 보여주시거나, 혹은 이러저러한 이야기를 찾고 있다고 물어봐주세요. 찾으시는 그 책과 함께, 비슷한 주제로 쓴 책이나 작가의 다른 책들도 폭넓게 보여드리겠습니다.

독립출판물의 작가들은 이삼십 대가 대부분입니다. 그들의 언어로, 그들의 생각으로, 그들의 이야기를 담았다고 이야기해요. 오히려 가감없는 이야기로 인해 같은 세대뿐 아니라 다른 세대도 공감할 수 있습니다. 어쩌면 독립출판물 속 이야기는 남이 아닌, 당신의 이야기를 대신 전해주는 것일지도 모릅니다. 여러분의 이야기를 찾아가시는 계기가 되길 바랍니다.

글 이명규 에이커북스토어 대표

잘 익은 언어들

문장으로 위로받는 책방

좋아하는 게 많은 사람이었습니다. 어떤 한 가지에 파고들기보다는 영화도, 책도, 그림도, 음악도, 여행도 두루두루 좋아했습니다. 그런 산만함에 잘 들어맞는 직업은 무엇이 있을까 싶었는데 광고 카피라이터 일을 꽤 오래 했습니다. 지금도 간간이 카피를 쓰고 있고요. '마음을 흔드는 것은 모두 카피다'라는 말처럼 문장 하나가 책 속에서 또는 드라마 속에서 마음을 툭 건드리는 것들이 좋아서 책 욕심을 더 냈는지도 모르겠습니다.

전주가 고향인 저는 긴 서울살이를 마치고 2017년 10월에 '잘 익은 언어들'이라는 이름으로 책방 문을 열었습니다. 어떤 문장 하나가 위로를 주고, 다시 일어날 힘을 줄 수 있다는 것을 믿고 좋은 책을 건넨다면 참으로 뿌듯할 것 같았습니다. 그렇게 '위로와 공감의 책방'을 컨셉으로 작은 서점이 시작되었지요.

그래서 책방에는 위로와 공감을 주는 '용기 비타민'을 듬뿍 가진 책부터 광고쟁이가 선별한 카피와 브랜딩책, 그리고 문학, 톡톡 튀는 그림책들이 공간 가득 채워져 있습니다. 송천동이라는 곳에서 4년을 운영하다가 좀 더 공간적인 확장과 더불어 큐레이션과 기획에 대한 욕심이 생겨 대투자를 감행, 지금은 전주시가 훤히 내려다보이는 인후동 거북바우로에 자리 잡고 있습니다.

우리 책방의 자랑거리는 바로 나다, 라고 얘기하고 싶지만 저는 책 주문도 까먹기 일쑤인 부실한 책방지기이고요, 바로 우리 '단골손님들'이 우리

책방뎐
이지선 지음, 오르골출판사

본인이 쓴 책을 이렇게 추천하다니 참으로 뻔뻔하지만, 그래도 읽어보면 동네 책방이 더 가깝게 느껴질 것이다. 운영하는 고충뿐 아니라 손님들과 더불어 재미난 에피소드를 통해 책방만이 줄 수 있는 분위기도 느껴보았으면 한다. 2쇄까지 후다닥 찍은 책방에세이, 책방뎐! 전주 책방에 대한 더 풍성한 추억을 담아가시길 바란다.

잘 익은 언어들
전주시 전주시 덕진구 거북바우로 68-1

운영 시간 13:00~18:00 (월 휴무) / 금 ~21:00
인스타그램 @well_books

책방의 자부심입니다. 책에 진심인 분들이 많아서 제가 더 많이 배우고 의지하고 있거든요. 책방을 운영하다 보면 사실 힘든 날이 힘들지 않은 날보다 많은 편인데 손님들이 항상 지지해주고 응원해주고 있어서 하루하루 힘을 내어 문을 여는 것 같습니다. 어쨌거나 저는 잘 익은 언어들을 방문한 모든 사람이 기분 좋게 책방을 기억해주었으면 하는 마음으로, 책만큼 기분 좋은 경험을 파는 곳이 책방이라고 생각하고 있어요.

책방 초기에 정말 행사를 많이 했어요. 한 달에 5~6회는 기본, 북토크 외에도 재미난 것들을 구상해서 즐거운 시간을 많이 가졌는데 코로나로 인해 모든 것들이 정지되고 있어 마음까지 굳은 느낌입니다. 하지만 계절은 돌고 돌아 봄이 왔듯, 잘 익은 언어들도 다시금 기지개를 펴고자 합니다. 좀 더 책에 신경 쓰고, 한 권이라도 더 읽은 후 책 속의 문장을 뽑아 손님들에게 소개하고자 합니다. 잘 익은 언어들에 오면 '아름다운 문장, 힘이 되는 문장, 내 마음에 가득 들어오는 문장'을 만날 수 있습니다.

세상을 살면서 가장 중요한 것은 '나다움을 잃지 않는 일'이라고 합니다. 늘 책방지기로서 '잘 익은 언어들다움'은 무엇일까를 고민하면서 책과 많은 사람들을 이어줄 문장을 오늘도 고민합니다. 저도 아직 익어가는 중이고 우리 모두는 익어가는 길 위에 있습니다. 남은 날들을 더 행복하고 풍성하게 살아내려면 좋은 책 한 권이 친구가 되어줄 것입니다. 그 좋은 친구를 만나러 오세요.

글 이지선 잘 익은 언어들 대표

이지선 잘 익은 언어들 대표.

적들이 있고, 데스크 뒤편 열린 반지하 공간에는 관광객을 위한 굿즈도 판매하고 있습니다.

책방에 있는 빈티지 가구와 조명, 스피커까지 시즌2 공간은 저의 취향이 많이 녹아 있습니다. 예전과 다르게 관광지라서 그런지 책보다 사진 촬영을 목적으로 들어오시는 손님들이 많아졌습니다. 죄송하게도 매번 말씀드리지만 내부 촬영은 괜찮아도 책 목록은 책방의 재산이기도 합니다. 큐레이션을 위해 저는 많은 시간과 에너지를 사용하는데, 책 표지만 찍어서 인터넷으로 구매하면 저희와 같은 동네서점은 유지가 불가능합니다.

작년에는 책방 이전과 코로나로 인해 아무 행사를 하지 않았는데, 올해는 여러 행사를 기획하고 있습니다. 매달 27일 근처 숙소인 '로텐바움'에서 작가와의 만남이 계획되어 있고, 다른 업체와 컬래버레이션, 전주시립도서관과 연계된 여러 행사들이 준비 중입니다. 현재 책방이 위치한 곳이 걷기 참 좋은데 관광객들이 한옥마을 중심가에만 머물다 갑니다. 날이 좋을 때는 천변 쪽 돌다리에서 사진 찍기도 좋고, 밤에는 나무에 달린 반딧불이 조명 아래 걷기도 좋습니다. 아직 이곳을 모르시는 분들은 책방도 방문할 겸 한번 걸어보시면 어떨까요?

글 홍승현 살림책방 대표

 호호호
윤가은 지음, 마음산책

얼마 전 출간된 윤가은 감독의 산문집 『호호호』를 읽었습니다. 영화를 사랑하고 영화를 만드는 감독으로 영화 제작을 했지만 번아웃을 겪으면서 영화가 아닌 다른 좋아하는 것들을 찾게 되었다고 합니다. '호불호'가 아닌 '호호호'의 성격을 가진 윤가은 감독은 자신을 행복하게 만들고 웃게 만들었던 것들을 서랍에서 꺼내듯 펼쳐 보았는데, 결국에는 영화로 이어졌다는… 영화를 너무나 사랑하는 독자들과 함께 웃음의 서랍을 공유하는 책입니다.

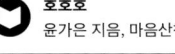

 살림책방
전주시 전주시 완산구 전주천동로 58-2 1층

운영 시간 월~토 12:00~18:00 (화 휴무)
일 14:00~18:00 / 하절기 ~20:00
인스타그램 @sallim_books

살림책방

한옥마을 산책로의 아담한 책방

대전에서 연고도 없이 살아보고 싶은 도시인 전주에 내려왔고, 전혀 알지 못했지만 시간 여행을 하는 듯한 골목에 2017년 책방을 열었습니다. 이름을 뭘로 지을까 고민하다가, "나에게 책이란?" 이런 질문을 문득 던져 보았습니다. 세상을 몰랐던 저에게 책은 나침반이자 지도였고, 때로운 무서운 스승이자 따뜻한 친구였습니다. 책이 있었기에 나의 정신을 살았고, 시대를 바라볼 수 있었고, 내가 아닌 다른 사람을 알 수 있었습니다. 그러고 보니 책이 정신을 살리고, 시대와 사회를 살리고, 가정도 살릴 수 있지 않나 하는 생각이 들어 책방의 이름을 '살림책방'이라고 지었습니다.

책은 좋아했지만 책방 운영은 처음이라 시행착오를 많이 겪었습니다. 다른 지역의 책방지기들에게 조언을 구했고, 우리 지역의 책방지기들을 만나 연대하자고 제안했습니다. 그렇게 1년, 2년이 지나자 책방이 조금씩 자리를 잡고 있는 게 느껴졌습니다. 책방의 손님이 지인이 되고, 그렇게 만남과 모임이 자연스럽게 이어져 독서 모임을 하고 저자 강연과 같은 행사들을 열었습니다.

무엇보다 가까운 초등학교에서 동네에 책방이 생겼다며 전교생 서점 투어를 하겠다고 연락이 왔던 것이 참 오래 기억에 남습니다. 한 반씩 시간 간격을 두고 찾아와 책방을 초토화시켰지만, 아이들의 행복한 얼굴을 보며 "책방 하기를 정말 잘했다"라는 생각을 처음 하게 되었습니다.

안타깝게 그렇게 처음 자리 잡았던 동네가 재개발된다고 해서 다음 공간을 찾기 시작했습니다. 예산에 맞으면서 마음에도 드는 곳을 찾기란 너무 어려웠습니다. 그러고 보니 전주 지리도 전혀 모르면서 첫 공간을 찾아 들어간 것이 참 신기하게 느껴졌습니다. 2년 정도 틈틈이 공간을 알아보던 차에 극적으로 현재 한옥마을 공간을 만나게 되었습니다. 전주에 오면 꼭 한옥에 살아보고 싶었는데, 꿈이 이뤄진 것이죠.

그렇게 지금은 전주 시민에게 사랑받는 한옥마을 산책로 가운데 터를 새로 잡았습니다. 앞에는 전주천이 흐르고 야경이 예뻐서 여름에는 맥주를 마시는 사람들로 붐비는 남천교와 향교로 이어지는 천변길에 아담하게 있는 작은 공간입니다. 다양한 사람들이 찾아오기에 인문, 예술, 사회, 독립출판 서

물결서사

꾸준한 서사를 향한 멋진 발걸음

2018년 초겨울, 성매매 집결지 선미촌 골목 한가운데 전주에 기반을 두고 활동하는 젊은 예술인 7인이 물결서사를 만들었어요. 당시 책방 건물은 전주시가 선미촌 도시재생사업의 일환인 '서노송예술촌 프로젝트'를 통해 매입한 5번째 공간 중 4번째로 4호점이라 불렸습니다. 1960년대 지어진 이 4호점은 오랫동안 성매매 업소로 쓰이다 비워진 곳으로 곳곳이 말할 수 없이 낡고 때 묻었지만, 그만큼 대체할 수 없는 시간을 움켜쥐고 있던 공간이기도 했습니다.

책방 이름은 이곳 주소명 '물왕멀'에서 따왔어요. 물이 좋은 동네라는 역사적 의미를 담은 지명을 담으면서 흐르는 힘을 갖고 있는 '물결'이라는 말이 떠올랐어요. 서사는 '서적방사(書籍放肆)'의 줄임말로 오늘날의 서점(書店)을 의미하기도 하지만, 사실을 있는 그대로 서술한다는 의미도 갖고 있습니다. 예술가들은 자기만의 고유한 이야기를 하는 사람들이라는 서사(敍事)의 의미를 우리 책방의 중심에 두고 싶어 중의적인 의미를 담아 '물결서사'라 지었어요.

오픈할 당시엔 겨울철이라 해가 금방 져서 늦은 저녁까지 문 여는 게 쉽지 않았어요. 지금은 성매매 업소가 한 군데도 남아 있지 않지만, 당시에는 스무 곳 넘는 업소가 불을 밝히고 있어 책방을 업소로 착각한 취객들이 거의 매일 찾아올 정도였거든요. 그들이 보았을 땐 우리 존재가 말도 안 되는 이방인이니까요. 그렇게 기묘한 공존을 2년 넘게 이어오며 면밀히 동네를 관찰하면서 선미촌에도 사람이 살고, 이웃의 정이 있다는 것을 알게 되었어요.

그러면서 동네 이웃과 함께하는 소소한 프로젝트들을 진행했어요. 공연도 올리고 초청 강연도 열고 시 모임도 하고요. 그런 기획 저변에는 '선미촌' 골목으로 사람들이 들어올 수 있게 하자는 선명한 의도가 있었어요. 이곳도 사람 사는 동네고, 이웃 간의 정이 통하는 곳이라는 걸 말하고 싶었거든요. 멀리서 보면 한 덩어리로 보이지만, 가까이서 보면 세세한 이야기가 살아 있으니까요.

물결서사에 오면 오밀조밀한 서가 앞에서 일반 책방에서는 쉽게 보지 못하는 예술 분야 책을 추천받거나 벽면 곳곳에서 미술 작품을 감상할 수 있어요. 문학, 미술, 사진, 음악, 연극 등 다양한 예술 도서를 선별하고, 여성과 젠더 이슈를 다루는 신간도 놓치지 않고 입고해요. 지난해부터는 단골손님 보라뷰 씨와 분기별로 3권의 책을 고르고 추천 이유를 편지로 써서 동봉하는 '속수무책' 큐레이션을 만들었고, 인스타그램에서 책 소개 라이브 방송을 진행하고 있어요.

물결서사는 비빌 언덕 없는 젊은 예술가가 성장할 수 있는 인큐베이터이기도 해요. 서로의 창작 활동을 응원하며 긍정적인 자극을 주고받아요. 우리가 만들고 싶은 판은 우리가 직접 만든다는 자신감도 생겼지요. 지난 3월부터는 유료 구독 서비스를 시작했어요. 시, 소설, 희곡 등 문학 작품부터 그림, 음악, 비보잉 영상 등 다양한 콘텐츠를 웹진처럼 모아서 주 1회 보내드려요. "종합선물세트 같다"는 구독자님들 반응에 보람을 느끼고 있어요.

물결서사의 매력은 꾸미지 않고 날것 그대로 보여주는 책방이라는 점이에요. 우리 모습을 부끄러워하지 않고 '지금 여기에서 최선을 다하는' 태도가 우리를 만들었어요. 지난해 은희경 작가님이 책방에 오셔서 "물결서사로 향하는 멋진 발걸음!"이라는 말을 책에 남겨주셨어요. 정말 큰 힘이 되었습니다. 그동안 아무도 다가가지 않은 곳에서 누구도 시도하지 않았던 것에 대한 의미를 찾는 시간이었습니다. 답은 없지만 이야기는 있다는 마음으로, 꾸준한 서사를 향해 멋진 발걸음을 이어가고 싶어요.

글 임주아 물결서사 운영자

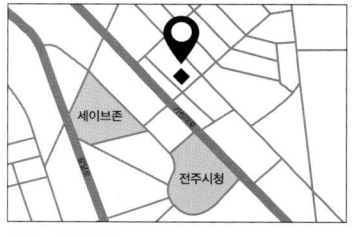

폴리나
바스티앙 비베스 지음, 미메시스

발레를 배우기 시작한 여섯 살 아이 '폴리나'가 발레 아카데미 상급반에 입단해 혹독한 연습을 치르며 시작되는 성장 이야기. 절제된 드로잉 속 인체의 선과 움직임이 돋보이고, 솔직한 대사와 남다른 장면 처리가 눈길을 사로잡는다. 물결서사 책방지기들이 두 손 모아 추천하는 책!

물결서사
전주시 완산구 물왕멀2길 9-6

운영 시간 11:00~18:00 (일 휴무)
인스타그램 @mull296

물결서사 멤버들. 왼쪽부터 장영준, 조현상, 임주아, 송지희, 서완호, 방우리.

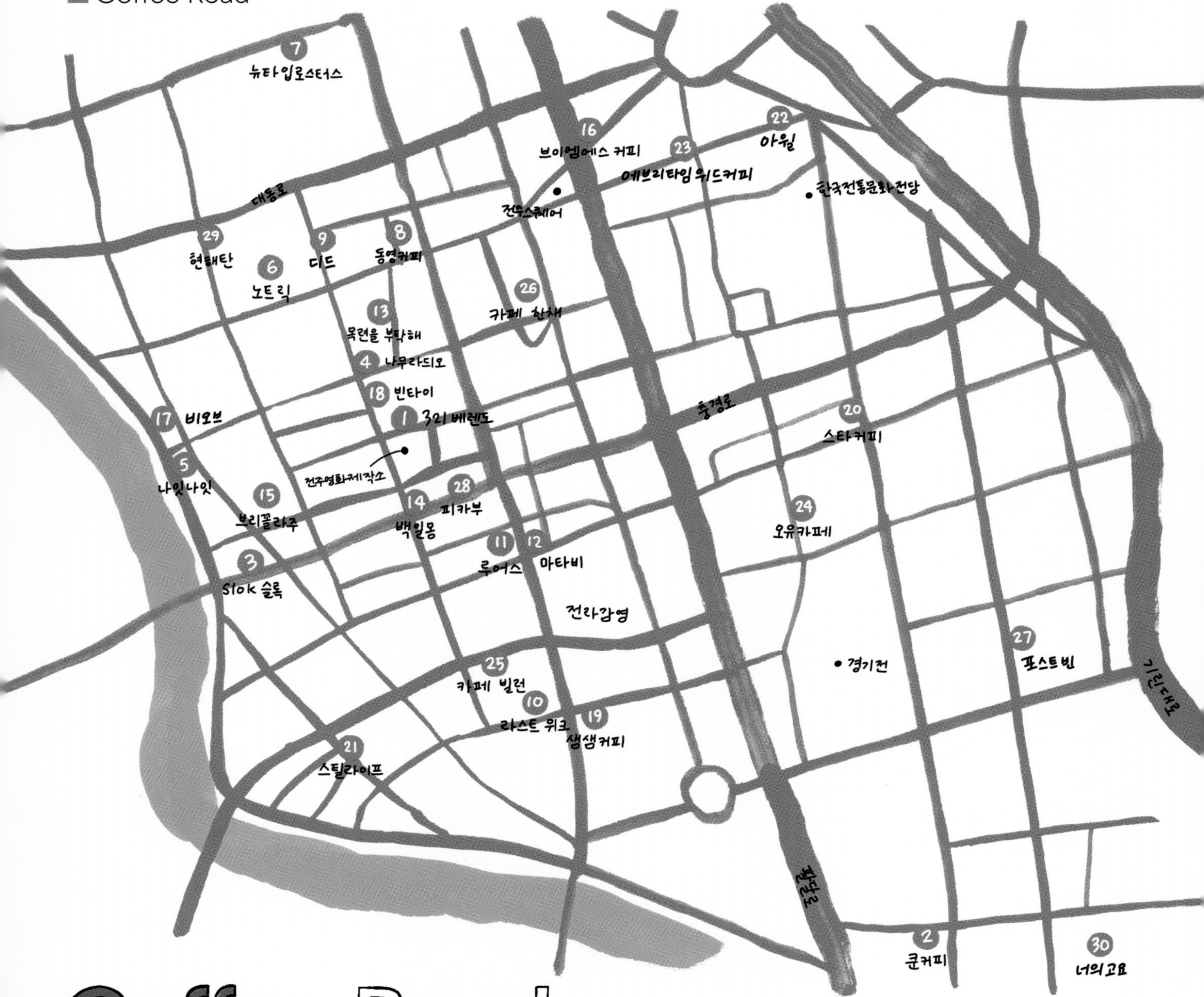
7 뉴타입로스터스
16 브이엠에스 커피
23 에브리타임위드커피
22 아워
전주스퀘어
한국전통문화전당
대동로
29 현태탄
6 노트릭
9 디드
8 동영커피
26 카페 한채
13 목련을 부탁해
4 나무라디오
18 빈타이
1 321 베렌도
17 비오브
5 나잇나잇
전주영화제작소
15 브리꼴라주
14 백일몽
28 피카부
3 Slok 슬록
11 루어스
12 마타비
충경로
20 스타커피
24 오유카페
전라감영
27 포스트빈
경기전
25 카페 빌런
10 라스트 위크
19 샘샘커피
21 스틸라이프
기린대로
팔달로
2 쿤커피
30 너의고요

Coffee Road

다음 영화 전까지 한숨 돌릴 곳을 찾고 있다면? 방금 본 영화를 제대로 마무리할 시간을 찾고 있다면? 이 낯선 도시에서 스스로 영화가 되고 싶다면? 막 극장을 나온 당신을 위한 가이드. 전주 시내 골목골목의 매력 만점의 커피점을 소개한다.

1

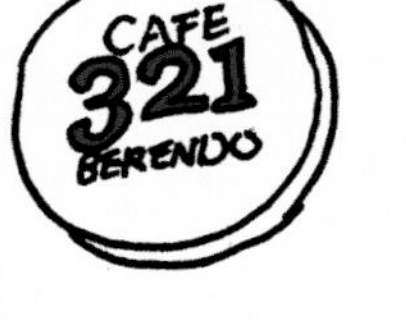
CAFE
321
BERENDO

321 베렌도 [제휴]
전주시 완산구 전주객사3길 32-6
0507-1445-8822
12:00–21:00 (수요일 휴무)
영화제 티켓 제시 시 10% 할인

2

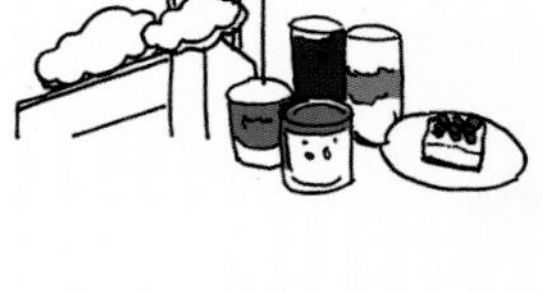

CUUN COFFEE
전주시 완산구 향교길 32
11:00–21:00 (수요일 휴무)

3

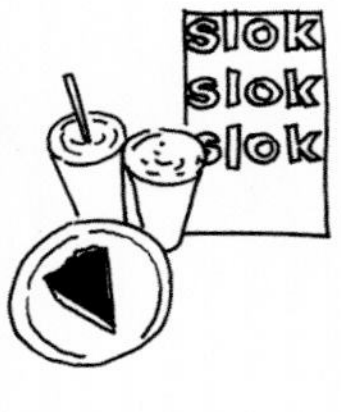
slok
slok
slok

slok(슬록)
전주시 완산구 충경로 5
0507-1357-8151
11:30–23:00 (연중무휴)

4

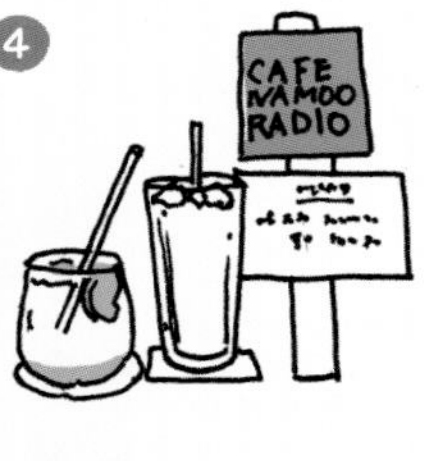
CAFE
NAMOO
RADIO

나무라디오 [제휴]
전주시 완산구 전주객사3길 46-5
063-232-7007
12:00–21:00 (일요일 휴무)
영화제 티켓 제시 시 10% 할인

5

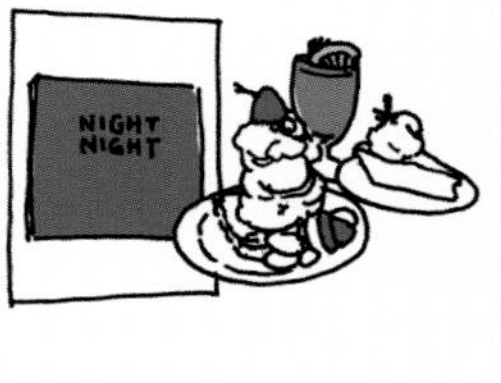
NIGHT
NIGHT

나잇나잇
전주시 완산구 전주천동로 244
다산빌딩 3층
0507-1430-0219
12:00–21:00 (월, 화요일 휴무)

6

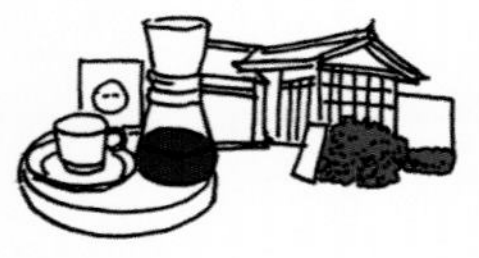

노트릭
전주시 완산구 전주객사3길 73-50, 1층
12:00–22:30 (연중무휴)

7

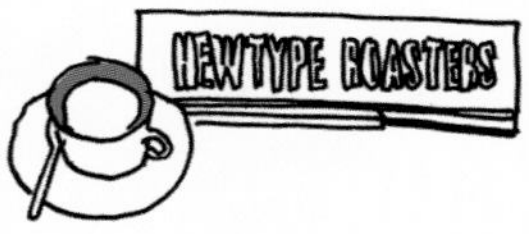

뉴타입로스터스
전주시 완산구 태평3길 43-11
0507-1368-1269
10:00–21:00 (연중무휴)

8

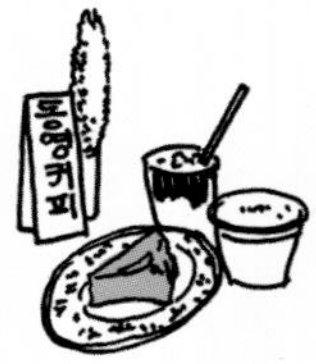

동영커피
전주시 완산구 전주객사4길 73-18
063-273-4180
10:00–19:00 (연중무휴)

9

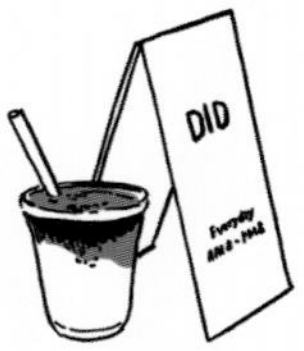

디드 [제휴]
전주시 완산구 전주객사3길 96
0507-1347-8228
08:00–18:00 (매달 마지막 주 월요일 휴무)
영화제 티켓 제시 시 아메리카노 및
라떼류 500원 할인 (쿠폰 적립 불가능)

10

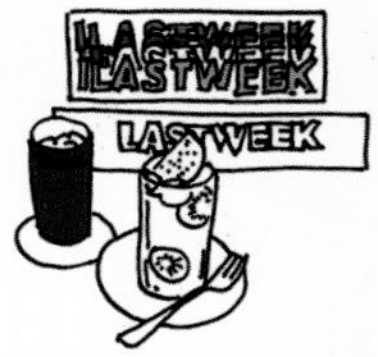

라스트위크
전주시 완산구 풍남문4길 25-22, 2층
063-285-1215
12:00–22:00 (라스트오더 21:00)
(연중무휴)

11

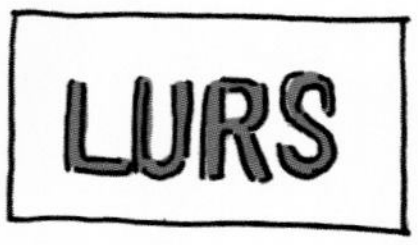

루어스
전주시 완산구 전라감영4길 17-1, 1층
0507-1493-0132
12:00–22:00
(화요일만 12:00 - 14:00) (연중무휴)

12

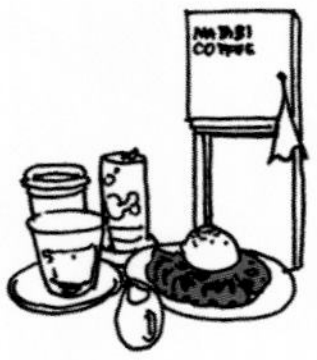

마타비
전주시 완산구 전라감영4길 16-1, 2층
0507-1342-5343
12:00–22:00 (라스트오더 21:00)
(화요일 휴무)

13

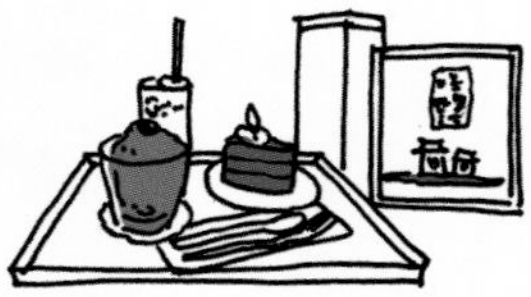

목련을 부탁해
전주시 완산구 전주객사3길 46-35
063-282-4004
12:00–22:00 (연중무휴)

14

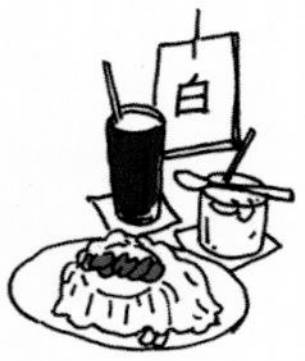

백일몽
전주시 완산구 전주객사3길 10, 2층
12:00–21:00 (화요일 휴무)

15

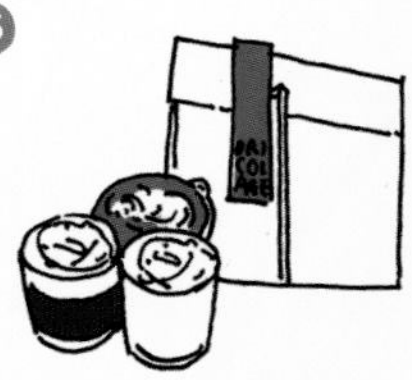

브리꼴라주 [제휴]
전주시 완산구 전주객사2길 23-7
0507-1312-5266
12:00–22:00 (연중무휴)
영화제 티켓 제시 시 20% 할인

16

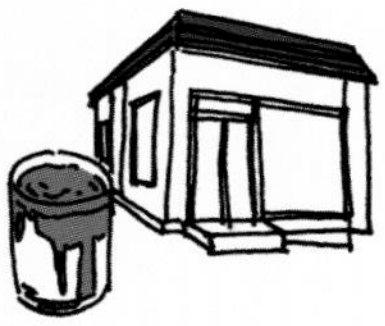

브이엠에스커피
전주시 완산구 문화광장로 13
(월-금) 11:00–21:00
(토-일) 12:00–21:00

17

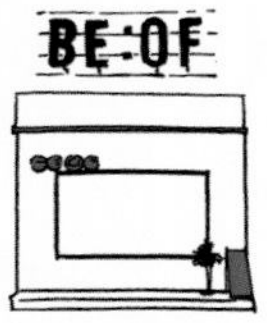

비오브 [프로그램 이벤트]
전주시 완산구 전주객사1길 51-1, 1층
12:00–21:00 (월요일 휴무)

18

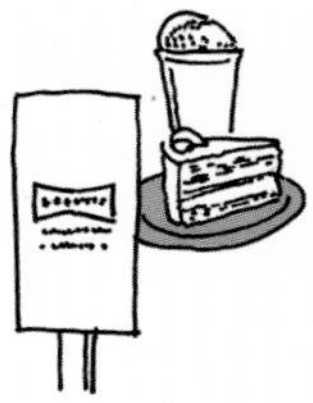

빈타이
전주시 완산구 전주객사3길 38
063-285-4376
12:00–23:00 (연중무휴)

19

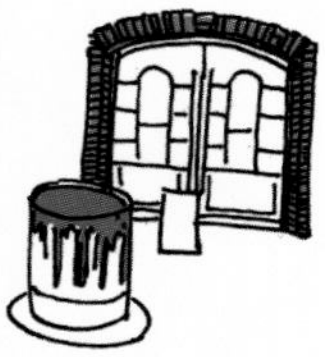

샘샘커피
전주시 완산구 풍남문4길 26-6, 1층
0507-1359-1399
12:00–22:00 (월요일 휴무)

20

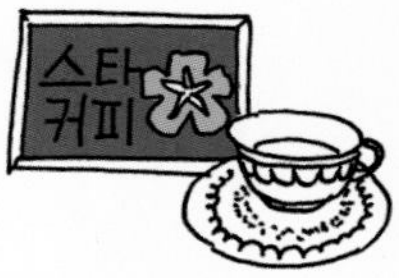

스타커피
전주시 완산구 경기전길 14-1
11:00–22:30 (매월 1,3주 일요일 휴무)

21

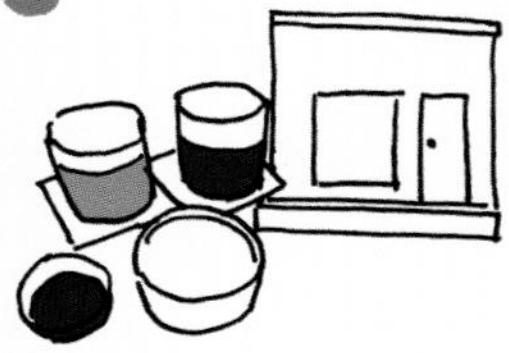

스틸라이프
전주시 완산구 풍남문5길 24-2
12:00–21:00 (화요일 휴무)

22

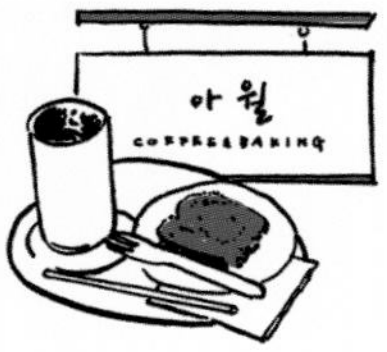

아월
전주시 완산구 현무3길 77-8
(월–금) 08:00–20:00
(토) 10:00–20:00 (일요일 휴무)

23

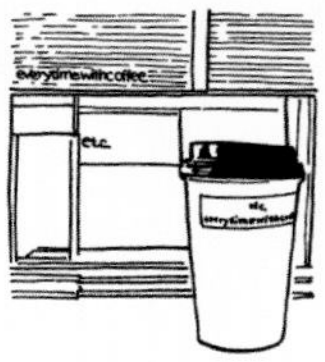

에브리타임위드커피
전주시 완산구 현무1길 39, 1층
11:00–21:30 (라스트오더 21:00)
(화요일 휴무)

24

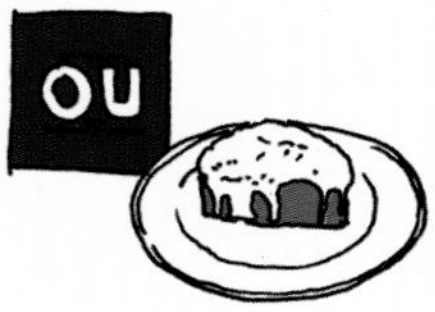

오유카페
전주시 완산구 전동성당길 33-6, 1층
11:00–23:00 (수요일 휴무)

25

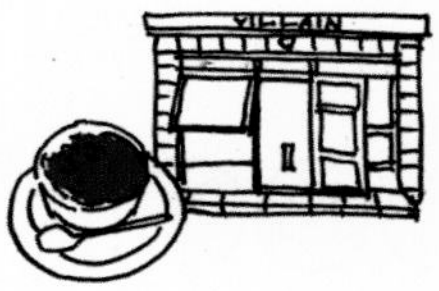

카페 빌런
전주시 완산구 전라감영로 44
12:00–21:30 (라스트오더 21:00)
(연중무휴)

26

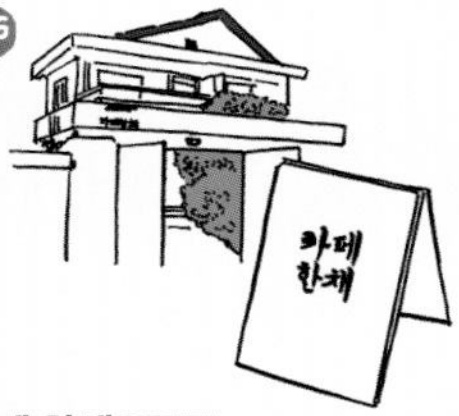

카페 한채 [제휴]
전주시 완산구 전주객사5길 43-10
063-284-5566
11:30–22:30 (월요일 휴무)
영화제 티켓 제시 시 10% 할인

27

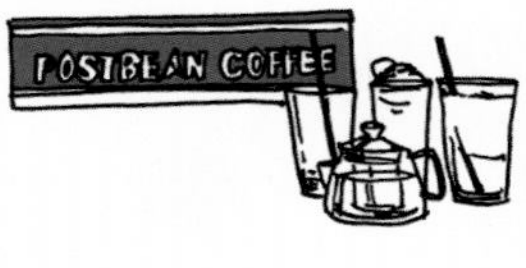

포스트빈
전주시 완산구 은행로 49
063-282-6007
09:00–22:00 (연중무휴)

28

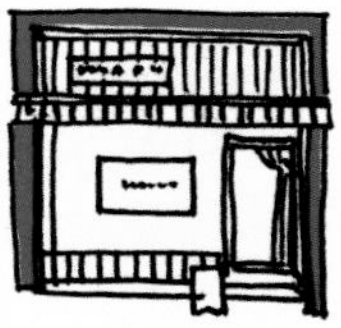

피카부 [제휴]
전주시 완산구 전주객사3길 12-12 1층
0507-1395-1559
11:30–21:00 (월요일 휴무)
영화제 티켓 제시 시 음료 10% 할인

29

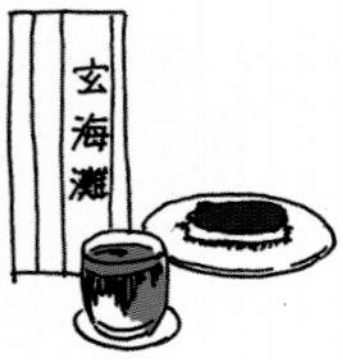

현해탄
전주시 완산구 태평1길 32, 2층
0507-1370-1418
12:00–21:00 (화요일 휴무)

30

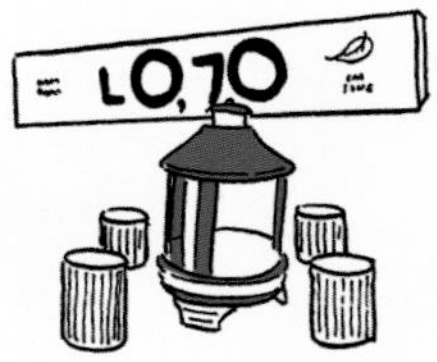

너의 고요
전주시 완산구 전주천동로 60
11:00–19:30 (수요일 휴무)

대동로

전주스퀘어 ●

한국전통문화전당 ●

영동닭발
(영동슈퍼)

그린식당(슈퍼가맥) ④

⑮

⑲

⑱

② 전주가맥

전일갑오

경원상회

전주영화제작소

⑩ ⑰

보보스 임실슈퍼가맥

⑫ 소설 ⑳ 전주뱅맥

⑧

달팽이 슈퍼

총경로

⑭

시술로시티

⑳

천년누리봄

고향가맥(슈퍼)

③

한옥

파머스 브루어리

㉔ ㉕

⑦

다가양조장

① MAG

⑨ 반구절점

전라감영 ●

⑯

원

⑤

⑤ 스펠바운드

㉑ 전주장

⑪ 새벽강

노매딕 브루잉 컴퍼니

㉓

초원편의점

경기전 ●

기린대로

파문로

⑥

노매딕 비어가든

Beer Road

전주 하면 가맥이 아니냐고 하는데 이제 그 말은 반만 맞다. 맥주 애호가들을
못 참게 하는 로컬 브루어리가 많이 생겼으니까. 그리고 무엇보다, 맥주가 다가 아니다.
기름진 전과 막걸리가 있다. 어쨌든 전주 하면 술이니까. 영화를 다 봤거든 이리로 오라.

①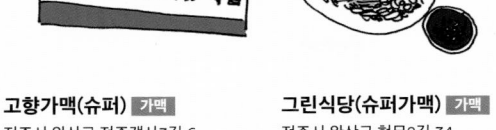

MAG 맥주
전주시 완산구 전라감영4길 13-16
1동 101호
063-288-3837
17:30~01:00 (수요일 휴무)

②

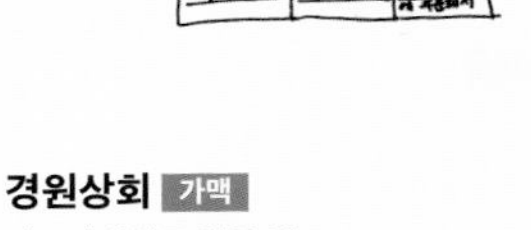

경원상회 가맥
전주시 완산구 현무1길 11
063-284-0354
15:00~24:00 (연중무휴)

③

고향가맥(슈퍼) 가맥
전주시 완산구 전주객사3길 6
063-284-2068
10:00~24:00 (연중무휴)

④

그린식당(슈퍼가맥) 가맥
전주시 완산구 현무2길 34
063-282-0333
16:00~24:00 (연중무휴)

⑤

노매딕 브루잉 컴퍼니 맥주
전주시 완산구 전라감영3길 12-10
063-902-3924
17:00~24:00 (화, 수요일 휴무)

6 노매딕 비어가든 `맥주`
전주시 완산구 향교길 57
063-288-2298
13:00-24:00 (화, 수요일 휴무)

7 다가양조장 `막걸리`
전주시 완산구 전주객사1길 5
063-231-5210
17:00-02:00 (월요일 휴무)

8 달팽이슈퍼 `가맥`
전주시 완산구 전주객사2길 53
063-232-0905
17:00-02:00 (월요일 휴무)

9 반구절점 `전통주`
전주시 완산구 전라감영4길 16-7, 1층
17:00-02:00 (월-토)
16:00-24:00 (일) (목요일 휴무)

10 보보스 `가맥`
전주시 완산구 경기전길 8
063-284-9993
16:00-02:00 (연중무휴)

11 새벽강 `맥주`
전주시 완산구 전라감영2길 14
063-283-4388
17:00-마감시간 유동적 (연중무휴)

12 소설 `맥주`
전주시 완산구 동문길 29
영화제 기간 중 상시운영
(통상 운영시간 유동적)

13 스펠바운드 `맥주`
전주시 완산구 전라감영4길 13, 2층
063-284-6600
18:00-01:00 (일요일 휴무)

14 시 술로시티 `맥주`
전주시 완산구 동문길 99, 2층
063-282-5810
17:00-01:00 (넷째 주 일요일 휴무)

15 영동닭발(영동슈퍼) `가맥`
전주시 완산구 현무1길 14
063-283-4997
16:00-24:00 (연중무휴)

16 원 `전통주`
전주시 완산구 전라감영2길 28-17
0507-1437-9190
17:00-02:00 (평일),
15:00-02:00 (주말) (화요일 휴무)

17 임실슈퍼가맥 `가맥`
전주시 완산구 경기전길 7
063-288-1896
17:00-01:00 (일요일 휴무)

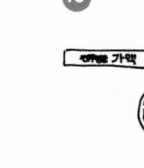

18 전일갑오 `가맥`
전주시 완산구 현무2길 16
063-284-0793
15:00-01:30 (일요일 휴무)

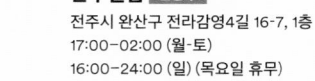

19 전주가맥 `가맥`
전주시 완산구 현무1길 10-15
063-284-1755
17:00-24:00 (일요일 휴무)

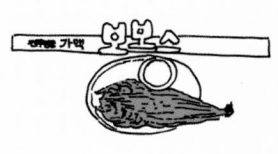

20 전주빵맥(술로시티) `맥주`
전주시 완산구 한지길 22
063-284-8595
17:00-24:00 (월, 수, 목),
12:00-24:00 (금, 토, 일) (화요일 휴무)

21 전주장 `전통주`
전주시 완산구 전라감영3길 13-27
0507-1320-1196
17:00-02:00
(휴무 인스타그램 @95_jeonju 공지)

22 천년누리봄 `막걸리`
전주시 완산구 경기전길 38-8
063-288-8813
11:00-14:00 (식사)
17:00-20:00 (막걸리) (일요일 휴무)
(브레이크타임 14:00-17:00)

23 초원편의점 `가맥`
전주시 완산구 풍남문3길 32-1
063-287-1763
12:00-23:00 (월요일 휴무)

24 파머스 브루어리 `맥주`
전주시 완산구 전주객사1길 15
070-8803-3915
17:00-01:00 (연중무휴)

25 한온 `막걸리/전통주`
전주시 완산구 전주객사1길 12-3
0507-1367-8324
17:00-02:00 (평일)
17:00-03:00 (주말) (연중무휴)

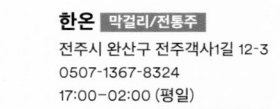

뉴웨이브 전주의 맛!

글 박은 기자

전주는 비빔밥, 콩나물국밥, 한정식 등으로 대변되는 음식들로 국내 최초 유네스코 '음식창의도시'에 선정됐다. 이러한 성과는 '전주=음식'이라는 공식을 성립시키며 식도락을 즐기는 관광객들에게 즐거움을 주고 있다. 실제 전주를 찾는 관광객들은 맛깔스러운 음식 맛에 감탄하곤 한다. 이제 전주는 모든 연령대가 맛보고 즐길 수 있는 개성 넘치는 음식점들이 곳곳에 생겨나는 중이다. 나날이 발전하고 있는 전주 음식을 소개한다.

무국
무국적식당

`양식`

"어디에도 없는 여기 지금,
맛있게 준비하겠습니다."

Recommend ── 네기

전주 항정살 맛집이라는 입소문이 났을 정도로 무국에서 판매하는 항정살구이는 맛있다. 280g의 항정살과 무국 스타일의 겉절이, 여수 갓김치의 조합은 신선한 충격을 준달까. 항정살구이가 손님 테이블에 올라가기까지 여러 단계를 거친다. 우선 마리네이드한 뒤 2시간의 수비드 과정이 필요하다. 다시 24시간 숙성한 뒤에야 튀겨지는데, 이를 통해 기름기는 최대한 빠지고 촉촉함과 부드러움만 남게 된다. 첫입은 와사비와 함께 먹고, 다음은 갓김치나 겉절이와 함께 먹어보길 추천한다. 어딘가 익숙하지만 어디서도 먹어보지 못한 맛을 느낄 수 있다. 일본어로 '파'라는 뜻을 가진 네기는 식당의 정체성을 엿볼 수 있는 음식이다. 바질과 일본 미소 된장, 생크림 등으로 만든 네기를 빵에 발라 먹는 요리로, 대파의 달큰함과 생크림의 부드러움이 빵과 잘 어울려 원픽으로 꼽는 이들도 많다. 신선한 재료 본연의 맛을 살리면서도 요리사의 개성을 잃지 않아 더욱 특별한 '무국무국적식당', 월요일은 휴무다.

고자루

`우동`

Recommend ── 명란앙카케

전주에서 인생 우동을 찾는다면 이곳으로 가보자. 군더더기 없는 맛으로 지역민들에게 사랑받는 '고자루'는 「생활의 달인」 출연 이후 로컬을 넘어 전국 각지에서 찾아오는 전주 대표 맛집이 됐다. 6가지 따뜻한 우동과 3가지 차가운 우동으로 구분해 판매한다. 우동 면을 미리 삶아놓지 않아 음식이 나오기까지 약간의 시간이 걸리지만, 주문 후 조리되는 만큼 쫄깃하고 탱글한 면의 식감을 제대로 느낄 수 있다는 장점이 있다. 고자루의 인기 메뉴 '명란앙카케'는 전분물을 풀어 걸쭉한 국물에 계란을 풀고 명란을 얹어낸 우동으로 면의 탄력보다는 부드럽게 넘어가는 면과 계란의 식감이 특징이다. 쌀쌀한 날씨에 끈하게 먹기 좋다. '가마타마'도 추천한다. 면을 삶은 뒤에 물에 헹구지 않고 명란과 간장, 날달걀을 넣고 비벼 먹는 우동이다. 명란과 튀김가루, 쪽파, 날달걀을 함께 잘 버무려 한입 크게 면발을 베어 물면, 입안 가득 명란의 짭짤함과 날달걀의 고소함이 퍼진다. 자가제면 식당답게 탱글탱글하고 쫄깃한 면발을 맛볼 수 있다.

"자가제면으로 탱탱한 면발이
살아 있습니다."

하와이안레시피

`카레`

"2주마다 바뀌는
카레입니다."

Recommend ── 하레밥

"나만 알고 싶은 식당"으로 유명세를 타고 있는 '하와이안레시피'의 매력은 단연 '하레밥(카레)'이다. 2주마다 메뉴를 변경해 판매하기 때문에 골라 먹는 재미를 느낄 수 있다. 메뉴에 따라 조리법도 달라지는데, 양파 크림을 베이스로 한 부드러운 카레에 해산물, 고기, 야채 등이 올라간다. 소시지와 계란프라이, 치즈, 베이글 등을 추가할 수 있다. 은은하고 달큰한 카레는 먹을수록 고소하고 부드러워 꿀떡꿀떡 넘기기 좋다. 무엇보다 토핑에 기대지 않고 카레 자체로 승부하기 때문에 추가 토핑 없이 기본으로 주문해도 하레밥의 매력을 충분히 느낄 수 있다. 상투적인 표현이지만 게눈 감추듯 흡입하고 있는 나 자신을 발견할지도 모른다. 하레밥의 기본 바탕인 카레 자체가 매우 맛있다는 뜻이다. 1회 리필이 가능해 음식도 넉넉하게 먹을 수 있다. 게다가 쫀득한 브라우니와 빙수 역시 손님들이 자주 찾는 메뉴다.

주소 전주시 완산구 전주객사3길 32-4 1층
전화 0507-1434-1154
운영 시간 화·일 11:30~23:00
인스타그램 @mu_cook_

주소 전주시 완산구 전주객사2길 46-12
전화 010-7525-3688
운영 시간 화·일 11:00~21:00
인스타그램 @gojaroo

주소 전주시 완산구 향교길 44
전화 063-282-7537
운영 시간 월·토 11:00~18:00
인스타그램 @hawaiianrecipe

조직위원회

조직위원장(이사장)
김승수 전주시장

이사
이준동 전주국제영화제 집행위원장
권해효 배우, 방송인
김남규 전주시의회 문화경제위원
민성욱 전주국제영화제 부집행위원장
방은진 영화감독, 배우
서배원 전주시 문화관광체육국장
윤동욱 전라북도 문화체육관광국장
한승룡 전주대학교 영화방송학과 교수

감사
서허진 세무사서허진사무소
김석곤 법률사무소 사람의 숲 변호사

고문
송길한 시나리오 작가

집행위원회

집행위원장
이준동 전주국제영화제 집행위원장

부집행위원장
민성욱 전주국제영화제 부집행위원장

집행위원
고영재 한국독립영화협회 이사장
김생기 나래코리아 대표
신유경 (주)영화인 대표
원동연 리얼라이즈픽쳐스 대표
유인택 예술의전당 사장
유정훈 메리크리스마스 대표
이은 한국영화제작가협회 회장
이재성 전)(사)대한한의사협회 사무총장
조광희 법무법인 원 변호사
정상진 (주)엣나인필름 대표
한우정 대진대학교 연극영화학부 교수

자문위원
금문수 전)한국영화인총연합회 전북지회장
김정수 전주대학교 공연방송연기학과 교수
박영근 전주시 원도심 상인연합회 회장
박혜경 서신갤러리 관장
송만규 화가
안정현 구)CGV전주 대표
조시돈 전)전북독립영화협회 이사

스태프

프로그래머
전진수
문석
문성경

사무처장
장성호

미술감독
김광철

콘텐츠미디어실
김수현
박아녜스
박민석
전유림
이소연

한국영화팀
최지나
이노해
김주하
조예림
이가람
김석태
최효주
양승민

해외영화팀
황성원
김전영
두메
이채원
전수진
조수빈
지연
최린
홍예진

전주프로젝트팀
권유화
김민지
황문영
장혜린
이영주
소리현

홍보미디어팀
최예미
채정민
이지운
주혜인
제소영
도민주

콘텐츠사업실
김성준
김혜원
김아리

마케팅팀
송예나
정다운
박보영
박소연
김도엽

수입배급팀
이가원

디자인팀
이진화
하은서
김선영

관객서비스팀
최혜미
김기연
김현영
이다경
이유빈
김정호
양은애
조정은
박민주

방혜진
정의창
박휘원
권민선

기술팀
윤강로
유 리
노희정
장예영
이현지
전민영
황유선
이수연
이지원
한하진
고지은
공자영
이예지
강혜연
강화원
길민희
김민주
김상준
김혜원
김희진
박수연
박지민
백다혜
백세인
설여진
신유정
오주현
임서영
정다현
최성경
황채원
강소백
강지영
고희윤
박혜림

전주프로젝트팀
손희윤
송수연
이미주
이예지
정혜은
최조은샘
최혜빈
표다인

기획운영실
문병용
오승현

기획팀
주영광
고유미
강명진
남은영
우예솜
최현강
백주홍

운영팀
김현
이채연
양하율
김유주
유성민

전주영화제작소팀
김선중
유미희
임연주
이선영
강유진
임학수
김준형
심상원
유장산

경영지원실
엄은정
김경수
양지원
김학구

전주시
박형배
임숙희
전용근
김민수
송세진
이소령

자막(스튜디오210)
강수지
김나영
김영혜
김지원
김하은
박귀엽
서영지
송민정
윤혜선
정원
정혜영
차샘이나
하성철
여은정
박결
조미연

번역(스튜디오210)
김경란
김미헌
김수정
김수현
김은수
김은아
김재민
김진경
김하은
박결
박서진
박해빈
박혜진
박효정
백지수
서미성
서영조
서용호
소민영
송은호
신수정
신지원
신혜원
안영수
여은선
오지원
우아름
이경진
이성희
이소정
이현정
이혜영
임재훈
장지원
정수연
조미연
조소라
최익성
최정화
하미화
한솔
한송희
한예슬
홍지영
황미현
황선영

번역가
김고운
김다히
김전영
김주디
김준
김혜나
더블디 번역
백현주
양한결
장택수
전수진
정아영

조용경
조혜경
주은정
최린
최정애
크리스 그린

지프지기

관객서비스팀
강민서
강시은
강태우
고은지
김경빈
김규린
김나연
김나현
김다은
김동훈
김민경
김민정
김민지(A)
김민지(B)
김서연
김성수
김영원
김예리
김예린
김예은
김유진
김윤주
김은주
김은채
김인화
김재희
김주미
김주은
김지선
김지희
김태희
김현수
김형준
나유진
남효인
도수연
류만형
문가연
문하연
민예진
박래찬
박상준
박예진(A)
박예진(B)
박재민
박주희
박진아
박현지
배현진
변호성
서명은
서예진
서지안
서지원
석효림
성재준
성채리
손정민
심예은
안예지
양수연
연민정
오난영
오세인
원유경
유선주
유엘림
이건희
이다온
이다원
이라나
이서윤
이소정
이수민
이승영
이아영

이은
이은주
이주호
이준수
이지예
이지예
이지헌
이지혜
이태현
이학민
이현택
이형구
이혜승
임다연
장세희
장수현
장혜지
전혜영
정가원
정다연
정도훈
정미
정선민
정예림
정원제
정유진
정효
조다희
조재환
조한나
최예원(A)
최예원(B)
최윤서
최윤지
최지원
한선영
한소연
한유라
한지원
허윤서
현준호
홍은원
홍지연
홍채원
홍초희
황지우
황지영
황지윤
황지호
황치현

디자인팀
고은지
김규리
김기범
김현정
김효은
노경배
박준휘
변은지
손지해
안다온
양혜진
유가현
윤주은
이민솔
이지영
이찬규
정하선
조현진
최미지
허채윤
홍인정
황윤희

마케팅팀
김민정
김의찬
김지성
김현정
김현화
박윤서
박인지
박지훈
이아현
이해냄
이홍준

임대은
임성준
전주연
전해령
정유진
최선영
최성광

기술팀
김소현
김수민
박서영
박소현
박정현
이하늘
이하빈
임하영
장현희
주다빈
한지연
홍은솔

콘텐츠미디어실
김다윤
김소연
김태현
김휘연
배수경
양수진
유지성
장희린
장희진
최수희
한수아

한국영화팀
강가영
강민지
강주연
곽인선
곽혜인
권서진
김고은
김나연
김소연
김지수
김진아
김혜지
박고은
박서희
배수빈
백선영
서수민
소지윤
양의열
오수진
유소연
유지민
유지희
이다영
이민지
이선영
이유솔
이재연
이하은
인하나
임정연
정다은
정다정
정승환
정지원
조민현
조현진
최준영
페트루니아 우마
홍시연
황신영

기획운영실
김동욱
김한빈
박지연
송한오
신시윤
임중현
장채원

기획팀
강민아
강영이
강현주
국혜원
권민주
김근영
김민경
김선호
김성중
김수경
김영애
김유경
김은주
김은지
김인성
김정숙
김정자
김진효
김하람
김혜은
노주환
류나윤
마초희
민선영
박다은
박서연
박예지
박용우
박윤정
박은샘
박주원
박하늘
박현서
박현선
박현영

홍보미디어팀
강석진
구가현
금은지
김혜빈
나윤호
위나연
이도연
이채린
전유진
정지인
조중원
한지나

전주프로젝트팀
김수현
나병준
남규리
남정연
도승현
박민아
박정민
변세연
서경윤
성수영
염중정
이연수
이태희
임지영
장범준
조민경
하신토 존 데이브
황윤

기획운영실
김동욱
김한빈
박지연
송한오
신시윤
임중현
장채원

해외영화팀
강미주
강지은
김다은
김진아
김채현
박세욱
백휘선
안연우

배상철
서명자
서예란
서인학
손주인
신교숙
신상효
신윤희
안형숙
엄인주
오은솔
왕리나
유복자
유은숙
유진강
유찬
육영순
윤상현
이가은
이대성
이명준
이미숙
이성희
이숙자
이예진
이용권
이용순
이유민
이이담
이재용
이제환
이주영
이지후
이진완
이형
이한솔
임가윤
임현
임혜빈
장석우
장영민
전인서
전지원
정영권
정유진
정재석
정주연
정혜인
정희운
제향숙
조명신
조욱래
조윤호
차유진
채지수
최영님
최은정
최지영
최현빈
한경하
한다은
한영진
한혜인
허덕순
홍혜경
황금별
황청임

운영팀
곽영연
박선주
서송령
송화원
우채림
원소정
정서윤
정우린
정재호
정현정
조우진
진산하
최주연
현재연
황세정

도움 주신 분들

	다온솔루션
	덕진구 사랑의 울타리
	서울아트시네마
	전주시 새마을부녀회
	전주시 여성자원활동센터
강동화	전주시의회 의장
강민정	프론트도어
강병준	왓챠피디아
강병학	전주완산경찰서
강보영	폰타나
강은결	전주MBC프로덕션
강은비	카브카브
강정룡	부산국제영화제
강지이	영화감독
강지형	SGO코리아
강태휘	필컴퍼니
고영혜	제주특별자치도개발공사
고은진	항소
공미란	세이브더칠드런
공유진	한국영화성평등센터 든든
곽상탄	현대자동차
곽용수	인디스토리
권승주	씨네Q 전주영화의거리
권영락	씨네락픽쳐스
권호길	씨네Q 전주영화의거리
기은미	전주문화재단
김경	스페이스M
김나영	라한호텔
김도빈	(사)전주영상위원회
김도영	진우건철
김도희	CTS
김동빈	아빈앤컴퍼니
김두홍	제이엘컴퍼니
김명희	전주시 보건소
김민규	복순도가
김민정	전북은행
김병규	영화평론가
김병홍	에스앤지컨설팅
김선아	주한 스위스 대사관
김성관	전라북도
김성한	부산국제영화제
김세준	인디소프트
김소미	씨네21
김솔암	복순도가
김순이	달팽이의 하루 게스트하우스
김승섭	전주시의회 문화경제위원회
김승환	전주MBC프로덕션
김연진	알보우
김영상	WWS
김영신	일본국제교류기금 서울문화센터 예술교류부
김예림	큐클리프
김요한	왓챠
김원중	SJM문화재단
김윤철	전주시의회 문화경제위원회
김이한	이상한계절
김재현	문화체육관광부
김정수	전주대학교
김종호	씨네21
김준식	전주완산경찰서
김지홍	MPMG
김진한	전주MBC프로덕션
김차동	전주MBC프로덕션
김창섭	콜린스
김창영	전주시자원봉사센터
김창주	전주문화재단
김칠현	전주시청
김태호	세이브더칠드런
김하나	퍼플레이
김한슬	(재)전주정보문화산업진흥원
김현진	CJ올리브네트웍스
김현희	제이엘컴퍼니
김형민	CGV전주고사
김형준	도킹텍프로젝트협동조합
김형희	DVcat
김홍준	한국영상자료원
김휘문	CGV전주고사
김희수	씨네Q 전주영화의거리
나세영	캠틱종합기술원
나일선	포스트핀
나진호	더조은주식회사
남종호	iMe KOREA
남현진	예수병원
남형권	한국영상자료원
노연우	전라북도
노영신	주한 아르헨티나 대사관
류재민	진모터스

문여명	하이트진로
문여림	동국대학교
문종원	이상한계절
문지성	눈컴퍼니
문진영	세이브더칠드런
문혜원	예수병원
민경문	프론트도어
민규동	(사)한국영화감독조합
민병구	KT 전북법인고객본부
민성아	전주MBC프로덕션
민진아	키오스크키오스크
박대호	영화진흥위원회
박목화	CGV전주고사
박민	예수병원
박세호	한국영상자료원
박연실	(사)전주영상위원회
박연주	헤적프레스
박우숙	주한 이탈리아 문화원
박정석	전주자원봉사센터
박종훈	옐로우페인터
박지아	전주시네마타운
박진희	한국영상자료원
박찬진	진미디어
박초롱	CGV전주고사
박태훈	왓챠
박혜경	진모터스
박희태	우석대학교
방건우	옐로우페인터
방충식	태흥영화사
백상석	라한호텔
백성은	도킹텍프로젝트협동조합
백인선	씨네Q 전주영화의거리
백정민	영화문화발전위원회
백학기	영화문화발전위원회
변동훈	네이처오다
서성원	캡스텍
서윤수	피쉬탱크
서하나	하나서다
손모아	협력 프로듀서
손시내	영화평론가
손영희	네이버
송기혁	
송영진	전주시의회 문화경제위원회
송인우	왓챠
송호용	한국독립PD협회
신덕호	WWS
신동환	무주산골영화제
신미혜	전라북도
신아름	파인하우스 필름
신유근	이상한계절
신익상	항소
심규문	전주디지털독립영화관 관객동아리 회장
안세진	아이온텍
안유리	비오브 BE:OF
안은주	소시민워크
안창호	전주완산경찰서
양경애	소시민워크
양승민	무대 감독
양지영	주한 프랑스 대사관 문화과
여승진	옐로우페인터
여승현	더조은주식회사
여주선	컨트롤피
오동규	전주시자원봉사센터
오원정	CTS
오준영	한국영상자료원
오진경	전북전주덕진지역자활센터
오진택	전주완산경찰서
우연정	큐클리프
우지영	퍼플레이
유나경	눈컴퍼니
유수영	
유영수	전주대사습청장
유현주	울주세계산악영화제
윤도원	이상한계절
윤순재	인비바
윤승현	전주시자원봉사센터
윤영신	울주세계산악영화제
윤제균	(사)한국영화감독조합
윤지현	예수병원
윤치원	제이엘컴퍼니
이기동	전주시의회 문화경제위원회
이남승	전주시의회 문화경제위원회
이대균	한국콘텐츠진흥원
이덕균	전주MBC프로덕션
이동진	영화평론가
이동혁	크렘드마롱
이동현	MPMG

이미숙	전주시의회 부의장
이민희	전주예수병원
이보람	도킹텍프로젝트협동조합
이선영	부천국제판타스틱영화제
이성윤	제주특별자치도개발공사
이슬비	전주정보문화산업진흥원
이승해	CGV전주고사
이승현	이상한계절
이승훈	문화체육관광부
이신율	한국영화성평등센터 든든
이영로	(재)전주정보문화산업진흥원
이영롱	예수병원
이용길	진모터스
이우림	왓챠피디아
이유승	왓챠
이윤자	전주시의회 문화경제위원회
이은주	레드제플린
이재성	전주시청
이재준	영화감독
이정승	씨네Q 전주영화의거리
이정은	알앤텍
이종문	(주)푸르모디티
이종상	진우건철
이종현	MPMG
이주현	씨네21
이중엽	예수병원
이중현	한국콘텐츠진흥원
이지승	태흥영화사
이지은	왓챠
이지혜	문화체육관광부
이진희	진미디어
이창숙	씨네Q 전주영화의거리
이태현	제이엘컴퍼니
이하진	주한 네덜란드 대사관 문화부
이현숙	SJM문화재단
이혜리	이상한계절
이효승	태흥영화사
이희숙	주한 체코 문화원
임동식	하이트진로
임선미	전주정보문화산업진흥원
임선우	CJ올리브네트웍스
임수빈	하이마일즈
임아영	영화진흥위원회
임지선	영화감독
임진순	포스트핀
임학송	전주시네마타운
임효진	국민연금공단
장광수	영화진흥위원회
장국현	알보우
장시영	전주MBC프로덕션
장은석	부산국제영화제
장재리	벤타VR
장지연	CJ CGV
장진아	캡스텍
장현희	사랑방공인중개사무소
장훈우	옐로우페인터
전수정	DHL
전정현	CJ CGV
정보배	디자인농부
정상태	도서출판 아를
정상현	레드제플린
정승	전주대학교 영화방송학과장
정원석	전주시자원봉사센터
정유은	주한 독일 문화원
정윤임	CGV전주고사
정정부	전주시네마타운
정종화	한국영상자료원
정헌규	전주시
정현호	전주MBC프로덕션
정희은	예수병원
조경희	
조윤주	한국독립영화협회
조인성	전북은행
조일지	퍼플레이
조택연	제이엘컴퍼니
조해원	한국영상자료원
조현민	왓챠
주희	엣나인필름 총괄이사
진명희	무브먼트 대표
최경선	비오브 BE:OF
최경숙	전북은행
최국재	예수병원
최선희	한국영상자료원
최성민	유니코리아
최승기	이상한계절
최영익	
최윤진	길 위의 커피
최인영	GRN

최정화	(사)한국영화프로듀서조합
최진영	영화감독
최필선	한국영화제작가협회
최하은	예수병원
최현묵	달서문화재단
최효정	소부당
하진석	콘텐츠네트워크
하태림	사운드스케이프
한승진	전주시의회 문화경제위원회
한준희	협력 프로듀서
한지영	전주세계소리축제
함현식	네이처오다
허륜	전주MBC프로덕션
형건	EBS국제다큐영화제
홍영주	울주세계산악영화제
홍하늘	한국영상자료원
황의옥	전주시자원봉사센터
황인형	도킹텍프로젝트협동조합
황진호	크렘드마롱
황호석	CGV전주고사
Emmanuel PISARRA	Unifrance
Pawel WOLOWITSCH	WWS

CAMPAIGN 2022

Mint Paper Ver. 3.0
Commerce : MINTPAPERSHOP
Contents : Archives & Originals
Platform : New Artists & Tracks

Monthly Market : Digging the Taste

Special Live Concerts
live ICON 9 and more

Welcome Back to the Music Festivals
Have A Nice Day X Jeonju IFF
Beautiful Mint Life 2022
Grand Mint Festival 2022
Countdown Fantasy 2022-2023

MAKING M : Music Discovery

Newly Launching TV Show on Mnet
Great Seoul Invasion

and many more

NEXT PATTERN

MINT PAPER 15TH ANNIVERSARY · MPMG 25TH ANNIVERSARY

[NEXT PATTERN]은 2006년부터 시작 된 민트페이퍼의 15주년을 기념하여 준비한 연간 캠페인입니다.
소소한 이벤트부터 규모 있는 기획공연과 페스티벌에 이르기까지, 연중 내내 이어질 민트페이퍼의 다양한 활동을 주목해주세요.

🌀 MINTPAPER.CO.KR ⓞ mintpaper_

Mint Paper MPMG

• 영화제 전용 온라인 플랫폼 온피프엔

　- 국내 주요 영화제 온라인 상영관
　- 독립·예술영화 전용관
　- 온라인으로 즐기는 관객과의 대화

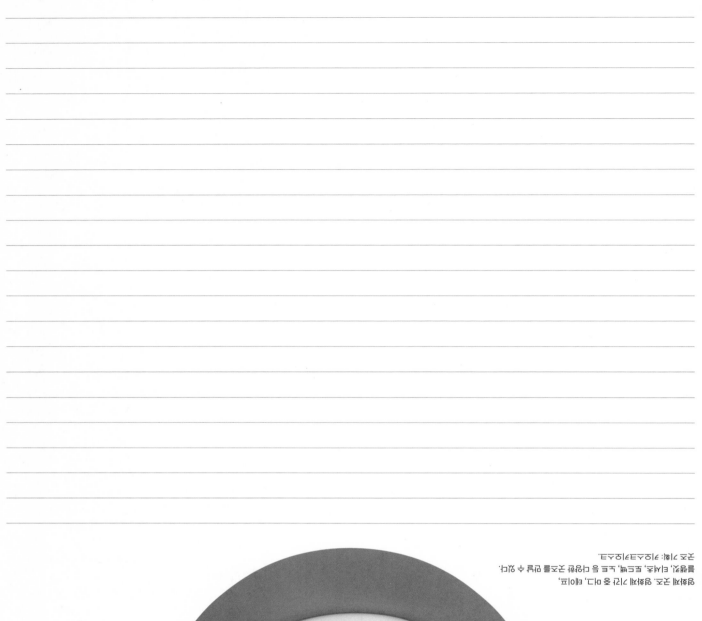

영화관 조명, 영화제 기간 중 머그, 테이프
할인권, 티셔츠, 토트백, 노트 등 다양한 굿즈를 만날 수 있다.
굿즈 기획: ㅋㅋㅋㅋㅋㅋㅋ